Ausscheiden von Personengesellschaftern

Schriften zum Gesellschafts-, Bilanz- und Unternehmensteuerrecht

Herausgegeben von Barbara Grunewald und Joachim Hennrichs

Band 36

Zur Qualitätssicherung und Peer Review der vorliegenden Publikation

Die Qualität der in dieser Reihe erscheinenden Arbeiten wird vor der Publikation durch den Herausgeber der Reihe geprüft.

Notes on the quality assurance and peer review of this publication

Prior to publication, the quality of the work published in this series is reviewed by the editor of the series.

Svenja Fröhlich

Ausscheiden von Personengesellschaftern

Eine rechtsvergleichende Untersuchung des deutschen und US-amerikanischen Rechts mit besonderem Fokus auf die Hinauskündigung

PETER LANG

Bibliografische Information der Deutschen Nationalbibliothek
Die Deutsche Nationalbibliothek verzeichnet diese Publikation in der Deutschen Nationalbibliografie; detaillierte bibliografische Daten sind im Internet über http://dnb.d-nb.de abrufbar.

Zugl.: Köln, Univ., Diss., 2019

D 38
ISSN 1867-500X
ISBN 978-3-631-81317-1 (Print)
E-ISBN 978-3-631-84037-5 (E-PDF)
E-ISBN 978-3-631-84038-2 (EPUB)
E-ISBN 978-3-631-84039-9 (MOBI)
DOI 10.3726/b17787

Peter Lang – Berlin · Bern · Bruxelles · New York · Oxford · Warszawa · Wien

Diese Publikation wurde begutachtet.

www.peterlang.com

Svenja Fröhlich

Ausscheiden von Personengesellschaftern

Eine rechtsvergleichende Untersuchung des deutschen und US-amerikanischen Rechts mit besonderem Fokus auf die Hinauskündigung

PETER LANG

Bibliografische Information der Deutschen Nationalbibliothek
Die Deutsche Nationalbibliothek verzeichnet diese Publikation in der Deutschen Nationalbibliografie; detaillierte bibliografische Daten sind im Internet über http://dnb.d-nb.de abrufbar.

Zugl.: Köln, Univ., Diss., 2019

D 38
ISSN 1867-500X
ISBN 978-3-631-81317-1 (Print)
E-ISBN 978-3-631-84037-5 (E-PDF)
E-ISBN 978-3-631-84038-2 (EPUB)
E-ISBN 978-3-631-84039-9 (MOBI)
DOI 10.3726/b17787

Peter Lang – Berlin · Bern · Bruxelles · New York · Oxford · Warszawa · Wien

Diese Publikation wurde begutachtet.

www.peterlang.com

Meinen Eltern

Vorwort

Diese Arbeit wurde im Wintersemester 2019/2020 von der Rechtswissenschaftlichen Fakultät der Universität zu Köln als Dissertation angenommen. Deutsche Rechtsprechung und Literatur wurden – mit punktuellen Aktualisierungen im April 2020 – bis Dezember 2019 berücksichtigt.

Mein Dank gilt zuvorderst meinem Doktorvater, Herrn Professor Dr. Martin Henssler, für die Betreuung und wohlwollende Förderung meiner Dissertation. Ihm und Herrn Professor Dr. Heinz-Peter Mansel danke ich zudem dafür, dass sie mir einen Forschungsaufenthalt als Visiting Researcher an der UC Berkeley ermöglicht haben. Die UC Berkeley School of Law bot mir ein optimales Arbeitsumfeld zur Erforschung des US-amerikanischen Rechts. Gleichfalls bedanke ich mich bei Frau Professor Dr. Barbara Grunewald für die zügige Erstellung des Zweitgutachtens. Ihr und Herrn Professor Dr. Joachim Hennrichs danke ich für die freundliche Aufnahme meiner Arbeit in diese Schriftenreihe.

Der Konrad-Adenauer-Stiftung danke ich für die ideelle und finanzielle Förderung.

Vor allem danke ich schließlich von Herzen meiner Familie, insbesondere meinen Eltern, Yvonne und Hermann Ersfeld und meinem Mann, Dr. Martin Fröhlich, für ihre vielfältige Unterstützung und liebevolle Förderung.

Troisdorf, im April 2020
Svenja Fröhlich

Inhaltsverzeichnis

Abkürzungsverzeichnis

Abkürzung	**Bedeutung**
DJT	Deutscher Juristentag
IRS	Internal Revenue Service
LLC	Limited Liability Company
LLP	Limited Liability Partnership
MBCA	Model Business Corporation Act
NCCUSL	National Conference of Commissioners on Uniform State Laws
ULLCA	Uniform Limited Liability Company Act
ULPA	Uniform Limited Partnership Act
UPA	Uniform Partnership Act

Hinsichtlich der übrigen Abkürzungen wird verwiesen auf: *Kirchner, Hildebert*, Abkürzungsverzeichnis der Rechtssprache, 9. Auflage, Berlin 2018.

Erster Teil: Einleitung

§ 1 Problemaufriss

Das Recht der Personengesellschaften ist durch das besonders enge Vertrauensverhältnis und die intensive Verbundenheit der Gesellschafter geprägt.[1] Was passiert aber, wenn diese Grundlage erschüttert wird? Kann die Gesellschaft durch Ausscheiden eines Gesellschafters befriedet werden?

Grundsätzlich steht das Leitbild der engen Gemeinschaft einem Wechsel im Gesellschafterbestand entgegen.[2] Auflösung und Liquidation der Gesellschaft sind die gesetzlichen Rechtsfolgen des Ausscheidens eines Gesellschafters aus der GbR. Während dies für kleinere Gesellschaften noch praktikabel sein mag, geht die Auflösung bei größeren Gesellschaften meist mit der Vernichtung von erheblichen Vermögenswerten einher. Sie widerspricht der wirtschaftlichen Vernunft.[3] Es stellt sich daher die Frage, ob unter Fortführung der Gesellschaft stattdessen entweder der unzufriedene Gesellschafter seine Mitgliedschaft kündigen oder sich die übrigen Gesellschafter – möglichst unproblematisch – vom unliebsamen Mitgesellschafter trennen können. Die Lösung solcher Konflikte, die sich im schlimmsten Fall zu „entweder geht er oder ich“-Situationen[4] zuspitzen können, stellt nicht nur die deutsche Rechtsanwendung vor Probleme. So findet sich z.B. im US-amerikanischen Schrifttum der plakative Ausspruch: „*A partnership, like a marriage, often is far easier to start than it is to end*“[5].

Für das deutsche Personengesellschaftsrecht kommt erschwerend hinzu, dass sich im Rahmen des Rechts der GbR die „tatsächliche“ Rechtspraxis so weit vom geschriebenen Recht entfernt hat, dass die Lektüre des Gesetzestextes allein nicht zur Rechtsfindung ausreicht. Dieser „Missstand“[6] im Recht der GbR und der teilweise fehlende Gleichlauf zu den Regelungen der OHG, KG und PartG werden zu Recht seit Längerem kritisiert.[7] Es bedarf einer längst überfälligen

---

1 *Wiedemann*, GesR Bd. II, S. 4.
2 *Wiedemann*, GesR Bd. II, S. 668.
3 *Kilian*, WM 2006, 1567.
4 *Henssler*, FS Konzen, 267.
5 *Weidner/Larson*, 49 Bus. Law. 1, 7 (1993).
6 *Henssler*, BB-Special 3.2010 zu Heft 49, 2.
7 U.a. *Henssler*, BB-Special 3.2010 zu Heft 49, 2; *Schäfer*, 71. DJT 2016, Band I, E9; *Schmidt*, ZHR 177 (2013), 712, 713; *Schäfer*, in: MüKoBGB, Vor. § 705 Rn. 26; *Wicke*, DStR 2017, 261; *Westermann*, NZG 2017, 921.

Fortentwicklung – oder gar neuen Architektur – des Personengesellschaftsrechts.[8]

Der 71. Deutsche Juristentag (DJT) hat die Reformbedürftigkeit des Personengesellschaftsrechts bereits 2016 intensiv diskutiert und den Antrag „*Eine Reform des Personengesellschaftsrecht ist geboten, um das geschriebene Recht mit dem geltenden Recht in Einklang zu bringen*" praktisch einstimmig angenommen.[9] Auch die Bundesregierung positioniert sich im Koalitionsvertrag für die laufende 19. Legislaturperiode eindeutig:

> „*Wir werden das Personengesellschaftsrecht reformieren und an die Anforderungen eines modernen, vielfältigen Wirtschaftslebens anpassen; wir werden eine Expertenkommission einsetzen, die gesetzliche Vorschläge für eine grundlegende Reform erarbeitet.*"[10]

Das Bedürfnis nach einer grundlegenden systematischen (Neu-)Ordnung scheint unbestritten. Es ist daher an der Zeit, zum einen der „Versöhnung des geschriebenen mit dem geltenden Recht"[11] die angemessene Priorität einzuräumen und zum anderen den Gesellschaftern im Konfliktfall effektive und angemessene Mittel zur Trennung an die Hand zu geben.

§ 2 Schwerpunktsetzung

Die Erörterung der rechtlichen Voraussetzungen und Grenzen des Ausscheidens von Gesellschaftern erfordert eine angemessene Eingrenzung und Schwerpunktsetzung. Ausgangspunkt ist die Personengesellschaft als Grundmodell der vertrauensbasierten engen Zusammenarbeit. Dabei erfolgt die Untersuchung primär am Beispiel der GbR. Es ist ausreichend, die nur punktuellen Abweichungen im Recht der OHG, KG und PartG an den entsprechenden Stellen aufzuführen. Auch die Besonderheiten von Zweipersonen-Gesellschaften und Publikumsgesellschaften sind nur an ausgewählten Stellen einzubeziehen. Der Fokus auf die personalistisch

---

8 So auch zuletzt wieder *Henssler*, AnwBl Online 2018, 564 ff., der mit Blick auf das insgesamt reformbedürftige Personengesellschaftsrecht einen Entwurf zur Reformierung des anwaltlichen Gesellschaftsrechts zur Diskussion stellt.

9 *71. DJT 2016*, Beschlüsse, S. 31.

10 *Bundesregierung*, Koalitionsvertrag 2018, S. 131; der Mauracher Entwurf für ein Gesetz zur Modernisierung des Personengesellschaftsrechts des Bundesministeriums der Justiz und für Verbraucherschutz ist im April 2020 nach Abschluss dieser Dissertation vorgestellt worden.

11 *Schmidt*, ZHR 177 (2013), 712, 713.

organisierte GbR soll dabei helfen, grundsätzliche Argumentationsmuster zu entwickeln, ohne Gefahr zu laufen, sich in vielfältigen Sonderproblemen der vorgenannten Konstellationen zu verlieren. Im Interesse der Vergleichbarkeit konzentriert sich die Untersuchung des US-amerikanischen Rechts auf die General Partnership als Grundform der Personengesellschaft in den USA. Die Rechtsfolgen des Ausscheidens werden ausschließlich unter dem Aspekt der Wechselwirkung mit den Ausscheidensvoraussetzungen dargestellt. Die Abfindungsregelungen wurden bereits ausführlich in der Literatur thematisiert[12], sodass der Forschungsbedarf diesbezüglich weniger drängend ist. Trotzdem ist ein Blick auf die Rechtsfolgen des Ausscheidens unverzichtbar, da Wirksamkeit der Hinauskündigung und Abfindungsregelung inhaltlich eng miteinander verknüpft sind. Das Hauptaugenmerk wird auf den Gesellschafterausschluss als „schärfstes Schwert" der Gesellschaftertrennung gelegt. Die unterschiedlichen Rechtsverständnisse Deutschlands und der USA kommen bei diesem Instrument der Gesellschaftertrennung besonders klar zum Ausdruck. Zudem spielen die umstrittenen gesellschaftsvertraglichen „Hinauskündigungsklauseln" in der Beratungspraxis eine wesentliche Rolle.[13]

§ 3 Methode und Begründung der Rechtsvergleichung

Die Rechtsvergleichung ist ein wichtiger Bestandteil des Gesetzgebungsprozesses, der Gesetzesharmonisierung und der Rechtsvereinheitlichung.[14] Anders als im Kapitalgesellschafts- und Kapitalmarktrecht besteht bei der rechtsvergleichenden Untersuchung des Personengesellschaftsrechts noch großer Nachholbedarf.[15] Deshalb soll das oben bestimmte Themenfeld im Rahmen einer sogenannten „funktionellen Rechtsvergleichung"[16] bearbeitet werden. Im Gegensatz zur „Auslandsrechtskunde"[17], die aus bloßen Länderberichten ohne Vergleichselement besteht, wird das gesellschaftsrechtliche Problem als Ausgangspunkt genommen und die dazu entwickelten Lösungswege in den verschiedenen Ländern werden miteinander verglichen. Ziel ist nicht nur eine deskriptive Darstellung, sondern eine Bewertung in Form einer Rechtskritik, um hergebrachte deutsche Lösungsansätze zu hinterfragen und die rechtspolitische Diskussion zu fördern.

12 Vgl. u.a. *Bunk*, Vermögenszuordnung, S. 114 ff.; *Oppenheim*, Abfindungsklauseln, S. 29 ff. m.w.N.; aus neuerer Zeit auch *Gehrlein*, WM 2019, 1, 6 ff.

13 *Heusel/Goette*, DStR 2015, 1315.

14 *Rusch*, Jusletter 2006, 1, 2.

15 So auch *Fleischer*, ZGR 2014, 107, 109.

16 *Rusch*, Jusletter 2006, 1.

17 *Rusch*, Jusletter 2006, 1.

Die Qualität der Rechtsvergleichung hängt maßgeblich von der richtigen Wahl der zu vergleichenden Rechtsordnungen ab. Um tatsächlich einen Beitrag zur Weiterentwicklung der eigenen Rechtsordnung zu leisten, ist eine ausländische Rechtsordnung auszuwählen, die das Rechtsproblem aus einer anderen Perspektive betrachtet und auf andere Weise löst. Durch eine Analyse dessen, was die andere Lösung ausmacht und auf welcher Argumentationsbasis sie beruht, können Denkanstöße für den eigenen Umgang mit der gesellschaftsrechtlichen Frage gewonnen werden.

Die deutsche Behandlung des Ausscheidens von Personengesellschaftern und insbesondere der Frage der Zulässigkeit von Hinauskündigungsklauseln steht häufig als zu restriktiv in der Kritik. Trotz namhafter Unterstützer haben sich kritische Literaturstimmen, nach denen sich Gesellschafter im Konfliktfall durch gesellschaftsvertragliche Vereinbarung leichter voneinander trennen können sollten, bisher nicht durchgesetzt. Deshalb ist der Vergleich mit einer Rechtsordnung interessant, die genau eine solche erleichterte Trennungsmöglichkeit von zerstrittenen Personengesellschaftern anerkennt.

Dementsprechend scheidet z.B. ein Rechtsvergleich mit Frankreich aus. Das französische Personengesellschaftsrecht steht der freien Trennungsmöglichkeit von Gesellschaftern und insbesondere den Hinauskündigungsklauseln noch zurückhaltender gegenüber als das deutsche.[18] So werden vertragliche Ausschlussklauseln[19] im französischen Recht zwar grundsätzlich anerkannt[20], aber nur dann für zulässig gehalten, wenn die folgenden Voraussetzungen beachtet werden: (1) Die Klausel muss genaue Ausschlussgründe benennen, die ihrerseits auf einem „motif légitime“ (nachvollziehbaren Grund) beruhen, (2) das für den Ausschluss zuständige Organ muss bestimmt sein und (3) es ist sicherzustellen, dass der Ausgeschlossene eine angemessene Abfindung erhält.[21] Zudem muss der Auszuschließende auf Verfahrensebene über den drohenden Ausschluss in Kenntnis gesetzt werden und ihm ist die Möglichkeit zur Stellungnahme zu geben.[22] Die Ausschlussklauseln unterliegen einer strikten gerichtlichen

---

18 Vgl. dazu auch *Verse*, DStR 2007, 1822, 1827.

19 Zum Austritt (retrait) siehe *Cozian/Viandier/Deboissy*, Droit des Sociétés, n°s 361 ff., S. 205 f.; *Wiedemann*, GesR Bd. II, S. 266 f.

20 Cass. com. 8.3.2005, D 2005, 839; Cass. com. 20.3.2012, JCP-E 2012, 1310.

21 *Couret*, Rev. Soc. 2012, 435; *Cozian/Viandier/Deboissy*, Droit des Sociétés, n°s 358 ff., S. 203 f.; *Harrer*, FS Sonnenberger, 235, 243; *Laroche*, Recueil Dalloz 2012, 1584.

22 Cass. com. 7.7.1992, JCP-G 1993, 3652; ein Verstoß führt aber nicht zur Nichtigkeit des Ausschlusses, sondern zu Schadensersatzansprüchen, vgl. *Cozian/Viandier/Deboissy*, Droit des Sociétés, n° 360, S. 204.

Kontrolle. Hinauskündigungsklauseln, deren Zweck gerade die Loslösung vom Erfordernis konkreter Ausschlussgründe ist, erfüllen die obengenannten Anforderungen jedenfalls nicht.[23]

Das US-amerikanische Rechtssystem ist im Gegensatz zur französischen und deutschen Rechtsordnung in vielen Aspekten deutlich liberaler. Die Vertragsfreiheit ist das dominierende Rechtsprinzip. Diese offene Haltung spiegelt sich auch darin wieder, dass den Gesellschaftern nach US-amerikanischem Rechtsverständnis ein weiter Spielraum bei der Gestaltung von (freien) Ausschlussklauseln zukommt. Dieser liberale Ansatz bildet einen spannenden Kontrast zum deutschen Recht.[24]

Im Rahmen der nachfolgenden rechtsvergleichenden Untersuchung wird zunächst das Ausscheiden von Gesellschaftern nach deutschem Recht und nach US-amerikanischen Recht in das jeweilige Gesamtsystem eingeordnet und mit Schwerpunkt auf den Gesellschafterausschluss beschrieben. Auf dieser Basis wird anschließend (i) der deutsche Umgang mit dem konfliktträchtigen Gesellschafterausschluss kritisch beleuchtet und (ii) unter Heranziehung der Erkenntnisse aus der Untersuchung des US-amerikanischen Rechts eine neue Lösung entwickelt. Ergebnis der Untersuchung soll ein praktikabler und interessengerechter Lösungsansatz für die Gesellschaftertrennung zur langfristigen Befriedung der Gesellschaft sein; ein erster Schritt auf dem langen Weg zur neuen Architektur des Personengesellschaftsrechts.

---

23 *Harrer*, FS Sonnenberger, 235, 243.

24 Zur „Vorbild- und Leitbildfunktion“ des US-amerikanischen Gesellschaftsrechts *Merkt*, DB 2014, 1.

Zweiter Teil: Deutsches Recht

Startpunkt der Untersuchung ist das deutsche Recht. Der Fokus liegt schon hier auf den Hinauskündigungsklauseln und deren Bewertung durch die herrschende Meinung.

§ 1 Einführung

A. Personengesellschaften – „Stiefkinder“[25] des deutschen Gesellschaftsrechts?

Die praktische Bedeutung der in der rechtswissenschaftlichen Diskussion oft vernachlässigten Personengesellschaft ist nicht zu unterschätzen.[26] Gerade bei anwaltlichen Berufsausübungsgesellschaften sind Personengesellschaften mit Abstand die beliebteste Rechtsform.[27] Mangels Registrierungspflicht ist die Zahl der GbRs in Deutschland nicht genau ermittelbar. Ein Blick auf die Umsatzsteuerstatistik gewährt jedoch einen ersten Hinweis auf das wirtschaftliche Gewicht der Personengesellschaften insgesamt.[28] Den Löwenanteil der steuerpflichtigen Unternehmen machen mit 65,7 % natürliche Personen/Einzelunternehmen aus. Neben den Kapitalgesellschaften mit 18,2 % kommt den Personengesellschaften ein beachtlicher Anteil von 13,5 % zu.[29] Dabei lagen die Umsätze aller Personengesellschaften 2018 laut Voranmeldung bei 1.657.809.286 TEUR und aller Kapitalgesellschaften bei 3.770.338.372 TEUR.[30] Diese Umsätze teilten sich bei der Berücksichtigung von Steuerpflichtigen mit jährlichen Lieferungen und Leistungen über 17.500 EUR auf jeweils rund 441.000 Personengesellschaften und rund 596.000 Kapitalgesellschaften auf.[31] Fast die Hälfte der aufgelisteten Personengesellschaften operierte in der Rechtsform der GbR (rund 211.000) und bildete damit den größten Einzelblock.[32]

---

25 *Henssler*, BB-Special 3.2010 zu Heft 49, 2.

26 *Schäfer*, 71. DJT 2016, Band I, E16.

27 *Henssler*, in AnwBl Online 2018, 564, 567.

28 *Statistisches Bundesamt*, Umsatzsteuerstatistik 2018.

29 *Statistisches Bundesamt*, Umsatzsteuerstatistik 2018, S. 6.

30 *Statistisches Bundesamt*, Umsatzsteuerstatistik 2018, S. 49.

31 *Statistisches Bundesamt*, Umsatzsteuerstatistik 2018, S. 49.

32 *Statistisches Bundesamt*, Umsatzsteuerstatistik 2018, S. 49.

Umso unbefriedigender ist der Zustand des geschriebenen Personengesellschaftsrechts und ganz besonders der als Grundordnung verstandenen §§ 705 – 740 BGB. Es besteht eine Fülle an offenen Forschungsfragen, die dringend der Aufarbeitung durch die rechtswissenschaftliche Literatur bedürfen.[33] Gerade im Recht der GbR tritt der Reformbedarf deutlich hervor und reicht bis ins Grundsätzliche.[34] So beklagten *Müller-Laube/Büsching* schon vor 30 Jahren, dass die gesetzlichen Regeln des GbR-Rechts insbesondere bei Kündigungs- und Abfindungsregelungen ihre Leitbildfunktion eingebüßt hätten.[35] Dies sei schon daran erkennbar, dass die Praxis als Regelfall Fortsetzungsklauseln in die Gesellschaftsverträge aufnähme, um die oftmals ökonomisch sinnwidrige Zerschlagung des Unternehmens nach einem Gesellschafterwechsel zu verhindern.[36] Während der Gesetzgeber für Personenhandelsgesellschaften diesbezüglich Abhilfe in § 131 Abs. 3 HGB geschaffen hat, blieb es für die GbR bei dem praxisuntauglichen Grundsatz der „Auflösung vor Ausscheiden".

Es geht auch anders: Das hat z.B. der österreichische Gesetzgeber gezeigt und auf das drängende Bedürfnis nach einer Reform bereits Ende 2014 / Anfang 2015 reagiert.[37] Das Recht der österreichischen GbR (GesbR) wurde grundlegend überarbeitet, um die Fortentwicklung durch Rechtsprechung und Lehre wieder in den Gesetzestext zu inkorporieren.[38] So wurden unter anderem in den §§ 1201 ff. AGBGB die Umstände, die entweder zum Ausscheiden eines Gesellschafters oder zur Auflösung der Gesellschaft führen, dezidiert geregelt. Auch die US-amerikanische Rechtsordnung hat die Möglichkeit eines Gesellschafterausscheidens ohne Auflösung der Gesellschaft schon 1997 im Rahmen der Überarbeitung des Modellgesetzes für die General Partnership eingeführt.

Während sich im deutschen Schrifttum größtenteils die Forderung durchgesetzt hat, das GbR-Recht an das Vorbild des § 131 Abs. 3 HGB bezüglich des Vorrangs des Ausscheidens vor der Auflösung anzugleichen, ist ein erleichtertes Ausschlussrecht für GbR-Gesellschafter weiterhin nicht konsensfähig. Im Jahr 2016 wurde auf dem 71. DJT der Antrag „*Für Ausschlussklauseln sollte ein Vorrang der Ausübungs- vor der Wirksamkeitskontrolle gelten; entsprechende gesellschaftsvertragliche Regelungen sollten daher grundsätzlich zulässig sein, ihre*

33 So auch *Fischer*, ZGR 2014, 107.

34 Vgl. *Schäfer*, 71. DJT 2016, Band I, E14.

35 *Müller-Laube/Büsching*, JA 1989, 1 f.

36 *Müller-Laube/Büsching*, JA 1989, 1 f.

37 GesbR-ReformG v. 21.11.2014, BGBl. I Nr. 83/2014.

38 *Fleischer/Heinrich/Pendl*, NZG 2016, 1001 ff.; *Schauer*, ZGR 2014, 143, 150 f.

Geltendmachung darf aber nicht in treuwidriger Weise erfolgen" denkbar knapp mit 20 Nein-Stimmen zu 18 Ja-Stimmen und 13 Enthaltungen abgelehnt.[39]

B. Grundlegendes zur Beendigung der Gesellschafterstellung

I. Gesellschafterstellung als solche

Eine Gesellschaft liegt nach allgemeiner Definition vor, wenn sich mehrere Personen zur Verfolgung eines gemeinsamen Zwecks zusammenschließen.[40] Die Mitgliedschaft, d.h. der Gesellschaftsanteil, verkörpert die Gesamtheit der aus dem Gesellschaftsvertrag resultierenden Rechte und Pflichten des einzelnen Gesellschafters.[41] Ihre Ausgestaltung ist weitestgehend den Gesellschaftern überlassen und richtet sich nach dem Inhalt des Gesellschaftsvertrages. Diese gesellschaftsvertragliche Dispositionsfreiheit und die Vielzahl der in Betracht kommenden Gesellschaftszwecke führen gerade bei der GbR zu einer breiten Fächerung der mitgliedschaftlichen Rechte und Pflichten.[42]

Die Mitgliedschaft wird als ein subjektives Recht verstanden, welches nicht nur eine Sonderrechtsbeziehung zwischen dem Mitglied und der Gesellschaft, sondern auch zwischen den Mitgliedern untereinander begründet.[43] Inhalt des subjektiven Rechts sind insbesondere die verschiedenen Mitsprache-, Kontroll- und Vermögensrechte und die ihnen entsprechenden mitgliedschaftlichen Pflichten.[44] In der Personengesellschaft spielt die enge persönliche Verbundenheit der Mitglieder eine elementare Rolle. Die personale Struktur ist neben der vertraglichen Dauerbeziehung und der gemeinsamen Zweckverfolgung kennzeichnendes Wesensmerkmal der GbR.[45] Das stärkste Interesse hat jedes Mitglied naturgemäß an der Erhaltung seiner Mitgliedsstellung als solcher, aus der seine einzelnen Rechtsbefugnisse entspringen.[46]

---

39 *71. DJT 2016*, Beschlüsse, S. 33.
40 *Schäfer*, in: MüKoBGB, Vor. § 705 Rn. 1; *Schöne*, in: BeckOKBGB, § 705 Rn. 6.
41 *Schäfer*, in: MüKoBGB, § 705 Rn. 179.
42 *Schäfer*, in: MüKoBGB, § 705 Rn. 179.
43 *Schmidt*, GesR, S. 549, 552 f., 1309; *Tröger*, in: Hdb. PerGes, Rn. 151; *Wiedemann*, GesR Bd. II, S. 383.
44 *Schäfer*, in: MüKoBGB, § 705 Rn. 180.
45 *Schäfer*, in: MüKoBGB, Vor. § 705 Rn. 5 ff.; *Schöne*, in: BeckOKBGB, § 705 Rn. 8 ff.
46 *Wiedemann*, GesR Bd. II, S. 382.

II. Personengesellschaft als Dauerschuldverhältnis

Die Mitgliedschaft in der Personengesellschaft begründet ein Dauerschuldverhältnis, das zur fortwährenden Leistungserbringung verpflichtet.[47] Abgesehen von einer ausdrücklich vorgesehenen Beendigung durch Zeitablauf oder einem Ende durch Zweckerfüllung, sind die Gesellschafter grundsätzlich für unbestimmte Dauer gebunden. Dies hat eine zeitlich unbegrenzte Bindung des investierten Kapitals und einen dauerhaft zu erfüllenden – bei Personengesellschaften besonders umfangreichen – Pflichtenkatalog zur Folge. Spannungen können sich daraus ergeben, dass es bei Vertragsschluss für die Gesellschafter i.d.R. nicht vorhersehbar ist, wie sich ihre Unternehmung in Zukunft entwickeln wird. Aus diesem Grund ist anerkannt, dass die Gesellschafter nicht zeitlich unbegrenzt und ohne Ausnahme an ihre Verpflichtung zur Leistungserbringung gebunden werden dürfen.[48]

Dies entfaltet in zweierlei Richtung Bedeutung: Dem Gesellschafter muss einerseits die Möglichkeit geboten werden, sich unter bestimmten Voraussetzungen aus der Gesellschaft zurückzuziehen und seine persönliche Freiheit wiederzuerlangen. Andererseits muss auch die Gesellschaftergruppe unter gewissen Umständen beschließen können, einen störenden Gesellschafter aus der Gesellschaft zu entfernen. Im Folgenden wird aufgezeigt, welche die wichtigsten Instrumente zur Lösung eines oder mehrerer Gesellschafter aus der Gesellschaft sind.

III. Lösungsinstrumente

Der Gesetzgeber hat den Gesellschaftern die Kündigung gem. §§ 723 ff. BGB als wichtigstes Lösungsinstrument an die Hand gegeben. Die Systematik des Gesetzes sieht dabei vor, dass in den §§ 723 – 729 BGB die gesetzliche Auflösung der Gesellschaft im Vordergrund steht, in den §§ 730 – 735 BGB das anschließende Auseinandersetzungsverfahren behandelt wird und sich die §§ 736 – 740 BGB mit dem Ausscheiden eines Gesellschafters unter Fortsetzung der Gesellschaft trotz grundsätzlichem Auflösungstatbestand befassen. Liegt eine Fortsetzungsklausel oder ein Fortsetzungsbeschluss vor, besteht die Gesellschaft fort. Die Auseinandersetzung gem. §§ 738 – 740 BGB löst keine Abwicklung der Gesellschaft, sondern lediglich einen schuldrechtlichen Ausgleich zwischen den Beteiligten aus.[49]

---

47 *Hofmann*, Minderheitsschutz, S. 461.

48 BGH v. 13.3.2006 – II ZR 295/04, NJW-RR 2006, 1270, 1271; *Hofmann*, Minderheitsschutz, S. 461.

49 *Hadding/Kießling*, in: Soergel BGB, § 723 Rn. 3.

Die Kündigung selbst kommt in drei Formen vor: Die Auflösungskündigung (Kündigung der Gesellschaft), die Austrittskündigung (Kündigung der eigenen Mitgliedschaft) und die Ausschlusskündigung (Kündigung der Mitgliedschaft eines anderen). Während die Auflösung der Gesellschaft sowohl den ausscheidenswilligen Gesellschafter als auch die auf Entfernung eines Mitgesellschafters bedachten Gesellschafter betrifft, bedient die Austrittskündigung primär die Interessen des Ausscheidenswilligen und die Ausschlusskündigung die der hinausdrängenden Gesellschafter.

1. *Auflösungskündigung*

Nach der gesetzgeberischen Vorstellung entsteht durch die Gründung der Gesellschaft ein höchstpersönliches Vertragsverhältnis.[50] Daraus leitet sich eine besonders enge persönliche Verbundenheit der GbR-Gesellschafter ab, die erklärt, dass nach dispositiver Gesetzeslage keine Kündigung des mitgliedschaftlichen Rechtsverhältnisses selbst vorgesehen ist.[51] § 723 BGB regelt nur die ordentliche (Abs. 1 S. 1) und die außerordentliche Kündigung (Abs. 1 S. 2) der Gesellschaft und nicht der Mitgliedschaft des einzelnen Gesellschafters in der Gesellschaft. Das deutsche Personengesellschaftsrecht kennt allein für die Personenhandelsgesellschaften ein Ausscheiden ohne Auflösung, d.h. den Austritt eines Gesellschafters. Mit dem Gesetz zur Handelsrechtsreform vom 22.6.1998[52] wurde § 131 HGB dahingehend abgeändert, dass § 131 Abs. 3 Nr. 3 HGB nun ausdrücklich die Möglichkeit zur Austrittkündigung ohne Fortsetzungsvereinbarung vorsieht. Bei der GbR bleibt es, wie oben erwähnt, dabei, dass gem. § 723 BGB die Gesellschaft als solche gekündigt wird und damit nach gesetzlicher Regel liquidiert und abgewickelt werden muss. Die Individualverbundenheit der Gesellschafter bringt es mit sich, dass grundsätzlich jede Änderung im Gesellschafterbestand zur Auflösung der Gesellschaft führt.[53] Das Bestandsinteresse der Gesellschaft tritt hinter dem Freiheitsinteresse des einzelnen Gesellschafters zurück.[54]

Die Rechtsfolgen, die sich an die Auflösungsgründe der §§ 723 – 728 BGB[55] anschließen, sind jedoch nicht zwingend. Sie sind dahingehend abänderbar, dass

---

50 *Motive*, BGB Band II, § 628, S. 591.

51 *Wiedemann*, GS Lüderitz, 839, 844.

52 BGBl. I 1998, 1474 ff.

53 *Wiedemann*, GesR Bd. II, S. 668.

54 *Hadding/Kießling*, in: Soergel BGB, Vorb. § 723 Rn. 4.

55 Mehr zu den einzelnen Auflösungsgründen bei *Schäfer*, in: MüKoBGB, Vorb. § 723 Rn. 12 ff.

anstatt der Auflösung der Gesellschaft nur der betroffene Gesellschafter ausscheidet und die Gesellschaft im Übrigen unverändert fortbesteht, § 736 BGB. Dies gilt nicht für die zwingenden Auflösungsgründe der Zweckerreichung bzw. des Unmöglichwerdens des Gesellschaftszwecks gem. § 726 BGB und der Eröffnung des Insolvenzverfahrens über das Gesellschaftsvermögen gem. § 728 Abs. 1 BGB.

Sofern die Gesellschafter ihren Fortführungswillen zum Ausdruck gebracht haben, kommen die folgenden alternativen Lösungsmöglichkeiten in Betracht.

2. *Lösungsmöglichkeiten des Ausscheidenswilligen*

Der betroffene Gesellschafter kann sich zumindest theoretisch durch Veräußerung der Beteiligung seiner Gesellschafterstellung entledigen.[56] Dabei muss er sich selbst um einen Käufer und einen angemessenen Preis bemühen. Aufgrund der engen persönlichen Bindung von Personengesellschaftern ist die Veräußerung des Gesellschafteranteils gem. §§ 413, 398 BGB jedoch nur zulässig, wenn dies im Gesellschaftsvertrag vorgesehen wurde oder die übrigen Gesellschafter zustimmen.[57]

Zudem besteht die Möglichkeit, sich durch Austritt bzw. genauer gesagt durch die Kündigung der eigenen Mitgliedschaft von der Gesellschaft zu lösen (siehe hierzu S. 35 ff.).

3. *Ausschlussmöglichkeit der übrigen Gesellschafter*

Der Gesetzgeber stellt den übrigen Gesellschaftern schließlich mit der Ausschlusskündigung ein Mittel zur Verfügung, um sich von einem unliebsamen Mitgesellschafter zu trennen. Der Entzug der Gesellschafterstellung stellt dabei das schärfte Mittel der innergesellschaftlichen Konfliktlösung dar.[58] § 737 S. 1 BGB lässt den Gesellschafterausschluss zu, sofern ein wichtiger Grund vorliegt und eine Fortsetzungsvereinbarung getroffen wurde. Der Ausschluss eines Gesellschafters ist Gegenstand der Ausführungen auf S. 52 ff.

IV. *Zusammenfassung*

Die Gesellschafterstellung bezeichnet die auf die Zugehörigkeit zur Gesellschaft zurückzuführende subjektive Rechtsstellung einer Person. Durch die Mitgliedschaft in der Personengesellschaft wird ein Dauerschuldverhältnis in Form eines

---

56 *Hofmann*, Minderheitsschutz, S. 462.

57 *Hofmann*, Minderheitsschutz, S. 472.

58 *Wiedemann*, GesR Bd. I, S. 383.

höchstpersönlichen Vertrauensverhältnisses begründet. Diese enge mitgliedschaftliche Verbundenheit kann nach dem Gesetzeswortlaut nicht aufgekündigt werden; stattdessen hat der Gesetzgeber als Leitbild nur die Trennungsmöglichkeit durch Auflösung der Gesellschaft an sich vorgesehen (Auflösungskündigung). Die gesetzlichen Regeln sind jedoch überwiegend dispositiv. Durch die Vereinbarung einer Fortsetzungsklausel oder die Fassung eines Fortsetzungsbeschlusses kann die Rechtsfolge der Gesellschaftsauflösung abbedungen werden. Als zusätzliche Mittel der Gesellschaftertrennung kommen dann insbesondere die Austrittskündigung, d.h. die Kündigung der eigenen Mitgliedschaft und die Ausschlusskündigung des Mitgesellschafters in Betracht. Die Gesellschaft besteht in den zuletzt genannten Fällen nach Ausscheiden des betroffenen Gesellschafters fort.

§ 2 Ausscheiden eines Gesellschafters

Das Ausscheiden des betroffenen Gesellschafters ohne Auflösung der Gesellschaft ist die praktisch häufigste Lösung für gewichtige gesellschaftsinterne Konflikte. Bei vielen GbRs handelt es sich nicht mehr um bloße Gelegenheitsgesellschaften, die maßgeblich durch den personellen Beitrag des Einzelnen geprägt sind. Auch kapitalintensive Wirtschaftsunternehmen haben heute vielfach die Form einer Personengesellschaft.[59] Deshalb widerspricht die Auflösung der Gesellschaft mit der einhergehenden Gefährdung von Vermögenswerten zunehmend der wirtschaftlichen Vernunft. Im Fortgang der Arbeit wird dementsprechend der Fokus auf die praxistauglicheren, wirtschaftlich vernünftigen Instrumente des Austritts und des Ausschlusses von Gesellschaftern gelegt. Die Auflösungskündigung wird nicht mehr vertieft behandelt.

Ein Gesellschafter scheidet aus, wenn seine Gesellschafterstellung erlischt und die Gesellschaft ohne den Ausscheidenden mit den übrigen Gesellschaftern fortgesetzt wird. Als Folge des Ausscheidens wächst der betroffene Anteil den verbleibenden Gesellschaftern zu und dem Ausgeschiedenen steht im Gegenzug gem. § 738 BGB ein Abfindungsanspruch zu.

A. Austritt – freiwilliges Ausscheiden

Der ausscheidende Gesellschafter kann ordentlich oder außerordentlich kündigen, § 723 Abs. 1 S. 1 bzw. S. 2 BGB. Die Kündigung wirkt ex nunc und beendet das Gesellschaftsverhältnis für die Zukunft. Unter Einhaltung etwaiger

59 *Müller-Laube/Büsching*, JA 1989, 1.

Kündigungsfristen und unter Wahrung der betreffenden Zulässigkeitsvoraussetzungen kann ordentlich gekündigt werden. Sofern die Kündigung fristlos und aus wichtigem Grund ausgesprochen wird, handelt es sich um eine außerordentliche Kündigung. Eine wirksame Kündigung führt nur dann zum Ausscheiden des kündigenden Gesellschafters ohne Auflösung, wenn die Gesellschaft aufgrund entsprechender gesetzlicher oder vertraglicher Bestimmungen unter den verbleibenden Gesellschaftern fortgesetzt wird. In allen Fällen der Kündigung sind eine wirksame Fortsetzungsvereinbarung und Kündigungserklärung erforderlich.

I. Gemeinsame Voraussetzungen – Fortsetzungsvereinbarung und Kündigungserklärung

1. Fortsetzungsvereinbarung

Die Entscheidung des Gesetzgebers, bei Änderungen im Mitgliederbestand die Auflösung der Gesellschaft anzuordnen, wird vielfach den berechtigten Interessen der Gesellschafter an der Fortführung nicht gerecht.[60] § 736 BGB kommt in diesem Kontext lediglich eine Hinweisfunktion zu. Sie erinnert die Gesellschafter daran, eine Fortsetzungsklausel zu vereinbaren, sofern sie die Gesellschaft mit verändertem Gesellschafterbestand fortführen wollen. Nach allgemeiner Ansicht ist für das Ausscheiden des Gesellschafters ohne Auflösung der Gesellschaft eine den einschlägigen Auflösungstatbestand erfassende Fortsetzungsvereinbarung nötig.[61] Die Fortsetzung kann entweder durch Vereinbarung im Gesellschaftsvertrag (in Form einer Fortsetzungsklausel oder eines Fortsetzungsrechts) oder durch Gesellschafterbeschluss bestimmt werden.[62] Die Gesellschafter bringen mit der Aufnahme der Fortsetzungsklausel in den Gesellschaftsvertrag zum Ausdruck, dass sie die funktionierende Zusammenarbeit in der Gesellschaft höher gewichten als die unveränderte personelle Zusammensetzung des Gesellschafterkreises.[63] Gesellschaftsvertraglich kann ebenso vorgesehen werden, dass die Gesellschafter einstimmig oder mehrheitlich die Fortsetzung der Gesellschaft beschließen können (sog. Fortsetzungsrecht).[64]

---

60 *Schöne*, in: BeckOKBGB, § 736 Rn. 1.

61 *Hanke*, in: NK-BGB, § 736 Rn. 2; *Schäfer*, in: MüKoBGB, § 736 Rn. 5; *Schöne*, in: BeckOKBGB, § 736 Rn. 2; anders *Habermeier*, in: Staudinger, § 736 BGB Rn. 5, der eine Fortsetzungsklausel im Fall von unternehmenstragenden GbR u.U. für entbehrlich hält.

62 *Kilian*, in: Henssler/Strohn, § 736 BGB Rn. 3.

63 *Westermann*, in: Hdb. PerGes, Rn. 1112.

64 *Kilian*, in: Henssler/Strohn, § 736 BGB Rn. 3; *Schäfer*, in: MüKoBGB, § 736 Rn. 17.

Beinhaltet der Gesellschaftsvertrag keine solche Fortsetzungsvereinbarung, können die Gesellschafter die eigentlich aufgelöste Gesellschaft durch einen Fortsetzungsbeschluss in eine werbende Gesellschaft rückumwandeln.[65]

Die Fortsetzungsvereinbarung betrifft in erster Linie die ordentliche Kündigung gem. § 723 Abs. 1 S. 1 BGB. Im Zweifel ist auch die außerordentliche Kündigung gem. § 723 Abs. 1 S. 2 BGB in den Geltungsbereich der Klausel miteinzubeziehen.[66] Der aus wichtigem Grund Kündigende befreit sich durch sein Ausscheiden von der für ihn unzumutbar gewordenen Bindung an die Gesellschaft. Dadurch entfällt jedoch nicht automatisch das in der Fortsetzungsklausel zum Ausdruck kommende Interesse der übrigen Gesellschafter am Bestand der Gesellschaft.[67]

2. *Kündigungserklärung*

Die Austrittskündigung oder Austrittserklärung ist eine einseitige empfangsbedürftige Willenserklärung, die auf ein Ausscheiden aus dem Gesellschafterverhältnis gerichtet ist.[68] Die Erklärung ist an alle Gesellschafter zu richten und muss ihnen zugehen.[69] Es ist nicht erforderlich, dass die Kündigung ausdrücklich erklärt wird; insbesondere muss der Begriff „Kündigung" nicht explizit verwendet werden.[70] Sie kann sich auch aus den Gesamtumständen ergeben, sofern der Wille des Gesellschafters zur Beendigung der gemeinsamen Zweckverfolgung eindeutig hervortritt.[71] Eine fristlose außerordentliche Kündigung kann bei Fehlen eines wichtigen Grundes gem. § 140 BGB in eine ordentliche Kündigung umgedeutet werden, wenn dies dem Willen des Kündigenden entspricht und dieser Wille für den Kündigungsempfänger erkennbar war.[72] Die Kündigung wird wirksam, sobald alle Gesellschafter von ihr Kenntnis genommen haben.[73]

---

65 BGH v. 4.4.1951 – II ZR 10/50, NJW 1951, 650, 651; *Hadding/Kießling*, in: Soergel BGB, § 736 Rn. 8; *Kilian*, in: Henssler/Strohn, § 736 BGB Rn. 3; *Schöne*, in: BeckOKBGB, § 736 Rn. 4.

66 *Habermeier*, in: Staudinger, § 736 BGB Rn. 6; *Hanke*, in: NK-BGB, § 736 Rn. 3; *Schöne*, in: BeckOKBGB, § 736 Rn. 8.

67 *Kilian*, in: Henssler/Strohn, § 736 BGB Rn. 5; *Schöne*, in: BeckOKBGB, § 736 Rn. 8.

68 *Kilian*, in: Henssler/Strohn, § 723 BGB Rn. 4 f.

69 *Kilian*, in: Henssler/Strohn, § 723 BGB Rn. 4; *Schäfer*, in: MüKoBGB, § 723 Rn. 11.

70 RG v. 6.2.1917 – II 403/16, RGZ 89, 398, 400.

71 *Hadding/Kießling*, in: Soergel BGB, § 723 Rn. 15; für Beispiele von Situationen, aus denen der Kündigungswille ausdrücklich hervorgeht, siehe *Kilian*, in: Henssler/Strohn, § 723 BGB Rn. 5.

72 BGH v. 12.1.1998 – II ZR 98/96, NJW 1998, 1551; *Schäfer*, in: MüKoBGB, § 723 Rn. 17.

73 *Kilian*, in: Henssler/Strohn, § 723 BGB Rn. 4.

Die Kündigungserklärung bedarf, sofern gesellschaftsvertraglich nichts anderes vereinbart ist, keiner speziellen Form.[74]

II. Ordentliche Kündigung, § 723 Abs. 1 S. 1 BGB

Nach § 723 Abs. 1 S. 1 BGB kann jeder Gesellschafter einer GbR, die für unbestimmte Zeit eingegangen ist, jederzeit und ohne Grund kündigen. Der Gesellschafter ist berechtigt, ohne Rechtfertigung aus der Gesellschaft auszuscheiden und im Gegenzug eine Abfindung für die Aufgabe seines Anteils von der Gesellschaft zu verlangen.[75] Die ordentliche Kündigung ist nach der gesetzlichen Regelung nicht an Kündigungsfristen gebunden. Eine entsprechende Anwendung des § 132 HGB, d.h. die gesetzliche Beschränkung der Kündigungsmöglichkeit auf den Schluss eines Geschäftsjahres mit einer Frist von sechs Monaten, kommt mangels Regelungslücke nicht in Betracht.[76] Dem Gesellschafter steht der Weg der ordentlichen Kündigung nur offen bei auf unbestimmte Zeit (§ 723 Abs. 1 S. 1 BGB) bzw. auf Lebenszeit eines Gesellschafters (§ 724 S. 1 BGB) eingegangenen Gesellschaften und bei nach dem Zeitpunkt des Fristablaufs stillschweigend fortgesetzten Gesellschaften (§ 724 S. 2 BGB). Bei befristeten Gesellschaften tritt an die Stelle der ordentlichen Kündigung die Auflösung durch Zeitablauf.[77] Zur Abgrenzung zeichnet sich eine befristete Gesellschaft z.B. dadurch aus, dass sie entweder bis zu einem bestimmten Datum oder festen Ereignis oder bis zur Realisierung eines Projekts zeitlich bestehen soll.[78] Bei Zweifeln hinsichtlich der Befristung ist von einer auf unbestimmte Dauer eingegangenen Gesellschaft auszugehen.[79] Die Vereinbarung einer Mindestlaufzeit einer Gesellschaft schließt die ordentliche Kündigung bis zum Ablauf dieses Zeitraums aus.[80] Nach Ablauf der Mindestdauer besteht die Gesellschaft als unbefristete Gesellschaft fort, die ab dann ordentlich gekündigt werden kann.[81]

---

74 *Hadding/Kießling*, in: Soergel BGB, § 723 Rn. 18; *Hanke*, in: NK-BGB, § 723 Rn. 5; *Schäfer*, in: MüKoBGB, § 723 Rn. 12.

75 *Hofmann*, Minderheitsschutz, S. 475.

76 *Steinbeck*, FS Hadding, 675, 683 ff.; *Hadding/Kießling*, in: Soergel BGB, § 723 Rn. 18; a.A. *Strothmann/Vieregge*, FS Oppenhoff, 451, 464 ff.

77 *Schäfer*, in: MüKoBGB, § 723 Rn. 20.

78 OLG Köln v. 26.6.2001 – 22 U 34/01, NZG 2001, 1082, 1083; *Hadding/Kießling*, in: Soergel BGB, § 723 Rn. 25.

79 *Kilian*, in: Henssler/Strohn, § 723 BGB Rn. 8.

80 *Hadding/Kießling*, in: Soergel BGB, § 723 Rn. 25.

81 *Schäfer*, in: MüKoBGB, Vorb. § 723 Rn. 14.

III. Außerordentliche Kündigung, § 723 Abs. 1 S. 2 BGB

Der außerordentlichen Kündigung liegt der Rechtsgedanke zugrunde, dass Dauerschuldverhältnisse mit ihrer langen Bindung mit sofortiger Wirkung gelöst werden können müssen, wenn einer der Parteien das Festhalten am Vertrag nicht mehr zugemutet werden kann.[82] Das Recht, bei Vorliegen eines wichtigen Grundes aus der Gesellschaft auszutreten, zählt zu den zwingenden und unverzichtbaren Mitgliedschaftsrechten.[83] Es ist unerheblich, ob die zu kündigende Gesellschaft befristet ist oder auf unbestimmte Zeit eingegangen wurde. Allerdings erlangt das außerordentliche Kündigungsrecht gem. § 723 Abs. 1 S. 2 BGB gerade dann praktische Bedeutung, wenn die ordentliche Kündigung ausgeschlossen ist, weil die Gesellschaft z.B. befristet oder das Kündigungsrecht durch vertragliche Vorgaben eingeschränkt ist.

Liegt ein wichtiger Grund in der Person eines Mitgesellschafters vor, ist der Ausschluss eben dieses Gesellschafters regelmäßig der zweckmäßigere Weg zur Konfliktlösung. Anstatt selbst aufgrund personenbezogener Umstände bei einem Mitgesellschafter die Gesellschaft bzw. die eigene Mitgliedschaft zu kündigen, kann das Ausschließen des „störenden" Gesellschafters oft attraktiver für den veränderungswilligen Gesellschafter sein. Da § 737 S. 1 BGB ausdrücklich auf die gem. § 723 Abs. 1 S. 2 BGB zur Kündigung berechtigenden Umstände verweist, soll jedoch bereits an dieser Stelle (und nicht erst beim Ausschluss) das Grundgerüst der Kündigung aus wichtigem Grund erläutert werden.

1. Der wichtige Grund nach § 723 Abs. 1 S. 3 Nr. 1 BGB

a) Allgemeines

In Anlehnung an den allgemeinen Rechtsgedanken des § 314 Abs. 1 S. 2 BGB[84] ist ein wichtiger Grund gegeben, sofern dem Kündigenden unter Berücksichtigung aller Umstände des Einzelfalls und unter Abwägung der beteiligten Interessen die Fortsetzung der Gesellschaft bis zum vereinbarten Ende nicht zugemutet werden kann.[85] Der kündigungswillige Gesellschafter ist bei Unzumutbarkeit

---

82 *Hadding/Kießling*, in: Soergel BGB, § 723 Rn. 28.

83 *Wiedemann*, GesR Bd. II, S. 394.

84 In der konkreten Anwendung wird das im Rahmen der Schuldrechtsreform eingeführte Kündigungsrecht aus wichtigem Grund gem. § 314 BGB jedoch bei Gesellschaften grundsätzlich von § 723 BGB als lex specialis verdrängt, BT-Drucks. 14/6040, S. 177.

85 *Schäfer*, in: MüKoBGB, § 723 Rn. 28.

berechtigt, den Gesellschafterbund aufzulösen – sei es durch Auflösung der gesamten Gesellschaft oder nur seiner Mitgliedschaft. Berücksichtigung finden nur wichtige Gründe, die im Zeitpunkt des Zugangs der Kündigungserklärung vorhanden sind; spätere Vorgänge haben allenfalls indizielle Bedeutung.[86] Da es sich bei der Gesellschaft um einen Zusammenschluss zur Verfolgung eines bestimmten Zwecks handelt, liegt ein wichtiger Grund i.d.R. dann vor, wenn das Vertrauensverhältnis zwischen den Gesellschaftern nachhaltig zerrüttet ist oder die gemeinschaftliche Verfolgung des Gesellschaftszwecks aus anderen Gründen unmöglich ist.[87] Dabei ist nicht nur die Schwere des Kündigungsgrundes zu berücksichtigen. Es sind sämtliche Umstände aus dem Gesellschaftsverhältnis, wie z.B. die Dauer der Gesellschaft, die Gesellschaftsform, die Intensität der persönlichen Verbundenheit der Gesellschafter, der Gesellschaftszweck, die wirtschaftlichen Folgen einer Beendigung und die Dauer bis zum nächstmöglichen ordentlichen Kündigungstermin, gegeneinander abzuwägen.[88] Der wichtige Grund muss nicht zwingend dem Gesellschaftsverhältnis entspringen, sondern kann auch auf Umständen außerhalb der Vertragsbeziehung basieren. Es ist ebenso nicht erforderlich, dass der den Kündigungsgrund gebende Gesellschafter den in seiner Person aufgetretenen Umstand schuldhaft verursacht hat.[89] Bei der Abwägung zwischen individuellem Lösungsinteresse des Ausscheidenswilligen und Interesse der übrigen Gesellschafter an der unveränderten Fortsetzung der Gesellschaft[90] ist stets zu beachten, dass die außerordentliche Kündigung ultima ratio ist.[91] Sofern die Vertragsstörung durch ein milderes Mittel behoben werden kann, ist dieser Lösungsweg vorrangig. Dazu kann die Zumutbarkeit des Abwartens auf den nächsten ordentlichen Kündigungstermin oder bei personenbezogenen Gründen der Entzug der Geschäftsführungs- und Vertretungsbefugnis gem. §§ 712, 715 BGB gehören.[92]

---

86 BGH v. 24.7.2000 – II ZR 320/98, NJW 2000, 3491, 3492; *Hadding/Kießling*, in: Soergel BGB, § 723 Rn. 29.

87 BGH v. 30.11.1951 – II ZR 109/51, NJW 1952, 461, 462; BGH v. 17.12.1959 – II ZR 32/59, NJW 1960, 625, 627; *Hadding/Kießling*, in: Soergel BGB, § 723 Rn. 34; *Kilian*, in: Henssler/Strohn, § 723 BGB Rn. 11.

88 BGH v. 28.1.2002 – II ZR 239/00, NJW-RR 2002, 704 f.; BGH v. 10.6.1996 – II ZR 102/95, NJW 1996, 2573; *Schäfer*, in: MüKoBGB, § 723 Rn. 29.

89 *Schäfer*, in: MüKoBGB, § 723 Rn. 33.

90 BGH v. 10.7.1982 – II ZR 157/81, NJW 1982, 2821; BGH v. 22.5.2012 – II ZR 2/11, NJW-RR 2012, 1059, 1062.

91 *Hadding/Kießling*, in: Soergel BGB, § 723 Rn. 36.

92 *Hadding/Kießling*, in: Soergel BGB, § 723 Rn. 36; *Schäfer*, in: MüKoBGB, § 723 Rn. 29.

b) Personenbezogene Umstände

In § 723 Abs. 1 S. 3 Nr. 1 Alt. 1 BGB findet sich die vorsätzliche oder grob fahrlässige Verletzung einer wesentlichen Gesellschafterpflicht als Beispiel für einen wichtigen Kündigungsgrund. Daraus leitet sich ab, dass nicht jedes gesellschaftsvertragliche Fehlverhalten oder jegliche Unstimmigkeit zwischen den Gesellschaftern per se als Kündigungsgrund ausreicht.[93] Vielmehr müssen die vom Kündigungswilligen angeführten Umstände im Einzelfall erheblich sein. Ein schwerwiegendes unredliches Verhalten bzw. ein dahingehender begründeter Verdacht, wie z.B. sittenwidriges oder strafbares Verhalten oder Untreue zu Lasten des Gesellschaftsvermögens, lassen eine weitere Zusammenarbeit in der Gesellschaft i.d.R. als unzumutbar erscheinen und überschreiten die Wesentlichkeitsgrenze.[94] Die hartnäckige Weigerung eines Gesellschafters, seine vertraglich übernommenen Beitrags- oder sonstigen Förderungspflichten zu erfüllen, kann ebenfalls eine grob schuldhafte Verletzung wesentlicher gesellschaftsvertraglicher Verpflichtungen darstellen.[95] Aus dem in § 723 Abs. 1 S. 3 Nr. 1 Alt. 2 BGB genannten Grund der Unmöglichkeit der Erfüllung einer wesentlichen Gesellschafterpflicht ergibt sich, dass auch unverschuldete persönliche Gründe bei einem Mitgesellschafter, wie die krankheits- oder altersbedingte Arbeitsunfähigkeit, die Insolvenz oder der Verlust der Berufszulassung, hinreichend sind, um die Unzumutbarkeit der Fortsetzung der Zusammenarbeit zu begründen.[96] Die in der Person des Mitgesellschafters liegenden Gründe müssen zwar nicht im Gesellschaftsverhältnis begründet sein, aber sich zumindest auf dieses auswirken.[97] Der Kündigungsgrund muss gerade die Fortsetzung der Zusammenarbeit in der Gesellschaft unzumutbar machen, indem z.B. die persönliche Vertrauensgrundlage zwischen den Gesellschaftern zerstört wird.[98]

---

93 BGH v. 18.11.1974 – II ZR 107/73, WM 1975, 329, 330 f.; *Schäfer*, in: MüKoBGB, § 723 Rn. 32.

94 BGH v. 17.12.1959 – II ZR 32/59, NJW 1960, 625; *Hadding/Kießling*, in: Soergel BGB, § 723 Rn. 38; *Hanke*, in: NK-BGB, § 723 Rn. 17; *Kilian*, in: Henssler/Strohn, § 723 BGB Rn. 12.

95 *Schäfer*, in: MüKoBGB, § 723 Rn. 31.

96 *Schäfer*, in: MüKoBGB, § 723 Rn. 33.

97 *Kilian*, in: Henssler/Strohn, § 723 BGB Rn. 13.

98 So z.B. die ehebrecherische Beziehung zum Ehepartner des Mitgesellschafters, BGH v. 30.11.1951 – II ZR 109/51, NJW 1952, 461 oder die nachhaltige üble Nachrede ggü. Familienmitgliedern eines Mitgesellschafters, BGH v. 8.7.1976 – II ZR 34/75, WM 1976, 1030, 1032.

c) Objektive Umstände

Auch ein objektiver Grund kann zur außerordentlichen Kündigung ermächtigen. So kommen schwerwiegende Zweifel an der weiteren erfolgreichen Zusammenarbeit[99], die wesentliche Änderung des Gesellschaftszwecks[100] oder die dauerhafte Unrentabilität der Gesellschaft[101] als objektive Kündigungsgründe in Betracht.

2. Sonderkündigungsrecht des Minderjährigen, § 723 Abs. 1 S. 3 Nr. 2 BGB

Wenn der Gesellschafter das 18. Lebensjahr vollendet, kann er aus wichtigem Grund außerordentlich kündigen.[102] Es handelt sich nicht nur um ein Sonderkündigungsrecht, sondern auch um eine nachträgliche Haftungsbeschränkung auf das bei Eintritt der Volljährigkeit vorhandene Vermögen des ehemals minderjährigen Gesellschafters.[103]

3. Kein Verzicht / keine Verwirkung

Das Recht zur außerordentlichen Kündigung ist aufgrund seiner zwingenden Natur unverzichtbar, § 723 Abs. 3 BGB. Der Gesellschafter kann allerdings auf die Geltendmachung bestimmter Umstände als Kündigungsgrund verzichten, indem er trotz Kenntnis des Kündigungsgrundes längere Zeit widerspruchlos am Vertrag festhält.[104] Davon ist die Verwirkung zu unterscheiden, die auch ohne Verzichtswillen des Kündigungsberechtigten eintritt, sofern der andere Teil aufgrund des länger andauernden Verhaltens des Kündigungsberechtigten davon ausgehen durfte, dass dieser das Kündigungsrecht nicht mehr ausüben werde.[105]

4. Zusammenfassung

Der wichtige Grund bei der außerordentlichen Kündigung nach § 723 S. 3 Nr. 1 BGB kann sich aus personenbezogenen oder objektiven Umständen ergeben, die

---

99 BGH v. 21.11.2005 – II ZR 367/03, NJW 2006, 844, 845; BGH v. 18.7.2005 – II ZR 159/03, NJW 2005, 3061.

100 BGH v. 21.4.1980 – II ZR 144/79, WM 1980, 868, 869.

101 *Schäfer*, in: MüKoBGB, § 723 Rn. 35.

102 Für weitere Informationen siehe *Hadding/Kießling*, in: Soergel BGB, § 723 Rn. 45 ff.; *Grunewald*, ZIP 1999, 597 ff.; *Schäfer*, in: MüKoBGB, § 723 Rn. 38 ff.

103 *Westermann*, in: Hdb. PerGes, Rn. 1102.

104 *Hadding/Kießling*, in: Soergel BGB, § 723 Rn. 32; *Schäfer*, in: MüKoBGB, § 723 Rn. 47.

105 BGH v. 27.6.1957 – II ZR 15/56, NJW 1957, 1358; BGH v. 11.7.1966 – II ZR 214/64, NJW 1966, 2160, 2161.

dem Kündigenden die Fortsetzung der Gesellschaft bis zum Ablauf der ordentlichen Kündigungsfrist unzumutbar machen. Fälle des Verzichts der Geltendmachung oder der Verwirkung des Rechts zu außerordentlichen Kündigung kommen nur selten vor.

IV. Allgemeine Schranken des Kündigungsrechts

Sowohl für die ordentliche als auch für die außerordentliche Kündigung gelten allgemeine Kündigungsschranken. Dabei handelt es sich insbesondere um das generelle Verbot der rechtsmissbräuchlichen Rechtsausübung und das kündigungsspezifische Verbot der Kündigung zur Unzeit gem. § 723 Abs. 2 BGB.

1. Rechtsmissbräuchliche Kündigung

Wie jedes andere Gestaltungsrecht darf das Kündigungsrecht nicht gegen das Verbot missbräuchlicher Ausübung verstoßen. Der Verdacht der missbräuchlichen Rechtsausübung besteht, sofern bei der Kündigung die berechtigten Interessen der übrigen Gesellschafter rücksichtlos oder willkürlich außer Acht gelassen werden.[106] Wann eine Kündigung rechtsmissbräuchlich ist, ist einzelfallabhängig zu entscheiden. Als Anhaltspunkt bieten sich dabei die von der Rechtsprechung und Literatur herausgearbeiteten Fallgruppen an, die sich allesamt durch ihre Nähe zu den Tatbeständen der §§ 138 Abs. 1, 826 BGB auszeichnen.[107]

a) Fallgruppen

Eine Kündigung ist erstens rechtsmissbräuchlich, wenn der Kündigende treuwidrige Zwecke verfolgt. Hierzu gehören insbesondere Kündigungen in schädigender Absicht oder unter rücksichtsloser Verfolgung eigener Interessen.[108] Bei der zweiten Fallgruppe basiert der Rechtsmissbrauchsvorwurf auf den widrigen Begleitumständen der Kündigung. Es geht dabei um Fälle der Ausnutzung einer arglistig herbeigeführten Kündigungslage[109] oder der besonderen Notlage des Vertragspartners[110]. Drittens kann ein besonders widersprüchliches Verhalten

---

106 *Henssler/Kilian*, ZIP 2005, 2229, 2232.

107 Für einen Überblick siehe *Henssler/Kilian*, ZIP 2005, 2229, 2234 f.; *Schäfer*, in: MüKoBGB, § 723 Rn. 58 ff.

108 *Schäfer*, in: MüKoBGB, § 723 Rn. 58.

109 BGH v. 15.6.1959 – II ZR 44/58, NJW 1959, 1683, 1685.

110 OGHBrZ Köln v. 9.3.1950 – I ZS 17/49, NJW 1950, 503, 504 (Kündigung ggü. einem Mitgesellschafter, der sich im Kriegsdienst bzw. in Kriegsgefangenschaft befand und deshalb nicht auf die Kündigung reagieren konnte).

des Kündigenden die Kündigung rechtmissbräuchlich machen. So etwa, wenn der Kündigende von seinem Kündigungsrecht Gebrauch macht, nachdem er kurz zuvor Mitgesellschafter zur Investition in die Gesellschaft – für welche das weitere Verbleiben des Kündigenden wesentliche Grundlage war – veranlasst hat.[111]

b) Spannungsverhältnis zwischen Kündigungsfreiheit und Schutzbedürftigkeit

Der Anwendungsbereich dieser Fallgruppen ist jedoch denkbar klein. Grund dafür ist das Spannungsverhältnis zwischen der in § 723 Abs. 3 BGB garantierten Vertragsbeendigungsfreiheit und der Schutzbedürftigkeit des einzelnen Gesellschafters vor missbräuchlichen Handlungen der Mitgesellschafter.[112] Die Abwägung zwischen den Interessen des Kündigenden und der übrigen Gesellschafter wird entscheidend dadurch beeinflusst, dass eigennützige Vertragsrechte, wie das Kündigungsrecht, nur herabgesetzten Anforderungen an die Treuepflicht unterstehen.[113] Sie werden daher nur in Ausnahmefällen treuwidrig ausgeübt. Zudem beinhaltet § 723 Abs. 2 BGB bereits eine erste Interessenabwägung, die so beschaffen ist, dass grundsätzlich nur die Kündigung zur Unzeit sanktioniert wird und das auch nur durch die Auferlegung einer Schadensersatzpflicht. Letztlich darf die in § 723 Abs. 1 S. 1 BGB verankerte und durch § 723 Abs. 3 BGB gesicherte Kündigungsfreiheit nicht unter dem Mantel des Rechtsmissbrauchseinwands ausgehöhlt werden.[114] Weder ist das bloße Fehlen eines Kündigungsgrundes (bei der ordentlichen Kündigung)[115] noch sind bloße wirtschaftliche Nachteile der Mitgesellschafter[116] ausreichend, um zu einer Unwirksamkeit der Kündigung zu führen. Insbesondere ist es nicht treuwidrig mit dem Ziel zu kündigen, günstigere Vertragsbedingungen auszuhandeln[117]. Verstöße gegen die

111 *Ulmer,* FS Möhring, 295, 307 f.; *Henssler/Kilian,* ZIP 2005, 2229, 2235.

112 BGH v. 28.2.1977 – II ZR 210/75, WM 1977, 736, 738; *Henssler/Kilian,* ZIP 2005, 2229, 2232; *Schäfer,* in: MüKoBGB, § 723 Rn. 51.

113 *Ulmer,* FS Möhring, 295, 300.

114 BGH v. 28.2.1977 – II ZR 210/75, WM 1977, 736, 738; *Strothmann/Vieregge,* FS Oppenhoff, 451, 462; *Kilian,* WM 2006, 1567, 1575; *Wiedemann,* Beilage Nr. 7 zu WM 1992, 1, 54.

115 *Hanke,* in: NK-BGB, § 723 Rn. 10; *Schäfer,* in: MüKoBGB, § 723 Rn. 60; a.A. *Merkel,* NJW 1961, 2004, 2005.

116 *Strothmann/Vieregge,* FS Oppenhoff, 451, 464.

117 BGH v. 28.2.1977 – II ZR 210/75, BGH WM 1977, 736, 738.

Treuepflicht führen regelmäßig nur zur Schadensersatzverpflichtung des Kündigenden.[118]

2. *Kündigung zur Unzeit, § 723 Abs. 2 BGB*

Die Kündigung darf nach § 723 Abs. 2 BGB nicht zur Unzeit erfolgen. Bei dieser Vorschrift handelt es sich „um den einzigen gesetzlich geregelten Fall einer missbräuchlichen Kündigung".[119] Die unzeitige Kündigung ist zwar wirksam, aber die geschädigten Mitgesellschafter können Schadensersatzansprüche gegen den Kündigenden geltend machen.[120] Der Schaden muss durch die Wahl des nachteiligen Kündigungszeitpunkts entstanden sein; nicht erfasst ist ein aus der Kündigung an sich typischerweise resultierender Nachteil.[121] Damit genügt das bloße Ausscheiden an sich nicht als Nachteil, wohl aber besonders gravierende wirtschaftliche Folgeerscheinungen, die ohne Weiteres für den Kündigenden durch den Verzicht auf die Kündigung oder die Wahl eines anderen Kündigungstermins vermeidbar gewesen wären.[122]

Eine Kündigung erfolgt zur Unzeit, sofern die Auswahl des Kündigungszeitpunkts die gemeinschaftlichen Interessen der übrigen Gesellschafter schuldhaft verletzt, ohne dass ein wichtiger Grund für die Wahl gerade dieses Kündigungstermins bestünde.[123] Der Vorwurf einer unzeitigen Kündigung kommt vorrangig bei der ordentlichen Kündigung in Betracht. Bei der außerordentlichen Kündigung überwiegt regelmäßig das Interesse des Kündigenden an der unverzüglichen Ausübung seines Kündigungsrechts.[124] Die Grenze zwischen einer wirksamen unzeitigen und einer besonders rechtsmissbräuchlichen und damit unwirksamen Kündigung ist fließend, sodass eine trennscharfe Abgrenzung mitunter schwierig ist. Die Grenze zur rechtsmissbräuchlichen Kündigung soll in dem Moment überschritten sein, in dem die Nachteile durch die Kündigung so schwerwiegend sind, dass ein bloßer Schadensersatzanspruch ohne

---

118 *Strothmann/Vieregge*, FS Oppenhoff, 451, 462; *Henssler/Kilian*, ZIP 2005, 2229, 2232; *Schäfer*, in: MüKoBGB, § 723 Rn. 60; a.A. *van Venrooy*, JZ 1981, 53, 55 ff.

119 *Ulmer*, FS Möhring, 295, 307.

120 BGH v. 8.7.1976 – II ZR 34/75, WM 1976, 1030, 1032; *Hadding/Kießling*, in: Soergel BGB, § 723 Rn. 52.

121 *Schäfer*, in: MüKoBGB, § 723 Rn. 54; *Schöne*, in: BeckOKBGB, § 723 Rn. 29.

122 *Westermann*, in: Hdb. PerGes, Rn. 1075a.

123 *Hadding/Kießling*, in: Soergel BGB, § 723 Rn. 51; *Schöne*, in: BeckOKBGB, § 723 Rn. 28; *Westermann*, in: Hdb. PerGes, Rn. 1075a.

124 *Habermeier*, in: Staudinger, § 723 BGB Rn. 37; *Hanke*, in: NK-BGB, § 723 Rn. 24.

Unwirksamkeit den geschädigten Mitgesellschaftern keine ausreichende Genugtuung verschaffen kann.[125]

3. Zusammenfassung

Die Kündigung nach § 723 Abs. 1 BGB ist nur ausnahmsweise wegen missbräuchlicher Rechtsausübung unwirksam. Die durch § 723 Abs. 3 BGB abgesicherte Kündigungsfreiheit genießt grundsätzlich Vorrang. Sie darf nicht unter dem Deckmantel der missbräuchlichen Rechtsausübung relativiert werden. Auch der Vorwurf der Kündigung zur Unzeit gem. § 723 Abs. 2 BGB verfängt nur ausnahmsweise. Die unzeitige Kündigung ist wirksam, der Ausscheidende macht sich nur schadensersatzpflichtig.

V. Schranken vertraglicher Kündigungsbeschränkungen, § 723 Abs. 3 BGB

§ 723 Abs. 3 BGB erklärt Vereinbarungen, durch die das Kündigungsrecht ausgeschlossen oder übermäßig beschränkt wird, für unwirksam. Hierin manifestiert sich das Prinzip der Kündigungsfreiheit. Das Verbot von übermäßigen Kündigungsbeschränkungen in § 723 Abs. 3 BGB gilt sowohl für ordentliche als auch für außerordentliche Kündigungen. Wegen des zwingenden Charakters des § 723 Abs. 3 BGB kann auf diesen Schutz nicht verzichtet werden.[126]

Die Gesellschaft ist insbesondere an der Vereinbarung von Kündigungsbeschränkungen interessiert, die die Gefahr der Existenzvernichtung der Gesellschaft durch den Kapitalabfluss infolge der Abfindung des kündigenden Gesellschafters reduzieren und so die Planungssicherheit und Kontinuität der Gesellschaft stärken.[127] Auch soll in vielen Fällen das aus dem jederzeitigen Lösungsrecht resultierende Drohpotential eingedämmt werden.[128] Dabei wird die Gestaltungsmacht der Gesellschafter bzgl. des Kündigungsrechts durch den oben angesprochenen § 723 Abs. 3 BGB begrenzt. Die Kündigung darf nicht ausgeschlossen bzw. durch nachteilige Beschränkungen so unattraktiv gestaltet werden, dass Kündigungswillige von einer Kündigung abgehalten werden. Den Gesellschaftern dürfen lediglich solche Bindungen auferlegt werden, die im Interesse der Gesellschaft unerlässlich sind.[129]

---

125 *Hadding/Kießling*, in: Soergel BGB, § 723 Rn. 53.

126 BGH v. 13.6.1994 – II ZR 38/93, NJW 1994, 2536, 2537; *Schäfer*, in: MüKoBGB, § 723 Rn. 61; *Wiedemann*, Beilage Nr. 7 zu WM 1992, 1, 50 f.

127 *Hofmann*, Minderheitsschutz, S. 476.

128 *Wiedemann*, Beilage Nr. 7 zu WM 1992, 1, 51.

129 *Wiedemann*, Beilage Nr. 7 zu WM 1992, 1, 50 f.

1. *Ordentliche Kündigung*

a) Allgemeines

Als Kündigungsbeschränkungen werden häufig längere Kündigungsfristen, ein Ausschluss der Kündigungsmöglichkeit für eine bestimmte Zeit, die Begrenzung auf feststehende Kündigungsgründe, ein Zustimmungserfordernis der übrigen Mitgesellschafter und spezifische Kündigungsfolgen vereinbart.[130] Es kommt bei der Beurteilung der Zulässigkeit von kündigungsbeschränkenden Vereinbarungen stets auf die Gesamtumstände des Einzelfalls an. So ist es möglich, dass das beschränkte Kündigungsrecht durch andere Zugeständnisse kompensiert wird, sodass keine unzumutbare Einschränkung der persönlichen Freiheit des Gesellschafters vorliegt.[131] Ein freies Recht zur Übertragung der Mitgliedschaft kann ausreichend sein, sofern die Übernahme zum Verkehrswert sichergestellt ist (Sicherstellung z.B. durch einen Anspruch gegen die Mitgesellschafter auf Anteilsübernahme oder bei ausreichend großem Markt für funktionierende Preisbildung).[132]

b) Insb. Erschwerungen in zeitlicher Hinsicht

Zeitliche Kündigungserschwerungen kommen häufig in Form der Vereinbarung einer Mindestdauer der Gesellschaft unter Ausschluss des ordentlichen Kündigungsrechts, der Errichtung der Gesellschaft für einen zwar bestimmten, jedoch äußerst lang bemessenen Zeitraum (mit der Folge des Ausschlusses der ordentlichen Kündigung nach § 723 Abs. 1 S. 2 BGB) oder der Vereinbarung über die Länge der Kündigungsfrist vor.[133] Ein auf lange Zeit herausgeschobenes Kündigungsrecht durch extensive Perioden der Unkündbarkeit, eine unverhältnismäßig lange Mindestdauer des Gesellschaftsverhältnisses oder besonders lange Kündigungsfristen können gegen § 723 Abs. 3 BGB verstoßen.[134]

Rechtsprechung und Literatur haben (richtigerweise) bisher von einer stichtagsgenauen Bestimmung der maximal zulässigen Bindungsdauer abgesehen. Die Frage, wann die Grenze zur unzulässigen Zeitbestimmung überschritten ist, lässt sich nur abhängig vom Einzelfall beurteilen. Früher wurden lediglich

---

130 *Westermann*, in: Hdb. PerGes, Rn. 1077.

131 OLG Dresden v. 7.1.2002 – 2 U 2841/01, juris, Rn. 10 ff.

132 *Schäfer*, in: MüKoBGB, § 723 Rn. 70; *Wiedemann*, Beilage Nr. 7 zu WM 1992, 1, 51; *Wiedemann*, GesR Bd. II, S. 273.

133 *Gersch*, BB 1977, 871, 871; *Hey*, Freie Gestaltung, S. 257.

134 *Westermann*, in: Hdb. PerGes, Rn. 1077.

Extremfälle für unwirksam erklärt.[135] Die in der Vergangenheit weit verbreitete Ansicht, dass Befristungen nur nicht auf Lebenszeit des Gesellschafters, aber im Übrigen zeitlich unbeschränkt vereinbart werden können, wird seit den 70er Jahren kaum noch vertreten.[136] Das Freiheitsrecht des einzelnen Gesellschafters rückte in den Vordergrund.[137] Die früher aufgestellte Grenze von 30 Jahren[138] wird heutzutage nur noch ausnahmsweise als Höchstgrenze herangezogen. In neueren Entscheidungen hat der BGH Zeitbestimmungen zwischen 5 und 12 Jahren als noch zulässig anerkannt; einen Kündigungsausschluss für 30 Jahre in einer Rechtsanwaltssozietät jedoch als inakzeptabel abgelehnt.[139] Im Kern besteht eine zeitlich unüberschaubare und damit unzulässige Bindung, wenn die vertragliche Bindung von so langer Dauer ist, dass „bei Vertragsschluss die Entwicklung und die Auswirkungen auf die Gesellschafter unübersehbar sind."[140] Maßgebendes Kriterium ist, wie stark die persönliche und wirtschaftliche Dispositionsfreiheit des kündigungswilligen Gesellschafters durch die zeitliche Kündigungsbeschränkung eingeengt wird.[141] Wird festgestellt, dass eine Gesellschaft auf überlange Dauer eingegangen wurde, ist die angemessene Dauer für den Kündigungsausschluss durch ergänzende Vertragsauslegung zu ermitteln.[142]

Im Rahmen der Kündigungsbeschränkungen bei Freiberuflersozietäten wird nicht nur wie oben gesehen, der 30jährige Kündigungsausschluss für unzulässig gehalten, sondern es werden in Anlehnung an § 624 BGB bereits Bindungen über 5 Jahre abgelehnt.[143]

---

135 BGH v. 19.1.1967 – II ZR 27/65, WM 1967, 315, 316; kritisch dazu schon damals *Wiedemann*, GesR Bd. I, S. 398 f.

136 *Schäfer*, in: MüKoBGB, § 723 Rn. 64.

137 *Westermann*, in: Hdb. PerGes, Rn. 1077b.

138 U.a. *Gersch*, BB 1977, 871, 874.

139 BGH v. 13.3.2006 – II ZR 295/94, NJW-RR 2006, 1270, 1271; BGH v. 21.3.2005 – II ZR 310/03, NJW 2005, 1784, 1786; BGH v. 18.9.2006 – II ZR 137/04, NJW 2007, 295; für die Zulässigkeit einer 30-jährigen Bindung bei Freiberuflersozietäten noch *Gersch*, BB 1977, 871, 874.

140 BGH v. 18.9.2006 – II ZR 137/04, NJW 2007, 295.

141 BGH v. 18.9.2006 – II ZR 137/04, NJW 2007, 295 f.; *Kilian*, in: Henssler/Strohn, § 723 BGB Rn. 26.

142 BGH v. 18.9.2006 – II ZR 137/04, NJW 2007, 295, 297; *Hadding/Kießling*, in: Soergel BGB, § 723 Rn. 57; kritisch ist dagegen der Vorschlag von *Gersch*, BB 1977, 871, 875 zu sehen, der bei Bestehen langer zeitlicher Kündigungsbeschränkungen die Anerkennung eines „außerordentlichen befristeten Kündigungs- bzw. Auflösungsrecht aus minder wichtigem Grund" fordert.

143 *Lutz*, Gesellschafterstreit, S. 261; *Henssler*, FS Konzen, 267, 279; *Wertenbruch*, DB 2009, 1222, 1223.

2. *Außerordentliche Kündigung*

Beschränkungen des außerordentlichen Kündigungsrechts sind generell unzulässig, sofern sie zur Folge haben, dass der Kündigungswillige bei Vorliegen eines wichtigen Grunds von der Kündigung abgehalten wird.[144] Es gilt als Faustregel, dass Kündigungsbeschränkungen, die schon für das ordentliche Kündigungsrecht abgelehnt werden, erst recht bei der Kündigung aus wichtigem Grund unzulässig sind. Die Vereinbarung, dass nur bestimmte Gründe das Recht zur außerordentlichen Kündigung auslösen sollen, verstößt gegen § 723 Abs. 3 BGB.[145] Lediglich der Klarstellung dienende Abreden sind akzeptabel, da sie insgesamt der Rechtsklarheit und Voraussehbarkeit dienen.[146] Es bestehen keine Bedenken gegen in der Praxis übliche Vertragsklauseln, die die Kündigung insoweit erleichtern, dass bestimmte Umstände stets als wichtige Gründe gelten.

3. *Kündigungsformüberschreitende Schranken*

Das Kündigungsrecht kann nicht nur durch eine lange zeitliche Bindung des Ausscheidenswilligen beschnitten werden, sondern auch durch die Modifikation der Ausübungsregeln des Kündigungsrechts.[147] Sowohl ein Zustimmungserfordernis der übrigen Gesellschafter als auch die Vereinbarung einer Vertragsstrafe können das Kündigungsrecht des betroffenen Gesellschafters wesentlich einschränken und sind damit regelmäßig unzulässig.[148] Ebenso können nachteilige Abänderungen der Kündigungsfolgen gegen § 723 Abs. 3 BGB verstoßen. Unter Umständen können Einschränkungen des Abfindungsanspruchs des ausscheidenden Gesellschafters rechtlich problematisch sein (vgl. dazu die Ausführungen auf S. 86 ff.).

4. *Rechtsfolgen einer unzulässigen Kündigungserschwerung*

Unzulässige Kündigungserschwerungen sind gem. § 723 Abs. 3 BGB nichtig. Dies führt nicht zur Nichtigkeit des gesamten Gesellschaftsvertrages, sondern i.d.R. tritt an die Stelle der nichtigen Klausel die gesetzliche Regelung.[149] Die ergänzende Vertragsauslegung kann auch ergeben, dass nach dem Willen der

---

144 *Schäfer*, in: MüKoBGB, § 723 Rn. 74.

145 *Hadding/Kießling*, in: Soergel BGB, § 723 Rn. 67; *Schäfer*, in: MüKoBGB, § 723 Rn. 75.

146 *Hanke*, in: NK-BGB, § 723 Rn. 28.

147 *Westermann*, in: Hdb. PerGes, Rn. 1077a.

148 *Schäfer*, in: MüKoBGB, § 723 Rn. 70, 73.

149 BGH v. 7.4.2008 – II ZR 181/04, NJW 2008, 2987, 2990; *Hadding/Kießling*, in: Soergel BGB, § 723 Rn. 55; *Schäfer*, in: MüKoBGB, § 723 Rn. 63.

Parteien statt der unwirksamen Klausel eine (noch) wirksame Klausel Anwendung finden soll.[150]

5. *Zwischenergebnis*

§ 723 Abs. 3 BGB gibt vor, dass Kündigungsbeschränkungen nur wirksam vereinbart werden können, sofern sie im Interesse der Gesellschaft unerlässlich sind. Während Beschränkungen des außerordentlichen Kündigungsrechts bei Vorliegen eines wichtigen Kündigungsgrundes regelmäßig unzulässig sind, besteht im Rahmen des ordentlichen Kündigungsrechts ein gewisser Gestaltungsspielraum. Grundsätzlich kann eine Kündigungsbeschränkung durch andere Zugeständnisse kompensiert werden, die die Einschränkung der persönlichen Freiheit des Gesellschafters zumutbar machen. Eine Beschränkung des Kündigungsrechts in zeitlicher Sicht ist jedoch dann unzulässig, wenn die vertragliche Bindung von so langer Dauer ist, dass die zukünftige Entwicklung der Gesellschaft und die Auswirkungen auf die Gesellschafter bei Vertragsschluss unübersehbar sind.

VI. Zusammenfassung

Ein Gesellschafter kann aus der Gesellschaft austreten, indem er gem. § 723 Abs. 1 S. 1 bzw. S. 2 BGB die ordentliche oder außerordentliche Kündigung seiner Mitgliedschaft erklärt. Sofern die Gesellschafter die Fortsetzung der Gesellschaft im Kündigungsfall vereinbart haben, wird die Gesellschaft nicht aufgelöst, sondern ohne den ausscheidenden Gesellschafter weitergeführt. Eine auf unbestimmte Zeit eingegangene Gesellschaft kann grundsätzlich jederzeit ordentlich gekündigt werden. Sofern ein wichtiger Kündigungsgrund im Sinne des § 723 Abs. 1 S. 2 BGB vorliegt, kann der Gesellschafter seine Mitgliedschaft – unbeschränkt durch sonstige vertragliche Regelungen – fristlos kündigen. Aufgrund der vorherrschenden Rolle der Kündigungsfreiheit verstoßen Kündigungen nur ausnahmsweise gegen die Verbote der missbräuchlichen Rechtsausübung und der Kündigung zur Unzeit. Ausdruck der Kündigungsfreiheit ist weiter, dass vertragliche Kündigungsbeschränkungen gem. § 723 Abs. 3 BGB unwirksam sind, sofern sie das Kündigungsrecht ausschließen oder übermäßig beschränken. Wann das Kündigungsrecht des Einzelnen übermäßig beschnitten wird, ergibt sich aus einer Bewertung der Gesamtumstände im Einzelfall. Unzulässige Kündigungserschwerungen sind gem. § 723 Abs. 3 BGB nichtig.

---

150 BGH v. 13.6.1994 – II ZR 259/92, NJW 1994, 2886, 2888; *Hadding/Kießling*, in: Soergel BGB, § 723 Rn. 55; *Schäfer*, in: MüKoBGB, § 723 Rn. 63.

VII. Besonderheiten bei OHG, KG und PartG

Bei der OHG, KG und PartG bestehen im Rahmen des Gesellschafteraustritts die folgenden Besonderheiten:

1. Voraussetzungen des Austritts

Nach § 131 Abs. 3 Nr. 3 HGB scheidet ein Gesellschafter durch ordentliche Kündigung aus der Personenhandelsgesellschaft aus. Es ist im Unterschied zur GbR keine ausdrückliche Fortsetzungsvereinbarung erforderlich, um eine Auflösung der Gesellschaft zu verhindern. § 9 Abs. 1 PartGG erklärt § 131 Abs. 3 Nr. 3 HGB für die Partnerschaft für anwendbar, sodass auch hier die Vereinbarung einer Fortsetzungsklausel entbehrlich ist. Anders als bei der GbR ist bei der Partnerschaft ebenso wie bei der OHG und KG keine Austrittskündigung aus wichtigem Grund gesetzlich vorgesehen. Vielmehr muss gem. § 133 HGB eine Klage auf Auflösung erhoben werden, sofern gesellschaftsvertraglich nicht etwas Abweichendes vereinbart wurde.[151]

2. Schranken abweichender Vereinbarungen

Bei den Personenhandelsgesellschaften und der Partnerschaft gelten die gleichen Schranken für abweichende Vereinbarungen wie bei der GbR. Insbesondere ist die Regelung des § 723 Abs. 3 BGB aufgrund ihrer grundlegenden Bedeutung über § 105 Abs. 3 HGB im Bereich der OHG/KG bzw. als allgemeiner Grundsatz in der Partnerschaft[152] anwendbar.[153] § 132 HGB, der über § 9 Abs. 1 PartGG auch für die Partnerschaft gilt, gibt vor, dass die ordentliche Kündigung bei einer unbefristeten Gesellschaft nur mit einer Kündigungsfrist von sechs Monaten zum Schluss eines Geschäftsjahres erfolgen kann. Die Anordnung einer längeren Kündigungsfrist als gesetzlich in § 132 HGB vorgesehen ist zulässig, sofern sie sich in einem angemessenen Rahmen hält und den Gesellschafter nicht überlang bindet.[154] Das Recht zur Kündigung aus wichtigem Grund (über die Auflösungsklage) ist nach §§ 133 Abs. 3, 234 Abs. 1 S. 2 HGB unabdingbar.

---

151 Im Rahmen des 71. DJT wurde fast einstimmig dafür gestimmt, für alle Personengesellschaften ein Recht zur Austrittskündigung aus wichtigem Grund zu schaffen, *71. DJT 2016*, Beschlüsse, S. 36; vgl. zum Reformbedarf auch *Schäfer*, 71. DJT 2016, Band I, E97 f.

152 *Schäfer*, in: MüKoBGB, § 9 PartGG Rn. 7.

153 *Schäfer*, in: MüKoBGB, § 723 Rn. 62; bzgl. der OHG: BGH v. 14.11.1953 – II ZR 232/52, NJW 1954, 106.

154 *Schulte/Hushahn*, in: MünchHdbGesR, Bd. I, § 74 Rn. 22; *Sauter*, in: Beck'sches HdbPersG, § 8 Rn. 37.

B. Ausschluss aus der Gesellschaft – unfreiwilliges Ausscheiden

Wird ein Gesellschafter von den übrigen Gesellschaftern ausgeschlossen, scheidet er unfreiwillig aus der Gesellschaft aus. Der Ausschluss verkörpert den zwangsweise herbeigeführten Verlust der Gesellschafterstellung auf Betreiben der Mitgesellschafter. Er stellt die stärkste Beeinträchtigung der mitgliedschaftlichen Rechte des Gesellschafters dar. Der Ausschluss ist in § 737 BGB gesetzlich geregelt. Weiter besteht für die Gesellschafter die Möglichkeit durch vertragliche Vereinbarung ein modifiziertes Ausschlussrecht zu bestimmen und so vom gesetzlichen Leitbild abzuweichen.

I. Ausschluss nach gesetzlichem Vorbild

§ 737 S. 1 BGB eröffnet den Gesellschaftern die Möglichkeit, bei Vorliegen einer Fortsetzungsvereinbarung und eines nach § 723 Abs. 1 S. 2 BGB zur Kündigung berechtigenden Umstandes anstelle der außerordentlichen Kündigung der Gesellschaft oder der eigenen Mitgliedschaft den vom wichtigen Grund betroffenen Gesellschafter aus der Gesellschaft auszuschließen. Im Übrigen enthält § 723 BGB in Satz 2 die Vorgabe, dass der Ausschluss durch gemeinschaftlichen Gesellschafterbeschluss zu erfolgen hat. Satz 3 bestimmt, dass der Ausschluss mit Zugang der entsprechenden Erklärung beim betroffenen Gesellschafter wirksam wird.

1. Fortsetzungsklausel

Ebenso wie beim oben dargestellten Austritt eines Gesellschafters ist für die Ausschlusskündigung ohne Auflösung der Gesellschaft grundsätzlich eine entsprechende Fortsetzungsvereinbarung erforderlich.[155] Durch die Aufnahme der Fortsetzungsklausel bringen die Gesellschafter zum Ausdruck, dass ihr Interesse an der Weiterführung der Gesellschaft durch den Ausschluss nicht entfällt.[156] Ohne Fortsetzungsklausel für den speziellen Fall des Ausschlusses können ausnahmsweise auch andere Hinweise auf den Fortsetzungswillen genügen, um einen Ausschluss anstatt der Auflösungskündigung aus wichtigem Grund zu ermöglichen.[157] So kann eine allgemeine

155 Zur Notwendigkeit einer Fortsetzungs- bzw. Übernahmeklausel bei der Zweipersonen-GbR *Nodoushani*, DStR 2016, 1932, 1935.

156 *Kilian*, in: Henssler/Strohn, § 737 BGB Rn. 3; *Schöne*, in: BeckOKBGB, § 737 Rn. 4.

157 So auch *Grunewald*, Ausschluß, S. 32 f.; *Habermeier*, in: Staudinger, § 737 BGB Rn. 8; *Hadding/Kießling*, in: Soergel BGB, § 737 Rn. 3; *Westermann*, in: Hdb. PerGes, Rn. 1112.

Fortsetzungsklausel, die nicht ausdrücklich auf den Fall der Ausschlusskündigung aus wichtigem Grund gemünzt ist, ausreichen. Dem steht der Wortlaut des § 737 BGB nicht entgegen, da es nach der Intention des Gesetzgebers nur darauf ankommt, dass die Gesellschafter zum Ausdruck bringen, dass ihrem Bestandsinteresse auch bei einer Änderung der personellen Zusammensetzung der Gesellschafter Vorrang zukommen soll.[158] Auch das Gesellschaftsziel oder die Gesellschaftsstruktur können erkennen lassen, dass eine Auflösung nicht gewollt ist.[159] Wenn die GbR zuvor eine Personenhandelsgesellschaft war, deren Geschäftsbetrieb jetzt nur noch im kleingewerblichen Umfang besteht, kann im Zweifel sogar ganz ohne explizite Regelung auf einen Fortsetzungswillen geschlossen werden.[160] Denn nur weil durch den Rechtsformwechsel § 131 Nr. 6 HGB und damit die handelsrechtliche Vermutung des Fortsetzungswillens nicht mehr greift, ist in Abwesenheit von gegenteiligen Anzeichen nicht von einer Willensänderung bei den Gesellschaftern auszugehen.

2. *Wichtiger Grund*

a) Grundlegendes

Für den Ausschluss aus der GbR ist ein wichtiger Grund in der Person des Gesellschafters erforderlich, der die Mitgesellschafter ansonsten zur Kündigung der Gesellschaft gem. § 723 Abs. 1 S. 2 BGB berechtigen würde. Nach überwiegender Ansicht sind an den wichtigen Grund für den Ausschluss keine höheren Anforderungen zu stellen als an den wichtigen Grund für die Auflösung der Gesellschaft.[161] Es besteht keine Veranlassung, ein Subsidiaritätsverhältnis zwischen Ausschluss und Auflösung anzunehmen.[162]

Der Ausschluss ist ein gemeinschaftliches Verteidigungsrecht der restlichen Gesellschafter gegenüber einem die Verfolgung des gemeinsamen

---

158 *Hadding/Kießling*, in: Soergel BGB, § 737 Rn. 3.

159 *Grunewald*, Ausschluß, S. 32 f.

160 *Habermeier*, in: Staudinger, § 737 BGB Rn. 8; *Hadding/Kießling*, in: Soergel BGB, § 737 Rn. 4; *Schäfer*, in: MüKoBGB, § 737 Rn. 4; *Schöne*, in: BeckOKBGB, § 737 Rn. 4.

161 *Habermeier*, in: Staudinger, § 737 BGB Rn. 9; *Hanke*, in: NK-BGB, § 737 Rn. 6; *Kilian*, in: Henssler/Strohn, § 737 BGB Rn. 4; *Schäfer*, in: MüKoBGB, § 737 Rn. 9; a.A. (strengerer Maßstab ist an wichtigen Grund für Ausschluss anzulegen) BGH v. 30.11.1951 – II ZR 109/51, BGHZ 4, 108, 110; BGH v. 7.11.1960 – II ZR 216/59, WM 1961, 32, 33; *Sauter*, in: Beck'sches HdbPersG, § 8 Rn. 85.

162 *Grunewald*, Ausschluß, S. 84.

Gesellschaftszwecks störenden Gesellschafter.[163] Die erzwungene Entfernung des „Störers“ soll der Abwehr schwerwiegender Beeinträchtigungen der Verfolgung des Gesellschaftsziels dienen.[164] Dem Interesse der übrigen Gesellschafter an einer reibungslosen Zusammenarbeit steht das Interesse des unerwünschten Gesellschafters am Erhalt seiner Gesellschafterstellung gegenüber. Nicht jede Störung durch einen Gesellschafter stellt eine ausreichende Ausschlussgrundlage dar. Der in der Person des Gesellschafters liegende Grund muss vielmehr eine solche Intensität erreicht haben, dass eine Fortsetzung der gemeinsamen Zweckverfolgung unzumutbar ist.[165] Der wichtige Grund wird regelmäßig auf einem schuldhaften Verhalten beruhen, muss es aber nicht.[166] Aus dem Charakter als Verteidigungsmittel ergibt sich zudem, dass der Ausschluss nicht zur Bestrafung für vorangegangenes abgeschlossenes Fehlverhalten, sondern nur zur Prävention zukünftiger Störungen herangezogen werden kann.[167] Es muss hinreichend wahrscheinlich sein, dass die Störung in der Zukunft fortdauern oder sich wiederholen wird.[168] Im Gegensatz zum wichtigen Grund bei der Auflösungskündigung sind rein objektiv auf die Gesellschaft bezogene Gründe (im Sinne einer dauerhaften Unrentabilität der Gesellschaft oder Unmöglichkeit der Erreichbarkeit des Gesellschaftszwecks) oder in der Person der anderen Gesellschafter liegende Umstände keine wichtigen Gründe im Sinne der Ausschlusskündigung.[169] Gem. § 737 S. 1 BGB können als wichtiger Grund nur in der Person des auszuschließenden Gesellschafters begründete Umstände herangezogen werden.[170] Rein private Verfehlungen sind dabei unbeachtlich, sofern sie keinen Einfluss auf das Gesellschaftsverhältnis haben.[171]

---

163 *Grunewald*, Ausschluß, S. 19 ff.; *Kilian*, WM 2006, 1567; *Schöne*, in: BeckOKBGB, § 737 Rn. 6; *ders.*, Gesellschafterausschluß, S. 17 ff.; a.A. *Ulmer*, in: Großkomm. HGB, 3. Aufl. 1973, § 140 Rn. 46 (Recht zur Sicherung des Unternehmensfortbestandes).

164 *Schöne*, Gesellschafterausschluß, S. 18.

165 BGH v. 1.3.2011 – II ZR 83/09, NJW 2011, 2578, 2580; *Schäfer*, in: MüKoBGB, § 737 Rn. 8; *Schöne*, in: BeckOKBGB, § 737 Rn. 6.

166 RG v. 18.9.1889 – I 154/89, RGZ 24, 136, 138; *Habermeier*, in: Staudinger, § 737 BGB Rn. 9; *Schäfer*, in: MüKoBGB, § 737 Rn. 8.

167 *Schulte/Hushahn*, in: MünchHdbGesR, Bd. I, § 10 Rn. 59; *Schöne*, in: BeckOKBGB, § 737 Rn. 6.

168 BGH v. 10.6.1965 – II ZR 194/64, WM 1965, 1037, 1038; *Kilian*, in: Henssler/Strohn, § 737 BGB Rn. 5; *Schöne*, Gesellschafterausschluß, S. 19 ff.

169 *Schöne*, Gesellschafterausschluß, S. 5; *Schöne*, in: BeckOKBGB, § 737 Rn. 7.

170 Für eine Aufzählung von in der Rechtsprechung anerkannten Ausschließungsgründen siehe *Kilian*, in: Henssler/Strohn, § 737 BGB Rn. 6.

171 BGH v. 30.11.1951 – II ZR 109/51, BGHZ 4, 108, 113 f.

An die Begründung des Ausschlusses gem. § 737 S. 1 BGB sind hohe Anforderungen zu stellen.[172] Es ist eine Gesamtabwägung der Umstände des Einzelfalls unter Berücksichtigung der bisherigen Stellung und Mitarbeit des betroffenen Gesellschafters in der Gesellschaft vorzunehmen.[173] Die Art und Schwere des Fehlverhaltens des auszuschließenden Gesellschafters sowie ein etwaiges Fehlverhalten der den Ausschluss vorantreibenden Gesellschafter sind vorrangig zu berücksichtigen.[174] Der Gebrauch des Ausschlussrechts kann nur ultima ratio sein und muss von einem Verteidigungswillen getragen werden.[175] Die Treuepflicht gebietet es, vor einem Ausschluss alle anderen milderen Wege zur Konfliktlösung auszuschöpfen.[176]

b) Insb. „Zerrüttung" der Gesellschaft

Sofern die Vertrauensgrundlage zwischen den Gesellschaftern so gravierend erschüttert ist, dass ein sinnvolles Zusammenwirken nicht möglich ist, kann der Gesellschaftszweck nicht mehr erreicht werden. Eine gemeinsame Fortführung der Gesellschaft mit allen Gesellschaftern wird unmöglich. Spannungen oder Meinungsverschiedenheiten zwischen den Gesellschaftern reichen aber nur in besonders schwerwiegenden Fällen aus, um den Ausschluss eines Gesellschafters zu rechtfertigen.[177] Es ist problematisch, wenn nicht ein singuläres Fehlverhalten eines Gesellschafters Anlass für den Ausschluss ist, sondern die nach und nach eingetretene „Zerrüttung" des Vertrauensverhältnisses in der Gesellschaft. Die Rechtsprechung stellt darauf ab, dass ein Ausschluss bei beiderseitigem Fehlverhalten nur möglich ist, wenn der Konflikt überwiegend auf dem Fehlverhalten

---

172 *Schöne*, in: BeckOKBGB, § 737 Rn. 9.

173 BGH v. 30.11.1951 – II ZR 109/51, BGHZ 4, 108, 111 f.; BGH v. 17.12.1959 – II ZR 32/59, WM 1960, 106, 109; BGH v. 31.3.2003 – II ZR 8/01, WM 2003, 1084, 1085; BGH v. 1.3.2011 – II ZR 83/09, NJW 2011, 2578, 2580.

174 BGH v. 30.11.1951 – II ZR 109/51, BGHZ 4, 108, 111; BGH v. 1.3.2011 – II ZR 83/09, NJW 2011, 2578, 2580.

175 RG v. 11.12.1934 – II 148/34, RGZ 146, 169, 180; BGH v. 30.11.1951 – II ZR 109/51, NJW 1952, 461, 462; BGH v. 31.3.2003 – II ZR 8/01, WM 2003, 1084, 1085; BGH v. 1.3.2011 – II ZR 83/09, NJW 2011, 2578, 2580; *Grunewald*, Ausschluß, S. 79 ff.; *Kilian*, in: Henssler/Strohn, § 737 BGB Rn. 5; a.A. *Scheifele*, BB 1989, 792, 794.

176 *Habermeier*, in: Staudinger, § 737 BGB Rn. 9; *Schöne*, in: BeckOKBGB, § 737 Rn. 10; kritisch *Schulte/Hushahn*, in: MünchHdbGesR, Bd. I, § 10 Rn. 64, die die Treuepflicht nur als Begründung heranziehen wollen, wenn der betroffene Gesellschafter den wichtigen Grund nicht verschuldet hat.

177 BGH v. 12.12.1994 – II ZR 206/93, NJW 1995, 597.

des Auszuschließenden beruht.[178] In der Person der Ausschließenden dürfen nicht ebenfalls Umstände vorliegen, die ihren eigenen Ausschluss rechtfertigen würden.[179] Diese Rechtsprechungslinie macht einen Ausschluss im Fall des beiderseitig verursachten Zerwürfnisses praktisch unmöglich und belässt den Gesellschaftern nur den Ausweg über die Auflösung der Gesellschaft.[180]

3. *Ausschlussverfahren*

Als erstes setzt der Ausschluss einen wirksamen einstimmigen Gesellschafterbeschluss voraus. Den Gesellschaftern steht das Recht zum Ausschluss nur gemeinschaftlich zu.[181] Eine aus der Treuepflicht abgeleitete Zustimmungsverpflichtung kann nur ausnahmsweise angenommen werden, sofern der Ausschluss essentiell für die weitere Zweckverfolgung und die Zustimmung zumutbar ist.[182] Der Auszuschließende selbst hat bei der Beschlussfassung kein Stimmrecht; er darf nicht „Richter in eigener Sache" sein.[183] Weiter hat der auszuschließende Gesellschafter nach überwiegender Meinung kein zwingendes „Recht auf Gehör", d.h. er muss nicht zu den gegen ihn erhobenen Vorwürfen angehört werden.[184] Ein solches Recht ist im Personengesellschaftsrecht nicht vorgesehen. Es besteht auch keine Veranlassung dafür, „das Recht auf Gehör" aus dem Vereinsrecht zu übertragen.[185] Das Gericht kann das Vorliegen des wichtigen Ausschlussgrundes

178 BGH v. 31.3.2003 – II ZR 8/01, WM 2003, 1084, 1086; *Schäfer*, in: MüKoBGB, § 737 Rn. 8; *Schöne*, in: BeckOKBGB, § 737 Rn. 9; zum Einfluss des Scheiterns der Lebensgemeinschaft zwischen den Gesellschaftern auf die Frage, wer das Zerwürfnis überwiegend zu vertreten hat *Gehrlein*, WM 2019, 1.

179 BGH v. 31.3.2003 – II ZR 8/01, WM 2003, 1084, 1086.

180 *Goette*, DStR 2001, 533, 536; *Kilian*, WM 2006, 1567, 1568.

181 *Kilian*, in: Henssler/Strohn, § 737 BGB Rn. 11; *Schöne*, in: BeckOKBGB, § 737 Rn. 15.

182 BGH v. 28.4.1975 – II ZR 16/73, NJW 1976, 1410, 1411; BGH v. 18.10.1976 – II ZR 98/75, NJW 1977, 1013; *Grunewald*, Ausschluß, S. 102 ff.; *Hadding/Kießling*, in: Soergel BGB, § 737 Rn. 11; *Piehler*, DStR 1991, 716.

183 *Habermeier*, in: Staudinger, § 737 BGB Rn. 10; *Schäfer*, in: MüKoBGB, § 737 Rn. 13; *Schöne*, in: BeckOKBGB, § 737 Rn. 16.

184 Str., *Grunewald*, Ausschluß, S. 165 f.; *Habermeier*, in: Staudinger, § 737 BGB Rn. 12; *Hadding/Kießling*, in: Soergel BGB, § 737 Rn. 13; *Kilian*, in: Henssler/Strohn, § 737 BGB Rn. 11; *Sauter*, in: Beck'sches HdbPersG, § 8 Rn. 87; *Schäfer*, in: MüKoBGB, § 737 Rn. 15; *Schöne*, in: BeckOKBGB, § 737 Rn. 16; a.A. *Sprau*, in: Palandt, § 737 Rn. 3; *Westermann*, in: Erman, § 737 Rn. 5; *Wiedemann*, GesR Bd. II, S. 411; *ders.*, GS Lüderitz, 839, 852.

185 *Schäfer*, in: MüKoBGB, § 737 Rn. 15.

vollumfänglich überprüfen.[186] Der betroffene Gesellschafter kann sich im Feststellungsverfahren auf Nichtigkeit des Ausschlussbeschlusses gegen den ungerechtfertigten Ausschluss zur Wehr zu setzen.[187] Er wird durch die Möglichkeit, vor Gericht überprüfen zu lassen, ob ein wichtiger Grund vorliegt, ausreichend geschützt.[188] Sofern der Gesellschafter zu Unrecht ausgeschlossen worden ist, kann er nach den Grundsätzen der fehlerhaften Gesellschaft die Wiedereinräumung der Gesellschafterstellung mit Wirkung für die Zukunft einfordern.[189] Der Ausschluss wird mit der Mitteilung (Zugang) an den Betroffenen wirksam, § 737 S. 3 BGB. Der Ausgeschlossene kann zwar die Mitteilung des Ausschlussgrundes verlangen, das Unterlassen der Mitteilung berührt die Wirksamkeit des Ausschlusses aber nicht.[190]

4. *Zusammenfassung*

Das Gesetz sieht in § 737 S. 1 BGB die Möglichkeit vor, einen „unerwünschten" Gesellschafter bei Vorliegen (i) einer Fortsetzungsvereinbarung und (ii) eines wichtigen Grundes aus der Gesellschaft auszuschließen. An den wichtigen Grund gem. § 723 S. 1 BGB sind im Rahmen des Ausschlusses keine höheren Anforderungen zu stellen als bei der außerordentlichen Kündigung der Gesellschaft selbst. Der wichtige Grund muss in der Person des Gesellschafters bestehen und die gemeinsame Zweckverfolgung unzumutbar machen. Für den Ausschluss ist ein gemeinschaftlicher Gesellschafterbeschluss erforderlich, der dem Betroffenen mitzuteilen ist, § 737 S. 2, 3 BGB. Der Gesellschafter hat im Rahmen des Ausschlussverfahrens kein zwingendes Recht auf Gehör.

5. *Abweichungen bei OHG, KG und PartG (Ausschlussklage)*

In den Personenhandelsgesellschaften und der Partnerschaft wird der Gesellschafter nicht durch Gesellschafterbeschluss, sondern über die Ausschlussklage aus wichtigem Grund ausgeschlossen. § 140 Abs. 1 S. 1 HGB bestimmt, dass die übrigen Gesellschafter den Ausschluss des betroffenen Gesellschafters bei Gericht beantragen können, sofern in der Person des Auszuschließenden ein

---

186 BGH v. 17.12.1959 – II ZR 32/59, NJW 1960, 625, 626; u.a. *Schäfer*, in: MüKoBGB, § 737 Rn. 12.

187 *Schöne*, in: BeckOKBGB, § 737 Rn. 16; *Schäfer*, in: MüKoBGB, § 737 Rn. 12.

188 *Grunewald*, Ausschluß, S. 165 f.

189 *Hadding/Kießling*, in: Soergel BGB, § 737 Rn. 16.

190 *Büdenbender*, AcP 210 (2010), 611, 627; *Habermeier*, in: Staudinger, § 737 BGB Rn. 11; *Schäfer*, in: MüKoBGB, § 737 Rn. 14.

wichtiger Grund i.S.d. § 133 HGB vorliegt. Bei der Partnerschaft finden die Regelungen der §§ 140, 133 HGB über § 9 Abs. 1 PartGG ebenfalls Anwendung. Weitere Besonderheiten bestehen im Vergleich zur GbR nicht.

II. Vertraglicher Ausschluss

Die Regelung des § 737 BGB ist jedenfalls hinsichtlich der Sätze 1 und 2 (überwiegend) dispositiv.[191] Es besteht die Möglichkeit, durch die gesellschaftsvertragliche Vereinbarung von Ausschlussklauseln vereinfachende Ausschlussverfahrensregeln und sonstige Ausschlusserleichterungen und -erschwerungen festzulegen.[192] Hierbei sind nicht die Erschwerungen, sondern die Erleichterungen des Ausschlusses kritisch zu würdigen, da sie den Schutz des Auszuschließenden vor dem Verlust seiner Gesellschafterstellung beschneiden.

1. Vereinfachte Verfahrensregeln

Die Gesellschafter können vertraglich vereinbaren, den Prozess des Ausschlusses zu vereinfachen. Dies kann z.B. in der Form geschehen, dass von einem einstimmigen Gesellschafterbeschluss abgesehen wird und die Gesellschafter stattdessen mehrheitlich entscheiden.[193] Entgegen z.T. vertretener Meinung kann dabei nicht nur eine qualifizierte, sondern auch eine einfache Mehrheit als ausreichend für den Ausschluss bestimmt werden.[194] Denn solange eine Mehrheit der Gesellschafter hinter der Ausschlussentscheidung steht, tritt der Gesellschafterwille hinreichend zu Tage und der auszuschließende Gesellschafter wird durch die Änderung der Verfahrensvoraussetzungen nicht übermäßig beeinträchtigt. Die Ausschlussentscheidung kann auch an einen bestimmten einzelnen Gesellschafter oder ein Gesellschaftsorgan (z.B. Beirat)[195] delegiert werden. Es ist

---

191 H.M., u.a. *Blanke*, Das Recht zur Ausschließung, S. 27 ff.; *Habermeier*, in: Staudinger, § 737 BGB Rn. 6; *Schäfer*, in: MüKoBGB, § 737 Rn. 16.

192 *Schöne*, in: BeckOKBGB, § 737 Rn. 20.

193 *Hanke*, in: NK-BGB, § 737 Rn. 9; *Kilian*, in: Henssler/Strohn, § 737 Rn. 16; *Schöne*, in: BeckOKBGB, § 737 Rn. 36.

194 *Kilian*, in: Henssler/Strohn, § 737 Rn. 16; *Schäfer*, in: MüKoBGB, § 737 Rn. 13; *Schramm*, MDR 1963, 174, 177; a.A. (qualifizierte Mehrheit zwingend) *Wiedemann*, GesR Bd. II, S. 411; *ders.*, GS Lüderitz, 839, 852.

195 OLG Köln v. 15.3.2000 – 13 U 134/99, NZG 2000, 834, 835.

sogar möglich, den Ausschluss als automatische Folge des Eintritts bestimmter Umstände vorzusehen, sodass ein Beschluss entbehrlich ist (automatischer Ausschluss).[196]

2. Vertragliche Bestimmung von Ausschlussgründen

Auch Modifikationen der Anforderungen an den Ausschlussgrund, die den Gesellschafterausschluss je nach Ausgestaltung erschweren oder erleichtern können, sind üblich. Die Gestaltungsfreiheit ist dabei groß, erreicht ihre Grenze jedoch nach herrschender Meinung regelmäßig bei einem Ausschluss nach freiem Ermessen.

a) Erschwerung des Ausschlusses

Zum einen besteht die Möglichkeit, das Ausschlussrecht gegenüber allen oder einzelnen Gesellschaftern gesellschaftsvertraglich abzubedingen, sodass beim Vorliegen eines wichtigen Grundes nur die Auflösung der Gesellschaft gem. § 723 BGB in Betracht kommt.[197] Zwar ist ein solcher gänzlicher Ausschlussverzicht wegen der Gefahr eines „Freibriefs für willkürliches Verhalten" nicht ganz unbedenklich[198]. Im Einklang mit dem gesetzlichen Leitbild ist es den Gesellschaftern aber zuzugestehen, ihre besonders enge personalistische Verbundenheit durch die Beschränkung auf die Gesellschaftsauflösung hervorzuheben.[199]

Zum anderen können die Anforderungen an den wichtigen Grund erhöht werden. So ist die vertragliche Umschreibung von Ausschlussgründen, die Herausnahme bestimmter Umstände von der Qualifizierung als Ausschlussgrund oder die abschließende Aufzählung von zum Ausschluss berechtigenden Gründen regelmäßig wirksam, sofern dadurch die Rechtssicherheit hinsichtlich der Veränderungsmöglichkeiten des Gesellschafterkreises gesteigert wird.[200] Eine differenziertere Betrachtung ist geboten, wenn nicht nur die Anzahl der in

---

196 BGH v. 24.3.2003 – II ZR 4/01, NJW 2003, 1729, 1730; zu den u.U. auftretenden Problemen im Rahmen der Ausübungskontrolle bei einem automatischen Ausschluss siehe *Grunewald*, Ausschluß, S. 246.

197 *Lutz*, Gesellschafterstreit, S. 127; *Schöne*, in: BeckOKBGB, § 737 Rn. 21.

198 *Westermann*, in: Hdb. PerGes, Rn. 1126; kritisch auch *Grunewald*, Ausschluß, S. 239, die die Möglichkeit zum Ausschluss aus wichtigem Grund nur bei Fehlen einer Fortsetzungsklausel für abdingbar hält; vgl. auch *Schmidt*, in: MüKoHGB, § 140 Rn. 89, der eine sachliche Rechtfertigung für die Ausschließung der Ausschlussmöglichkeit fordert.

199 *Kamanabrou*, in: Oetker, § 140 HGB Rn. 40; *Wiedemann*, GesR Bd. II, S. 407.

200 *Schöne*, in: BeckOKBGB, § 737 Rn. 22.

Betracht kommenden Ausschlussgründe eingeschränkt wird, sondern gesellschaftsvertraglich Gründe für den Ausschluss genannt werden, die an sich nicht zwingend in die Kategorie des wichtigen Grundes fallen würden.

b) Erleichterung des Ausschlusses

Zur Verbesserung der Verteidigungsmöglichkeiten gegen störende Gesellschafter kann der Ausschluss insbesondere durch die Konkretisierung der möglichen Ausschlussgründe in Form von Beispielen, die vertragliche Qualifizierung bestimmter Umstände als wichtige Gründe (absolute Ausschlussgründe) und durch die Vereinbarung eines freien, d.h. nicht von wichtigen Gründen abhängigen, Hinauskündigungsrechts, zu erleichtern versucht werden.

aa) Konkretisierung der Ausschlussgründe

Der Ausschluss kann erleichtert werden, indem im Gesellschaftsvertrag exemplarisch Umstände festgelegt werden, bei deren Eintritt ein wichtiger Grund i.d.R. gegeben sein soll. Solche konkretisierenden Ausschlussklauseln zeichnen sich dadurch aus, dass sie nicht abschließend gemeint sind, sondern lediglich als Auslegungshilfe und Warnung an die Gesellschafter fungieren sollen. Sie dienen als Hinweis darauf, was in der Gesellschaft voraussichtlich nicht toleriert werden wird.[201] Im Fall der gerichtlichen Überprüfung kann die Verwirklichung eines solchen vereinbarten Grundes zudem als Indiz für die schwerwiegende Beeinträchtigung des internen Vertrauensverhältnisses dienen.[202]

Es ist umstritten, in welchem Umfang die exemplarische Bestimmung des wichtigen Grundes der gerichtlichen Überprüfung unterliegt. Zum Teil wird angenommen, dass solche konkretisierenden Ausschlussklauseln nur darauf zu untersuchen sind, ob sie eine gewisse Plausibilität aufweisen. Lediglich „eklatant nicht überzeugenden Beispielsfällen“ soll die gerichtliche Anerkennung versagt werden, um den gestalterischen Spielraum der Gesellschafter nicht übermäßig zu beschneiden.[203] Von anderer Seite wird vertreten, dass das Gericht vielmehr über eine umfassende Prüfungskompetenz verfügt, die sich gerade nicht auf eine Plausibilitätsprüfung zu beschränken hat.[204] Ebenso wie bei Geltung der unveränderten Generalklausel habe eine einzelfallabhängige Billigkeitsprüfung zu erfolgen und das ultima ratio Prinzip sei weiter zu beachten.[205] Der letztgenannten

---

201 *Grunewald*, Ausschluß, S. 169.
202 *Schöne*, Gesellschafterausschluß, S. 113 ff.
203 *Grunewald*, Ausschluß, S. 170.
204 *Schöne*, Gesellschafterausschluß, S. 115.
205 *Schöne*, in: BeckOKBGB, § 737 Rn. 23.

Ansicht ist zuzustimmen. So steht den Personengesellschaftern bei der Ausgestaltung des Gesellschaftsverhältnisses zwar ein großer Gestaltungsspielraum zu, jedoch ist der Gesellschafterwille bei konkretisierenden Ausschlussklauseln im Gegensatz zur Vereinbarung von absoluten Ausschlussgründen (siehe dazu nachfolgend unter bb)) lediglich auf eine Warn- und Hinweisfunktion gerichtet. Es soll gerade nicht das Erfordernis eines wichtigen Grundes aufgegeben werden. Hauptanliegen der Gesellschafter ist die Entwicklung einer Interpretationshilfe und nicht die Beschränkung der richterlichen Prüfungskompetenz. Abreden, die eine Konkretisierung des wichtigen Grundes enthalten, ändern daher nichts an der Geltung des Voraussetzungskatalogs des § 737 BGB. Sie dienen allein der Erleichterung der Auslegung des unbestimmten Begriffs des wichtigen Grundes und der Förderung der Rechtssicherheit. Dieses Verständnis engt die Vertragsfreiheit der Gesellschafter nicht übermäßig ein. Den Gesellschaftern steht es weiterhin frei, nur eingeschränkt überprüfbare Ausschlussgründe festzulegen. Dabei handelt es sich dann nicht um die bloße Konkretisierung von Ausschlussgründen, sondern um die nachfolgend beschriebene Festlegung von <u>absoluten</u> Ausschlussgründen.

bb) Absolute Ausschlussgründe

Ebenso ist die Vereinbarung von absoluten Ausschlussgründen möglich.[206] Dies sind Tatbestände, die bei ihrer Verwirklichung zwingend einen Ausschlussgrund darstellen, ohne dass die an den wichtigen Grund gestellten Voraussetzungen erfüllt sein müssen.[207] Im Gegensatz zur bloßen Konkretisierung von Ausschlussgründen beinhalten absolute Ausschlussgründe einen abschließenden Katalog, der bei Verwirklichung in jedem Fall zum Ausschluss berechtigen soll (z.B. das Erreichen einer bestimmten Altersgrenze, der Wechsel des Wohnortes oder die Nichtvornahme einer vertraglich auferlegten Güterstandsklausel)[208].[209] Verwechslungsgefahr besteht zum einen mit Vereinbarungen von Umständen, die bei Eintritt automatisch zum Ausscheiden führen sollen. Diese automatischen Ausschlussklauseln stellen jedoch keine inhaltliche Modifizierung des wichtigen Grundes, sondern nur des Ausschlussverfahrens in Form eines Verzichts auf einen Gesellschafterbeschluss, dar. Zum anderen kann die Aufnahme von absoluten Ausschlussgründen das gesetzliche Ausschlussrecht sowohl vergrößern

---

206 *Schulte/Hushahn*, in: MünchHdbGesR, Bd. I, § 10 Rn. 72.

207 RG v. 18.9.1889 – I 154/89, RGZ 24, 137, 140; *Schöne*, Gesellschafterausschluß, S. 115 ff.

208 *Schöne*, Gesellschafterausschluß, S. 28 f.

209 RG v. 18.9.1889 – I 154/89, RGZ 24, 137, 140.

als auch verkleinern. So liegt eine Erweiterung vor, wenn die absoluten Gründe neben die wichtigen Gründe treten sollen und eine Einschränkung, sofern das Ausschlussrecht auf vertraglich benannte wichtige Gründe beschränkt wird.

Bei absoluten Ausschlussgründen als Ausschlusserleichterung wird versucht durch die Festlegung von Umständen, die ansonsten nicht zwingend einen wichtigen Grund darstellen würden, den Kreis der anwendbaren Ausschlussgründe zu vergrößern. Dies eröffnet den Gesellschaftern die Möglichkeit, für sie besonders wichtige Ziele in den Vordergrund zu stellen. Es ist den Gesellschaftern grundsätzlich zuzugestehen, nicht starr an der ratio legis des gesetzlichen Ausschlussrechts zu verhaften und stattdessen andere, am Gesellschaftsinteresse ausgerichtete Ausschlussgründe zu vereinbaren. Bei einer solchen vertraglich festgelegten Erweiterung der Ausschlussgründe wird im Rahmen der gerichtlichen Überprüfung nur kontrolliert, ob ein Verstoß gegen § 138 BGB oder gegen das Rechtsmissbrauchsverbot vorliegt.[210] Es besteht insbesondere keine richterliche Prüfungskompetenz dafür, den vertraglich aufgenommenen absoluten Ausschlussgrund anhand der Kriterien des wichtigen Grundes i.S.d. §§ 737, 723 Abs. 2 BGB zu messen.[211] Wichtig ist das, was die Gesellschafter selbst für wichtig erklären.[212] Die Vereinbarung von verhaltensbedingten absoluten Ausschlussgründen oder die Anknüpfung an den Eintritt objektiver Umstände ist regelmäßig wirksam.[213] Bei absoluten Ausschlussgründen, die sich auf die Ausübung von (insbesondere unabdingbaren) Gesellschaftsrechten oder Verhaltensweisen im Privatbereich der Gesellschafter beziehen, ist jedoch Zurückhaltung geboten und die Zulässigkeit nur ausnahmsweise im Rahmen einer Einzelfallprüfung anzuerkennen.[214]

cc) Ausschluss ohne wichtigen Grund – Hinauskündigung

Vertragsgestaltungen, die das Erfordernis eines wichtigen Grundes gänzlich abbedingen und den Ausschluss somit in das freie Ermessen der Gesellschafter stellen, werden kontrovers diskutiert. Die Beurteilung der Zulässigkeit solcher

---

210 OLG Düsseldorf v. 7.10.2004 – 6 U 27/04, DB 2004, 2685, 2687; *Schöne*, Gesellschafterausschluß, S. 119.

211 *Gehrlein*, NJW 2005, 1969, 1970; *Grunewald*, Ausschluß, S. 193; *Lorz*, in: Ebenroth/Boujong/Joost/Strohn, § 140 HGB Rn. 52; *Schöne*, in: BeckOKBGB, § 737 Rn. 23; *Wackerbeck*, Grenzen der Zulässigkeit, S. 101 f.

212 *Schneider*, ZGR 1972, 357, 378.

213 *Schöne*, Gesellschafterausschluß, S. 120 ff.

214 *Grunewald*, Ausschluß, S. 195 f.; *Schöne*, Gesellschafterausschluß, S. 123 ff.

Hinauskündigungsklauseln[215] bildet den Schwerpunkt dieser Arbeit und wird nachfolgend vorgestellt.

dd) Zwischenergebnis

Die Gesellschafter können ihre Ausschlussmöglichkeiten erweitern, indem sie die Anforderungen an den Ausschlussgrund vertraglich abändern. So kann der Ausschluss z.B. durch die Beispielnennungen von wichtigen Gründen oder durch die vertragliche Qualifizierung bestimmter Umstände als wichtige Gründe (absolute Ausschlussgründe) erleichtert werden. Die Vereinbarung eines Ausschlussrechts, das unabhängig von dem Vorliegen eines wichtigen Grundes bestehen soll, wird jedoch überwiegend für unzulässig gehalten.

III. Zusammenfassung

Der Gesellschafterausschluss führt zu einem unfreiwilligen Ausscheiden eines Gesellschafters auf Betreiben der ehemaligen Mitgesellschafter. Grundlage können entweder die gesetzlichen Regeln in § 737 BGB oder vertraglich vereinbarte Ausschlussklauseln sein. Neben der Fortsetzungsvereinbarung muss nach dem gesetzlichen Vorbild stets ein Ausschlussgrund gem. § 723 Abs. 1 S. 2, 3 BGB in der Person des auszuschließenden Gesellschafters gegeben sein. § 737 BGB ist nach herrschender Meinung (teilweise) dispositiv. So können die Gesellschafter das Ausschlussrecht im Rahmen von gesellschaftsvertraglichen Vereinbarungen modifizieren. Anerkannt ist die Möglichkeit, das Ausschlussverfahren zu vereinfachen und die Anforderungen an den Ausschlussgrund zu erhöhen bzw. zu verringern. Die Grenze der Gestaltungsfreiheit ist nach herrschender Ansicht allerdings bei der gänzlichen Abbedingung des Erfordernisses eines Ausschlussgrundes erreicht.

C. Fokus: Hinauskündigung (Ausschluss ohne wichtigen Grund)

Während vertragliche Modifizierungen des Ausschlussgrundes grundsätzlich zulässig sind, lehnt die Rechtsprechung und überwiegende Literatur eine gänzliche Abkopplung des Ausschlussrechts vom wichtigen Grund ab. Dabei spielt das Spannungsverhältnis zwischen der Gestaltungsfreiheit der Gesellschafter und der Schutzbedürftigkeit des unliebsamen Gesellschafters eine maßgebende Rolle.

215 Gleichbedeutend sind die Begriffe „Ausschluss nach freiem Ermessen“ oder „Ausschluss ohne wichtigen Grund“, *Schöne*, Gesellschafterausschluß, S. 37.

I. Begriffsbestimmung

Im Gesellschaftsvertrag wird das Hinauskündigungsrecht regelmäßig nicht ausdrücklich als solches bezeichnet. Das Recht zum Ausschluss ohne wichtigen Grund muss sich eindeutig aus dem Gesellschaftsvertrag ergeben.[216] Entsprechende Klauseln sehen oft vor, dass die Gesellschafter den Ausschluss jederzeit beschließen können, ohne die zu erfüllenden Ausschlussvoraussetzungen zu benennen. Dafür reichen u.a. Formulierungen wie „jederzeit" oder „nach Belieben", mit denen zum Ausdruck gebracht wird, dass der Ausschluss alleine vom Willen der Berechtigten abhängen soll.[217] Die Gesellschafter müssen im Gesellschaftsvertrag zu erkennen geben, dass vom Vorliegen und – im Streitfall besonders wichtig – vom Nachweis eines wichtigen Grundes abgesehen wird. Bestimmungen, die lediglich das Ausschlussverfahren regeln, reichen nicht aus. Es liegt auch keine Hinauskündigungsklausel im Sinne eines Ausschlussrechts nach freiem Ermessen vor, wenn der Gesellschaftsvertrag ein an ein festes Tatbestandsmerkmal anknüpfendes zeitlich begrenztes Ausschlussrecht vorsieht (z.B. ein Recht zum Ausschluss innerhalb von 6 Monaten nach dem Tod eines Mitgesellschafters).[218]

II. Lösung der Rechtsprechung

1. Rechtsprechungsentwicklung

Der BGH lehnt Hinauskündigungsklauseln ab. Der richterliche Umgang mit dem Ausschluss von Gesellschaftern ohne wichtigen Grund hat dabei eine turbulente Entwicklung hinter sich. Die Hinauskündigungsrechtsprechung, die zunächst am Beispiel der Personenhandelsgesellschaften und § 140 HGB entwickelt wurde, teilt sich grob in drei Phasen ein:[219]

a) Rechtslage bis 1938

Das Reichsoberhandelsgericht und das Reichsgericht gingen bis 1938 davon aus, dass § 140 Abs. 1 HGB[220] unabdingbares Recht sei. Das bedeutete, dass der Ausschluss verfahrensrechtlich nur über den Klageweg erfolgen konnte und

---

216 BGH v. 20.1.1977 – II ZR 217/75, NJW 1977, 1292, 1293; *Huber*, ZGR 1980, 177, 187, 190.

217 *Grunewald*, Ausschluß, S. 216.

218 BGH v. 19.9.1988 – II ZR 329/87, NJW 1989, 834, 835.

219 Siehe auch *Beischer*, Ausschluss, S. 49 ff.; vertieft zur Rechtsprechung bis 1978 *Huber*, ZGR 1980, 177 ff.

220 Bzw. Art. 128 des Allgemeinen Deutschen Handelsgesetzbuchs (ADHGB) als Vorgängernorm.

materiell zwingend auf einen wichtigen Grund gestützt werden musste.[221] Dies wurde damit begründet, dass es sich beim Ausschluss um eine Ausnahmeregelung handele, die zur zwingenden öffentlichen Ordnung gehöre und nicht zur Disposition der Parteien stehe.[222]

b) 1938 – 1977

Mit Urteil vom 23.3.1938[223] änderte das Reichsgericht die bis dahin geltende Rechtsprechung. Unter besonderer Betonung der zwischen den Gesellschaftern geltenden Privatautonomie erklärte das Gericht § 140 Abs. 1 HGB für dispositiv und stellte den Ausschluss in das Belieben der Gesellschafter. Es durfte nur die Grenze der „unverzichtbaren Erfordernisse der allgemeinen Rechtsordnung" nicht verletzt werden.[224] Das Reichsgericht führte in der Entscheidung aus:

> *„Es steht nichts entgegen, seine Entfernung aus der Gesellschaft in das Belieben eines oder mehrerer Mitgesellschafter zu stellen oder von einem Beschluss aller verbleibenden Gesellschafter abhängig zu machen, eine Ausschließung jederzeit und ohne einen weiteren sie rechtfertigenden Grund stattfinden zu lassen oder für sie von vornherein oder nach bestimmter Dauer der Mitgliedschaft des Auszuschließenden das Vorliegen besonderer, in seiner Person gegebener Voraussetzungen zu erfordern. All dies verstößt weder gegen zwingende Vorschriften des Gesellschaftsrechts noch gegen öffentlich-rechtliche Belange."*[225]

Im Weiteren schloss sich auch der BGH unter ausdrücklicher Bezugnahme auf das Reichsgericht dieser Rechtsprechungslinie an und stand den Gesellschaftern innerhalb der Schranken der §§ 134, 138 BGB zu, ihre Innenbeziehung autonom zu regeln.[226] Der BGH erklärte es ausdrücklich für zulässig, im Gesellschaftervertrag zu bestimmen, dass ein Gesellschafter durch Beschluss der Gesellschaftermehrheit „ohne Nachweis eines wichtigen oder sachlichen Grundes" aus der Gesellschaft ausgeschlossen werden kann.[227] Das berechtigte Interesse der übrigen Gesellschafter an einer Hinauskündigung beruhe auf der engen Beziehung

221 ROHG v. 3.10.1876, ROHG 21, 84; RG v. 18.9.1889 – I 154/89, RGZ 24, 136; RG v. 21.10.1924 – II 606/23, RGZ 109, 80.

222 ROHG v. 3.10.1876, ROHG 21, 84, 86 ff.; RG v. 18.9.1889 – I 154/89, RGZ 24, 136, 139.

223 RG v. 23.3.1938 – II 149/37, ZAkDR 1938, 818.

224 RG v. 23.3.1938 – II 149/37, ZAkDR 1938, 818.

225 RG v. 23.3.1938 – II 149/37, ZAkDR 1938, 818.

226 BGH v. 3.10.1957 – II ZR 150/56, WM 1957, 1406, 1407; BGH v. 23.10.1972 – II ZR 31/70, NJW 1973, 651.

227 BGH v. 7.5.1973 – II ZR 140/71, NJW 1973, 1606.

der Gesellschafter untereinander, die eine funktionierende Zusammenarbeit zur Voraussetzung habe.[228]

c) Seit 1977

Im Jahr 1977[229] begann sich der BGH von seiner fast 40 Jahre als gefestigt geltenden Rechtsprechungslinie abzuwenden, die Zulässigkeit von Hinauskündigungsklauseln grundsätzlich zu verneinen und damit praktisch zur Haltung des Reichsgerichts vor 1938 zurückzukehren. Diese als bloße „Ergänzung"[230] der bisherigen Rechtsprechung deklarierte faktische 180-Grad-Wende führte dazu, dass der BGH das freie Ausschlussrecht für den Regelfall als „rechtlich bedenklich" einstufte und eine Zulässigkeit nur annahm, sofern „ganz besondere Umstände bestünden, die für eine solch ungewöhnliche Regelung eine sachliche Rechtfertigung bilden könnten".[231]

Mit Urteil vom 13.7.1981 festigte der BGH seine neue Rechtsprechung. Er betonte, dass der Ausschluss grundsätzlich einen wichtigen Grund erfordere und hiervon nur bei Vorliegen einer sachlichen Rechtfertigung aufgrund außergewöhnlicher Umstände abgewichen werden könne.[232] Diese Einschränkung beruhe auf den immanenten Grenzen der Vertragsfreiheit, die neben den allgemeinen Grundsätzen der Rechtsordnung durch die Grundprinzipien des Gesellschaftsrechts geprägt würden. Im Gegensatz zum reinen Austauschvertrag sei eine erfolgreiche Gesellschaft besonders auf die gedeihliche Zusammenarbeit der Gesellschafter angewiesen und das ausgeprägte Vertrauen der Gesellschafter untereinander begründe eine besondere Treupflicht.[233] Die Ausschlussbefugnis nach freiem Ermessen begründe die Gefahr einer Willkürherrschaft.[234] Die Möglichkeit, Mitgesellschafter auch aus sachfremden auszuschließen, könne den betroffenen Gesellschafter davon abhalten, ihm zustehende Rechte auszuüben und ihm obliegende Gesellschafterpflichten zu erfüllen, um nicht in Konflikt mit den Mitgesellschaftern zu geraten. Schon die Existenz der freien Ausschlussklausel im Gesellschaftsvertrag bedrohe die Entscheidungsfreiheit des einzelnen Gesellschafters und schwebe als „Damoklesschwert der Hinauskündigung"[235]

---

228 BGH v. 7.5.1973 – II ZR 140/71, NJW 1973, 1606.
229 BGH v. 20.1.1977 – II ZR 217/75, NJW 1977, 1292.
230 Siehe Leitsatz 2 v. BGH v. 20.1.1977 – II ZR 217/75, NJW 1977, 1292.
231 BGH v. 20.1.1977 – II ZR 217/75, NJW 1977, 1292, 1293.
232 BGH v. 13.7.1981 – II ZR 56/80, NJW 1981, 2565 f.
233 BGH v. 13.7.1981 – II ZR 56/80, NJW 1981, 2565 f.
234 BGH v. 13.7.1981 – II ZR 56/80, NJW 1981, 2565, 2566.
235 *Schilling*, ZGR 1979, 419, 426.

über dem betroffenen Gesellschafter. Aus diesem Grund sei eine Ausübungskontrolle des Ausschlussbeschlusses selbst oder der Kündigungserklärung nicht ausreichend.[236] Lediglich in Ausnahmefällen, d.h. bei Vorliegen außergewöhnlicher Umstände, könnten Hinauskündigungsklauseln sachlich gerechtfertigt sein.[237] Die bloße Vereinbarung einer angemessenen Abfindung ändere nichts an der Unwirksamkeit der freien Ausschlussklauseln.[238]

In der Folgezeit blieb der BGH bei seiner Grundeinstellung, änderte jedoch die Unwirksamkeitsbegründung. Während Hinauskündigungsklauseln zunächst, wie beschrieben, wegen Nichtbeachtung der „Grundprinzipien des Gesellschaftsrechts" unwirksam waren, wurde in der Entscheidung vom 25.3.1985[239] nunmehr § 138 Abs. 1 BGB als tragende Rechtsnorm angeführt. Dabei inkorporierte der BGH die Argumentationslinie des Verstoßes gegen die Grundprinzipien des Gesellschaftsrechts in die Prüfung des § 138 Abs. 1 BGB.[240] Der zuvor z.T. als selbstständiger, höherer Prüfungsmaßstab neben § 138 Abs. 1 BGB verstandenen Schranke der „Grundprinzipien des Gesellschaftsrechts" kam damit keine eigenständige Bedeutung mehr zu.[241] Der BGH argumentierte, dass der betroffene Gesellschafter durch die Vereinbarung eines Ausschlussrechts ohne Grund derart in seiner Entschließungs- und Entscheidungsfreiheit beeinträchtigt werde, dass diese Vertragsgestaltung wegen Verstoßes gegen die guten Sitten nach § 138 Abs. 1 BGB keinen Bestand haben könne.[242] Der BGH ließ dabei ausdrücklich offen, welche Umstände den Ausschluss ohne Grund ausnahmsweise rechtfertigen können und ob die sachliche Rechtfertigung schon aus dem Gesellschaftsvertrag hervorgehen muss.[243] Sofern die Hinauskündigungsklausel ausnahmsweise sachlich gerechtfertigt ist, wird die Ausschlussentscheidung im Weiteren einer Ausübungskontrolle gem. § 242 BGB unterzogen.[244] Inhalts- und

---

236 BGH v. 13.7.1981 – II ZR 56/80, NJW 1981, 2565, 2566.

237 BGH v. 13.7.1981 – II ZR 56/80, NJW 1981, 2565, 2566.

238 BGH v. 13.7.1981 – II ZR 56/80, NJW 1981, 2565, 2566.

239 BGH v. 25.3.1985 – II ZR 240/84, NJW 1985, 2421, 2422.

240 *Gärtner*, Der unfreiwillige Verlust, S. 62; *Fastrich*, ZGR 1991, 306, 307; *Heinemann*, ZHR 155 (1991), 447, 454; *Wiedemann*, Beilage Nr. 8 zu WM 1990, 1, 21; a.A. wohl *Reuter*, JZ 1986, 16, 23, der von einem Nebeneinander der Grundprinzipien des Gesellschaftsrechts und § 138 Abs. 1 BGB ausgeht.

241 *Behr*, ZGR 1990, 370, 375 ff.

242 BGH v. 25.3.1985 – II ZR 240/84, NJW 1985, 2421, 2422.

243 BGH v. 13.7.1981 – II ZR 56/80, NJW 1981, 2565, 2566.

244 BGH v. 8.3.2004 – II ZR 165/02, NJW 2004, 2013, 2015.

Ausübungskontrolle stehen bei der Überprüfung von Hinauskündigungsklauseln nebeneinander.[245]

2. Fallgruppen der sachlichen Rechtfertigung

Hinauskündigungsklauseln können in Ausnahmefällen sachlich gerechtfertigt sein. Dafür müssen im Rahmen der Gesamtbetrachtung besondere Umstände vorliegen, die dem Vorwurf der Gefahr des willkürlich einsetzbaren Druckmittels entgegenstehen. Die sachliche Rechtfertigung muss sich nicht auf die konkrete Ausschlussentscheidung, sondern auf die Einführung der Hinauskündigungsklausel in den Gesellschaftsvertrag beziehen.[246] Die Rechtsprechung wird überwiegend so verstanden, dass durch die sachliche Rechtfertigung nicht die zunächst sittenwidrige Klausel zulässig wird, sondern das Sittenwidrigkeitsverdikt bereits auf Tatbestandebene entfällt.[247] Ergibt eine umfassende Interessenabwägung, dass die konkrete Hinauskündigungsklausel ausnahmsweise sachlich gerechtfertigt ist, so ist bereits der Tatbestand des § 138 BGB nicht erfüllt.[248] Die Hinauskündigungsklausel ist wirksam.

a) Treuhandähnliche Verhältnisse

Im Jahr 1990 erarbeitete der BGH am Beispiel einer GmbH – auf die die Hinauskündigungsrechtsprechung ausgedehnt wurde[249] – die erste Fallgruppe der sachlichen Rechtfertigung. Im zugrundeliegenden Urteil stritten sich zwei in einer Beziehung zusammenlebende GmbH-Gesellschafter um die Wirksamkeit des Ausschlusses einer der Gesellschafter. Der Ausschluss beruhte auf einer schuldrechtlichen Vereinbarung, die dem einen Gesellschafter das Recht einräumte, sich durch Anteilsübernahme von dem anderen Gesellschafter ohne weitere Voraussetzungen zu trennen.[250] Der herausdrängende Gesellschafter hatte die Zwei-Personen-GmbH allein finanziert, den anderen Gesellschafter als Geschäftsführer eingesetzt und ihm eine Mehrheit am Stammkapital verschafft. Der BGH entschied, dass die schuldrechtliche Vereinbarung zur Anteilsübernahme einer Hinauskündigungsklausel gleichstehe, aber vorliegend sachlich

---

245 *Beischer*, Ausschluss, S. 58.

246 BGH v. 20.1.1977 – II ZR 217/75, NJW 1977, 1292, 1293.

247 *Hinderer*, RNotZ 2005, 416, 419; *Kowalski/Bormann*, GmbHR 2004, 1438, 1441; *Miesen*, RNotZ 2006, 522, 524.

248 *Miesen*, RNotZ 2006, 522, 524.

249 BGH v. 9.7.1990 – II ZR 194/89, NJW 1990, 2622, 2623.

250 BGH v. 9.7.1990 – II ZR 194/89, NJW 1990, 2622.

gerechtfertigt sei.[251] Grund dafür sei die alleinige Finanzierung der Gesellschaft durch den einen Gesellschafter und die Geschäftsführer- und Mehrheitsstellung des anderen Gesellschafters, die allein im Vertrauen auf den Fortbestand ihrer Beziehung und des hierauf beruhenden Vertrauensverhältnisses derart gestaltet worden sei.[252] Entfiele das Vertrauen darauf, dass der leitende Gesellschafter das Unternehmen so führen werde, dass der finanzierende Gesellschafter keinen Schaden erleide, habe der finanzierende Gesellschafter ein berechtigtes Interesse daran, die Machtstellung des anderen Gesellschafters zu beenden.[253] Der Geschäftsanteil und die Position als Geschäftsführer seien dem auszuschließenden Gesellschafter von Anfang an nur für die Zeit eingeräumt gewesen, in der das beschriebene enge Vertrauensverhältnis bestanden habe. Damit bestehe eine Parallele zur Position des Treuhänders, der nach Beendigung des Treuhandverhältnisses das Treugut wieder herauszugeben hat.[254]

b) „Probezeit" bei freiberuflichen Zusammenschlüssen

Ein weiterer sachlicher Rechtfertigungsgrund ist die Vereinbarung einer freien Ausschlussbefugnis der Altgesellschafter einer Freiberuflersozietät gegenüber neu aufgenommenen Gesellschaftern im Sinne einer „Probezeit".[255] Gesellschafter einer bestehenden Sozietät können in der Regel erst nach einiger Zeit erkennen, ob die besonders für Freiberuflersozietäten unerlässliche harmonische und vertrauensvolle Zusammenarbeit mit dem neuen Gesellschafter möglich ist.[256] In die Interessenabwägung des BGH floss mit ein, dass die Altgesellschafter alleinige Träger des Gesellschaftsvermögens waren und der neue Gesellschafter ohne Leistung einer eigenen Einlage aufgenommen wurde.[257] Eine Probezeit von 10 Jahren[258] wurde als deutlich zu lang eingestuft; in Anlehnung an die Rechtsprechung zu überlangen Wettbewerbsverboten erkannte der BGH aber die Möglichkeit an, die Frist im Wege der geltungserhaltenden Reduktion auf drei Jahre[259] zu verringern.

---

251 BGH v. 9.7.1990 – II ZR 194/89, NJW 1990, 2622 f.

252 BGH v. 9.7.1990 – II ZR 194/89, NJW 1990, 2622, 2623.

253 BGH v. 9.7.1990 – II ZR 194/89, NJW 1990, 2622, 2623.

254 BGH v. 9.7.1990 – II ZR 194/89, NJW 1990, 2622, 2623; vgl. allgemein zum Treuhandverhältnis *Schubert*, in: MüKoBGB, § 164 Rn. 51 ff.

255 BGH v. 8.3.2004 – II ZR 165/02, NJW 2004, 2013.

256 BGH v. 8.3.2004 – II ZR 165/02, NJW 2004, 2013, 2015.

257 BGH v. 8.3.2004 – II ZR 165/02, NJW 2004, 2013, 2015.

258 BGH v. 8.3.2004 – II ZR 165/02, NJW 2004, 2013, 2015.

259 BGH v. 7.5.2007 – II ZR 281/05, NJW-RR 2007, 1256, 1258.

In den vom BGH entschiedenen Fällen aus den Jahren 2004 und 2007 handelte es sich um Gemeinschaftspraxen von Laborärzten. Der BGH betonte in seinen Entscheidungen ausdrücklich, dass die Besonderheiten des betroffenen Kassenarztwesens bei der Festsetzung der zulässigen Länge der Probezeit zu berücksichtigen seien.[260] Infolge der öffentlich-rechtlichen Zulassungsbeschränkungen im vertragsärztlichen Bereich sei das Ausscheiden eines Vertragsarztes aus einer Gemeinschaftspraxis stärker als bei anderen Gruppen von Freiberuflern mit erheblichen wirtschaftlichen Folgen verbunden.[261] Es ist bisher nicht geklärt, ob andere Freiberuflersozietäten daher nur kürzere „Probezeiten" vereinbaren dürfen als Laborärzte.[262]

c) Beteiligung als untergeordneter Annex

Eine Hinauskündigung kann auch zulässig sein, wenn sich die Gesellschaftsbeteiligung als bloßer Annex zu einem anderen Vertragsverhältnis darstellt.[263] Konkret ging es in der einschlägigen Entscheidung des BGH um eine GmbH, deren Gesellschaftsgegenstand die Errichtung, die Organisation und der Betrieb einer internationalen Kooperation von nationalen Paketdiensten war. Die jeweiligen Paketdienste waren Gesellschafter der GmbH. Die GmbH schloss mit den einzelnen Paketdiensten Kooperationsverträge, die ein freies, d.h. nicht an besondere Gründe geknüpftes, ordentliches Kündigungsrecht vorsahen. Der Verlust des Status als Kooperationspartner führte laut Satzung automatisch zum Verlust der Gesellschafterstellung. Der BGH trat der Auffassung entgegen, dass die freien Kündigungsklauseln in den Kooperationsverträgen deshalb unwirksam seien, weil sie mittelbar die Möglichkeit eröffneten, die Gesellschafterstellung der Paketdienste zu beenden.[264] Die im Urteil vorliegende Fallgestaltung sei zum einen nicht mit gesellschaftsvertraglichen Hinauskündigungsklauseln vergleichbar. Nach dem Gesellschaftsvertrag entscheide nicht ein einzelner Gesellschafter darüber, ob der zwischen der Gesellschaft und ihren Gesellschaftern bestehender Kooperationsvertrag gekündigt wird, sondern es beschlossen hierüber die Gesellschafter, die gleichzeitig als nationale Partner in das Paketsystem

---

260 BGH v. 8.3.2004 – II ZR 165/02, NJW 2004, 2013, 2015; BGH v. 7.5.2007 – II ZR 281/05, NJW-RR 2007, 1256, 1258.

261 BGH v. 7.5.2007 – II ZR 281/05, NJW-RR 2007, 1256, 1258.

262 Für eine kürzere Frist *Verse*, DStR 2007, 1822, 1824; für eine vollständige Übertragbarkeit der Grundsätze auf alle Freiberuflersozietäten *Grunewald*, DStR 2004, 1750, 1751; *Henssler*, FS Konzen, 267, 272.

263 BGH v. 14.3.2005 – II ZR 153/03, NZG 2005, 479.

264 BGH v. 14.3.2005 – II ZR 153/03, NZG 2005, 479 f.

eingegliedert seien.[265] Zum anderen liege insofern eine sachliche Rechtfertigung für die Vertragsgestaltung vor, dass die wechselseitigen Rechte und Pflichten der Partner entscheidend durch den Kooperationsvertrag geprägt würden und die Gesellschafterstellung demgegenüber bloßer Annex zum Kooperationsverhältnis sei.[266] Es bestehe ein berechtigtes Interesse an der Aufrechterhaltung des Gleichlaufs von Kooperationsvertrag und Gesellschafterstellung.[267]

d) Manager- / Mitarbeitermodelle

Für die Praxis haben die beiden Entscheidungen des BGH zum sog. „Managermodell"[268] und „Mitarbeitermodell"[269] große Relevanz. Unter dem Manager- bzw. Mitarbeitermodell versteht man ein Unternehmenskonzept, bei dem Geschäftsführern bzw. Mitarbeitern Minderheitsbeteiligungen an einem Unternehmen gegen Zahlung des Nominalwertes des Anteils oder sogar unentgeltlich eingeräumt werden.[270] Die Gesellschaftsbeteiligungen sind dabei an den Status als Geschäftsführer bzw. Mitarbeiter gebunden. Die Geschäftsführer/Mitarbeiter geben bei Einräumung der Gesellschafterposition aufschiebend bedingte Rückübertragungsangebote ab. Die Anteile fallen automatisch an die Gesellschaft zurück, sobald die Geschäftsführer/Mitarbeiter aus der Manager- bzw. Mitarbeiterposition ausscheiden.

Der BGH hat für das Managermodell festgestellt, dass die Möglichkeit des freien Widerrufs der Geschäftsführerstellung gem. § 38 Abs. 1 GmbHG und die daran gekoppelte automatische Beendigung der Gesellschafterstellung einer „normalen" Hinauskündigungsklausel entspricht.[271] Dieses freie Ausschlussrecht sei jedoch aufgrund der besonderen Umstände sachlich gerechtfertigt. So seien die Gesellschafter ein nur geringes finanzielles Risiko eingegangen, da dem günstigen Erwerb der Geschäftsanteile ein großes Gewinnausschüttungspotential

265 BGH v. 14.3.2005 – II ZR 153/03, NZG 2005, 479, 480.

266 BGH v. 14.3.2005 – II ZR 153/03, NZG 2005, 479, 480.

267 BGH v. 14.3.2005 – II ZR 153/03, NZG 2005, 479, 480; ähnlich auch BGH v. 24.3.2003 – II ZR 4/01, NJW 2003, 1729, 1730, in dem das Ziel des Gleichlaufs zwischen Gesellschafter- und Wohnungseigentümerstellung bei einer Publikums-KG als berechtigtes Interesse anerkannt wurde.

268 BGH v. 19.9.2005 – II ZR 173/04, NJW 2005, 3641; vgl. zum Managermodell ausführlich *Schöfer*, Ausschluss- und Abfindungsregeln, S. 17 ff., 25 ff.; *Schockenhoff*, NZG 2018, 201 ff.

269 BGH v. 19.9.2005 – II ZR 342/03, NJW 2005, 3644.

270 *Wackerbeck*, Grenzen der Zulässigkeit, S. 129.

271 BGH v. 19.9.2005 – II ZR 173/04, NJW 2005, 3641, 3642.

während der Dauer ihrer organschaftlichen und dienstvertraglichen Bindung an die Gesellschaft gegenübergestanden habe.[272] Zudem habe das Managermodell zum Ziel, die Geschäftsführer durch die Beteiligung stärker an das Unternehmen zu binden, ihre Motivation zu steigern und sie für einen erfolgreichen Einsatz zu belohnen.[273] Sobald die Geschäftsführerstellung beendet werde, verliere die weitere Beteiligung ihren rechtfertigenden Sinn. Außerdem werde dem Mehrheitsgesellschafter nur durch die Rückübertragung des Anteils die Möglichkeit gegeben, den nachfolgenden Geschäftsführer in gleicher Weise zu beteiligen und das Unternehmenskonzept weiterzuführen.[274] Bei dieser Sachlage sei die Entscheidungsfreiheit des Gesellschafters nicht übermäßig eingeschränkt. Ohnehin falle der Verlust der Gesellschafterstellung als bloßer Annex zur Geschäftsführerposition neben der in § 38 Abs. 1 GmbHG gesetzlich vorgesehenen jederzeitigen freien Abberufungsmöglichkeit nicht entscheidend ins Gewicht.[275]

Der BGH hat im Fall des Mitarbeitermodells schon das Vorliegen eines freien Hinauskündigungsrechts verneint.[276] Der Mehrheitsgesellschafter könne den Mitarbeiter-Gesellschafter nicht grundlos ausschließen. Der Verlust der Gesellschafterstellung sei an den Verlust des Arbeitsplatzes und damit an eine objektive Voraussetzung gebunden. Da die betroffene Gesellschaft in den Anwendungsbereich des Kündigungsschutzgesetzes falle, bedürfe es zur Kündigung des Mitarbeiter-Gesellschafters eines Kündigungsgrundes i.S.d. § 1 KSchG.[277] Durch diese Verknüpfung sei die Ausschlussmöglichkeit nicht frei. Damit bestehe keine Gefahr der willkürlichen Ausnutzung des Ausschlussrechts.[278]

e) Testierfreiheit des Erblassers

Schließlich ist es nach Ansicht des BGH zulässig, dass ein Erblasser im Rahmen einer vorweggenommenen Erbfolgeregelung einem Kind lediglich eine mit dem Hinauskündigungsrecht des anderen Kindes belastete Gesellschafterstellung einräumt.[279] Im zugrundeliegenden Fall hatte der Erblasser sein einzelkaufmännisches Unternehmen unter der Auflage an seine beiden Kinder vererbt, dass diese das Unternehmen in eine von ihnen zu gründende KG einbringen.

272 BGH v. 19.9.2005 – II ZR 173/04, NJW 2005, 3641, 3642.
273 BGH v. 19.9.2005 – II ZR 173/04, NJW 2005, 3641, 3642.
274 BGH v. 19.9.2005 – II ZR 173/04, NJW 2005, 3641, 3642 f.
275 BGH v. 19.9.2005 – II ZR 173/04, NJW 2005, 3641, 3643.
276 BGH v. 19.9.2005 – II ZR 342/03, NJW 2005, 3644, 3645.
277 BGH v. 19.9.2005 – II ZR 342/03, NJW 2005, 3644, 3645.
278 BGH v. 19.9.2005 – II ZR 342/03, NJW 2005, 3644, 3645.
279 BGH v. 19.3.2007 – II ZR 300/05, NJW-RR 2007, 913.

Weiter sollten sie den Gesellschaftsvertrag der neuen KG so gestalten, dass dem Sohn als bevorzugten Unternehmensleiter auch bei einer Eigenkündigung das Recht zur Übernahme des gesamten Geschäftsbetriebs gegen Abfindung seiner Schwester zukommt. Die Testierfreiheit des Erblassers rechtfertigte das damit verbundene Hinauskündigungsrecht.[280] Der Erblasser sei frei darin gewesen, das später hinausgekündigte Kind von vornherein von der Unternehmensnachfolge auszuschließen. Erst recht müsse es ihm deshalb möglich sein, dem betroffenen Kind eine mit dem Hinauskündigungsrecht belastete Gesellschafterstellung zuzuwenden.[281]

3. *Rechtsfolgen unzulässiger Ausschlussklauseln*

Sofern die Hinauskündigungsklausel nicht ausnahmsweise nach der Rechtsprechung sachlich gerechtfertigt ist, bleibt es bei dem Sittenwidrigkeitsverdikt und der Nichtigkeitsfolge gem. § 138 Abs. 1 BGB. Die Nichtigkeit erstreckt sich grundsätzlich auf das gesamte Rechtsgeschäft.[282] Der Vertrag kann nur gem. § 139 BGB ohne den unwirksamen Teil aufrecht erhalten werden, wenn dies (i) dem mutmaßlichen Parteiwillen entspricht, (ii) sich der Sittenverstoß auf einen abgrenzbaren Teil beschränkt und (iii) keine sonstigen Bedenken gegen den Inhalt und das Zustandekommen des Vertrages bestehen.[283] Im Fall einer sittenwidrigen Hinauskündigungsklausel ist i.d.R. nur die Klausel und nicht der gesamte Gesellschaftsvertrag nichtig.[284] Eine zu weit gefasste und damit grundsätzlich nichtige Hinauskündigungsklausel kann u.U. durch geltungserhaltende Reduktion auf einen zulässigen Regelungsgehalt zurückgeführt werden. Das ist möglich, wenn die Vertragsparteien bei Kenntnis der Unwirksamkeit den rechtlich unbedenklichen Teil der Ausschlussklausel an bestimmte, noch anerkennenswerte Voraussetzungen geknüpft hätten.[285] Die in der Hinauskündigungsklausel enthaltenen Verfahrensbestimmungen bleiben grundsätzlich wirksam.[286] Kann die Hinauskündigungsklausel nicht auf ein zulässiges Maß

---

280 BGH v. 19.3.2007 – II ZR 300/05, NJW-RR 2007, 913, 914.

281 BGH v. 19.3.2007 – II ZR 300/05, NJW-RR 2007, 913, 914.

282 BGH v. 17.5.1988 – VI ZR 233/87, NJW 1989, 26, 27.

283 *Wendtland*, in: BeckOKBGB, § 138 Rn. 32.

284 Zuletzt BGH v. 7.5.2007 – II ZR 281/05, NJW-RR 2007, 1256, 1258 f.

285 BGH v. 19.9.1988 – II ZR 329/87, NJW 1989, 834, 835 f.; BGH v. 5.6.1989 – II ZR 227/88, NJW 1989, 2681; BGH v. 7.5.2007 – II ZR 281/05, NJW-RR 2007, 1256, 1258 f.; dazu auch *Reymann*, DNotZ 2006, 106, 115.

286 BGH v. 5.6.1989 – II ZR 227/88, NJW 1989, 2681 f.; *Schöne*, Gesellschafterausschluß, S. 112.

zurückgeführt werden, ist die Klausel insgesamt unwirksam und kann nicht Rechtsgrundlage für den Ausschluss eines Gesellschafters sein.[287] Davon bleibt das gesetzliche Recht, einen Gesellschafter bei Vorliegen eines wichtigen Grundes auszuschließen, unberührt.

4. Zusammenfassung

Seit 1977 hält der BGH Hinauskündigungsklauseln in gefestigter Rechtsprechung für unzulässig. Die Vereinbarung eines freien Ausschlussrechts verstößt nach Ansicht des BGH gegen die guten Sitten nach § 138 Abs. 1 BGB, da sie die Gefahr der Willkürherrschaft begründe. Die Rechtsprechung akzeptiert Hinauskündigungsklauseln lediglich bei Vorliegen außergewöhnlicher Umstände. In den letzten Jahrzehnten hat der BGH eine Reihe von Klauseln für sachlich gerechtfertigt erklärt. Der BGH hat bisher jedoch keine allgemeinen Kriterien dafür entwickelt, wann eine Hinauskündigungsklausel ausnahmsweise zulässig ist. Sofern die Hinauskündigungsklausel nicht sachlich gerechtfertigt ist, bleibt es bei der Nichtigkeitsfolge nach § 138 Abs. 1 BGB.

III. Lösungsansätze der Literatur

An dieser Stelle folgt nur eine grobe Zusammenfassung der vielfaltigen Reaktionen im Schrifttum auf die Rechtsprechung zu den Hinauskündigungsklauseln. Die ausführliche Diskussion der Vor- und Nachteile der Lösung des BGH unter Auseinandersetzung mit der einschlägigen Literatur bleibt dem vierten Teil dieser Arbeit vorbehalten.

1. Literatur in Übereinstimmung mit der Rechtsprechung

Ein großer Teil der Literatur[288] teilt die Ansicht des BGH und stuft Hinauskündigungsklauseln als grundsätzlich unwirksam ein. Er stimmt dem BGH darin zu, dass Hinauskündigungsklauseln die Gefahr einer Willkürherrschaft

---

287 *Schöne*, in: BeckOKBGB, § 737 Rn. 35; *ders.*, Gesellschafterausschluß, S. 112.

288 U.a. *Behr*, ZGR 1990, 370, 377 f.; *Binz/Sorg*, GmbHR 2005, 893, 896; *Hadding/Kießling*, in: Soergel, § 737 BGB Rn. 17; *Hanke*, in: NK-BGB, § 737 Rn. 13; *Heinemann*, ZHR 155 (1991), 447, 457 f.; *Hennerkes/Binz*, NJW 1983, 73, 77; *Kamanabrou*, in: Oetker, § 140 HGB Rn. 47; *Miesen*, RNotZ 2006, 522, 523; *Nasall*, NZG 2008, 851, 854; *Reuter*, JZ 1986, 16, 23; *Sauter*, in: Beck'sches HdbPersG, § 8 Rn. 98; *Schäfer*, in: MüKoBGB, § 737 Rn. 19; *ders.*, Beilage zu ZIP 22/2016, 63, 66; *Schilling*, ZGR 1979, 419, 422; *Schmidt*, in: MüKoHGB, § 140 Rn. 100; *Schöne*, in: BeckOKBGB, § 737 Rn. 26; *Wiedemann*, in: GesR I, S. 386 f.

begründeten.[289] Die Vertragsfreiheit der Gesellschafter müsse ihre Grenze an dem Punkt erfahren, an dem das Leitbild der Personengesellschaft in Frage gestellt werde.[290] Während unter diesen Literaturstimmen Einigkeit hinsichtlich der grundsätzlichen Verwerflichkeit der Hinauskündigungsklauseln besteht, werden hinsichtlich der folgenden zwei Gesichtspunkte Bedenken geäußert:

Die Kritik betrifft zum einen die methodische Vorgehensweise des BGH. Insbesondere wird bezweifelt, dass § 138 Abs. 1 BGB tatsächlich der geeignete Kontrollmaßstab zur Überprüfung der Hinauskündigungsklauseln ist.[291] Während *Fastrich*[292] für eine im Rahmen der Rechtsfortbildung entwickelte Einzelschranke plädiert, halten *Hommelhoff*[293] und *Heinemann*[294] eine Verortung der Unwirksamkeitsbegründung bei § 134 BGB i.V.m. § 705 BGB und den Grundprinzipien des Gesellschaftsrechts für vorzugswürdig.

Zum anderen wird gerade die neuere Rechtsprechung des BGH als zu großzügig kritisiert. Die dem BGH seit 2004 attestierten „Lockerungstendenzen"[295] seien bedenklich.[296] Dadurch, dass der BGH immer großzügiger sachlich rechtfertigende Gründe anerkenne, komme es zu erheblichen Unsicherheiten bei der Vertragsgestaltung.[297] Zudem gehe es bei der Ablehnung der Hinauskündigungsklauseln nicht allein um die konkrete Schutzwürdigkeit des betroffenen Gesellschafters, sondern um den Schutz der Funktionsfähigkeit der Gesellschaft im Ganzen.[298] Diesen Schutz gewährleiste gerade die jüngere Rechtsprechung nicht mehr im ausreichenden Maße.[299] Es drohe auch in den vom BGH als gerechtfertigt erachteten Konstellationen eine Aushöhlung des Kernbereichs der Mitgliedschaft des betroffenen Gesellschafters.[300] Noch weiter geht *Schöne*, der die Möglichkeit der sachlichen Rechtfertigung insgesamt verwirft. Als

---

289 *Behr*, ZGR 1990, 370, 377; *Hadding/Kießling*, in: Soergel, § 737 BGB Rn. 17; *Schöne*, in: BeckOKBGB, § 737 Rn. 26.

290 *Kamanabrou*, in: Oetker, § 140 HGB Rn. 47; *Reuter*, JZ 1986, 16, 23.

291 *Behr*, ZGR 1990, 370, 379 f.; *Fastrich*, ZGR 1991, 306, 310 f.; *Heinemann*, ZHR 155 (1991), 447, 458 f.; *Hommelhoff*, DNotZ 1989, 104, 109.

292 *Fastrich*, ZGR 1991, 306, 310 f.

293 *Hommelhoff*, DNotZ 1989, 104, 109.

294 *Heinemann*, ZHR 155 (1991), 447, 460.

295 *Hanke*, in: NK-BGB, § 737 Rn. 13.

296 *Schäfer*, Beilage zu ZIP 22/2016, 63, 66; *Schöne*, in: BeckOKBGB, § 737 Rn. 32.

297 *Hanke*, in: NK-BGB, § 737 Rn. 13.

298 *Miesen*, RNotZ 2006, 522, 524; *Schäfer*, in: MüKoBGB, § 737 Rn. 19; siehe dazu auch unten S. 148 f.

299 *Schäfer*, in: MüKoBGB, § 737 Rn. 19.

300 *Schäfer*, in: MüKoBGB, § 737 Rn. 19; *Schöne*, in: BeckOKBGB, § 737 Rn. 32.

Mindestvoraussetzung müsse die Ausschlussklausel den Grund, der im konkreten Einzelfall zum Ausschluss berechtigen solle, in ausreichend bestimmter und nachprüfbarer Form bezeichnen.[301] Die (unbeschränkte) Hinauskündigungsklausel sei in keinem Fall sachlich zu rechtfertigen.[302]

2. *Gesamtbetrachtungslösungen*

Andere Literaturstimmen halten es für verfehlt, Hinauskündigungsklauseln losgelöst von den anderen Vertragsbestimmungen zu betrachten und sowohl die Abfindungsregelungen als auch sonstige Bestimmungen zum Ausschlussverfahren nicht in die Gesamtbetrachtung bei § 138 Abs. 1 BGB miteinzubeziehen.[303]

a) Kompensation durch Abfindung

Es wird vertreten, dass Hinauskündigungsklauseln bei vollwertiger Abfindung zu akzeptieren seien.[304] Das von der Rechtsprechung maßgeblich herangezogene „Damoklesschwert-Argument" verliere deutlich an Gewicht, sofern der Gesellschafter im Ausscheidensfall eine angemessene Abfindung erhalte.[305] Der Schutz des betroffenen Gesellschafters werde ausreichend durch die Abfindungszahlung gewährleistet.[306] Der Ausgeschlossene erhalte bei einer angemessenen Abfindung den Wert seiner Beteiligung zurück und könne damit ein gleichwertiges Investment tätigen.[307] Zudem sei die Gefahr der Willkürherrschaft der übrigen Gesellschafter wesentlich minimiert. Auf Grund der wirtschaftlichen Folgen des Ausschlusses bestünde kein Anreiz für die verbleibenden Gesellschafter einen „unliebsamen" Mitgesellschafter aus sachfremden Motiven aus der Gesellschaft zu drängen.[308] Damit entfalle die Notwendigkeit, Hinauskündigungsklauseln

---

301 *Schöne*, Gesellschafterausschluß, S. 108 ff.

302 *Schöne*, Gesellschafterausschluß, S. 161.

303 U.a. *Drinkuth*, NJW 2006, 410, 411; *Gärtner*, Der unfreiwillige Verlust, S. 209 ff., 227; *Grunewald*, Ausschluß, S. 221 f.; *dies.*, DStR 2004, 1750, 1751 f.; *Henssler*, FS Konzen, 267, 270 f.; *Huber*, ZGR 1980, 177, 210 f.; *Verse*, DStR 2007, 1822, 1826.

304 *Drinkuth*, NJW 2006, 410, 411; *Gärtner*, Der unfreiwillige Verlust, S. 209 ff.; *Grunewald*, Ausschluß, S. 221; *dies.*, DStR 2004, 1750, 1751 f.; *dies.*, Gesellschaftsrecht, S. 72; *Henssler*, FS Konzen, 267, 270 f.; *Huber*, ZGR 1980, 177, 210 f.; *Verse*, DStR 2007, 1822, 1826.

305 *Drinkuth*, NJW 2006, 410, 411; *Gärtner*, Der unfreiwillige Verlust, S. 212; *Verse*, DStR 2007, 1822, 1826.

306 *Grunewald*, DStR 2004, 1750, 1751.

307 *Grunewald*, Ausschluß, S. 221.

308 *Drinkuth*, NJW 2006, 410, 411; *Grunewald*, Ausschluß, S. 221; *Huber*, ZGR 1980, 177, 210 f.

als sittenwidrig gem. § 138 Abs. 1 BGB und damit für unwirksam zu erklären. Schließlich sei die Ausblendung der Abfindungsregelung auch mit Blick auf die Regelung zum Squeeze-Out in § 327a AktG wenig konsistent.[309] Nach dieser Vorschrift bedarf der Hauptversammlungsbeschluss zum Ausschluss eines Minderheitsaktionärs keiner sachlichen Rechtfertigung. Vielmehr wird der Minderheitsaktionär durch die nach § 327a Abs. 1 AktG zu zahlende Abfindung geschützt. Diese gesetzgeberische Wertung könne auch auf das Personengesellschaftsrecht übertragen werden.[310]

b) Schutz durch Verfahren

Grunewald fordert weiter, dass der betroffene Gesellschafter nicht nur eine vollwertige Abfindung erhält, sondern dass auch das Ausschlussverfahren bestimmten Anforderungen genügt.[311] Dem Ausschluss soll eine korporationsinterne Diskussion über die Vor- und Nachteile des Ausschlusses zwischen den Mitgliedern unter Beteiligung des Auszuschließenden vorangehen.[312] Der Schutz des Auszuschließenden werde durch die strengen Anforderungen an den Findungs- und Entscheidungsprozess beim Ausschlussbeschluss ergänzt und andere Defizite werden kompensiert. *Gärtner* sieht ebenfalls das Bedürfnis nach einem geordneten Ausschlussverfahren, in welchem der Auszuschließende in einem Entscheidungsfindungsprozess zwischen den Gesellschaftern gehört wird.[313] Allerdings hält er es nicht für zwingend, dass die Schutzinstrumente der vollwertigen Kompensation durch die Abfindung und der korporationsinternen Diskussion über den Ausschluss kumulativ vorliegen müssen. Vielmehr sei das Fehlen des Schutzes durch das Erfordernis des Ausschlussgrundes im Rahmen des beweglichen Kontrollsystems des § 138 Abs. 1 BGB allgemein durch verschiedene Mechanismen ausgleichbar. Dabei könne es sich z.B. um eine vollwertige Abfindung oder ein geordnetes Ausschlussverfahren handeln.[314]

---

309 *Harrer*, FS Sonnenberger, 235, 248; für die GmbH *Drinkuth*, NJW 2006, 410, 411; *Gärtner*, Der unfreiwillige Verlust, S. 214 ff.

310 *Harrer*, FS Sonnenberger, 235, 247.

311 *Grunewald*, Ausschluß, S. 222, 225.

312 *Grunewald*, Ausschluß, S. 222.

313 *Gärtner*, Der unfreiwillige Verlust, S. 227.

314 *Gärtner*, Der unfreiwillige Verlust, S. 227.

3. *Lehre vom Gesellschafter minderen Rechts*

Fester Bestandteil der Diskussion über den Umgang mit Hinauskündigungsklauseln ist die von *Flume* entwickelte „Lehre vom Gesellschafter minderen Rechts"[315]. Nach diesem Modell sind zwei verschiedene Formen von Gesellschaftern zu unterscheiden: Einerseits die „Gesellschafter minderen Rechts" und andererseits die „gleichberechtigten" Gesellschafter. Die minderberechtigte Stellung komme z.B. durch eine fehlende Beteiligung am Liquidationsgewinn, den Erwerb der Beteiligung durch Schenkung oder Erbfolge und vor allem durch die Ausschlussmöglichkeit ohne Grund zum Ausdruck.[316] Freie Ausschlussklauseln, bei denen einzelne Gesellschafter oder eine Gesellschaftergruppe von vornherein einem Gesellschafter „minderen Rechts" gegenüberstehen, sollen grundsätzlich zulässig sein.[317] Denn der Gesellschafter minderen Rechts habe die freie Entscheidung getroffen, sich der Mehrheitsmacht zu unterwerfen und eine von Anfang an abhängige Gesellschafterstellung zu übernehmen. Die übernommene Gesellschafterstellung sei von vornherein mit der Verpflichtung belastet gewesen, diese im Fall der Hinauskündigung an die übrigen Gesellschafter zurückzugeben. Die Vereinbarung von Mitgliedschaften mit unterschiedlichem Inhalt sei von der Privatautonomie der Gesellschafter gedeckt. Es bestehe kein Konflikt mit dem Gleichbehandlungsgrundsatz, da die Beteiligungsrechte von vornherein bewusst „ungleich" ausgestaltet worden seien.[318] Durch die Schranken des Rechtsmissbrauchs sei lediglich der Ausübung dieses Rechts Grenzen gesetzt.[319] Es gäbe jedoch auch Vertragsgestaltungen, die das Hinauskündigungsrecht allen „gleichberechtigten" Gesellschaftern als „korporatives Sozialrecht" zusprächen.[320] Eine solche Vereinbarung sei nicht mit dem Gleichbehandlungsgrundsatz zu vereinbaren. Der gleichberechtigte Gesellschafter habe nicht im Voraus einer schwächeren Mitgliedsstellung zugestimmt und müsse vor der Willkür der übrigen Gesellschafter geschützt werden.[321] Eine Hinauskündigungsklausel zwischen gleichberechtigten Gesellschaftern sei demnach unzulässig.

In eine ähnliche Richtung geht der Lösungsvorschlag von *Behr*, der sich zwar von der Meinung Flumes abgrenzt, aber dennoch von der Existenz von

315 *Flume*, BGB AT Bd. 1, S. 137 ff.; *ders.*, NJW 1979, 902, 903; *ders.*, DB 1986, 629, 633; siehe dazu auch S. 181 ff.
316 *Flume*, NJW 1979, 902, 903.
317 *Flume*, DB 1986, 629, 633.
318 *Flume*, BGB AT Bd. 1, S. 138 f.
319 *Flume*, BGB AT Bd. 1, S. 138.
320 *Flume*, BGB AT Bd. 1, S. 138.
321 *Flume*, BGB AT Bd. 1, S. 139; *ders.*, DB 1986, 629, 633.

Gesellschaftern mit statusgeminderter Stellung ausgeht.[322] Ausgangspunkt ist die Überlegung, dass die Zulässigkeit von Hinauskündigungsklauseln nicht zum Schutze des betroffenen Gesellschafters, sondern primär zur Erhaltung der Absicherung der statustypischen Funktionsfähigkeit der Gesellschaft, beschränkt werden müsse.[323] Diese sei gefährdet, sofern ein Gesellschafter mit einer funktionalen („echten") Gesellschafterstellung aufgrund des immer drohenden grundlosen Ausschlusses die ihm nach der gesellschaftsvertraglichen Rollenfixierung übertragenen Rechte und Pflichten nicht frei ausüben könne. Sofern die Beteiligung nur eine „formale Hülse" etwa in Form einer treuhandähnlichen Position oder einer bloßen Kapitalanlage sei, sei die Funktionsfähigkeit der Gesellschaft von vornherein nicht gefährdet und bedürfe keines Schutzes durch die Nichtigkeit der Hinauskündigungsklausel.[324] Das Erfordernis des wichtigen Grundes sei nur in den Fällen abdingbar, in denen die Stellung des statusgeminderten Gesellschafters aus besonderen, aus der Struktur der Gesellschaft resultierenden Gründen nicht um ihrer selbst willen abgesichert werden müsse.[325]

4. *Geltungserhaltende Reduktion gem. § 139 BGB*

Eine vermittelnde Ansicht vertritt *Gehrlein*, der für die Möglichkeit einer geltungserhaltenden Reduktion der Hinauskündigungsklauseln gem. § 139 BGB wirbt.[326] Hinauskündigungsklauseln seien als grundsätzlich unzulässig anzusehen, um die Aushöhlung des Kernbereichs der Mitgliedschaftsrechte zu vermeiden.[327] Es müsse aber berücksichtigt werden, dass der betroffene Gesellschafter bei der Gestaltung des Gesellschaftsvertrages seine Interessen nicht sachgerecht wahrgenommen oder durchgesetzt habe. Die sich daraus ergebende geringere Schutzwürdigkeit führe dazu, dass er eine Kündigung aus sachlichem Grund hinnehmen müsse, die bei Vertragsschluss wirksam im Gesellschaftsvertrag hätte niedergelegt werden können.[328] Ansonsten werde der Gesellschafter, der sich einem freien Ausschlussrecht unterworfen hat, bessergestellt, als ein Gesellschafter, der lediglich ein Ausschlussrecht aus sachlichem Grund akzeptiert. In Fortentwicklung der Rechtsprechung soll deshalb die Hinauskündigungsklausel

322 *Behr*, ZGR 1985, 475, 492 ff.; *ders.*, ZGR 1990, 370, 378.

323 *Behr*, ZGR 1985, 475, 493; *ders.*, ZGR 1990, 370, 377.

324 *Behr*, ZGR 1985, 475, 493, 495.

325 *Behr*, ZGR 1985, 475, 497.

326 *Gehrlein*, NJW 2005, 1969, 1972 f.; zustimmend auch *Wackerbeck*, Grenzen der Zulässigkeit, S. 209 f.

327 *Gehrlein*, NJW 2005, 1969, 1973.

328 *Gehrlein*, NJW 2005, 1969, 1972 f.

mit dem Inhalt aufrechterhalten werden, dass dem Ausschlussberechtigten der Ausschluss aus einem in der Satzung nicht benannten, aber nachgeschobenen und allgemein anerkannten sachlichen Grund gestattet wird.[329]

5. *Ausübungskontrolle anstatt Inhaltskontrolle*

Eine in der Literatur seit langem etablierte Meinungsströmung beruft sich auf das Primat der Vertragsfreiheit und schlägt vor, die Hinauskündigungsklauseln als grundsätzlich wirksam zu erachten (z.T. wie *Grunewald* unter Forderung der Einhaltung der als „Gesamtbetrachtungslösung" unter S. 76 f. beschriebenen zusätzlichen Voraussetzungen). Lediglich die Ausschlussentscheidung sei einer Ausübungskontrolle zu unterziehen. Eine dezidierte Behandlung der Argumentationsansätze dieses Lösungsvorschlages erfolgt unter S. 150 ff.

6. *Zusammenfassung*

Der überwiegende Teil der Literatur stimmt dem Sittenwidrigkeitsverdikt des BGH zu. Eine einheitliche Gegenmeinung zur Rechtsprechungslinie gibt es nicht. Vielmehr werden verschiedene Ansätze fruchtbar gemacht, um der herrschenden Meinung entgegenzutreten. So wird neben der Empfehlung der Gesamtbetrachtungslösungen und der Lehre vom Gesellschafter minderen Rechts, für einen Rückgriff auf das Mittel der geltungserhaltenden Reduktion gem. § 139 BGB und für die Anwendung einer Ausübungs- statt Inhaltskontrolle plädiert.

IV. Besonderheiten bei der Publikumspersonengesellschaft

Hinauskündigungsklauseln in Publikumspersonengesellschaften sind nach herrschender Ansicht ebenfalls unwirksam.[330] Eine Publikumspersonengesellschaft zeichnet sich dadurch aus, dass sie zum Zwecke der Kapitalansammlung bei Gründung auf den Beitritt einer Vielzahl von Anlagegesellschaftern ausgerichtet ist.[331] Der Gesellschaftsvertrag ist zum Zeitpunkt der prospektgestützten Anwerbephase von potentiellen Investoren bereits vorformuliert und wird den

---

329 *Gehrlein*, NJW 2005, 1969, 1972.

330 BGH v. 3.5.1982 – II ZR 78/81, NJW 1982, 2303; BGH v. 21.3.1988 – II ZR 135/87, NJW 1988, 1903; *Grunewald*, Ausschluß, S. 132 ff.; *Schöne*, in: BeckOKBGB, § 737 Rn. 34; *ders.*, Gesellschafterausschluß, S. 150 ff.; a.A. *Becker*, Zulässigkeit von Hinauskündigungsklauseln, S. 86 ff.; *Hennerkes/Binz*, NJW 1983, 73, 77; *Hey*, Freie Gestaltung, S. 309 ff.

331 BGH v. 7.11.1977 – II ZR 105/76, NJW 1978, 755; *Schöne*, Gesellschafterausschluß, S. 142.

Anlagegesellschaftern vorgelegt, ohne dass diese zur Wahrung ihrer Interessen auf dessen Inhalt Einfluss nehmen können.[332] Bei solchen Massengesellschaften wird deshalb eine Inhaltskontrolle des Gesellschaftsvertrages nach § 242 BGB als vorgelagerte Wirksamkeitsschranke für erforderlich gehalten.[333] Ähnlich wie bei der AGB-Kontrolle rechtfertigt sich die Inhaltskontrolle des Gesellschaftsvertrages durch die regelmäßig fehlende Richtigkeitsgewähr und die mangelnde Willenslegitimation der Vertragsbestimmungen solcher Massengesellschaften.[334] Der BGH geht davon aus, dass bei der Vereinbarung einer Hinauskündigungsklausel zu Lasten eines Anlagegesellschafters regelmäßig einseitig die Interessen der Publikumspersonengesellschaft bevorzugt und die Interessen der Anlagegesellschafter nicht ausreichend geschützt werden.[335] Aufgrund des vertraglichen Machtungleichgewichts zwischen den Gesellschaftern besteht das Bedürfnis nach einer erhöhten Kontrolldichte im Gegensatz zur gesetzestypischen Personengesellschaft mit regelmäßig kleinem Gesellschafterkreis. Anleger dürfen bei der Vorlage eines vorformulierten Vertragswerkes nach Auffassung des BGH erwarten, dass die Initiatoren des Geschäftsprojekts nicht einseitig versuchen, ausschließlich ihre Interessen durchzusetzen.[336] Die Anlagegesellschafter sind somit grundsätzlich schutzbedürftig.

V. Zusammenfassung

Die Vereinbarung eines Hinauskündigungsrechts ist nach herrschender Meinung in Rechtsprechung und Literatur unzulässig. Dies wird damit begründet, dass die vereinbarte Hinauskündigungsklausel wie ein „Damoklesschwert" über dem betroffenen Gesellschafter schwebe und ihn so in sittenwidriger Weise in seinen Gesellschafterrechten und seiner Entscheidungsfreiheit einschränke. Fälle der sachlichen Rechtfertigung, in denen die Hinauskündigungsklausel ausnahmsweise zulässig ist, sind selten. Der wohl überwiegende Teil des Schrifttums teilt

332 *Hofmann*, Minderheitsschutz, S. 375.

333 Grundlegend BGH v. 14.4.1975 – II ZR 147/73, BGHZ 64, 238; a.A. *Wackerbeck*, Grenzen der Zulässigkeit, S. 226 ff., der davon ausgeht, dass nach Einführung des § 15b EStG nicht mehr das typische Risiko bestehe, dass die Anlagegesellschafter nach Partizipation an den eingeplanten Anfangsverlusten gezielt hinausgekündigt werden und deshalb bei vollwertiger Abfindung kein Bedürfnis für eine vorgelagerte Inhaltskontrolle nach § 242 BGB bestehe.

334 *Fastrich*, Inhaltskontrolle, S. 128 f.; *Schöne*, Gesellschafterausschluß, S. 145; *Westermann*, AcP 175 (1975), 375, 408 ff.

335 BGH v. 3.5.1982 – II ZR 78/81, NJW 1982, 2303.

336 BGH v. 21.3.1988 – II ZR 135/87, NJW 1988, 1903, 1904.

die Einschätzung des BGH (vgl. für eine kritische Auseinandersetzung mit der Hinauskündigungsrechtsprechung und den Ansichten im Schrifttum S. 150 ff.).

D. Ergebnis

Sofern die Gesellschafter nicht mehr in ihrer ursprünglichen Besetzung zusammenarbeiten können oder wollen, kann der Gesellschafter auf zwei Wegen aus der Gesellschaft ausscheiden: Entweder freiwillig durch Austritt oder fremdbestimmt durch Ausschluss.[337] Der Austritt erfolgt durch ordentliche oder außerordentliche Kündigung der Mitgliedschaft gem. § 723 Abs. 1 S. 1 und S. 2 BGB. Den Gesellschaftern kommt hinsichtlich der Austrittsregeln unter Beachtung der vorherrschenden Kündigungsfreiheit Gestaltungsspielraum zu. Der Ausschluss eines Gesellschafters erfordert neben einem einstimmigen Gesellschafterbeschluss vor allem das Vorliegen eines wichtigen Ausschlussgrundes in der Person des „unerwünschten" Gesellschafters. Während durch vertragliche Regelungen regelmäßig das Ausschlussverfahren vereinfacht oder die Ausschlussgründe konkretisiert werden können, hält die herrschende Meinung in Rechtsprechung und Literatur ein grundloses Ausschlussrecht für unzulässig. Hinauskündigungsklauseln sind grundsätzlich sittenwidrig und gem. § 138 Abs. 1 BGB nichtig. Nur in Ausnahmefällen werden Hinauskündigungsklauseln als sachlich gerechtfertigt akzeptiert. Zwar gibt es einige namhafte Autoren im Schrifttum, die sich für eine Aufgabe der strengen Sittenwidrigkeitsrechtsprechung des BGH einsetzen; sie haben sich mit ihrer liberaleren Haltung bisher jedoch nicht durchsetzen können. In der Praxis ist es entsprechend der gegenwärtigen Rechtsprechungslinie des BGH so gut wie unmöglich, eine vereinfachte Trennungsmöglichkeit in Form des Hinauskündigungsrechts rechtswirksam zu vereinbaren.

§ 3 Überblick über die Rechtsfolgen des Ausscheidens

A. Grundlegendes

Die Rechtsfolgen des Ausscheidens eines Gesellschafters aus der Gesellschaft sind für alle Personengesellschaften einheitlich in den §§ 738 – 740 BGB geregelt.[338] Sie lassen sich wie folgt einteilen:

---

337 Zur Verhinderung der Auflösung der Gesellschaft ist stets eine Fortsetzungsvereinbarung erforderlich.

338 Die Bestimmungen gelten für die Personenhandelsgesellschaften über die Verweisung der §§ 105 Abs. 3, 161 Abs. 2 HGB und für die Partnerschaft über § 1 Abs. 4 PartGG.

I. Beendigung der Mitgliedschaft

Mit dem Wirksamwerden des Austritts bzw. des Ausschlusses scheidet der Gesellschafter aus der Gesellschaft aus. Seine Gesellschafterstellung endet. Seine Mitsprache-, Geschäftsführungs- und Kontrollrechte erlöschen.[339] Die Gesellschaft selbst wird im Fall des Ausscheidens ohne Auflösung unter den übrigen Gesellschaftern fortgesetzt. Das Gesellschaftsverhältnis zwischen dem Ausscheidenden und den Mitgesellschaftern wandelt sich in ein auf eine finanzielle Auseinandersetzung gerichtetes Verhältnis um.

II. Wechselseite Ansprüche aus §§ 738 – 740 BGB

Sobald der betroffene Gesellschafter ausscheidet, wächst das Gesellschaftsvermögen bei ihm ab und gleichzeitig den verbleibenden Gesellschaftern gem. § 738 Abs. 1 S. 1 BGB an. Von diesem Anwachsungsprinzip kann vertraglich nicht abgewichen werden.[340] Der ausscheidende Gesellschafter hat neben dem Anspruch auf Abfindung einen Anspruch auf Rückgabe von Gegenständen, die er der Gesellschaft zur Benutzung überlassen hat und auf Befreiung von den gemeinschaftlichen Schulden, § 738 Abs. 1 S. 2 und 3 BGB. Reicht das Gesellschaftsvermögen zur Begleichung der offenen Schulden nicht aus, ist der Ausscheidende gemäß § 739 BGB verpflichtet, für den Fehlbetrag anteilig aufzukommen. Schwebende Geschäfte werden gemäß § 740 BGB gesondert abgerechnet und finden nach Auffassung des BGH keine Berücksichtigung bei der Berechnung des Abfindungsanspruchs.[341] Zur Vermeidung von Bewertungsschwierigkeiten wird die Regelung des § 740 BGB in der Praxis meist abbedungen.[342] Die Gesellschaft ist selbst Schuldner der sich aus den §§ 738 – 740 BGB ergebenden Ansprüche des Ausgeschiedenen.[343]

III. Besonderheiten bei der Zweipersonen-GbR

In einer zweigliedrigen Gesellschaft führt die Kündigung zum Ausscheiden des Gesellschafters und zur sofortigen Vollbeendigung der Gesellschaft. Es gibt

339 *Schäfer*, in: MüKoBGB, § 738 Rn. 6 f.

340 BGH v. 28.6.1993 – II ZR 193/92, DStR 1993, 1530; *Schulte/Hushahn*, in: MünchHdbGesR, Bd. I, § 10 Rn. 76; *Schäfer*, in: MüKoBGB, § 738 Rn. 13.

341 BGH v. 9.7.1959 – II ZR 252/58, NJW 1959, 1963; BGH v. 7.12.1992 – II ZR 248/91, NJW 1993, 1194.

342 *Henssler/Michel*, NZG 2012, 401, 403.

343 *Schulte/Hushahn*, in: MünchHdbGesR, Bd. I, § 10 Rn. 77; *Schäfer*, in: MüKoBGB, § 738 Rn. 16.

nach herrschender Ansicht grundsätzlich keine „Einpersonen"-Personengesellschaften.[344] Dem verbleibenden Gesellschafter wachsen alle Anteile eo ipso an. Die Gesellschaft wird zugleich beendet.[345] Der Abfindungsanspruch des Ausscheidenden gem. § 738 BGB richtet sich gegen den letzten Gesellschafter als Übernehmer.[346] Die §§ 738 – 740 BGB gelten bei der Übernahme entsprechend. Für den Ausgeschiedenen macht es somit, abgesehen von der Person des Abfindungsschuldners, keinen Unterschied, ob die Gesellschaft als solche fortbesteht oder das Gesellschaftsvermögen durch Gesamtrechtsnachfolge auf den Übernehmer als Alleininhaber übergeht.

B. Insb. der Abfindungsanspruch

Für den Gesellschafter ist der Abfindungsanspruch das wichtigste Mittel zum Ausgleich des Verlusts seiner Gesellschafterstellung. Das Interesse des Ausscheidenden an einer hohen Entschädigung steht im Gegensatz zum Bestreben der übrigen Gesellschafter, den finanziellen Schaden durch das Ausscheiden des Gesellschafters möglichst gering zu halten.

I. Gesetzliche Regelung

Der ausscheidende Gesellschafter erhält als Kompensation für den Verlust seiner Mitgliedschaft einen schuldrechtlichen Anspruch auf Abfindung. § 738 Abs. 1 S. 2 BGB bestimmt, dass der Ausgeschiedene Anspruch auf den Betrag hat, den er bei der Auseinandersetzung erhalten hätte, wenn die Gesellschaft zur Zeit des Ausscheidens aufgelöst worden wäre. Der Abfindungsanspruch entsteht mit dem Ausscheiden des Gesellschafters.[347] Im Schrifttum hat sich die Meinung durchgesetzt, dass die Fälligkeit erst mit Berechenbarkeit des Anspruchs anzunehmen ist bzw. dass die Fälligkeit um die Zeit aufgeschoben ist, die voraussichtlich für die Abrechnung benötigt werden wird.[348]

---

344 St. Rspr., BGH v. 7.7.2008 – II ZR 37/07, NJW 2008, 2992; BGH v. 28.1.2002 – II ZR 239/00, NJW-RR 2002, 704; BGH v. 16.12.1999 – VII ZR 53/97, NJW 2000, 1119; siehe auch *Hadding/Kießling*, in: Soergel BGB, Vorb. § 723 Rn. 14.

345 *Hadding/Kießling*, in: Soergel BGB, § 723 Rn. 9.

346 Zuletzt BGH v. 7.7.2008 – II ZR 37/07, NJW 2008, 2992; siehe auch *Schäfer*, in: MüKoBGB, § 738 Rn. 11.

347 BGH v. 11.7.1988 – II ZR 281/87, NJW 1989, 453.

348 *Roth*, in: Baumbach/Hopt, § 131 HGB Rn. 54; *Schäfer*, in: MüKoBGB, § 738 Rn. 20; *Schmidt*, in: MüKoHGB, § 131 Rn. 129; *Schöne*, in: MüKoBGB, § 738 Rn. 19; a.A. *Schulte/Hushahn*, in: MünchHdbGesR, Bd. I, § 10 Rn. 88, die von einer sofortigen Fälligkeit ausgehen.

II. Berechnung des Abfindungsanspruchs

Zur Berechnung der Höhe der Abfindung ist in einem ersten Schritt der Wert des Gesellschaftsvermögens am Tag des Ausscheidens zu ermitteln. Dies erfolgt durch eine fiktive Auseinandersetzung der Gesellschaft, wobei der Wert des Gesellschaftsvermögens gem. § 738 Abs. 2 BGB gegebenenfalls geschätzt werden kann. Nach herrschender Ansicht wird als Wert des Gesellschaftsvermögens der Wert des fortgeführten Unternehmens („going concern“) und nicht der Liquidationswert herangezogen.[349] Während der Fortführungswert lange Zeit anhand der Substanzwertmethode ermittelt wurde, wird in der heutigen betriebswirtschaftlichen Praxis die Ertragswertmethode bevorzugt.[350] Im Gegensatz zur Substanzwertmethode bestimmt sich der Wert bei Anwendung der Ertragswertmethode nach dem aus der Gesellschaft ziehbaren Nutzen und nicht lediglich aus der Addition der Werte der Einzelgegenstände des Gesellschaftsvermögens. Voraussichtliche künftige Jahreserträge werden auf der Grundlage der zurückliegenden Jahresergebnisse geschätzt, auf den Bewertungszeitpunkt abgezinst und um zukünftige Ereignisse, die gewiss oder wahrscheinlich sind, bereinigt.[351] Der Substanzwert bildet die untere Wertgrenze.[352] Der BGH hat sich nicht auf die Ertragswertmethode festgelegt, sondern betont stets, dass der Tatrichter bei der Schätzung des Wertes des Gesellschaftsvermögens gem. § 738 Abs. 2 BGB nicht an eine bestimmte Wertermittlungsmethode gebunden ist.[353] Es ist diejenige Bewertungsmethode zu wählen, die den Besonderheiten des Unternehmens am besten Rechnung trägt.[354] Die Höhe der Abfindung wird herkömmlich mit Hilfe einer Abschichtungsbilanz (Abschlussrechnung) berechnet.[355] Nach dem Prinzip der Gesamtabrechnung werden dabei die einzelnen Forderungen

---

349 *Schulte/Hushahn*, in: MünchHdbGesR, Bd. I, § 10 Rn. 82; *Sauter*, in: Beck'sches HdbPersG, § 8 Rn. 133; *Westermann*, in: HdB. PerGes, Rn. 1145.

350 *Schulte/Hushahn*, in: MünchHdbGesR, Bd. I, § 10 Rn. 82; *Gehrlein*, WM 2019, 1, 8 f.; für eine Erläuterung der einzelnen Bewertungsmethoden siehe z.B. *Schmidt*, in: MüKoHGB, § 131 Rn. 140 ff.

351 *Kilian*, in: Henssler/Strohn, § 738 BGB Rn. 10.

352 BGH v. 24.5.1993 – II ZR 36/92, NJW 1993, 2101, 2102.

353 BGH v. 24.5.1993 – II ZR 36/92, NJW 1993, 2101, 2103; BGH v. 13.3.2006 – II ZR 295/04, NJW-RR 2006, 1270, 1271; zustimmend *Schulte/Hushahn*, in: MünchHdbGesR, Bd. I, § 10 Rn. 83; *Schmidt*, in: MüKoHGB, § 131 Rn. 139.

354 BGH v. 24.5.1993 – II ZR 36/92, NJW 1993, 2101, 2103; *Hanke*, in: NK-BGB, § 738 Rn. 13.

355 Einzelheiten dazu bei *Schulte/Hushahn*, in: MünchHdbGesR, Bd. I, § 10 Rn. 85 f.; *Schäfer*, in: MüKoBGB, § 738 Rn. 23 ff.

und Verbindlichkeiten des ausscheidenden Gesellschafters unselbstständige Rechnungsposten, die nicht mehr eigenständig durchgesetzt werden können.[356]

III. Zulässigkeit abweichender Regelungen

Die Gesellschafter vereinbaren häufig abweichende Abfindungsregelungen zu den dispositiven gesetzlichen Vorgaben.[357] So soll der Kapitalabfluss eingeschränkt und die Berechnung des Anspruchs vereinfacht werden. Verbreitet sind insbesondere Vereinbarungen über eine Abfindung zum Buchwert. Das heißt, dass bei der Ermittlung des Abfindungsanspruchs die im Gesellschaftsvermögen vorhandenen stillen Reserven und der Firmenwert keine Berücksichtigung finden.[358] Bei der rechtlichen Beurteilung von solchen Abfindungsvereinbarungen, die regelmäßig den nach § 738 Abs. 1 BGB geschuldeten vollen wirtschaftlichen Wert des Unternehmens beschränken, sind die Interessen der Gesellschafter sorgfältig gegeneinander abzuwägen. Die Rechtsprechung hält Abfindungsregelungen – gerade auch Buchwertklauseln – für grundsätzlich zulässig.[359] Ausnahmsweise kann die Abfindungsbeschränkung bereits bei ihrer Vereinbarung wegen eines Verstoßes gegen § 138 Abs. 1 BGB bzw. § 723 Abs. 3 BGB unwirksam sein. Abfindungsregelungen verstoßen gegen § 138 Abs. 1 BGB, (i) wenn sie schon bei ihrer Vereinbarung zu einer völlig unverhältnismäßigen Beschränkung der Abfindungshöhe führen oder (ii) wenn sich aus dem Zusammenspiel mit einer Hinauskündigungsklausel eine Knebelungssituation ergibt.[360] Der BGH hat z.B. Beschränkungen des Abfindungsanspruchs auf die Hälfte des Buchwertes oder auf den Nennwert der Beteiligung für sittenwidrig erklärt.[361] Ist die Abfindungsregelung gem. § 138 Abs. 1 BGB nichtig, kann der Ausgeschiedene in der Regel gem. § 738 Abs. 1 BGB eine Abfindung zum vollen Verkehrswert seines Anteils verlangen.[362]

---

356 BGH v. 17.5.2011 – II ZR 285/09, NZG 2011, 858.

357 Zu den Besonderheiten bei Freiberuflersozietäten insb. *Henssler/Michel*, NZG 2012, 401, 403 ff.; *Schäfer*, in: MüKoBGB, § 738 Rn. 66 ff.

358 *Kamanabrou*, in: Oetker, § 131 HGB Rn. 71; *Sauter*, in: Beck'sches HdbPersG, § 8 Rn. 155.

359 BGH v. 24.9.1984 – II ZR 256/83, NJW 1985, 192, 193; BGH v. 24.5.1993 – II ZR 36/92, NJW 1993, 2101, 2102.

360 Siehe dazu auch *Schulte/Hushahn*, in: MünchHdbGesR, Bd. I, § 10 Rn. 98 ff.

361 BGH v. 9.1.1989 – II ZR 83/88, NJW 1989, 2685; BGH v. 16.12.1991 – II ZR 58/91, NJW 1992, 892.

362 BGH v. 16.12.1991 – II ZR 58/91, NJW 1992, 892, 896; *Schulte/Hushahn*, in: MünchHdbGesR, Bd. I, § 10 Rn. 103; *Wackerbeck*, Grenzen der Zulässigkeit, S. 114; *Westermann*, in: HdB. PerGes, Rn. 1154.

Es kann ein Verstoß gegen § 723 Abs. 3 BGB vorliegen, wenn zwischen dem gesetzlich geschuldeten Betrag der Abfindung und der Abfindung, die nach der vertraglichen Abfindungsvereinbarung geschuldet ist, ein so krasses Missverhältnis besteht, dass der Gesellschafter von seinem Kündigungsrecht praktisch keinen Gebrauch machen kann. Die übermäßige Kündigungsbeschränkung ist unwirksam.[363] Eine Änderung der Wertverhältnisse nach Vertragsschluss führt allerdings in der Regel nicht zur Unwirksamkeit der Abfindungsvereinbarung, auch wenn ihr im konkreten Fall eine kündigungsbeschränkende Wirkung zukommt.[364] Einem nachträglichen, unvorhergesehenen Auseinanderfallen von wirklichem Anteilswert und Abfindung nach der Klausel ist im Wege der ergänzenden Vertragsauslegung durch eine Anpassung der Abfindungsregelung Rechnung zu tragen.[365] Eine anfängliche Unwirksamkeit kann nur angenommen werden, wenn (i) entweder gerade für den Fall der Austrittskündigung des Gesellschafters eine unverhältnismäßig niedrige Abfindung vereinbart wird oder (ii) wenn bereits bei Vereinbarung der Klausel zwischen vereinbarter Abfindung und wirklichem Anteilswert ein krasses Missverhältnis besteht, ohne dass dieses durch schützenswerte Interessen der Mitgesellschafter gerechtfertigt ist.[366] Bei Vorliegen einer Hinauskündigungsklausel stellt die Rechtsprechung strengere Anforderungen an die Abfindungsregeln und fordert eine Abfindung zum vollen Verkehrswert des Anteils. Abweichende Vereinbarungen böten einen besonderen Anreiz für die ausschließenden Gesellschafter, vom freien Ausschlussrecht nur zur eigenen Bereicherung und damit aus sachfremden Motiven Gebrauch zu machen.[367]

Da somit die Mehrzahl der Abfindungsbeschränkungen nicht schon bei Abschluss des Gesellschaftsvertrages unzulässig ist, kommt der Ausübungskontrolle im Zeitpunkt des tatsächlichen Ausscheidens besondere Bedeutung zu.[368] Häufig entfernt sich bei wirtschaftlich erfolgreichen Unternehmen im Laufe der Zeit der tatsächliche Geschäftswert weit von der vereinbarten Abfindungshöhe.

363 BGH v. 23.10.1972 – II ZR 31/70, NJW 1973, 651 f.; BGH v. 24.9.1984 – II ZR 256/83, NJW 1985, 192, 193 f.; *Westermann*, in: HdB. PerGes, Rn. 1153.

364 BGH v. 20.9.1993 – II ZR 104/92, NJW 1993, 3193.

365 BGH v. 20.9.1993 – II ZR 104/92, NJW 1993, 3193, 3194.

366 *Schulte/Hushahn*, in: MünchHdbGesR, Bd. I, § 10 Rn. 104.

367 BGH v. 29.5.1978 – II ZR 52/77, NJW 1979, 104.

368 Für einen Rückgriff auf § 242 BGB bei der Ausübungskontrolle *Henssler/Michel*, NZG 2012, 401, 406; *Hey*, Freie Gestaltung, S. 261 f.; *Kilian*, in: Henssler/Strohn, § 738 BGB Rn. 16; *Schäfer*, in: MüKoBGB, § 738 Rn. 55 ff.; *Schöne*, in: BeckOKBGB, § 738 Rn. 39; *Wackerbeck*, Grenzen der Zulässigkeit, S. 118 f.

Die Rechtsprechung nimmt eine Abwägung der konkreten Umstände des Einzelfalls vor. Sie prüft, ob das Missverhältnis so gravierend ist, dass dem ausscheidenden Gesellschafter ein Festhalten an der Abfindungsklausel unter Berücksichtigung der berechtigten Interessen der Mitgesellschafter nicht zugemutet werden kann.[369] Es ist entscheidend, ob die Vertragspartner bei Voraussicht der Unternehmensentwicklung die Abfindungsklausel mit der gleichen beschränkenden Wirkung vereinbart hätten. Wenn nicht, liegt eine Vertragslücke vor, die im Wege der ergänzenden Vertragsauslegung durch eine Anpassung der Abfindungsvereinbarung zu schließen ist.[370]

Ein vollständiger Ausschluss der Abfindung ist regelmäßig sittenwidrig und damit unwirksam.[371] Dies gilt nach überwiegender Ansicht auch dann, wenn der Gesellschafter aus wichtigem Grund ausgeschlossen wird.[372]

C. Zusammenfassung

Wenn ein Gesellschafter ausscheidet, endet seine Mitgliedschaft und die Gesellschaft wird ohne den ausscheidenden Gesellschafter fortgesetzt. Sein Gesellschaftsanteil wächst gemäß § 738 Abs. 1 BGB bei den übrigen Gesellschaftern an. Im Gegenzug erhält der Ausscheidende einen Anspruch auf Abfindung gem. § 738 Abs. 1 S. 2 BGB. Nach gesetzlichem Leitbild berechnet sich der Abfindungsanspruch anhand einer fiktiven Auseinandersetzung der Gesellschaft. Der Wert des fortgeführten Unternehmens wird als Wert des Gesellschaftsvermögens zugrunde gelegt. Die gesetzlichen Abfindungsregeln sind größtenteils dispositiv. Vielfach beschränken die Gesellschafter den Abfindungsanspruch durch gesellschaftsvertragliche Vereinbarungen, z.B. durch Buchwertklauseln. Die Rechtsprechung hält solche Abfindungsbeschränkungen grundsätzlich für zulässig. Etwas anderes kann gelten, wenn die Abfindungsbeschränkung bereits bei ihrer Vereinbarung wegen eines Verstoßes gegen § 138 Abs. 1 BGB bzw. § 723 Abs. 3 BGB unwirksam ist. Die Beschränkung kann auch nachträglich unzumutbar werden, weil im Laufe des Geschäftsbetriebes ein krasses Missverhältnis

---

369 BGH v. 24.5.1993 – II ZR 36/92, NJW 1993, 2101; BGH v. 20.9.1993 – II ZR 104/92, NJW 1993, 3193.

370 BGH v. 24.5.1993 – II ZR 36/92, NJW 1993, 2101, 2102; Übersicht über die in der Literatur z.T. geäußerte Kritik an dieser Rechtsprechung bei *Schulte/Hushahn*, in: MünchHdbGesR, Bd. I, § 10 Rn. 106 f.

371 H.M., siehe bspw. *Kilian*, in: Henssler/Strohn, § 738 BGB Rn. 19; *Schäfer*, in MüKoBGB, § 738 Rn. 60.

372 *Grunewald*, Ausschluß, S. 175; *Schöne*, in: BeckOKBGB, § 738 Rn. 31.

zwischen vereinbarter Abfindung und dem gesetzlichen Vorbild der Abfindung zum vollen Wert entstanden ist. Der BGH nimmt eine Interessenabwägung im Einzelfall vor. Regelmäßig wird eine unangemessen niedrige Abfindung durch eine Anpassung der Abfindungsvereinbarung korrigiert.

§ 4 Ergebnis

Das deutsche Personengesellschaftsrecht gibt den Gesellschaftern nur sehr begrenzte Mittel an die Hand, um sich im Konfliktfall rasch voneinander zu lösen. Der Gesetzgeber sieht als gesetzlichen Regelfall nur die Trennungsmöglichkeit durch Auflösung der Gesellschaft an sich vor (Auflösungskündigung). Um dieses wirtschaftlich oftmals unvernünftige Ergebnis zu verhindern, steht es den Gesellschaftern frei, die Auflösungsfolge durch Fortsetzungsvereinbarungen zu verhindern. Dann führen die übrig bleibenden Gesellschafter die Gesellschaft fort. Durch ordentliche Austrittkündigung kann der Gesellschafter seine Mitgliedschaft in einer auf unbestimmte Zeit eingegangenen Gesellschaft grundsätzlich jederzeit beenden. Sofern eine Mindestdauer der Gesellschaft vereinbart wurde, bedarf es eines wichtigen Grundes nach § 723 Abs. 1 S. 2 und 3 BGB, um die Gesellschafterstellung außerordentlich zu kündigen. Im Streitfall liegt das Problem allerdings nur in einem Teil der Fälle darin, dass ein Gesellschafter trotz Ausscheidenswunsch nicht aus der Gesellschaft austreten kann oder darf. Oft will er trotz Streits in der Gesellschaft verbleiben. Geht der von den anderen Gesellschaftern als „Störenfried" identifizierte Gesellschafter nicht freiwillig, bleibt den Mitgesellschaftern im Rahmen der gesetzlichen Vorgaben nur wenig Spielraum, um die Gesellschaft alleine fortzuführen. Der kollektive Austritt der Mitgesellschafter und die Neugründung einer Gesellschaft ohne den unerwünschten Gesellschafter ist oftmals kein praktikabler und zumutbarer Weg. Zwar sieht das Gesetz in den §§ 737, 723 BGB den Ausschluss von Gesellschaftern vor. Dafür muss aber ein wichtiger Ausschlussgrund in der Person des Auszuschließenden vorliegen. Ein solcher wichtiger Grund, der die weitere Zusammenarbeit mit dem „unerwünschten" Gesellschafter unzumutbar macht, ist im Zweifelsfall nur schwer darzulegen und zu beweisen. Die Gesellschafter stehen u.U. vor dem Problem, dass sie die Gesellschaft durch Ausschluss des störenden Gesellschafters mangels Nachweisbarkeit des wichtigen Ausschlussgrundes nicht befrieden können. Wenn das Gesetz nicht weiterhilft, versuchen die Gesellschafter regelmäßig, selbst passende Regelungen im Gesellschaftsvertrag zu treffen. Die Idee, das Ausschlussrecht im Gesellschaftsvertrag durch Verzicht auf den Ausschlussgrund einvernehmlich effizienter auszugestalten, liegt nahe. Die Gesellschafter sind darin interessiert, sich durch Hinauskündigungsklauseln im Konfliktfall schnell, reibungslos und ohne die Gefahr extensiver Gerichtsstreitigkeiten über den wichtigen Ausschlussgrund von dem störenden Gesellschafter trennen zu können. Die Rechtsprechung erkennt dieses Interesse jedoch nicht an. Nach herrschender Meinung sind Hinauskündigungsklauseln gem. § 138 Abs. 1 BGB sittenwidrig und damit nichtig. Eine sachliche Rechtfertigung der Klausel kommt nur in Ausnahmefällen in Betracht. Die Gesellschafter können das für sie im Streitfall oftmals wirkungslose gesetzliche Ausschlussrecht somit nur unzureichend gesellschaftsvertraglich an ihre Vorstellungen anpassen. Das restriktive deutsche Recht lässt die Vertragsfreiheit zurücktreten und verschließt sich dem Bedürfnis der Gesellschafter, einvernehmlich ein Ausschlussrecht ohne Grund zu schaffen.

Dritter Teil: US-amerikanisches Recht

§ 1 Einführung

Streitigkeiten unter Personengesellschaftern sind kein rein deutsches Phänomen, sondern stellen auch Gesellschafter in Gesellschaften anderer Rechtsordnungen vor Probleme. An dieser Stelle soll untersucht werden, wie das als besonders liberal geltende „US-amerikanische" Personengesellschaftsrechts mit dem Wunsch der Gesellschafter nach Auflösung des Gesellschaftsbundes insgesamt oder nur mit einem einzelnen unliebsamen Gesellschafter umgeht. Das Personengesellschaftsrecht in den USA wird zunächst überblicksartig beschrieben, bevor in einem nächsten Schritt Austritt und Ausschluss von Gesellschaftern im Detail dargestellt werden. Der kontrastierende Vergleich des US-amerikanischen mit dem deutschen Regelungskonzept bleibt dem vierten Teil dieser Arbeit im Rahmen der eigenen Gesamtbewertung vorbehalten.

A. „US-amerikanisches" Gesellschaftsrecht

Dem Rechtssystem der USA ist ein bundesstaatenübergreifendes Gesellschaftsrecht fremd. Der 10. Zusatzartikel der US-amerikanischen Verfassung bestimmt, dass die Gesetzgebungskompetenz den einzelnen US-Bundesstaaten zusteht, soweit sie nicht ausdrücklich dem Bund zugewiesen ist. Nach Art. VI Abs. 2 der Verfassung kommt den Bundesstaaten bei bestehendem Bundesrecht eine Abweichungskompetenz zu, sofern das Bundesrecht dies nicht ausdrücklich oder konkludent ausschließt („Supremacy Clause"). Die gesellschaftsrechtlichen Regeln bzgl. Rechtsform und Organisationsstruktur sind überwiegend einzelstaatliches Recht.[373] Den Gesellschaftern steht es frei, den Ort der Gesellschaftsgründung unabhängig vom Ort der tatsächlichen Geschäftsaktivität zu wählen. Das Gründungsrecht gibt im Weiteren die Organisationsstruktur und das allgemein herrschende Gesellschaftsrecht vor. Wenn nachfolgend zur Vereinfachung dennoch auf den unpräzisen Begriff des US-amerikanischen Gesellschaftsrechts zurückgegriffen wird, ist damit das nachfolgend erläuterte System von Modellgesetzen in den USA gemeint.

---

373 Mit Ausnahme bestimmter bundesstaatlicher Regeln für Organisationen des Finanzwesens, vgl. *Lange*, in: Wegen/Spahlinger/Barth, GesR d. Auslands, USA Allg. Teil, Rn. 2; *Süß*, in: MünchHdbGesR, Bd. 6, § 47 Rn. 580.

I. Rechtsvereinheitlichung

Trotz des hohen Stellenwertes des Selbstverwaltungsrechts der Bundesstaaten gibt es Bemühungen zur Rechtsvereinheitlichung. Es wurden zahlreiche gesellschaftsrechtliche Modellgesetze entworfen, die die einzelstaatliche Gesetzgebung in unterschiedlichem Ausmaß beeinflusst haben. Für Corporations wurde ein stetig überarbeiteter Model Business Corporation Act (MBCA) vom Committee on Corporate Laws der American Bar Association entwickelt.[374] Zudem hat sich das Gesellschaftsrecht des Bundesstaats Delaware als Vorbild für andere Bundesstaaten etabliert.[375] Die Vorbildfunktion des Gesellschaftsrechts aus Delaware liegt neben seiner weitgehend liberalen und praxisnahen Ausgestaltung an der aus der Vielzahl der Gerichtsentscheidungen resultierenden hohen Vorhersehbarkeit der Rechtsprechung.[376] Die National Conference of Commissioners on Uniform State Laws (NCCUSL), eine Vereinigung von Rechtsanwälten, Richtern und Juraprofessoren, hat für Partnerships, Limited Partnerships und Limited Liability Companies sog. Uniform Acts, d.h. Modellgesetze, entwickelt.[377] Diese Regelungsvorschläge sind nicht bundesweit verbindlich. Es bleibt den Bundesstaaten überlassen, ob und in welchem Umfang sie die Vorlagen in einzelstaatliches Recht überführen.

Es wird im Folgenden darauf verzichtet, das Gesellschaftsrecht jedes einzelnen Bundesstaates darzustellen. Eine solch kleinteilige Untersuchung birgt die Gefahr, sich in den Einzelheiten der einzelstaatlichen Vorschriften zu verlieren ohne übergeordnete Grundprinzipien erkennen zu können. Stattdessen werden dieser Untersuchung die grundlegenden Regelungen der sorgfältig entwickelten Modellgesetze zugrunde gelegt. Auch das US-amerikanische Schrifttum bezieht sich in seinen Beiträgen vielfach auf diese Modellregelungen. Es wird maßgeblich auf die Vorbildwirkung der Uniform Acts abgestellt, die dazu geführt hat, dass die personengesellschaftsrechtlichen Regelungen in den Bundesstaaten zumindest in ihren Grundzügen vielfach übereinstimmen[378].

---

374 *Lange*, in: Wegen/Spahlinger/Barth, GesR d. Auslands, USA Allg. Teil, Rn. 4.

375 *Henssler*, FS Kirchhoff, 177, 178 f.; *Lange*, in: Wegen/Spahlinger/Barth, GesR d. Auslands, USA Allg. Teil, Rn. 4; *Spahlinger/Wegen*, in: Spahlinger/Wegen, Int. GesR, Rn. 1297.

376 *Spahlinger/Wegen*, in: Spahlinger/Wegen, Int. GesR, Rn. 1297; vgl. ausführlich zur historischen Entwicklung der Vormachtstellung des Gesellschaftsrechts von Delaware *Kirk*, 10 J. Corp. L. 233, 233 ff. (1984).

377 Kritik an der Entwicklung von Uniform State Laws durch den NCCUSL aus ökonomischer Sicht in *Kobayashi/Ribstein*, 35 J. Corp. L. 327, 327 ff. (2009–2010); *Ribstein/Kobayashi*, 25 J. Legal Stud. 131, 131 ff. (1996).

378 *Spahlinger/Wegen*, in: Spahlinger/Wegen, Int. GesR, Rn. 1296.

II. *Modellgesetze im Personengesellschaftsrecht*

Für Personengesellschaften wurden die Uniform Partnership Acts und Uniform Limited Partnership Acts entwickelt. Sie haben sich in unterschiedlichem Umfang in den einzelnen Bundesstaaten durchsetzen können.

1. *Uniform Partnership Acts*

Die NCCUSL begann 1902 mit der Entwicklung eines Modellgesetzes für Partnerships und schloss diese Arbeit zunächst 1914 mit der Verabschiedung des ersten Uniform Partnership Act (UPA) 1914 ab.[379] Der UPA (1914) gilt für General Partnerships und für Limited Partnerships gleichermaßen. Der Regelungsvorschlag traf auf großen Zuspruch und wurde von allen Bundesstaaten bis auf Louisiana, das weiter an seinem kontinentaleuropäisch (insbesondere französisch) geprägten Recht festhielt und festhält[380], in einzelstaatliches Recht umgesetzt.[381] Ausgehend von einer Empfehlung der American Bar Association zur Überarbeitung des UPA (1914) nahm die NCCUSL ihre Arbeit wieder auf und stellte 1997 den überarbeiteten Uniform Partnership Act (1997) vor.[382] Neben der Ermöglichung des Ausscheidens eines Gesellschafters ohne Gesellschaftsauflösung und der Konkretisierung der gesellschaftsinternen Treuepflichten wurde mit der Limited Liability Partnership eine neue Form der General Partnership eingeführt.[383] Der UPA (1997) wurde bisher in ca. 3/4 der Bundesstaaten mit mehr oder weniger großen Abweichungen umgesetzt und fungiert dort als Nachfolgeregelung zum UPA (1914).[384] Die Verbreitung des UPA (1997) schreitet

---

379 Official Prefatory Note zum Gesetzestext des UPA (1997), S. 1.

380 *Merkt*, US GesR, Rn. 149.

381 Official Prefatory Note zum Gesetzestext des UPA (1997), S. 1.

382 Um eine Verwechselung mit vorhergehenden Änderungen des UPA (1914) zu vermeiden, wird im Folgenden die Bezeichnung UPA (1997) und nicht Revised Uniform Partnership Act (RUPA) verwendet.

383 Siehe für einen ausführlichen Überblick über die Änderungen, die bereits mit dem UPA (1993) eingeführt worden sind, *Weidner/Larson*, 49 Bus. Law. 1, 1 ff. (1993).

384 Bisher wurde der UPA (1997) in Alabama, Alaska, Arizona, Arkansas, Kalifornien, Colorado, Connecticut, Delaware, District of Columbia, Florida, Hawaii, Idaho, Illinois, Iowa, Kansas, Kentucky, Maine, Maryland, Minnesota, Mississippi, Montana, Nebraska, Nevada, New Jersey, New Mexico, North Dakota, Ohio, Oklahoma, Oregon, Pennsylvania, South Dakota, Tennessee, Texas, U.S. Virgin Islands, Utah, Vermont, Virginia, Washington, West Virginia, Wisconsin und Wyoming umgesetzt, vgl. https://www.uniformlaws.org/committees/community-home?communitykey=52456941-7883-47a5-91b6-d2f086d0bb44&tab=groupdetails (zuletzt abgerufen am 2.4.2020).

stetig voran: 2019 hat Alabama sein Partnership Law anhand des UPA (1997) aktualisiert und 2018 wurde in South Carolina die Umsetzung des UPA (1997) offiziell eingeleitet. Zuletzt wurde der UPA (1997) 2011 und 2013 geändert, um die verwendeten Begriffe mit den übrigen Modellgesetzen für Gesellschaften zu harmonisieren und einzelne Vorschriften an die Rechtsprechungsentwicklung anzupassen.[385]

Der UPA (1997) prägt das amerikanische Personengesellschaftsrecht im besonderen Maße. Trotzdem kann nicht auf die Behandlung des UPA (1914) verzichtet werden, da zum einen einige wirtschaftlich wichtige Staaten (z.B. New York) immer noch am UPA (1914) festhalten und zum anderen die Vorschriften des UPA (1997) teilweise nur vor dem Hintergrund der früheren Regelungen des UPA (1914) verständlich sind. Es werden deshalb im Rahmen dieser Arbeit beide Uniform Acts untersucht.

2. *Uniform Limited Partnership Acts*

Das erste von der NCCUSL erarbeitete Modellgesetz für die Limited Partnership (ULPA (1916)) wurde in allen Bundessaaten bis auf Louisiana durch den überarbeiteten ULPA (1976 = 1985) mit den Änderungen von 1985 ersetzt. ULPA (1976 = 1985) und UPA (1914) gelten nebeneinander für die Limited Partnership. Der neue ULPA (2001) wurde bisher nur in 24 Staaten[386] übernommen und enthält als größte Neuerung die Entkoppelung des ULPA (2001) von UPA (1914) und UPA (1997).

B. Gesellschaftsformen

I. *Überblick*

Die US-amerikanischen Unternehmensformen lassen sich in vier Kategorien einteilen: Sole Proprietorships, Corporations, Partnerships und Limited Liability Companies (LLC). Die Gruppe der Partnerships kann weiter in die General Partnership, die Limited Partnership und die Limited Liability Partnership (LLP) aufgegliedert werden. Die Corporation ist nach deutscher Dogmatik am ehesten als eine Kapitalgesellschaft und die Partnership als Personengesellschaft zu qualifizieren.[387] Die LLC vereint sowohl Elemente der Kapitalgesellschaft als auch der Personengesellschaft in sich.

---

385 Vgl. *Uniform Law Commission*, UPA (1997) Summary.

386 Vgl. https://www.uniformlaws.org/committees/community-home?CommunityKey=d9036976-6c90-4951-ba81-1046c90da035 (zuletzt abgerufen am 2.4.2020).

387 *Spahlinger/Wegen*, in: Spahlinger/Wegen, Int. GesR, Rn. 1300.

Auf die Sole Proprietorship, die in etwa einem deutschen Einzelkaufmann entspricht[388], wird mangels Relevanz für das untersuchte Thema nicht weiter eingegangen. Die übrigen Gesellschaftsformen werden in ihren Grundzügen unter besonderer Berücksichtigung ihrer Regelungen zur Auflösung und zum Ausscheiden von Gesellschaftern vorgestellt. Die ausführliche Auseinandersetzung mit den Regelungen der hier besonders interessierenden General Partnership erfolgt ab S. 101 ff.

II. Corporations

Bei der Corporation handelt es sich um die am häufigsten in den USA anzutreffende gesellschaftsrechtliche Unternehmensform.[389] Sie entspricht nach deutschem Recht einer Art Aktiengesellschaft[390] und zeichnet sich durch folgende Eigenschaften aus: (1) Eigenständige juristische Person, die Träger von Rechten und Pflichten sein und unter eigenem Namen klagen und verklagt werden kann, (2) Haftungsbeschränkung für Gesellschafter auf das Gesellschaftsvermögen, (3) Doppelbesteuerung (Körperschaftssteuer plus Besteuerung der ausgeschütteten Gewinne auf Ebene der Gesellschafter), (4) zentrales Management durch das Board of Directors und (5) unabhängiger Bestand von seinen Mitgliedern.[391]

Die Corporation kann u.a. durch Gerichts- oder Gesellschafterbeschluss aufgelöst werden.[392] Im Rahmen der gerichtlichen Auflösung kann das Gericht auf Antrag der Gesellschafter die Auflösung der Corporation anordnen, § 14.30 (2) MBCA. Die Corporation kann auch auf Vorschlag des Board of Directors (Vorstands) durch Gesellschafterbeschluss aufgelöst werden, § 14.02 MCBA. Die Gesellschaftsanteile sind aufgrund der Unabhängigkeit der Corporation von der Zusammensetzung der Gesellschafter frei übertragbar.[393]

III. Partnerships

Trotz der Vormachtstellung der Corporations spielen Partnerships eine wichtige Rolle im US-amerikanischen Wirtschaftssystem. Nach einem Zuwachs von durchschnittlich 2,5 % in den vorhergehenden 10 Jahren wurden im Jahr 2016

388 *Lange*, in: Wegen/Spahlinger/Barth, GesR d. Auslands, USA Allg. Teil, Rn. 11.
389 *Lange*, in: Wegen/Spahlinger/Barth, GesR d. Auslands, USA Allg. Teil, Rn. 18.
390 *Harrison*, in: Wegen/Spahlinger/Barth, GesR d. Auslands, USA – New York, Rn. 12.
391 *Shade*, Business Associations, S. 46 ff.
392 § 14 MBCA; für einen genaueren Überblick siehe *Shade*, Business Associations, S. 407 ff.
393 *Shade*, Business Associations, S. 38.

3,76 Millionen Partnerships (LLCs eingeschlossen) verzeichnet.[394] Die zunehmende Beliebtheit der LLCs ist im Wesentlichen für diesen Anstieg verantwortlich. Die LLC wird entgegen der hier vorgenommenen Einordnung vom Internal Revenue Service (IRS) nicht als unabhängige Gesellschaftsform angesehen, sondern in die Partnership Statistik miteingerechnet. Mittlerweile machen die LLCs über 2/3 der „Partnerships" im Sinne der IRS-Statistik aus.[395] Damit haben die LLCs die bis 2002 vorherrschende General Partnership auf den zweiten Platz verdrängt.[396] Die Limited Partnership liegt mit 11 % auf dem dritten Platz der beliebtesten Partnership-Formen.[397]

Der größte Unterschied von Corporations und Partnerships liegt traditionell in der unterschiedlichen Ausgestaltung ihrer Rechtsfähigkeit. Während die Corporation eine separate Einheit gegenüber den dahinterstehenden Gesellschaftern ist („Entity Theory"), besitzt die Partnership nach ihrer historischen Konzeption als eine Gesamtheit der Gesellschafter keine eigene Rechtspersönlichkeit („Aggregate Theory").[398] Als Ausnahme von dieser Common Law Regel kann die Partnership jedoch unter UPA (1914) im eigenen Namen Geschäfte abschließen[399] sowie klagen und verklagt werden[400]. Sect. 201 (a) UPA (1997) enthält nun für die General Partnership ein ausdrückliches Bekenntnis zur Entity Theory. Corporations und (General) Partnerships haben sich in dieser Hinsicht angenähert.[401]

Partnerships sind hauptsächlich in der Immobilien-, Banken- und Versicherungsbranche tätig.[402] Auch Mitglieder der Freien Berufe wie Rechtsanwälte

394 *DeCarlo/Shumofsky*, Partnership Returns 2016, S. 59; dies ist jedoch keine exakte Zahl der Partnerships, da sich die von DeCarlo/Schumofsky zugrunde gelegte steuerrechtliche Definition der Partnership teilweise von den bundesstaatlichen Definitionen unterscheidet.

395 *DeCarlo/Shumofsky*, Partnership Returns 2016, S. 61.

396 Nur noch 14,5 % der Partnerships waren 2016 als General Partnership organisiert, vgl. *DeCarlo/Shumofsky*, Partnership Returns 2016, S. 62.

397 *DeCarlo/Shumofsky*, Partnership Returns 2016, S. 62.

398 *Callison/Sullivan*, Partnership Law, § 3:1; *Hurt/Smith*, in: Bromberg/Ribstein/Hurt/Smith, Bromberg and Ribstein on Partnership, § 1.03 (b) m.w.N.; *Merkt*, US GesR, Rn. 3 m.w.N.; *Shade*, Business Associations, S. 27, 41 f.; für einen Überblick über die Aggregate Theory und die Entity Theory siehe auch *Rosin*, 42 Ark. L. Rev. 395 (1989).

399 §§ 8, 10 UPA (1914).

400 Rule 17 (b) (1) (A) Federal Rules of Civil Procedure.

401 Kurzer Überblick über die weiterhin bestehenden Unterschiede zwischen Partnerships und Corporations in *Hurt/Smith*, in: Bromberg/Ribstein/Hurt/Smith, Bromberg and Ribstein on Partnership, § 1.01 (a) (2).

402 *DeCarlo/Shumofsky*, Partnership Returns 2016, S. 58 f.

und Ärzte greifen häufig auf die Rechtsform der Partnership zurück.[403] Limited Partnerships werden vornehmlich als Instrument zur Finanzierung in der Grundstücksbranche und der Filmbranche genutzt oder auf den Gebieten des Wagniskapitals (Venture Capital), der Private Equity und der spekulativen Aktieninvestitionen eingesetzt.[404] Insgesamt hat sich das Recht der Partnerships in den letzten Jahren aufgrund des größeren Wettbewerbs zwischen den einzelstaatlichen Jurisdiktionen und zwischen den zur Verfügung stehenden Gesellschaftsformen schnell weiterentwickelt und verändert.[405]

1. *General Partnership*

UPA (1914) und UPA (1997) dienen als Vorlage für die einzelstaatlichen Gesetze. Danach ist die General Partnership ein Zusammenschluss von mindestens zwei Personen, die als Miteigentümer ein auf Dauer angelegtes und auf Gewinnerzielung ausgerichtetes Erwerbsgeschäft betreiben, § 6 (1) UPA (1914) bzw. Sect. 101 (6) UPA (1997). Eine Haftungsbeschränkung ist nicht vorgesehen. Steuern sind nur auf Ebene der Gesellschafter zu zahlen („Pass-Through Taxation"). Der Großteil der gesetzlichen Regeln zur General Partnership ist gesellschaftsvertraglich abdingbar.[406] Grenzen sind hier nach überwiegender Meinung die grundlegenden Prinzipien, wie z.B. die unbegrenzte Haftung.[407] Die General Partnership weist sowohl Ähnlichkeit zur OHG als auch zur GbR auf.[408] Die General Partnership und die OHG unterscheiden sich jedoch insofern, dass die General Partnership nicht in ein Handelsregister einzutragen ist und dass der Geschäftszweck der General Partnership kein gewerblicher sein muss.[409] Im Gegensatz zur deutschen GbR müssen die Gesellschafter der General Partnership mit Gewinnerzielungsabsicht handeln.

Zur Gründung einer General Partnership ist weder ein schriftlich niedergelegter Gesellschaftsvertrag noch die Einreichung einer Gründungsurkunde beim Bundesstaat erforderlich.[410] Den Gesellschaftern muss noch nicht einmal bewusst sein, dass sie eine General Partnership gründen, sofern sie sich mit dem

---

403 *Merkt*, US GesR, Rn. 42.
404 *Merkt*, US GesR, Rn. 43.
405 *Ribstein*, 26 J. Corp. L. 819, 820, 824 ff. (2000–2001).
406 Vgl. Sect. 103 (a) UPA (1997).
407 Vgl. Sect. 103 (b) UPA (1997); *Shade*, Business Associations, S. 42.
408 *Fary*, LLP, S. 5.
409 *Hay*, US-Amerikanisches Recht, S. 215.
410 *Fary*, LLP, S. 6; *Shade*, Business Associations, S. 42; *Süß*, in: MünchHdbGesR, Bd. 6, § 47 Rn. 587.

Ziel der Gewinnerzielung zusammenschließen. Die Gesellschaftsanteile können nur mit Zustimmung der übrigen Gesellschafter übertragen werden, § 18 (g) UPA (1914) bzw. Sect. 401 (i) UPA (1997). Sofern keine gegenteilige gesellschaftsvertragliche Vereinbarung vorliegt, sind alle Gesellschafter gleichberechtigt zur Geschäftsführung befugt, § 18 (e) UPA (1914) bzw. Sect. 401 (f) UPA (1997). Die Regeln zur Auflösung der General Partnership und zum Ausscheiden eines General Partners werden ausführlich auf S. 103 ff. dargestellt.

2. Limited Partnership

Bei einer Limited Partnership[411] handelt es sich um eine Hybridform, die einerseits wie eine General Partnership kein eigenes steuerliches Rechtssubjekt ist, aber andererseits wie die Corporation dem Limited Partner Schutz durch Haftungsbeschränkung bietet. Sie setzt den Zusammenschluss von mindestens einem General Partner, der unbeschränkt und persönlich haftet, und mindestens einem Limited Partner, dessen Haftung sich auf die Höhe seiner Einlage beschränkt[412], voraus. Die gesetzlichen Regelungen der Limited Partnership basieren in fast allen Bundesstaaten (mit Ausnahme von Louisiana) zum größten Teil auf dem ULPA (1976 = 1985) und in zweiter Linie auf dem ULPA (2001). Soweit diese Uniform Acts keine besonderen Regeln enthalten, sind die allgemeinen Regeln des Partnership Law (d.h. UPA (1914) bzw. UPA (1997)) anwendbar. Die Limited Partnership ist vergleichbar mit der deutschen Kommanditgesellschaft.[413] Bei der Limited Partnership kann der General Partner wie bei der deutschen GmbH & Co. KG eine Kapitalgesellschaft sein.

Sect. 602, 603 ULPA (1976 = 1985) bzw. Sect. 601 (b) (1), 603 (1), 604 ULPA (2001) garantieren das Recht von General und Limited Partner, die Gesellschaft zu verlassen. Das Ausscheiden eines General Partners führt nicht zur Auflösung der Limited Partnership, wenn mindestens ein General Partner übrigbleibt und der Gesellschaftsvertrag eine Weiterführung vorsieht oder die übrigen Gesellschafter später bestimmen, die Gesellschaft fortzuführen, Sect. 801 (4) ULPA (1976 = 1985) bzw. Sect. 801 UPA (2001).

---

411 § 1 ULPA (1916), Sect. 101 (7) ULPA (1976 = 1985), Sect. 102 (11) ULPA (2001).

412 Sect. 303 (a) ULPA (1976 = 1985), Sect. 303 ULPA (2001).

413 *Fary*, LLP, S. 8; *Spahlinger/Wegen*, in: Spahlinger/Wegen, Int. GesR, Rn. 1323; *Süß*, in: MünchHdbGesR, Bd. 6, § 47 Rn. 590.

3. *Limited Liability Partnership (LLP)*

Die LLP stellt eine Sonderform der General Partnership dar, die General Partners erlaubt, ihre Haftung zu beschränken.[414] Entstanden ist das erste Limited Liability Partnership Gesetz in Texas 1991.[415] Zwischen den anschließend in allen Bundesstaaten entwickelten LLP-Gesetzen bestehen zahlreiche Abweichungen in der tatsächlichen Ausgestaltung. Durch die Nähe der LLP zur General Partnership sind Grundlage der Regelungen zur LLP jedoch meist die Regelungen der UPAs von 1914 und 1997.[416] Nach Sect. 306 (c) UPA (1997) haften Gesellschafter der LLP nicht allein aufgrund ihrer Gesellschafterstellung persönlich für die Verpflichtungen der LLP aus Vertrag, Delikt oder einem sonstigen Rechtsgrund.[417] Es haftet ausschließlich die LLP mit ihrem Vermögen und u.U. der Gesellschafter, der persönlich einen deliktischen Tatbestand erfüllt.[418] Damit ist die LLP am ehesten mit der deutschen Partnerschaftsgesellschaft vergleichbar.[419] Den größten Anwendungsbereich findet die LLP bundesstaatenübergreifend als Professional Partnership für Anwälte, Wirtschaftsprüfer und Ärzte.[420] Auch in Deutschland greifen aufgrund der persönlichen Haftungsprivilegien gerade Freiberufler (neben der PartG mbB[421]) gerne auf die US-amerikanische LLP als Rechtsform zurück.[422]

Aufgrund der großen Unterschiede zwischen den einzelnen LLP-Gesetzen der Bundesstaaten ist das geltende Rechtsregime in der LLP nur schwerlich allgemeingültig zu beschreiben. Als Basis dienen aber, wie oben beschrieben, die Regelungen von UPA (1914) und UPA (1997). Daher gelten – zumindest dem Grunde nach – für das Ausscheiden der Gesellschafter die gleichen Regeln wie bei der General Partnership.[423]

---

414 *Süß*, in: MünchHdbGesR, Bd. 6, § 47 Rn. 595.

415 *Fary*, LLP, S. 17; *Shade*, Business Associations, S. 45.

416 *Fary*, LLP, S. 4; *Henssler*, FS Wiedemann, 907, 911 f.

417 Siehe ausführlich zur Haftungsverfassung der LLP nach den LLP-Gesetzen der ersten bis dritten Generation *Fary*, LLP, S. 32 ff.

418 *Süß*, in: MünchHdbGesR, Bd. 6, § 47 Rn. 596.

419 *Süß*, in: MünchHdbGesR, Bd. 6, § 47 Rn. 596.

420 *Fary*, LLP, S. 14; *Shade*, Business Associations, S. 45 f.

421 Zur Partnerschaftsgesellschaft mit beschränkter Berufshaftung (PartG mbB) siehe z.B. *Henssler*, NJW 2014, 1761 ff; *Lieder/Frehse/Kilian*, NJW 2018, 2175 ff.; *Lieder/Hoffmann*, NJW 2015, 897 ff.

422 *Henssler*, BB-Special 3.2010 zu Heft 49, 2, 3.

423 *Fary*, LLP, S. 77 ff.; *Hurt/Smith*, in: Bromberg/Ribstein/Hurt/Smith, Bromberg and Ribstein on LLP, § 4.07.

IV. Limited Liability Company (LLC)

Die LLC[424] ist eine jüngere Gesellschaftsform, die die steuerlichen Vorteile der Partnership mit der Haftungsbeschränkung der Corporation kombiniert. Haftungsrechtlich entspricht sie einer Kapitalgesellschaft und nach Wahl steuerrechtlich einer Partnerschaft. Die LLC ist nicht als eine Sonderform der Partnership, sondern als eigenständige Gesellschaftskategorie zu behandeln.[425] Im Gegensatz zur Corporation ist ihre Existenz abhängig von ihren Mitgliedern und anders als bei der Partnership können alle Gesellschafter ihre Haftung beschränken. Die LLC besitzt eine eigene Rechtspersönlichkeit.[426] Zuerst entwickelt 1977 in Wyoming, finden sich nun in allen Bundesstaaten Gesetze über die Errichtung von LLCs, die jedoch inhaltlich stark variieren.[427] Einige Staaten haben zumindest den Uniform Limited Liability Company Act von 1996 (ULLCA 1996) bzw. von 2006 (ULLCA 2006) zur Grundlage ihrer Gesetze genommen. LLCs sind neben der Corporation die beliebteste Gesellschaftsform für nicht freiberuflich tätige Unternehmen.[428] Gerade für Unternehmen, in denen es den Gesellschaftern neben der Haftungsbeschränkung auf möglichst viel Flexibilität bei der Ausgestaltung der Gewinnverteilung und Geschäftsleitung ankommt, ist die LLC eine interessante Rechtsform.[429] Am ehesten entspricht die LLC einer deutschen KG, die nur aus Kommanditisten besteht.[430]

Scheidet ein Gesellschafter aus, führt dies in der Regel nicht zur Auflösung der LLC. Stattdessen sind die übrigen Gesellschafter zur Zahlung einer Abfindung an den ausscheidenden Gesellschafter verpflichtet.[431] Jeder Gesellschafter hat das Recht, die Gesellschaft zu verlassen, Sect. 601 (1), 602 (a) ULLCA (1996) bzw. Sect. 601 (a), 602 (1) ULLCA (2006).

---

424 Weitere Literaturnachweise bei *Henssler*, FS Kirchhoff, 177, 179 ff.; *Merkt*, US GesR, Rn. 165 ff.

425 *Bainbridge*, Agency, Partnerships & LLCs, S. 7; *Merkt*, US GesR, Rn. 167 f.

426 Sect. 112 (b), 201 UCCLA (1996), Sect. 105 UCCLA (2006).

427 *Burnham*, Introduction to US Law, S. 599; *Henssler*, FS Kirchhoff, 177, 180.

428 *Shade*, Business Associations, S. 50, 60.

429 *Henssler*, FS Kirchhoff, 177, 181.

430 *Lange*, in: Wegen/Spahlinger/Barth, GesR d. Auslands, USA Allg. Teil, Rn. 23.

431 Sect. 601, 801, Art. 7 ULLCA (1996) bzw. Sect. 701 (a) ULLCA (2006).

C. Grundlegendes zur Beendigung der Gesellschafterstellung

I. Fokus auf die General Partnership

Die General Partnership als Grundform der US-amerikanischen Partnership bietet sich besonders an, um die Voraussetzungen und Rechtsfolgen der Beendigung der Gesellschafterstellung darzustellen. Das enge und vertrauensvolle persönliche Verhältnis zwischen den Gesellschaftern tritt in der General Partnership deutlich hervor. Zudem befassen sich die relevanten US-amerikanischen Gerichtsentscheidungen und Literaturbeiträge fast ausschließlich mit der Trennung von Gesellschaftern in Rechtsanwaltskanzleien, die ihrerseits überwiegend als General Partnerships organisiert sind. Schließlich entspricht die General Partnership am ehesten der deutschen GbR. Dies führt zu einer größeren Vergleichbarkeit der Ergebnisse mit den Darstellungen des deutschen Rechtssystems im vorherigen Teil dieser Arbeit. Die folgende Untersuchung der Trennungsmöglichkeiten des Gesellschafterbundes im US-amerikanischen Rechtssystem orientiert sich daher ausschließlich an der General Partnership.

II. Überblick über die Lösungsinstrumente

Gravierende Gesellschafterstreitigkeiten können ebenso wie im deutschen Recht durch die Auflösung der Partnership selbst oder durch das Ausscheiden des unerwünschten Gesellschafters unter Fortführung der Gesellschaft (im Rahmen des UPA (1997)) bzw. zumindest unter Weiterführung der Geschäfte der Gesellschaft (im Rahmen des UPA (1914)) gelöst werden. Dabei kann das Ausscheiden entweder durch den betroffenen Gesellschafter selbst initiiert werden (Austritt) oder auf Bestreben der übrigen Gesellschafter erfolgen (Ausschluss).

III. Dissolution vs. Dissociation

Wenn sich Gesellschafter voneinander trennen, treten die verschiedenen Konzeptionen des UPA (1914) und des UPA (1997) besonders hervor. Während das Ausscheiden eines Gesellschafters unter UPA (1914) zwingend zur Auflösung der Gesellschaft (Dissolution) führt, eröffnet der UPA (1997) mit dem Konzept der Dissociation einen neuen Weg.

1. UPA (1914)

Bei der Trennung von Gesellschaftern unter dem UPA (1914) gelten vier Grundprinzipien: (1) Das Ausscheiden eines Gesellschafters führt zur Auflösung der Gesellschaft, (2) die Auflösung beendet die Gesellschaft nicht direkt, sondern führt zu einer Phase der Liquidation, (3) die Vollbeendigung der Gesellschaft resultiert nicht zwangsläufig in einer Beendigung der Geschäfte der Gesellschaft und (4) ein Gesellschafter hat stets die Rechtsmacht (nicht jedoch zwingend das Recht) die Gesellschaft aufzulösen.

Die Regelauflösung bei Ausscheiden eines Gesellschafters ist konsistent mit der dem UPA (1914) zugrundeliegenden Aggregate Theory und der Konzeption der Partnership als freiwilligem Zusammenschluss.[432] Die Partnership ist eine einvernehmliche geschäftliche Verbindung, die nur so lange besteht, wie dies dem Willen der Gesellschafter entspricht.[433] Sobald ein Gesellschafter die Gesellschaft verlässt, ändert sich die Zusammensetzung der Mitglieder und die Partnership kann nicht in alter Form weiterbestehen. Durch diese einfache Auflösbarkeit der Gesellschaft wird das Prinzip des „delectus personarum", d.h. das Recht der Gesellschafter, ihre Mitgesellschafter frei auszuwählen, gewahrt.[434]

Sobald ein Gesellschafter aus der Gesellschaft ausscheidet, löst dies unter UPA (1914) drei aufeinanderfolgende Phasen der Beendigung der General Partnership aus: (1) Dissolution (Auflösung), d.h. der Zeitpunkt, an dem die Partner aufhören, gemeinsam das Unternehmen zu betreiben, (2) Winding-Up, d.h. die Liquidation der Gesellschaft und schließlich (3) Termination, d.h. der Zustand der Vollbeendigung. Die Gesellschaft wird durch die Auflösung allein nicht beendet, sondern existiert weiter bis die Auseinandersetzung vollständig abgeschlossen ist, vgl. § 30 UPA (1914).

2. *UPA (1997)*

Die Regelungen zur Trennung von Gesellschaftern im UPA (1997) beruhen auf zwei grundlegend anderen Prinzipien: (1) Das Ausscheiden eines Gesellschafters führt nicht automatisch zur Auflösung der Gesellschaft (Dissociation) und (2) die Auflösung und Liquidation der Gesellschaft ist nur ein alternativer Weg zum Ausscheiden unter Zahlung einer Abfindung und Fortführung der Gesellschaft.

Im UPA (1997) findet sich das neue Konzept der Dissociation. Dabei scheidet der Gesellschafter ohne automatische Auflösung aus der Gesellschaft aus. Auf diese Weise soll dem Bedürfnis der Gesellschafter Rechnung getragen werden, die Partnership unverändert ohne den ausgeschiedenen Gesellschafter fortzuführen. Dafür wurde die enge Verknüpfung zwischen Gesellschafterbestand und

---

432 *Callison/Sullivan*, Partnership Law, § 16:1.

433 *Kruse v. Vollmar*, 614 N.E. 2d 1136, 1140 (6th Dist. Wood County 1992).

434 *Hurt/Smith*, in: Bromberg/Ribstein/Hurt/Smith, Bromberg and Ribstein on Partnership, § 7.01 (a).

Bestehen der Gesellschaft gelockert und eine an der Entity Theory orientierte Lösung entwickelt. Kernstück der Neuausrichtung des UPA (1997) ist die sogenannte „Switching Provision" in Sect. 603 (a): „*If a partner's dissociation results in a dissolution and winding up of the partnership business, [Article] 8 applies; otherwise, [Article] 7 applies.*" Danach führt das Gesellschafterausscheiden entweder unter Anwendung des Art. 7 UPA (1997) zu einem Buyout, d.h. einem Ausscheiden des Gesellschafters unter Abkauf der Anteile und Fortsetzung der Gesellschaft mit den übrigen Gesellschaftern, oder nach Art. 8 UPA (1997) zur Auflösung und Liquidation der Partnership. Sofern das Ausscheiden des Gesellschafters nicht zur Auflösung führt, wird die alte Partnership ohne rechtliche Änderung weitergeführt.

Sect. 801 UPA (1997) listet die Situationen auf, in denen die Gesellschaft nach gesetzlichem Vorbild aufzulösen und zu liquidieren ist. In allen anderen Fällen bestimmt Sect. 701 UPA (1997), dass die Gesellschaft fortgeführt werden kann und der Ausscheidende auszuzahlen ist. Die Einführung des neuen Lösungsinstruments der Dissociation beinhaltet auch, dass selbst in den Fällen der Sect. 801 UPA (1997) die Auflösung entsprechend dem Gesellschafterwillen abgewendet werden kann. So können die Gesellschafter die Auflösung für die meisten Fälle des Sect. 801 UPA (1997) durch die Vereinbarung einer Fortsetzungsklausel verhindern. In Sect. 802 (b) UPA (1997) wird den Gesellschaftern zudem im Zeitraum nach Auflösung der Gesellschaft und vor der Vollbeendigung die Möglichkeit eröffnet, die Auseinandersetzung zu verhindern und die Gesellschaft doch fortzusetzen. Dafür ist die Zustimmung aller Gesellschafter erforderlich, d.h. sowohl des ausgeschiedenen Gesellschafters[435] als auch der übrigen Gesellschafter.

§ 2 Ende der General Partnership: Auflösung und Liquidation (Dissolution)

Sollen die Geschäfte der Gesellschaft nicht fortgeführt und die Gesellschaft abgewickelt werden, hat die Kündigung eines Gesellschafters die Vollbeendigung der Partnerschaft zum Ziel. Es handelt sich um eine Auflösungskündigung, die den Normalfall unter Geltung des UPA (1914) und einen möglichen Weg unter UPA (1997) darstellt.[436]

---

435 Es bedarf nur dann nicht der Zustimmung des ausgeschiedenen Gesellschafters, wenn es sich um eine wrongful dissociation handelt, Sect. 802 (b) UPA (1997).

436 Siehe dazu auch *Fary*, LLP, S. 77 ff.

A. UPA (1914)

Der UPA (1914) beschreibt die Dissolution als eine Veränderung in der Beziehung der Gesellschafter, die durch jeden Partner ausgelöst wird, der aufhört, an der Verfolgung der Unternehmung teilzuhaben[437]. Die §§ 29 – 32 UPA (1914) bestimmen in diesem Zusammenhang, dass die General Partnership entweder durch Gesellschafterhandlung, durch gesetzliche Anordnung (z.B. im Fall des Todes oder der Insolvenz)[438] oder durch einen Gerichtsbeschluss (z.B. bei missbräuchlichem bzw. unrechtmäßigem Verhalten des Gesellschafters oder vorsätzlichem oder dauerhaftem Verstoß gegen den Gesellschaftsvertrag)[439] aufgelöst werden kann.[440]

Die Auflösung durch Gesellschafterhandlung ist in der Praxis besonders wichtig. Sie kann u.a. durch Erklärung eines oder mehrerer Gesellschafter ausgelöst werden. Nach US-amerikanischem Verständnis kann eine Person nicht gezwungen werden, gegen ihren Willen in eine Partnership einzutreten oder in ihr zu verbleiben. Dieses Prinzip der Dissolution at will, also der unabdingbaren Rechtsmacht, die Gesellschaft aufzulösen, findet ihren Grund in der engen Arbeitsbeziehung zwischen den Gesellschaftern und dem Recht der einzelnen Gesellschafter, für die Partnerschaft zu handeln und damit die Mitgesellschafter persönlich zu verpflichten.[441] Alle Gesellschafter einer unbefristeten Gesellschaft (Partnership at will) können zu jedem Zeitpunkt einzeln oder gemeinsam die Gesellschaft auflösen, indem sie einen dahingehenden Willen zum Ausdruck bringen, § 31 (1) (b), (c) UPA (1914). Auch eine befristete Gesellschaft kann gekündigt werden. Jeder Gesellschafter hat die unabdingbare Rechtsmacht, die Gesellschaft jederzeit zu verlassen, selbst wenn das geplante Projekt noch nicht vollendet oder die zeitliche Endfrist nicht abgelaufen ist, § 31 (1) (a) UPA (1914). Eine solche vorzeitige Auflösung ist zwar unrechtmäßig, aber dennoch wirksam. Der unrechtmäßig handelnde Gesellschafter macht sich schadensersatzpflichtig.

B. UPA (1997)

Im Rahmen des UPA (1997) beschreibt der Begriff der Dissolution ebenfalls einen Prozess, der auf die Beendigung der Partnership abzielt. Die Regeln

437 § 29 UPA (1914) = „*change in the relation of the partners caused by any partner ceasing to be associated in the carrying on … of the business*".

438 § 31 (3) – (5) UPA (1914).

439 § 32 (1) UPA (1914).

440 Siehe auch die Übersicht in *Conviser*, Partnership, S. 672 ff.

441 Kritisch dazu *Hillman*, 37 U. Fla. L. Rev. 691, 699 ff. (1985).

unterscheiden sich nur wenig vom System des UPA (1914). So beendet die Auflösung an sich die Gesellschaft auch hier nicht, sondern führt lediglich zur Einleitung der Auseinandersetzung, Sect. 802 (a) UPA (1997). In Sect. 801 UPA (1997) finden sich die Fälle, in denen die Dissociation nach dem gesetzlichen Vorbild zur Auflösung der Gesellschaft führt, sofern die Gesellschafter nicht etwas anderes vereinbaren.

Für unbefristete Gesellschaften gilt gem. Sect. 801 (1) UPA (1997), dass die Partnership auf ausdrücklichen Wunsch eines Gesellschafters, der nicht gemäß Sect. 601 (2) - (10) UPA (1997) ausscheidet[442], aufzulösen und zu liquidieren ist.[443] Bei befristeten Gesellschaften kommt es nach Sect. 801 (2) UPA (1997) hauptsächlich in drei Fällen zur Auflösung: (1) Wenn die Gesellschaftermehrheit nach dem Tod, der Insolvenz oder dem unrechtmäßigen Ausscheiden eines Gesellschafters den Wunsch zur Auseinandersetzung zum Ausdruck bringt, (2) bei ausdrücklichem Willen aller Gesellschafter zur Auflösung oder (3) bei Zeitablauf oder Erreichung des Ziels des Unternehmens. Des Weiteren werden sowohl die befristete als auch die unbefristete Gesellschaft gem. Sect. 801 (3) - (5) UPA (1997) aufgelöst, sofern z.B. eine vertraglich vereinbarte Auflösungsbedingung eintritt oder auf Antrag eines Gesellschafters gerichtlich festgestellt wird, dass eine Weiterführung des Unternehmens unmöglich ist.

§ 3 Ausscheiden eines Gesellschafters

Das Ausscheiden des Gesellschafters steht nun im Fokus. Der Gesellschaftsverbund löst sich nicht insgesamt auf, sondern allein der betroffene Gesellschafter verliert seine Gesellschafterstellung. Dies kann entweder freiwillig durch Austritt oder unfreiwillig durch Ausschluss geschehen.

A. Austritt unter Fortführung der General Partnership

I. Verständnis des Begriffs des Austritts

Im Fall des Austritts eines Gesellschafters bleibt die Partnerschaft bestehen, obwohl der Gesellschafter aus eigenem Antrieb den Gesellschafterkreis verlässt. Es kommt nicht zur Auflösung und Auseinandersetzung der Partnership. Während unter UPA (1997) ein solcher als Dissociation unter Abfindung betitelte

---

442 D.h. seine Gesellschafterstellung nicht fremdbestimmt durch Ausschluss oder durch gerichtliche Entscheidung verloren hat.

443 Bei der Auflösung aufgrund ausdrücklicher Willenserklärung gelten unter UPA (1997) die gleichen Regeln wie unter UPA (1914).

Austritt möglich ist, kann im Rahmen des UPA (1914) lediglich erreicht werden, dass nach Ausscheiden und zwingender Auflösung der Gesellschaft, die Geschäfte der Partnerschaft durch die übrigen Gesellschafter in einer neuen Gesellschaft fortgeführt werden. Unter Geltung des UPA (1914) gibt es keine Austrittskündigung nach deutschem Verständnis.

II. Formen des Austritts aus der General Partnership

UPA (1914) und UPA (1997) kennen die folgenden Formen des Austritts aus der General Partnership:

1. UPA (1914)

Ein Ausscheiden eines Gesellschafters ohne Auflösung der Partnership ist, wie beschrieben, im UPA (1914) nicht vorgesehen. Die Auflösungsregeln in §§ 29, 31 f. UPA (1914) sind zwingend.[444] Das Ende der Gesellschaft muss aber nicht zwangsläufig zur Beendigung der Geschäftstätigkeit, d.h. des „Business", der Partnership führen.[445] Die Unternehmung der Partnership ist getrennt von dem Fortbestand des rechtlichen Vehikels zu sehen. Ein Austritt kann daher annäherungsweise durch die Fortführung der Geschäfte der Partnership erreicht werden. Zwar verhindert die Fortsetzung der Geschäfte technisch nicht die Auflösung der Gesellschaft.[446] Das Vermögen und die Verbindlichkeiten der alten Partnership können aber bei Ausschluss des nachfolgend beschriebenen Liquidationsrechts des ausscheidenden Gesellschafters auf eine neue Partnership übertragen werden. Oftmals regelt schon die Fortsetzungsvereinbarung, durch welche neue Gesellschaft das Geschäft im Fall der Auflösung der alten Partnership fortgeführt werden soll.[447] Die Gläubiger der ersten aufgelösten Partnership werden gem. § 41 UPA (1914) automatisch Gläubiger der neuen Partnership. Der ausscheidende Gesellschafter hat einen Anspruch auf Abfindung nach § 42 UPA (1914).

§ 38 (1) UPA (1914) sieht grundsätzlich vor, dass jeder Gesellschafter nach der Auflösung das Recht hat, die Liquidation der Gesellschaft zu verlangen. Die vollständige Liquidation der Gesellschaft schließt die Fortführung des Business jedoch aus. Damit es ein Ausscheiden ohne anschließende Auseinandersetzung,

---

444 *Hurt/Smith*, in: Bromberg/Ribstein/Hurt/Smith, Bromberg and Ribstein on Partnership, § 7.01 (c).

445 *Kleinberger*, Agency, Partnerships, and LLCs, S. 377.

446 *Branch*, 25 Creighton L. Rev. 701, 706 (1991–1992).

447 *Kleinberger*, Agency, Partnerships, and LLCs, S. 377.

d.h. einen Austritt im obigen Sinne, geben kann, muss der Austretende entweder auf die Geltendmachung seines Rechts auf Herbeiführung der Liquidation verzichten oder sein Auseinandersetzungsrecht muss ausnahmsweise ausgeschlossen sein. Ausnahmen vom Auseinandersetzungsrechts bestehen in den folgenden drei Fällen: (1) Wenn die Fortsetzung der Geschäfte der Gesellschaftervereinbarung entspricht (sog. Business-Fortsetzungsvereinbarung[448]), (2) für denjenigen Gesellschafter, der in Übereinstimmung mit dem Gesellschaftsvertrag ausgeschlossen wurde[449] und drittens für Gesellschafter, die die Auflösung, wie nachfolgend beschrieben, unrechtmäßig, d.h. im Widerspruch zum Gesellschaftsvertrag, verursacht haben.[450]

Im Fall der zuletzt angesprochenen wrongful dissolution müssen zwei Stufen der Beendigung der Gesellschaft auseinandergehalten werden. Auf der ersten Stufe steht die Auflösungsentscheidung an sich. Die Rechtsmacht des Gesellschafters, die Auflösung der Gesellschaft herbeizuführen, ist stets unabdingbar, § 38 (1) UPA (1914). Davon ist auf einer zweiten Stufe die Rechtsmacht abzugrenzen, die Liquidation der sich in Auflösung befindlichen Gesellschaft zu fordern. *Kleinberger* hat diesen Unterschied treffend mit dem Satz beschrieben; *„A partner always has the power (but not necessarily the right) to dissolve a partnership“*[451]. Eine Auflösung, die den gesellschaftsvertraglichen Vereinbarungen widerspricht, ist “wrongful”, d.h. unrechtmäßig. Wie bereits beschrieben, handelt es sich zum Beispiel bei der vorzeitigen Auflösung einer befristeten Gesellschaft um eine solche wrongful dissolution. Die wrongful dissolution ist zwar wirksam, aber beschränkt die Rechtsmacht des agierenden Gesellschafters, die Liquidation der Gesellschaft zu erzwingen. Sofern es sich um eine solche unrechtmäßige Auflösung handelt, verleiht § 38 (2) UPA (1914) den übrigen Gesellschaftern das Recht, das Geschäft der Partnership (nicht die Partnership an sich) gegen Zahlung einer angemessenen Abfindung auch ohne dahingehende gesellschaftsvertragliche Vereinbarung weiter zu betreiben.[452]

---

448 Mehr zu sog. „business continuation agreements“ unter Geltung des UPA (1914) in *Bromberg*, 43 Tex. L. Rev. 631, 653 ff. (1965).

449 § 38 (1) UPA (1914).

450 *Callison/Sullivan*, Partnership Law, § 16:1.

451 *Kleinberger*, Agency, Partnerships, and LLCs, S. 377.

452 Bei der Berechnung der Abfindung ist der Good Will der Gesellschaft nicht einzubeziehen und es wird der Wert der Gesellschaft bei Liquidation zu Grunde gelegt, § 38 (c) II. UPA (1914).

2. *UPA (1997)*

Der UPA (1997) hat das Bedürfnis der Gesellschafter nach Kontinuität im Fall des Ausscheidens eines Gesellschafters aufgegriffen. Bei der Dissociation werden nicht nur die Geschäfte der Gesellschaft fortgeführt, sondern die Partnership bleibt selbst als Rechtseinheit bestehen.

a) Gesetzliche Austrittsgründe

Der UPA (1997) sieht in Sect. 601 eine Liste mit Ereignissen vor, die zur Dissociation, d.h. zur Beendigung des Gesellschafterstatus führen. Die wichtigsten Auslöser sind die Austritterklärung eines Gesellschafters, das Eintreten eines gesellschaftsvertraglich vereinbarten Grundes für die Dissociation, der Gesellschafterausschluss und die Insolvenz, der Tod oder die Geschäftsunfähigkeit eines Gesellschafters. Die Rechtsmacht, sich aus der Gesellschaft zurückzuziehen, ist ebenso wie unter der Geltung des UPA (1914) unabhängig von etwaigen anderweitigen Vereinbarungen im Gesellschaftsvertrag stets unabdingbar, Sect. 601 (a), 602 (a) UPA 1997.

Die Dissociation im Anschluss an die Austrittskündigung eines Gesellschafters wird entweder wirksam, sobald die Gesellschaft Kenntnis vom ausdrücklichen Willen eines Gesellschafters zum Austritt erlangt oder an einem späteren vom Gesellschafter bestimmten Datum, Sect. 601 (1) UPA (1997). Gem. Sect. 102 (b) UPA (1997) erlangt die Gesellschaft Kenntnis, sobald sie vom Austrittswillen weiß oder hätte wissen müssen.

b) Folgen der Dissociation

Wie oben bereits dargestellt, sieht die Switching Provision in Sect. 603 (a) UPA (1997) vor, dass die Dissociation regelmäßig in den in Sect. 801 UPA (1997) bestimmten Fällen zur Auflösung und Liquidation der Gesellschaft führt. Sect. 801 UPA (1997) ist überwiegend dispositiv. Die gesetzlich vorgesehene Auflösungsfolge kann entweder durch eine gesellschaftsvertragliche Fortsetzungsvereinbarung[453] oder vor Vollbeendigung durch einstimmigen Fortführungsbeschluss abbedungen werden, Sect. 802 UPA (1997). Im Gegensatz zur Regelung im UPA (1914) wird die Gesellschaft auch bei einem unrechtmäßigen Ausscheiden, d.h. z.B. bei einem Ausscheiden entgegen den gesellschaftsvertraglichen Bestimmungen oder vor Ablauf der vereinbarten Mindestdauer

---

453 Nur die gerichtliche Auflösung und die Auflösung wegen Rechtsverstoßes gem. Sect. 801 (4) – (6) UPA (1997) kann nicht durch Vereinbarung der Gesellschafter verhindert werden.

des Gesellschaftsverhältnisses (Sect. 602 (b) UPA (1997)) nur aufgelöst, sofern die Mehrheit des verbleibenden Gesellschafterkreises dies beschließt, Sect. 801 (2) UPA (1997).

Der Ausscheidende wird nach den Regeln des Art. 7 UPA (1997) abgefunden, wenn die Partnership fortbesteht. Anders als unter Geltung des UPA (1914) hat nach UPA (1997) nicht nur der rechtmäßig, sondern auch der unrechtmäßig ausscheidende Gesellschafter Anspruch auf eine Abfindung unter Einrechnung des Good Wills.

c) Beschränkung des Austrittsrechts

Sect. 103 (b) (6) UPA (1997) bestimmt, dass die Gesellschafter das Recht eines jeden Gesellschafters, jederzeit aus der Gesellschaft auszutreten, nicht vertraglich beschränken können.[454] Es kann aber ein Schriftlichkeitserfordernis für die Kündigungserklärung nach Sect. 103 (b) (6) UPA (1997) vereinbart werden. Ob Kündigungsfristen im Sinne eines Zeitraumes, der eingehalten werden muss bevor der Gesellschafter nach der Äußerung des Austrittswillens aus der Gesellschaft ausscheidet, rechtmäßig sind, ist aufgrund des ausdrücklichen Wortlauts des Sect. 103 (b) (6) UPA (1997) fragwürdig.[455] In der US-amerikanischen Vertragspraxis werden sie jedoch ohnehin kaum vereinbart, da die Gesellschafter die Verbindung zum austretenden Gesellschafter meist möglichst schnell und klar beenden wollen.[456] Die Gesellschafter können den freien Austritt der Gesellschafter allerdings indirekt z.B. durch niedrige Abfindungen oder strenge Wettbewerbsregelungen unattraktiv gestalten.

III. Zusammenfassung

Unter Geltung des UPA (1914) gibt es keinen Austritt im Sinne eines Ausscheidens des Gesellschafters bei Fortführung der Gesellschaft. Im Fall des Gesellschafterwechsels ist die General Partnership unter UPA (1914) zwingend aufzulösen. Sofern aber entweder der Gesellschafter davon absieht, die Liquidation der aufgelösten Gesellschaft zu verlangen, oder z.B. eine „Business-Fortsetzungsvereinbarung" vorliegt, kann zumindest das Geschäft der Gesellschaft von

---

454 Vgl. zu den Loyalitätspflichten eines ausscheidenden Gesellschafters aus einer Rechtsanwaltskanzlei *Corwin*, 55 Wash. & Lee L. Rev. 1055 (1998); *DeMott*, 55 Wash. & Lee L. Rev. 1041 (1998); *Hillman*, 55 Wash. & Lee L. Rev. 997 (1998).

455 Unter Geltung von UPA (1914) zumindest noch als zulässig anerkannt in *Willman v. Beheler*, 499 S.W.2d 770 (Mo 1973).

456 *Hillman*, 43 Tex. Tech L. Rev. 449, 456 (2010–2011).

den übrigen Gesellschaftern weitergeführt werden. Der UPA (1997) gibt sich fortschrittlicher. Den übrigen Gesellschaftern wird durch die Einführung der Dissociation gegen Abfindung ermöglicht, die General Partnership selbst ohne Auflösung fortzusetzen. Dieses Austrittsrecht des einzelnen Gesellschafters kann gem. Sect. 103 (b) (6) UPA (1997) vertraglich nicht eingeschränkt werden.

B. Ausschluss aus der General Partnership (Expulsion)

Der Gesellschafter kann seine Gesellschafterstellung nicht nur durch einen selbstinitiierten Austritt, sondern auch im Wege des von den übrigen Gesellschaftern betriebenen Ausschlusses verlieren.

I. Vertraglich vereinbarter Ausschluss

Im US-amerikanischen Recht ist es regelmäßig erforderlich, dass der Gesellschaftsvertrag die Gesellschafter ausdrücklich zum Ausschluss ermächtigt.[457] Unter beiden Uniform Partnership Acts muss der Ausschluss im guten Glauben und in Übereinstimmung mit den vereinbarten Bestimmungen erfolgt.[458] Zwar gibt UPA (1914) in § 31 (1) (d) vor, dass die Partnership aufgelöst wird, sofern ein Gesellschafter im Einklang mit dem gesellschaftsvertraglichen Ausschlussrecht und „bona fide" ausgeschlossen wird. Im Zusammenspiel mit § 38 (1) UPA (1914), der zulässt, dass der ausgeschlossene Gesellschafter in diesem Fall abgefunden wird, besteht aber für die übrigen Gesellschafter die Möglichkeit, sich ohne vollständige Auseinandersetzung von dem unerwünschten Gesellschafter zu trennen. Die Geschäfte der Partnerschaft können weitergeführt werden. Ebenso wie unter Geltung des UPA (1914) sieht der UPA (1997) vor, dass der Ausschluss eines Gesellschafters regelmäßig einer entsprechenden Ermächtigung im Gesellschaftsvertrag bedarf, Sect. 601 (3) UPA (1997). Die Partnership löst sich nach UPA (1997) nicht automatisch nach dem Ausschluss auf. Nur der Ausgeschlossene scheidet aus der Partnership aus.

Heutzutage enthalten die meisten Gesellschaftsverträge entsprechende Klauseln, die den Gesellschaftern ein weitgehendes Ausschlussrecht einräumen.[459] Die Ausschlussklausel wird als besonders wichtige Komponente eines gut formulierten Gesellschaftsvertrages angesehen.[460]

---

457 *Dalley*, 21 Cardozo L. Rev. 181, 182 (1999–2000).

458 *Schwartz*, 9 Chap. L. Rev. 1, 2 (2005).

459 *Richmond*, 57 Clev. St. L. Rev. 93, 98 (2009).

460 *Callison/Sullivan*, Partnership Law, § 16:6; *Carver/Hargis*, 13 U.C. Davis L. Rev. 868, 870 ff. (1979–1980); *Taylor*, 93 Dick. L. Rev. 579, 579 ff. (1988–1989).

II. Ausschluss ohne vertragliche Grundlage

Im Unterschied zum UPA (1914) wird den Gesellschaftern im UPA (1997) erlaubt, einen unerwünschten Mitgesellschafter in eng begrenzten Fällen auch ohne gesellschaftsvertragliche Ausschlussvereinbarung durch einstimmigen Beschluss auszuschließen. Das ist z.B. möglich, wenn die Weiterführung der Partnerschaft mit dem betreffenden Gesellschafter illegal wäre, Sect. 601 (4) UPA (1997). Zudem kann der Gesellschafter durch Gerichtsbeschluss (Sect. 601 (5) UPA (1997)) ohne Auflösung aus der Gesellschaft ausgeschlossen werden. Sofern keine der genannten Ausnahmen greift, ist ein Ausschluss ohne Grundlage im Gesellschaftsvertrag oder entgegen ausdrücklicher gesellschaftsvertraglicher Ausschlussbeschränkungen unrechtmäßig und verletzt den Gesellschaftsvertrag.[461]

III. Schranken des Ausschlusses

Die Vertragsfreiheit ist von herausragender Bedeutung für das US-amerikanische Recht. Diese Vorherrschaft strahlt auch auf die Beurteilung der Grenzen der vertraglichen Ausschlussklauseln aus und hält zur großzügigen Anerkennung des Ausschlussrechts gegen angemessene Abfindung an. Der Ausspruch "*It's nothing personal, it's just business*"[462] gilt (fast) uneingeschränkt. Es steht grundsätzlich nicht der persönliche Schutz des einzelnen Gesellschafters, sondern das Gesamtinteresse der Partnership an der Förderung und Erhaltung ihres wirtschaftlichen Erfolgs im Vordergrund.

Das US-amerikanische Recht hält nur in besonderen Ausnahmenfällen eine Begrenzung des Ausschlussrechts für erforderlich. Ein Verstoß gegen Treuepflichten (Fiduciary Duties)[463] bzw. den Grundsatz von Treu und Glauben, Ethikregeln oder Employment Discrimination Laws kann ggfs. zur Unrechtmäßigkeit des Ausschlusses führen. Ob und wann die Grenze zur Unrechtmäßigkeit überschritten ist, wird nachfolgend für jede Schranke einzeln dargestellt.

1. Fiduciary Duties – insb. Obligation of Good Faith

Das Ausschlussrecht muss sich an den gesellschafterlichen Treuepflichten messen lassen. Ausgangspunkt sind dabei die gesetzlichen Regelungen des UPA

---

461 *Cadwalader, Wickerham & Taft v. Beasley*, 728 So.2d 253, 256 (Fla.App. 4 Dist. 1998).

462 *Stein/Billok*, 35 Litigation 33, 36 (2008).

463 Für die Übersetzung der „Fiduciary Duties" als Treuepflichten, vgl. auch *Hofmann*, Minderheitsschutz, S. 39 ff.

(1914) und des UPA (1997). In § 31 (1) (d) UPA (1914) findet sich die ausdrückliche Verpflichtung beim Ausschluss „bona fide", d.h. in gutem Glauben zu handeln. Obwohl in § 601 (3) UPA (1997) diese Pflicht zum „Good Faith" Ausschluss nicht mehr ausdrücklich genannt wird, stellt der offizielle Kommentar der NCCUSL zum UPA (1997) klar, dass keine Änderung des Regelungsinhalts des § 31 (1) (d) UPA (1914) bezweckt wurde.[464] Im Rahmen des UPA (1997) wird zu diesem Zweck auf die allgemeine Verpflichtung zum Handeln in gutem Glauben (Duty of Good Faith) gem. Sect. 404 (d) UPA (1997) zurückgegriffen.[465] Dort heißt es „*A partner shall discharge the duties to the partnership and the other partners under this [Act] or under the partnership agreement and exercise any rights consistently with the obligation of good faith and fair dealing*".

a) Grundzüge der Fiduciary Duties

Im US-amerikanischen Recht hängen die den Gesellschafter treffenden Fiduciary Duties grundsätzlich von der Rechtsform und Organisation der Gesellschaft ab. Zur Umschreibung der von General Partners zu befolgenden Fiduciary Duties wird regelmäßig die folgende von Justice Cardozo in *Meinhard v. Salmon*[466] geprägte Definition herangezogen:

> „*Joint adventures, like copartners, owe to one another, while the enterprise continues, the **duty of the finest loyalty**. Many forms of conduct permissible in a workaday world for those acting at arm's length, are forbidden to those bound by fiduciary ties. A trustee is held to something stricter than the morals of the market place. Not honesty alone, but the **punctilio of an honor the most sensitive**, is then the standard of behavior.*"[467]

Die Gesellschafter schulden einander die Pflicht zur höchsten Treue. Es ist ein besonders hoher Verhaltensstandard einzuhalten. Die Fiduciary Duties verpflichten die Gesellschafter dazu, mit einem besonderen Maß an Ehrlichkeit und Loyalität und im besten Interesse der Mitgesellschafter zu handeln.[468] Während die Natur und der Umfang der Treuepflichten weitgehend umstritten sind, ist

---

464 Sect. 601, Official Comment UPA (1997), S. 87.

465 *Hurt/Smith*, in: Bromberg/Ribstein/Hurt/Smith, Bromberg and Ribstein on Partnership, § 7.02 (f) (4).

466 164 N.E. 545 (N.Y. 1928).

467 Justice *Cardozo* in *Meinhard v. Salmon et al.*, 164 N.E. 545, 546 (N.Y. 1928).

468 *Garner*, Black's Law Dictionary, „fiduciary duty": „a duty to act with the highest degree of honesty and loyalty toward another person and in the best interests of the other person (such as the duty that one partner owes to another)".

allgemein anerkannt, dass die Fiduciary Duties zu den grundlegenden Verpflichtungen der Gesellschafter untereinander und gegenüber der Partnership zählen.[469]

aa) Fiduciary Duties im Allgemeinen

Während der UPA (1914) die für die Gesellschafter geltenden Fiduciary Duties nicht ausdrücklich benennt, beschäftigt sich Sect. 404 UPA (1997) ausdrücklich mit den zwischen den Gesellschaftern geltenden Treuepflichten. Sect. 404 (a) UPA (1997) bezeichnet die Duties of Loyalty and Care gem. Sect. 404 (b), (c) UPA (1997) ausdrücklich als Fiduciary Duties. Zusätzlich wurde in Sect. 404 (d) UPA (1997) ein Hinweis auf die allgemein geltende Duty of Good Faith and Fair Dealing aufgenommen. Während die Aufzählung der Fiduciary Duties und der Duty of Good Faith and Fair Dealing in Sect. 404 UPA (1997) in dieser Form neu ist, sind es die dahinterstehenden Beschränkungen der Gesellschaftermacht nicht. Zu den Hauptbestandteilen der Fiduciary Duties zählen traditionell die Duty of Loyalty (Loyalitätspflicht), Duty of Good Faith and Fair Dealing (Pflicht zum Handeln nach gutem Glauben und fairen Verfahren), Duty of Care (Sorgfaltspflicht) und Duty of Full Disclosure (Informationspflicht).[470]

bb) Einordnung der Duty of Good Faith

Der Ausschluss muss sich insbesondere an der Duty of Good Faith messen lassen. Während durchweg anerkannt ist, dass eine solche Pflicht besteht[471], sind ihr Ursprung und ihre Natur umstritten.[472] Die Duty of Good Faith kann entweder als Teil der Fiduciary Duties[473] (wie oben angedeutet) angesehen werden oder als eigenes vertragliches Konzept[474], das losgelöst vom gesellschaftsrechtlichen Rahmen bei der Auslegung jedes privatrechtlichen Vertrages zu beachten ist. Die Gerichte verstehen die Duty of Good Faith regelmäßig als Form der treuhänderischen Duty of Loyalty[475] und damit als Teil der Fiduciary Duties. Der UPA (1997) ordnet die Duty

---

469 *Dickerson*, 64 U. Colo. L. Rev. 111, 111 (1993); *Hurt/Smith*, in: Bromberg/Ribstein/Hurt/Smith, Bromberg and Ribstein on Partnership, § 6.07 (a) m.w.N.

470 *Newburger, Loeb & Co. v. Gross*, 563 F.2d 1057, 1078 (2d Cir. 1977); *Callison*, 1 J. Small & Emerging Bus. L. 109, 114 (1997).

471 *Winston & Strawn v. Nosal*, 664 N.E.2d 239, 244 f. (Ill. App. Ct. 1996).

472 *Richmond*, 57 Clev. St. L. Rev. 93, 100 (2009); *Schwartz*, 9 Chap. L. Rev. 1, 3 (2005).

473 *Callison/Sullivan*, Partnership Law, § 12:1; *Dickerson*, 64 U. Colo. L. Rev. 111, 111, 120 (1993); *Morris*, 10 Duq. Bus. L. J. 73, 113 (2008).

474 *Dalley*, 21 Cardozo L. Rev. 181, 195 f. (1999–2000); Sect. 404, Official Comment UPA (1997), S. 70.

475 Z.B. *Winston & Strawn v. Nosal*, 664 N.E.2d 239, 245 (Ill. App. Ct. 1996); *Newburger, Loeb & Co. v. Gross*, 563 F.2d 1057, 1078 (2d Cir. 1977).

of Good Faith nun in Sect. 404 (d) UPA (1997) nicht mehr den Fiduciary Duties zu, sondern hält es für ausreichend, auf das allgemeine Vertragskonzept des Gebots des guten Glaubens zurückzugreifen. Die Duty of Good Faith verpflichtet die Gesellschafter dazu, in Übereinstimmung mit dem am guten Glauben ausgerichteten Verständnis des Vertragsinhalts und des Gesellschafterverhältnisses zu handeln.[476] Ob die Duty of Good Faith nun Teil der Fiduciary Duties ist oder als allgemeines vertragliches Konzept Anwendung findet, kann im Ergebnis dahinstehen. Denn es ist allgemein und unabhängig ihres Ursprungs anerkannt, dass die Handelnden nur in Good Faith ausschließen dürfen. Welchen Inhalt die Duty of Good Faith in diesem Zusammenhang hat, hängt maßgeblich vom Case Law und nicht von ihrer dogmatischen Einordnung ab.[477] An diese Erkenntnis anknüpfend, wird im Folgenden das durch diverse Gerichtsentscheidungen geprägte herrschende Verständnis der Duty of Good Faith bezogen auf den Ausschluss dargestellt.

b) Beachtung der Duty of Good Faith beim Ausschluss

Die wegweisende Entscheidung zur Zulässigkeit von Ausschlussentscheidungen (*Bohatch v. Butler & Binion*) beinhaltet das folgende Grundprinzip:

> *"Partners have no obligation to remain partners; 'at the heart of the partnership concept is the principle that partners may choose with whom they wish to be associated'."*[478]

Die Gesellschafter sind nicht verpflichtet, Mitgesellschafter zu bleiben. Das heißt nicht nur, dass sie die Gesellschaft grundsätzlich jederzeit selbst verlassen können, sondern auch, dass sie einen unliebsamen Mitgesellschafter nicht dulden müssen. Dieses liberale Rechtsverständnis setzt sich bei der Bestimmung des Rechtsbegriffs der Duty of Good Faith fort.

aa) Mindeststandard: Verbot des Predatory Purpose

Die Duty of Good Faith beinhaltet als eine Art Mindestschutz das Verbot der Verfolgung eines „Predatory Purpose", d.h. eines rücksichtslosen, „räuberischen" Zwecks.[479] Der Ausschluss darf nicht dazu missbraucht werden, auf Kosten des

---

476 *Ribstein*, 55 Bus. Law. 845, 869 f. (2000).

477 Sect. 404, Official Comment UPA (1997), S. 70; Forderung einer gesetzlichen Definition von Good Faith und Fair Dealing in *Phillips*, 64 U. Colo. L. Rev. 1179, 1183 (1993).

478 *Bohatch v. Butler & Binion*, 977 S.W.2d 543, 545 (Tex. 1998).

479 *Holman v. Coie*, 522 P.2d 515, 523 (Wash. Ct. App. 1974); *Lawlis v. Kightlinger & Gray*, 562 N.E.2d 435, 440 (Ind. Ct. App. 1990).

Ausgeschlossenen geschäftliche oder vermögensrechtliche Vorteile an sich zu ziehen.[480] Die ausschließenden Gesellschafter dürfen den Betroffenen nicht ausschließen, um ihm Eigentum oder Vermögen vorzuenthalten, welches ihm zum Zeitpunkt des Ausschlusses rechtlich zusteht.[481] Auf diese Weise sollen die Ausschließenden davon abgehalten werden, den Ausschluss zur wirtschaftlichen Plünderung (Economic Predation) zu nutzen.[482] Der Kern der Duty of Good Faith ist somit, dass Gesellschafter einen Mitgesellschafter nicht aus finanziellem Eigennutz ausschließen dürfen.[483] Sofern der Profit der übrigen Gesellschafter aus dem Ausschluss jedoch nur klein ist und nicht das alleinige Motiv für den Ausschluss war, besteht in der Regel kein Verstoß gegen die Duty of Good Faith.[484] Ein Ausschluss ist nicht mehr tragbar, wenn er klar durch Gier motiviert ist und damit einem verbotenen Predatory Purpose dient.[485]

bb) Ausschlussgrund erforderlich?

Ob sich aus der Duty of Good Faith weitergehende Anforderungen an den Ausschlussgrund ergeben, ist primär von der Formulierung der Ausschlussklausel selbst abhängig. Es ist zwischen drei verschiedenen Typen von vertraglichen Ausschlussklauseln zu unterscheiden: (1) Klauseln, die spezifische Ausschlussgründe festlegen („For Cause"), (2) solche, die den Gesellschaftern das Ausschlussrecht einräumen, aber ansonsten höchstens das Ausschlussverfahren regeln ohne klarzustellen, ob ein Ausschlussgrund erforderlich ist oder nicht („Silent") und (3) diejenigen, die ausdrücklich keinerlei Grund für den Ausschluss fordern („No Cause").[486] Die Frage, welcher Klauseltyp vorliegt, hat substantielle Auswirkungen auf den anzuwendenden Good Faith Standard.[487] Während bei „For Cause"- und „No Cause"- Klauseln kaum Streit hinsichtlich ihrer Vereinbarkeit mit dem Good Faith-Grundsatz besteht, werden die Auswirkungen der Duty of Good Faith beim Ausschluss aufgrund einer „Silent"-Klausel lebhaft diskutiert.

---

480 *Holman v. Coie*, 522 P.2d 515, 523 (Wash. Ct. App. 1974); *Lawlis v. Kightlinger & Gray*, 562 N.E.2d 435, 440 (Ind. Ct. App. 1990); *Schwartz*, 9 Chap. L. Rev. 1, 8 (2005).

481 *Lawlis v. Kightlinger & Gray*, 562 N.E.2d 435, 442 f. (Ind. Ct. App. 1990).

482 *Holman v. Coie*, 522 P.2d 515, 523 (Wash. Ct. App. 1974).

483 *Bohatch v. Butler & Binion*, 905 S.W.2d 597, 602 (Tex. App. 1995); *Heller v. Pillsbury Madison & Sutro*, 50 Cal.App.4th 1367, 1387 (1996).

484 *Stein/Billok*, 35 Litigation 33, 35 (2008).

485 *Richmond*, 57 Clev. St. L. Rev. 93, 106 ff. (2009).

486 Vgl. *Hynes*, 19 Fla. St. U. L. Rev. 727, 742 ff. (1991–1992).

487 *Dalley*, 21 Cardozo L. Rev. 181, 183, 188 ff. (1999–2000) lehnt eine Beschränkung durch Fiduciary Duties ab und hält nur das vertragliche Prinzip des Good Faith für einschlägig.

(1) „For Cause"-Klausel

Die Vereinbarung „*a partner can be expelled only for reasons of inactivity, disability, neglect of business, immorality, professional misconduct, shrinkage of business, breach of the partnership articles, and conflicting outside interests*"[488] ist ein typisches Beispiel für eine „For Cause"-Klausel, d.h. einer Klausel bei der die möglichen Ausschlussgründe abschließend benannt werden. Bei „For Cause"-Klauseln überprüft das Gericht im Wesentlichen nur, ob die Gesellschafter im guten Glauben ihre selbst festgelegten Standards eingehalten haben und die Situation für die die Ausschlussmöglichkeit vorgesehen ist, tatsächlich eingetreten ist.[489] Weitere Anforderungen an den Ausschlussgrund werden nicht gestellt.

(2) „No Cause"-Klausel

In *Reid v. Bickel & Brewer* findet sich die Klausel „*If the continued membership of a Partner in the Partnership is, for any reason, determined not to be in the best interest of the Partnership [...], said determination [is] to be made without any regard to cause or fault on the part of the Partner being expelled*"[490]. Bei einer solchen „No Cause"-Klausel wird ausdrücklich vereinbart, dass ein Gesellschafter ohne Grund ausgeschlossen werden kann. Die Rechtsprechung hat den Wortlaut solcher Klauseln stets akzeptiert und das Absehen vom Vorliegen eines Ausschlussgrunds als wirksam erachtet.[491] Es ist dabei praktisch unbestritten, dass der Ausschluss ohne Grund ein legitimes Mittel zur Lösung von Gesellschafterkonflikten ist. Der Gesellschafter kann unter Geltung einer „No Cause"-Klausel grundlos ausgeschlossen werden, selbst wenn ihn das hart trifft.[492] Die Vereinbarung einer „No Cause"-Klausel befreit die Gesellschafter gleichwohl nicht davon, die Entscheidung ansonsten in gutem Glauben zu treffen.[493] Das Verbot des Predatory Purpose ist stets zu beachten.

---

488 *Hynes*, 19 Fla. St. U. L. Rev. 727, 742 (1991–1992).

489 *Hillman*, 78 Nw. U. L. Rev. 527, 567 (1983–1984); *Hynes*, 19 Fla. St. U. L. Rev. 727, 742 (1991–1992).

490 *Reid v. Bickel & Brewer*, 1990 U. S. Dist. LEXIS 11589 (S.D.N.Y. 1990).

491 *Heller v. Pillsbury Madison & Sutro*, 50 Cal.App.4th 1367, 1385 (1996); *Reid v. Bickel & Brewer*, 1990 U. S. Dist. LEXIS 11589 (S.D.N.Y. 1990); *Hynes*, 19 Fla. St. U. L. Rev. 727, 749 (1991–1992).

492 *ABA: The Committee on Professional Responsibility*, 55 Rec. Ass'n B. City N.Y. 61, 64 (2000); *Gevurtz*, 40 Mercer L. Rev. 535, 581 (1988–1989); *Hilliker*, 14 CBA Rec. 24, 25 (2000).

493 *Carver/Hargis*, 13 U.C. Davis L. Rev. 868, 885 (1979–1980); *Dalley*, 21 Cardozo L. Rev. 181, 187 f. (1999–2000); *Richmond*, 57 Clev. St. L. Rev. 93, 100 (2009).

(3) *„Silent"-Klausel*

Es besteht nur Streit über die Vereinbarkeit des grundlosen Ausschlusses mit der Duty of Good Faith, wenn versäumt wurde, ausdrücklich auf das Grunderfordernis zu verzichten und stattdessen eine „Silent"-Klausel vereinbart wurde. Eine solche „Silent"-Klausel ist zum Beispiel in *Holman v. Coie* mit der Formulierung *„any member may be expelled from the Firm by a majority vote of the Executive Committee"*[494] zu finden. Es handelt sich um Klauseln, die z.T. Verfahrensregeln vorgeben, aber hinsichtlich der Frage des Erfordernisses eines Grundes keine Aussage treffen. Das zentrale Problem in dieser Situation ist, ob die Gesellschafter grundlos ausschließen können oder ob unter Heranziehung der Duty of Good Faith ein Grunderfordernis in die Klausel hineinzulesen ist.

(a) Ausschlussgrund erforderlich

Eine starke Strömung in der US-amerikanischen Literatur macht geltend, dass die unterbliebene Regelung des Grunderfordernisses in der „Silent"-Klausel gerade kein Zeichen für den Verzicht auf einen grundabhängigen Ausschluss sei.[495] Vielmehr sei genauso plausibel, dass die Gesellschafter davon ausgingen, dass die Duty of Good Faith auch ohne gesonderte Regelung stets einen Ausschlussgrund erfordert.[496] Es soll entscheidend sein, ob die Auferlegung einer Begründungspflicht mit dem Vertragszweck übereinstimmt und die berechtigten Erwartungen der Parteien bei Vertragsschluss widerspiegelt bzw. als Mittel zur Herstellung der Vertragsgerechtigkeit erforderlich ist.[497] Das Grunderfordernis sei zu vermuten, sofern darauf in der Ausschlussklausel nicht explizit verzichtet wurde.[498] Bei einer unklar formulierten Ausschlussklausel sollen Mehrdeutigkeiten zu Lasten derjenigen gehen, die ihre Rechtmacht zum Nachteil anderer ausüben.[499]

(b) Ausschlussgrund nicht erforderlich

In der Entscheidung *Gelder Medical Group v. Webber* findet sich der leitende Grundsatz „[...] *partners may provide, in their agreement, for the involuntary*

---

494 *Holman v. Coie*, 522 P.2d 515, 517 (Wash. Ct. App. 1974).

495 *Gevurtz*, 40 Mercer L. Rev. 535, 579 (1988–1989); *Hillman*, 78 Nw. U. L. Rev. 527, 568 (1983–1984); *Morris*, 10 Duq. Bus. L. J. 73, 119 (2008).

496 *Hillman*, 78 Nw. U. L. Rev. 527, 568 (1983–1984).

497 *Vestal*, 55 Wash. & Lee L. Rev. 1083, 1126 f. (1998); a.A. *Schwartz*, 9 Chap. L. Rev. 1, 7 (2005).

498 *Hillman*, 78 Nw. U. L. Rev. 527, 571 (1983–1984); *Vestal*, 55 Wash. & Lee L. Rev. 1083, 1127 (1998).

499 *Hillman*, 78 Nw. U. L. Rev. 527, 573 (1983–1984).

dismissal, ***with or without cause****, of one of their number*"[500]. Sowohl in *Gelder Medical Group v. Webber* als auch *Holman v. Coie*[501] drehte es sich um Gesellschafterausschlüsse, die nicht auf „No Cause"-Klauseln beruhten, sondern auf „Silent"-Klauseln, die lediglich formale Aspekte des Gesellschafterausschlusses regelten. In beiden Fällen lehnten es die Gerichte ausdrücklich ab, aus der Duty of Good Faith ein ungeschriebenes Grunderfordernis in den Gesellschaftsvertrag hineinzulesen.[502] Es müsse akzeptiert werden, dass die Gesellschafter durch den Verzicht auf die Vereinbarung eines „For Cause" Ausschlussrechtes langwierige Rechtsstreitigkeiten über den Ausschlussgrund verhindern wollten.[503] Der Großteil der Literatur lehnt in Übereinstimmung mit der Rechtsprechung ein Grunderfordernis bei „Silent"-Klauseln ebenfalls ab.[504] Die Duty of Good Faith beinhalte gerade keine Pflicht zum grundabhängigen Ausschluss.[505] Das gegenseitige Vertrauen und die reibungslose Kooperation stünden im Mittelpunkt des Erfolgs der Partnership und ein Ausschluss ohne Grund ermögliche einen „clean break" ohne langgezogene Rechtsstreitigkeiten im Fall des Zerwürfnisses der Gesellschafter.[506] Die Entscheidung der übrigen Gesellschafter, nicht mehr mit dem „problematischen" Gesellschafter zusammenarbeiten zu wollen, sei selbst adäquater Grund, sich von dem betroffenen Gesellschafter zu trennen.[507] Die Vertragsfreiheit verlange, dass die Gesellschafter selbst und nicht ein außenstehendes Gericht die Grenzen ihrer Beziehung bestimmen sollten.[508] Der zukünftige Partner habe es selbst in der Hand, keinen Vertrag mit einer für ihn nachteiligen Ausschlussklausel zu schließen.[509] Dem Schutz der vertrauensvollen Zusammenarbeit der Gesellschafter müsse Vorrang vor dem Schutz des Auszuschließenden eingeräumt werden.[510] Auch ohne ein durch die Duty of Good

---

500 *Gelder Medical Group v. Webber*, 363 N.E.2d 573, 576 (1977).

501 *Holman v. Coie*, 522 P.2d 515, 519 f. (Wash. Ct. App. 1974).

502 *Holman v. Coie*, 522 P.2d 515, 519 f. (Wash. Ct. App. 1974); *Gelder Medical Group v. Webber*, 363 N.E.2d 573, 577 (1977).

503 *Gelder Medical Group v. Webber*, 363 N.E.2d 573, 577 (1977).

504 U.a. *Dalley*, 21 Cardozo L. Rev. 181, 285 (1999–2000); *Hynes*, 19 Fla. St. U. L. Rev. 727, 752 (1991–1992); *Kleinberger*, Agency, Partnerships, and LLCs, S. 408; *Ribstein,* 55 Bus. Law. 2000, 845, 852.

505 *Dalley*, 21 Cardozo L. Rev. 181, 185 (1999–2000).

506 *Dalley*, 21 Cardozo L. Rev. 181, 186 (1999–2000); *Kleinberger*, Agency, Partnerships, and LLCs, S. 408.

507 *Kleinberger*, Agency, Partnerships, and LLCs, S. 408.

508 *Hynes*, 19 Fla. St. U. L. Rev. 727, 752 (1991–1992); *Ribstein, 55* Bus. Law. 2000, 845, 852.

509 *Grenardo*, 34 Miss. C. L. Rev. 15, 38 (2015).

510 *Grenardo*, 34 Miss. C. L. Rev. 15, 39 ff. (2015).

Faith diktiertes Grunderfordernis gebe es genügend Anreize für Partnerschaften von unrechtmäßigen Ausschlüssen abzusehen. Denn fehlerhafte Ausschlüsse wirkten sich negativ auf das Image der Gesellschaft aus und machten es schwerer, neue Gesellschafter für das Unternehmen zu gewinnen.[511] Ein ungeschriebenes Begründungerfordernis sei deshalb nicht erforderlich.[512]

(c) Zwischenergebnis

Eine Hinauskündigung im Sinne eines grundlosen Ausschlusses ist nach herrschender Meinung in den USA nicht nur bei einem ausdrücklichen gesellschaftsvertraglichen Verzicht auf das Grunderfordernis zulässig, sondern auch wenn die Ausschlussklausel keine Regelung hinsichtlich des Ausschlussgrundes trifft. Die hinauskündigenden Gesellschafter handeln bei einem Ausschluss ohne Grund regelmäßig in gutem Glauben. Der Schutz des ausscheidenden Gesellschafters tritt hinter dem Streben nach einer effektiven Trennungsmöglichkeit zur Förderung des Gesellschaftserfolges zurück.

cc) Keine weitergehenden Einschränkungen

Abgesehen vom Verbot des Predatory Purpose hat die Rechtsprechung die Duty of Good Faith bisher nur in einem weiteren Fall herangezogen, um eine Ausschlussentscheidung als rechtsmissbräuchlich zu qualifizieren: In *Winston & Strawn v. Nosal* wurde entschieden, dass die Grenze zur Unrechtmäßigkeit überschritten ist, wenn der Gesellschafter ausgeschlossen wird, weil er gesellschaftsvertraglich zugestandene Rechte ausgeübt hat.[513] Danach kann ein Ausschluss z.B. unrechtmäßig sein, wenn der Gesellschafter nur ausgeschlossen wird, weil er Informationsansprüche geltend macht, die ihm laut Gesellschaftsvertrag zustehen.[514]

In der Literatur wird z.T. vorgeschlagen, über das Verbot des Predatory Purpose und der Einzelfallentscheidung in *Winston & Strawn v. Nosal* hinausgehend weitere Fallgruppen zu entwickeln, bei denen eine Ausschlussentscheidung als Bad Faith zu qualifizieren ist. Die Einschränkung der Good Faith-Überprüfung auf die finanziellen Aspekte der Partnerschaft wird insgesamt als zu restriktiv empfunden.[515] Als Methoden zur Ermittlung von Bad Faith werden u.a. die sog. „Cost-of-Contracting Analysis“[516] oder die Anwendung des sog. „Collective

---

511 *Ribstein*, 55 Bus. Law. 845, 850 ff. (2000).
512 *Ribstein*, 55 Bus. Law. 845, 850 ff. (2000).
513 *Winston & Strawn v. Nosal*, 664 N.E.2d 239, 244 f. (Ill. App. Ct. 1996).
514 *Winston & Strawn v. Nosal*, 664 N.E.2d 239, 246 (Ill. App. Ct. 1996).
515 *Schwartz*, 9 Chap. L. Rev. 1, 11 (2005).
516 *Dalley*, 21 Cardozo L. Rev. 181, 198 ff. (1999–2000); *Richmond*, 57 Clev. St. L. Rev. 93, 123 ff. (2009); *Schwartz*, 9 Chap. L. Rev. 1, 16 ff. (2005); siehe dazu auch S. 209 ff.

Purpose Test"[517] vorgeschlagen. In der Rechtsprechung haben diese erweiternden Ansätze bisher jedoch keinen Anklang gefunden.

c) Zwischenergebnis

Die herrschende Meinung in Rechtsprechung und Literatur schreibt der Duty of Good Faith nur eine sehr beschränkte Rolle bei der Eingrenzung des Ausschlussrechts zu. Ein grundloser Ausschluss ist bei entsprechender Regelung im Gesellschaftsvertrag unproblematisch möglich. Das Grundprinzip, dass sich jeder Gesellschafter frei aussuchen können muss, wer seine Mitgesellschafter sind, genießt Vorrang. Auch wenn die vereinbarte Ausschlussklausel nicht ausdrücklich einen Ausschluss „without cause" vorsieht, handeln die Gesellschafter dennoch in der Regel im guten Glauben, wenn sie den unerwünschten Gesellschafter ohne Grund ausschließen. Nach überwiegender Ansicht erfordert es die Duty of Good Faith nicht, ein ungeschriebenes Grunderfordernis in solche „Silent"-Klauseln hineinzulesen. Für alle Ausschlüsse gilt als unterste Schutzgrenze das Verbot des Predatory Purpose. Danach handeln die Gesellschafter in Bad Faith, wenn sie Mitgesellschafter allein aus finanziellem Eigennutz ausschließen. Abgesehen davon können die Gesellschafter einen unliebsamen Gesellschafter jedoch aus so gut wie jedem Anlass aus der Partnership ausschließen.[518] Das US-amerikanische Verständnis der Schranke der Duty of Good Faith lässt sich – wenn auch stark vereinfacht – auf die Regel *„do not steal money from your partners when you throw them out"*[519] reduzieren.

2. *Ethical Rules (Whistleblowers)*

Es wird im US-amerikanischen Schrifttum diskutiert, ob das Recht zum Ausschluss eines Gesellschafters durch Gründe der öffentlichen Ordnung (Public Policy) bzw. sog. Ethical Rules einzuschränken ist. Insbesondere bei Rechtsanwaltskanzleien ist umstritten, ob ein Gesellschafter, der in Einklang mit den anwaltlichen Berufspflichten[520] auf den Verstoß gegen ethische Pflichten durch einen anderen Gesellschafter hinweist, ausgeschlossen werden kann.[521] Bisher

517 *Vestal*, 55 Wash. & Lee L. Rev. 1083, 1127 ff. (1998); siehe dazu auch S. 207 f.

518 *ABA: The Committee on Professional Responsibility*, 55 Rec. Ass'n B. City N.Y. 61, 65 (2000).

519 *Vestal*, 55 Wash. & Lee L. Rev. 1083, 1116 (1998).

520 Siehe für einen Überblick über die anwaltlichen Berufspflichten *Richmond*, 96 Ky. L. J. 231, 236 ff. (2007–2008).

521 Siehe dazu *Ribstein*, 55 Bus. Law. 845, 877 f. (2000).

stehen nur Whistleblower, die Angestellte sind, unter Schutz vor Sanktionen im Zusammenhang mit der Meldung unethischen Verhaltens.[522] Zwar wurde in *Winston & Strawn v. Nosal*[523] beim Ausschluss eines Gesellschafters, der versuchte das Fehlverhalten eines Mitgesellschafters aufzudecken, ausnahmsweise entschieden, dass es sich um einen Ausschluss in Bad Faith handelte. Dieser Schutz knüpfte jedoch nicht an die Eigenschaft als Whistleblower an, sondern, wie oben erwähnt, an die unrechtmäßige Beschneidung der Informationsrechte des Gesellschafters. Der Texas Supreme Court lehnte in *Bohatch v. Butler & Binion* explizit ab, aus der öffentlichen Ordnung den zwingenden Grundsatz abzuleiten, dass Whistleblower stets Gesellschafter bleiben müssten.[524] Es sei keine Ausnahme von der Regel zu machen, dass die Gesellschafter einen anderen Gesellschafter ausschließen dürfen, um das gute Arbeitsverhältnis untereinander zu erhalten, unabhängig davon, ob sich die Anschuldigungen später als richtig oder falsch herausstellen.[525] Schließlich sei das interpersonelle Vertrauen das wichtigste Gut in einer Partnership. Sofern dieses Vertrauen durch (falsche) Anschuldigungen verletzt werde, sei der Ausschluss nötig, um die reibungslose Zusammenarbeit in der Gesellschaft zu gewährleisten.[526] Damit wurde in *Bohatch v. Butler & Binion* betont, dass das Interesse der Partnerschaft an einem intakten Vertrauensverhältnis zwischen den Gesellschaftern das öffentliche Interesse an der Abschreckung der Nichtbefolgung der Rules of Professional Conduct überwiegt. Eine Übertragung des Schutzes von Arbeitnehmer-Whistleblowern auf Gesellschafter-Whistleblower wurde entschieden abgelehnt.[527] Davon abweichende Literaturmeinungen haben sich bislang nicht durchsetzen können.[528]

---

522 Siehe für einen Überblick *Buck*, 38 U. Tol. L. Rev. 711, 720 ff. (2006–2007).

523 664 N.E.2d 239, 246 (Ill. App. Ct. 1996).

524 977 S.W.2d 543, 546 (Tex. 1998); keine "*Duty to Remain Partners*" vgl. *Welder v. Green*, 985 S.W.2d 170, 175 (Tex. App. - Corpus Christi 1998).

525 *Bohatch v. Butler & Binion*, 977 S.W.2d 543, 545 ff. (Tex. 1998).

526 *Bohatch v. Butler & Binion*, 977 S.W.2d 543, 546 f. (Tex. 1998); zustimmend auch *Bainbridge*, Agency, Partnerships & LLCs, S. 144; *Buck*, 38 U. Tol. L. Rev. 711, 725 ff. (2006–2007).

527 Zustimmend *Grenardo*, 34 Miss. C. L. Rev. 15, 27 ff. (2015); *Ribstein*, 55 Bus. Law. 845, 878 (2000).

528 *Fischer*, 87 Marq. L. Rev. 1005, 1022 f. (2003–2004); *Kirkpatrick*, 83 Minn. L. Rev. 1767, 1798 f. (1998–1999); *Richmond*, 96 Ky. L. J. 231, 256 ff. (2007–2008); *Richmond*, 57 Clev. St. L. Rev. 93, 121 f. (2009); *Schwartz*, 9 Chap. L. Rev. 1, 15 f. (2005).

3. *Employment Discrimination Laws*

Auch die Employment Discrimination Laws werden als mögliche Schranke des Ausschlussrechtes erwogen. Die Employment Discrimination Laws beinhalten, dass die Diskriminierung eines Arbeitnehmers wegen seiner Rasse, Hautfarbe, Religion, Herkunft oder seines Geschlechts[529] ebenso wie die Kündigung eines Arbeitnehmers auf Grund seines Alters[530] verboten ist. Nach der lange Zeit vorherrschenden „Per se-Rule" wurden Gesellschafter von der Rechtsprechung grundsätzlich nicht als Arbeitnehmer, sondern als Arbeitgeber angesehen.[531] Sie fielen daher „per se" nicht in den Schutzbereich der Employment Discrimination Laws.[532] Die Abgrenzung von Gesellschaftern und Arbeitnehmern hat sich in den letzten Jahren jedoch durch die vielfältigen organisatorischen und strukturellen Veränderungen der Partnership erschwert.[533] Die verschiedenen Gesellschaften haben sich zunehmend vom traditionellen Partnership-Modell entfernt. Bei weitem nicht mehr jeder Gesellschafter besitzt einen signifikanten Anteil an der Gesellschaft, nimmt an den Entscheidungsprozessen teil oder hat genügend Einflussmöglichkeit, um diskriminierende Handlungen gegen ihn zu unterbinden.[534] Je größer die Partnership und je geringer der Einfluss des einzelnen Gesellschafters, desto eher ähnelt die Situation einem Arbeitsverhältnis. Aus diesem Grund tendiert die Rechtsprechung namentlich seit *Clackamas Gastroenterology Associates v. Wells* zunehmend dazu, nicht mehr starr an der Per se-Rule festzuhalten, sondern eine Gesamtschau verschiedener Umstände – insbesondere Beteiligungsverhältnisse, Vergütungsart und Management-Kontrolle – vorzunehmen (sog. Common Law Agency Test[535] oder Economic Reality Test[536]). In der Regel bleibt es dabei, dass Gesellschafter nicht arbeitnehmerähnlich sind

529 Title VII, Civil Rights Act of 1964 (42 U.S.C. §§ 2000e-2 (a) (1994)).

530 Age Discrimination in Employment Act (29 U.S.C. § 623 (a) (1)).

531 *Bannister*, 53 U. Kan. L. Rev. 257, 270 (2004–2005).

532 *Hishon v. King & Spalding*, 467 U.S. 69, 79 (1984); *Burke v. Friedman*, 556 F.2d 867, 869 (7th Cir. 1977); zustimmend auch *Ribstein*, 55 Bus. Law. 845, 879 (2000).

533 *Johnson*, 101 Mich. L. Rev. 1067, 1073 (2002–2003); *Richmond*, 43 Tex. Tech L. Rev. 471, 505 (2010–2011).

534 Vgl. weiter *Johnson*, 101 Mich. L. Rev. 1067, 1074 ff. (2002–2003).

535 *Corwin/Ciampi*, Law Firm Partnership Agreements, § 6.03 6–23 ff.; so z.B. in *Clackamas Gastroenterology Associates v. Wells*, 538 U.S. 440, 448 f. (2003), worin ausdrücklich auf die 6-Faktoren-Richtlinie der Equal Employment Opportunity Commission (EEOC) verwiesen wurde, um anhand der Machtposition des Gesellschafters in der Partnership eine Abgrenzungsregel zu finden (Common Law Agency Test).

536 *Nationwide Mutual Insurance Co. v. Darden*, 503 U.S. 318, 823 f. (1992); *Simpson v. Ernst & Young*, 100 F.3d 436, 444 (6th Cir. 1996).

und keinen Schutz durch die Employment Discrimination Laws genießen. Nur in Ausnahmefällen muss sich das Ausschlussrecht an den Vorgaben der Employment Discrimination Laws messen lassen.

Gerade für große US-amerikanische Kanzleien mit vielen Partnern birgt jedoch schon die potentielle Einordnung von Partnern als Arbeitnehmer ernstzunehmende Haftungsrisiken.[537] Insbesondere feste Altersgrenzen für Partner großer Kanzleien stehen zunehmend als diskriminierend in der Kritik.[538] In den Jahren 2007 und 2010 sahen sich beispielsweise die Sozietäten Sidley Austin LLP und Kelley Drye and Warren LLP Klagen der Equal Employment Opportunity Commission gegen ihre Altersgrenzen ausgesetzt.[539] Beide Rechtsstreitigkeiten wurden im Rahmen von Vergleichen außergerichtlich durch Abfindungszahlungen beigelegt. Zur Risikovermeidung wird größeren Sozietäten vermehrt empfohlen, Nutzen und Risiko von starren Altersgrenzen zu überprüfen und gegeneinander abzuwägen. Neben der generellen Abschaffung werden Maßnahmen empfohlen, die den einzelnen Partnern ausreichende Einflussmöglichkeiten geben, um ihre Qualifizierung als arbeitnehmerähnlich zu verhindern.[540]

Im Normalfall des arbeitgeberähnlichen Partners müssen sich Ausschlussklauseln weiterhin nicht an den Employment Discrimination Laws messen lassen. Die dahinterstehenden Wertungen können lediglich in die Prüfung eines Verstoßes gegen die Treuepflichten einbezogen werden.[541] Dann etwa, wenn ein Partner vor Erreichung der gesellschaftsvertraglich vereinbarten Altersgrenze nur wegen seines Alters ausgeschlossen werden soll und dadurch gegen das vertragliche Regelungssystem selbst verstoßen wird.

4. *Zusammenfassung*

Die Gesellschafter können das gesellschaftsvertragliche Ausschlussrecht praktisch frei gestalten. Die Rechtsprechung greift nur in Ausnahmefällen regelnd ein. Auch die Vereinbarung eines Hinauskündigungsrechts ist zulässig. Nach US-amerikanischem Verständnis ist es legitim, einen unliebsamen Mitgesellschafter nach freiem Ermessen auszuschließen – sei es aufgrund einer „No

---

537 *Bassen/Frost*, Bloomberg Law Reports, May 2010, 1 ff.; *Richmond*, 43 Tex. Tech L. Rev. 471, 510 ff. (2010–2011).

538 *Bassen/Frost*, Bloomberg Law Reports, May 2010, 1; *Richmond*, 43 Tex. Tech L. Rev. 471, 511 (2010–2011).

539 *Bassen/Frost*, Bloomberg Law Reports, May 2010, 1.

540 *Bassen/Frost*, Bloomberg Law Reports, May 2010, 1, 4; *Richmond*, 43 Tex. Tech L. Rev. 471, 512 f. (2010–2011).

541 *Stein/Billok*, 35 Litigation 33, 36 (2008).

Cause“ oder „Silent Cause“-Klausel. Die im Rahmen des Gesellschaftsverhältnisses zu beachtende Duty of Good Faith ist erst verletzt, wenn die Gesellschafter den Ausschluss aus unrechtmäßigem finanziellen Eigennutz betreiben oder zum Zweck, den betroffenen Gesellschafter von der Ausübung seiner Rechte abzuhalten. In Ausnahmefällen können zudem die Employment Discrimination Laws zur Beschränkung des Ausschlussrechts herangezogen werden. Im Übrigen sieht die Rechtsprechung davon ab, den Ausschlussberechtigten weitergehende Grenzen zu setzen. Die Gestaltungsfreiheit der Gesellschafter genießt Vorrang.

IV. Verfahrensregeln

Im US-amerikanischen Recht gibt es nach herrschender Meinung in Bezug auf den Gesellschafterausschluss weder einen Common-Law noch einen gesetzlichen Anspruch auf ein bestimmtes Verfahren – bestimmte Verfahrensregeln sind vielmehr „*a matter of grace, not of right*“[542].[543]

1. Keine ungeschriebenen Verfahrensregeln

Die Rechtsprechung geht davon aus, dass der ausdrückliche Inhalt des Gesellschaftsvertrages maßgeblich ist.[544] Die Annahme einer ungeschriebenen Vereinbarung, den Ausschluss von der vorherigen Einhaltung eines bestimmten Verfahrens abhängig zu machen, wird abgelehnt.[545] Ansonsten maße es sich das Gericht an, den Gesellschaftsvertrag in unzulässiger Weise umzuschreiben.[546] Sofern der Gesellschaftsvertrag keine speziellen Verfahrensrechte vorsieht, darf diese Entscheidung der Gesellschafter nicht durch die Entwicklung eines ungeschriebenen Verfahrensrechts umgangen werden. In *Holman v. Coie* wurde auch der klägerische Vorstoß abgelehnt, aus der Duty of Good Faith eine Pflicht zur Implementierung bestimmter Verfahrensregeln herzuleiten.[547] Die Gerichte müssten akzeptieren, dass sich die Parteien für die sog. „Guillotine Approach“ entscheiden, d.h. einen schnellen Ausschluss ohne besonderes Verfahren und

---

542 Übersetzung: „Ein Sache der Gnade, nicht des Rechts“, vgl. *Vestal*, 55 Wash. & Lee L. Rev. 1083, 1135 (1998).

543 *Holman v. Coie*, 522 P.2d 515 (Wash. Ct. App. 1974); *Heller v. Pillsbury Madison & Sutro*, 50 Cal.App.4th 1367, 1386 (1996); *Lawlis v. Kightlinger & Gray*, 562 N.E.2d 435, 442 (Ind. Ct. App. 1990); *Kleinberger*, Agency, Partnerships, and LLCs, S. 408.

544 *Holman v. Coie*, 522 P.2d 515, 521 f. (Wash. Ct. App. 1974).

545 *Holman v. Coie*, 522 P.2d 515, 521 f. (Wash. Ct. App. 1974).

546 *Holman v. Coie*, 522 P.2d 515, 523 (Wash. Ct. App. 1974).

547 *Holman v. Coie*, 522 P.2d 515, 524 (Wash. Ct. App. 1974).

ohne Grund, für die beste Lösungsmöglichkeit halten.[548] Eine andere Auslegung des Gesellschaftsvertrages laufe der Intention der Gesellschafter zuwider, eine einfache und klare Trennungsmöglichkeit zu schaffen.[549] Es liegt also kein Verstoß gegen die Treuepflichten vor, wenn in Einklang mit dem Gesellschaftsvertrag kein besonderes Verfahren beim Ausschluss eingehalten wird.[550]

2. *Ausdrückliche Vereinbarung von Verfahrensrechten*

Sofern bestimmte Verfahrensregeln im Gesellschaftsvertrag ausdrücklich vereinbart werden (z.B. ein Einstimmigkeitserfordernis), müssen diese entsprechend der Entscheidung *Ehrlich v. Howe* strikt eingehalten werden.[551] Bei einer Nichtbeachtung der vereinbarten Verfahrensregeln wird der Gesellschaftsvertrag verletzt und es liegt ein Verstoß gegen die Treuepflichten durch die übrigen Gesellschafter vor.[552] Die bloße Einhaltung der ausdrücklich niedergelegten Verfahrensregeln allein befreit die Gesellschafter nicht von der Pflicht, den Ausschluss ebenfalls in materiell-rechtlicher Hinsicht im guten Glauben durchzuführen.[553]

3. *Zusammenfassung*

Das Ausschlussverfahren muss nur die Voraussetzungen erfüllen, die die Gesellschafter selbst in der entsprechenden Ausschlussklausel vereinbart haben. Weder bestehen ungeschriebene Verfahrensregeln noch verpflichtet die Duty of Good Faith dazu, etwaige Ausschlussverfahrensregeln in den Gesellschaftsvertrag hineinzulesen. Die Gesellschafter können nicht nur frei darüber entscheiden, ob sie einen Gesellschafter ausschließen, sondern auch darüber, wie dies geschehen soll.

---

548 *Holman v. Coie*, 522 P.2d 515, 524 (Wash. Ct. App. 1974); zustimmend *Dalley*, 21 Cardozo L. Rev. 181, 187 (1999–2000); *Ribstein*, 55 Bus. Law. 845, 871 (2000).

549 *Holman v. Coie*, 522 P.2d 515, 523 f. (Wash. Ct. App. 1974).

550 Anders *Vestal*, 55 Wash. & Lee L. Rev. 1083, 1136 (1998); *Hillman*, 78 Nw. U. L. Rev. 527, 577 f. (1983–1984).

551 *Ehrlich v. Howe*, 848 F. Supp. 482, 491 (1994).

552 *Ehrlich v. Howe*, 848 F. Supp. 482, 491 f. (1994).

553 *Winston & Strawn v. Nosal*, 664 N.E.2d 239, 246 (Ill. App. Ct. 1996); zusammengefasst bei *Vestal*, 55 Wash. & Lee L. Rev. 1083, 1137 (1998): "*Process is not, in the end, a substitute for substantive good faith and fairness*".

V. Folgen eines unrechtmäßigen Ausschlusses

Der Gesellschafterausschluss ist unrechtmäßig, wenn er entweder ohne vertragliche Grundlage oder im Widerspruch zur Ausschlussklausel und/oder im bösen Glauben erfolgt. Der unrechtmäßige Ausschluss verletzt zugleich den Gesellschaftsvertrag. Welche Konsequenzen dies für die unrechtmäßig Ausschließenden hat, ist abhängig von der Geltung von UPA (1914) oder UPA (1997) zu beurteilen.

1. UPA (1914)

Grundsätzlich sieht § 31 (1) (d) UPA (1914) die Auflösung der Gesellschaft nur im Fall eines Good Faith-Ausschlusses im Einklang mit dem Gesellschaftsvertrag vor. Entgegen vereinzelter Gerichtsentscheidungen[554] stellt der unrechtmäßige Ausschluss also keinen automatisch wirkendenden Grund für die Auflösung der Gesellschaft dar. Der unrechtmäßige Ausschluss ist stattdessen lediglich ein möglicher Anknüpfungspunkt für eine gerichtliche Auflösung (§ 32 (1) (d), (f) UPA (1914)).[555] Diese gerichtliche Auflösung tritt nicht automatisch ein, sondern erfordert die Anrufung des Gerichts durch den betroffenen Gesellschafter.

Sofern der vom unrechtmäßigen Ausschluss betroffene Gesellschafter die gerichtliche Auflösung erfolgreich betreibt, kann er die Auseinandersetzung der Gesellschaft unter Verkauf der Vermögenswerte der Gesellschaft verlangen. Es wird überwiegend angenommen, dass die gerichtliche Auflösung aufgrund Fehlverhaltens der ausschließenden Gesellschafter (in Form des unrechtmäßigen Ausschlusses) die Rechtsfolgen des § 38 (2) UPA (1914) auslöst.[556] Das heißt, dass der Betroffene gem. § 38 (2) UPA (1914) zum einen das Recht hat, Schadensersatz von den unrechtmäßig Ausschließenden zu verlangen und zum anderen nun selbst berechtigt ist, die Geschäfte der Gesellschaft ohne die Mitgesellschafter fortzuführen.

---

554 *Crutcher v. Smith*, 209 B.R. 347, 352 (Bankr. E.D. Pa. 1997); *Fischer v. Brancato*, 937 S.W.2d 379, 383 (Mo. Ct. App. 1996).

555 *Woskob v. Woskob*, 305 F.3d 177, 183 (3d Cir. 2002); *Poeta v. Jaffe*, 2001 WL 1773885, 4 (Pa. Com. Pl. Oct. 2, 2001); *Cadwalader, Wickerham & Taft v. Beasley*, 728 So.2d 253, 257 (Fla.App. 4 Dist. 1998).

556 *Monteleone v. Monteleone*, 497 N.E.2d 1224 f. (Ill. App. Ct. 1986); *Gevurtz*, 40 Mercer L. Rev. 535, 544 f. (1988–1989); *Hillman*, 78 Nw. U. L. Rev. 527, 551, 575 (1983–1984).

2. *UPA (1997)*

Unter Geltung des UPA (1997) führt ein unrechtmäßiger Ausschluss weder zu einem Ausscheiden des betroffenen Gesellschafters nach Sect. 601 (3) UPA (1997), noch ist dieser als automatischer Auflösungsgrund in Sect. 801 UPA (1997) aufgeführt. Allerdings kann auch hier der betroffene Gesellschafter unter Umständen die Auflösung der Gesellschaft durch gerichtliche Feststellung des vertragswidrigen Verhaltens der Mitgesellschafter herbeiführen. Dafür muss es für ihn unmöglich sein, die Gesellschaft mit den anderen Gesellschaftern fortzuführen. Konkret sieht Sect. 801 (5) (ii) UPA (1997) vor, dass das Gericht die Auflösung feststellen kann, wenn "*another partner has engaged in conduct relating to the partnership business which makes it not reasonably practicable to carry on the business in partnership with that partner*". Alternativ besteht die Möglichkeit, dass die unrechtmäßig Handelnden auf Antrag des betroffenen Gesellschafters gem. Sect. 601 (5) UPA (1997) durch Gerichtsbeschluss selbst ausgeschlossen werden. In diesem Fall haften die nun ausgeschlossenen Gesellschafter dem ursprünglich Auszuschließenden gem. Sect. 602 (b) (2) (ii), (c) UPA (1997) auf Schadensersatz.

3. *Punitive Damages*

In besonders schwerwiegenden Fällen hat das Gericht zusätzlich die Möglichkeit, dem betroffenen Gesellschafter einen Anspruch auf Strafschadensersatz (Punitive Damages) zuzusprechen.[557] Dies wird als erforderlich erachtet, um die fehlerhaft handelnden Gesellschafter zu bestrafen und auch andere Gesellschafter in Zukunft von unrechtmäßigen Ausschlüssen abzuhalten.[558]

VI. Zusammenfassung

Das Recht, einen Mitgesellschafter auszuschließen, bedarf in aller Regel einer ausdrücklichen Ermächtigung im Gesellschaftsvertrag. Die Gesellschafter können die Ausschlussklausel praktisch frei gestalten und damit die Voraussetzungen und das Verfahren des Ausschlusses selbst bestimmen. Sie müssen lediglich im guten Glauben handeln. Nach herrschender Meinung heißt das im Wesentlichen, dass sie den Mitgesellschafter weder aus einem Predatory Purpose noch

---

557 *Cadwalader, Wickerham & Taft v. Beasley*, 728 So.2d 253, 258 f. (Fla. App. 4 Dist. 1998); *ABA: The Committee on Professional Responsibility*, 55 Rec. Ass'n B. City N.Y. 61, 70 (2000).

558 *Cadwalader, Wickerham & Taft v. Beasley*, 728 So.2d 253, 258 f. (Fla. App. 4 Dist. 1998); a.A. *Ribstein*, 55 Bus. Law. 845, 862 (2000).

zur rechtswidrigen Beschneidung seiner Gesellschaftsrechte ausschließen dürfen. Darüber hinaus verpflichtet die Duty of Good Faith die Gesellschafter weder dazu den Ausschluss von einem Grund abhängig zu machen noch dem Auszuschließenden besondere Rechte im Rahmen des Ausschlussverfahrens einzuräumen. Ist der Ausschluss ausnahmsweise unrechtmäßig, führt das unter Geltung des UPA (1914) dazu, dass der betroffene Gesellschafter die gerichtliche Auflösung beantragen kann. Er ist berechtigt, die Geschäfte der Gesellschaft ohne die unrechtmäßig Handelnden in einer neuen Gesellschaft weiterzuführen. Unter UPA (1997) kann der vom Ausschluss Betroffene das Gericht unter bestimmten Voraussetzungen ersuchen, die Gesellschaft aufzulösen oder die unrechtmäßig Handelnden ihrerseits aus der Gesellschaft auszuschließen. Im Fall von besonders schwerwiegenden Verstößen können die unrechtmäßig handelnden Gesellschafter neben sonstigen Schadensersatzpflichten wegen Verletzung des Gesellschaftsvertrages zur Zahlung von Punitive Damages verurteilt werden.

C. Rechtsfolgen des Ausscheidens

Die Folgen des Ausscheidens eines Gesellschafters nach erfolgreichem Austritt oder Ausschluss hängen davon ab, ob der UPA (1914) oder der UPA (1997) das vorherrschende Regelwerk ist und ob die Gesellschaft aufzulösen ist oder ohne den Gesellschafter weitergeführt werden kann.

I. UPA (1914)

Unter UPA (1914) wird die Partnership bei Ausscheiden des Gesellschafters zwangsläufig aufgelöst. Es schließt sich grundsätzlich eine Phase der Auseinandersetzung und Beendigung an. Sofern der Grund der Auflösung nicht in einer Verletzung des Gesellschaftsvertrages liegt, hat kein Gesellschafter einen Anspruch auf Ersatz eines aus der Auflösung der Gesellschaft resultierenden Verlusts gegen einen Mitgesellschafter.[559] Stattdessen steht den Gesellschaftern ein Anspruch auf Verrechnung des Gesellschaftsvermögens mit den Verbindlichkeiten der Gesellschaft und der anschließenden Auszahlung des verbleibenden Anteils zu, § 38 (1) UPA (1914). Stellt die Auflösung einen Verstoß gegen den Gesellschaftsvertrag dar, macht sich der unrechtmäßig handelnde Gesellschafter schadensersatzpflichtig. Die verbleibenden Gesellschafter haben zudem die Wahl, ob sie das Business der Partnership unter Abfindung des

559 *Conviser*, Partnership, S. 186.

Gesellschafters fortführen oder die Gesellschaft endgültig auflösen und liquidieren, § 38 (2) UPA (1914).

Im Allgemeinen beendet die Auflösung die Befugnis der Gesellschafter als Vertreter der Partnership oder der Mitgesellschafter aufzutreten, sofern nicht zum Zwecke der Auseinandersetzung (Winding-Up) gehandelt wird, § 33 UPA (1914). § 37 UPA (1914) legt fest, dass nur die Gesellschafter am Auseinandersetzungsprozess teilnehmen können, die weder eine unrechtmäßige Auslösung verursacht haben noch insolvent sind, sofern nicht etwas anderes vereinbart wurde.[560] Die Handlungsbefugnis im Zuge der Auseinandersetzung der Gesellschaft umfasst in der Regel nur Maßnahmen, die der Beendigung und nicht der Fortführung der Geschäfte dienen.[561] Der Verlust der Vertretungsbefugnis tritt mit Kenntniserlangung des Gesellschafters von der Auflösung ein.[562] Der Rechtsschein der Vertretungsbefugnis für die Partnership kann gegenüber Dritten nur durch entsprechende Benachrichtigung beendet werden.[563] Die gemeinsame Gesellschafterhaftung bleibt solange bestehen, bis die Schulden der Partnership getilgt sind.[564]

II. UPA (1997)

Unter Geltung des UPA (1997) ist weiter danach zu differenzieren, ob das Konzept der Auflösung (Dissolution) oder des Ausscheidens (Dissociation) Anwendung findet.

1. Dissolution

Ebenso wie unter UPA (1914) schließt sich an die Auflösung eine Phase der Auseinandersetzung und Liquidation an, Sect. 802 (a) UPA (1997).[565] Gem. Sect. 804 UPA (1997) wird die Partnerschaft durch Maßnahmen eines jeden Gesellschafters verpflichtet, die für die Auseinandersetzung der Gesellschaft angemessen sind oder sich im Rahmen der für unwissende Dritte anzunehmenden Befugnis des Gesellschafters halten. Sofern gem. Sect. 805 (a) UPA (1997) ein Statement of Dissolution bei der zuständigen Stelle (gem. Sect. 105 (a) UPA (1997) am Sitz des

---

560 Zur Auseinandersetzung siehe *Callison/Sullivan*, Partnership Law, § 16:17 – 16:21.

561 *Callison/Sullivan*, Partnership Law, § 16:20; *Conviser*, Partnership, S. 190.

562 *Conviser*, Partnership, S. 188.

563 *Callison/Sullivan*, Partnership Law, § 16:33; *Conviser*, Partnership, S. 188 f.

564 *Faricy v. J. S. Brown Mercantile Co.*, 288 P. 639 (Colo. 1930).

565 Mehr zur Auseinandersetzung unter *Hurt/Smith*, in: Bromberg/Ribstein/Hurt/Smith, Bromberg and Ribstein on Partnership, § 7.08.

Secretary of State) eingereicht wird, werden Dritte nach 90 Tagen so behandelt, als hätten sie Kenntnis von der Auflösung erlangt.

2. *Dissociation*[566]

Bei der Dissociation sind die übrigen Gesellschafter verpflichtet, dem Ausscheidenden als Gegenwert zum Fortführungsrecht seinen Gesellschaftsanteil abzukaufen, d.h. ihn abzufinden. Der ausscheidende Gesellschafter bleibt für Verbindlichkeiten der Gesellschaft, die vor der Dissociation entstanden sind, haftbar, Sect. 703 (a) UPA (1997). Der Gesellschafter unterliegt noch zwei Jahre nach seinem Ausscheiden der Haftung für Gesellschaftsverbindlichkeiten, sofern der Geschäftspartner annehmen durfte, dass der Ausgeschiedene immer noch Gesellschafter der Partnership ist. Um die Haftung nach der Dissociation zu beschränken, eröffnet Sect. 704 UPA (1997) für den Ausscheidenden oder die Partnerschaft die Möglichkeit, durch die Einreichung eines Statements of Dissociation beim Secretary of State zu erreichen, dass Dritte 90 Tage nach Einreichung so behandelt werden, als hätten sie Kenntnis von der Dissociation gehabt.

III. *Möglichkeit der Beschränkung des Abfindungsanspruchs des Ausscheidenden*

Nach US-amerikanischem Recht ist die Verpflichtung zur Zahlung einer Abfindung selbst nicht abdingbar. Es ist jedoch gesetzlich nicht vorgegeben, wie die Höhe der Abfindung zu berechnen ist. In § 38 (1) UPA (1914) findet sich nur, dass die Partnership verpflichtet ist, dem rechtmäßig Ausscheidenden den „net amount due“, d.h. den fälligen Betrag nach Ausgleich der Gesellschaftsschulden, zu zahlen, welcher sich nach der Liquidation der Vermögenswerte der Gesellschaft ergibt. Dieser Betrag kann im Vorhinein gesellschaftsvertraglich vereinbart werden und muss nicht dem tatsächlichen Anteilswert des Ausscheidenden entsprechen.[567] Wenn die Partnership nicht liquidiert, sondern das Geschäft durch die übrigen Gesellschafter weitergeführt wird, sieht § 42 UPA (1914) vor, dass der Ausscheidende den vollen Wert seines Anteils (unter Einschluss des eventuellen Good Wills) erhält. Unter UPA (1997) gilt, dass der Gesellschaftsanteil des Ausscheidenden gem. der Sect. 701 von der Gesellschaft oder den übrigen Gesellschaftern abzukaufen ist. Der Betrag richtet sich – abhängig davon welcher Betrag zum Zeitpunkt der Dissociation höher ist – entweder nach dem

---

566 Für weitere Informationen siehe *Callison/Sullivan*, Partnership Law, § 16:47 – 16:51; *Conviser*, Partnership, S. 177 ff.

567 *Callison/Sullivan*, Partnership Law, § 16:27.

Zerschlagungs- oder Fortführungswert der Gesellschaft, Sect. 701 (a), (b) UPA (1997). Diese Abfindungsregeln sind keine zwingenden Regeln im Sinne des Sect. 103 UPA (1997), sodass eine Modifizierung der Abfindungsberechnung in den Grenzen der Duty of Good Faith möglich ist.[568]

Folglich kann der Anspruch des Ausgeschlossenen sowohl unter UPA (1914) als auch unter UPA (1997) durch gesellschaftsvertragliche Vereinbarung eingeschränkt (jedoch nicht ausgeschlossen) werden.[569] Die Gestaltungsfreiheit wird durch die Duty of Good Faith begrenzt. Ab wann eine Abfindungsbeschränkung die Grenze zum Bad Faith überschreitet, ist nicht klar bestimmt.[570] In der Rechtsprechung finden sich nur vereinzelt Urteile, die als Orientierung dienen könnten. In *Jones v. Chester* hat das Gericht eine pauschalierte Schadensersatzklausel, die die zu zahlende Abfindung wesentlich reduzierte, im Zusammenhang mit einem Gesellschafterausschluss als sittenwidrig eingeordnet und ihre Anwendung als übermäßige Bestrafung des Ausgeschlossenen abgelehnt.[571] Der Gesellschafter muss dem Grunde nach für den Verlust seiner Gesellschafterstellung entschädigt werden. Die genaue Berechnungsart bleibt – bei entsprechender Regelung im Gesellschaftsvertrag – jedoch den Gesellschaftern überlassen.[572]

D. Zusammenfassung

Ein Gesellschafter kann durch selbsterklärten Austritt oder fremdbestimmten Ausschluss aus der Gesellschaft ausscheiden. Während unter Geltung des UPA (1914) nur eine Fortsetzung der Geschäfte der aufzulösenden Gesellschaft möglich ist, kennt der UPA (1997) das Prinzip des Ausscheidens gegen Abfindung ohne Auflösung. Das Recht jederzeit aus der Gesellschaft auszutreten bzw. unter Geltung des UPA (1914) die Gesellschaft aufzulösen, ist unabdingbar. Bei der Gestaltung des Ausschlussrechts kommt den Gesellschaftern ein großer Gestaltungsspielraum zu. Die Voraussetzungen und Verfahrensregeln richten sich fast ausschließlich danach, was die Gesellschafter selbst in der Ausschlussklausel festlegen. Bei entsprechender Vereinbarung ist auch ein Ausschluss ohne Grund unproblematisch möglich. Der Ausschluss ist lediglich unrechtmäßig, wenn die Gesellschafter nicht im guten Glauben handeln (praktisch einziger Anwendungsfall: Verbot des Predatory Purpose) oder gegen die

568 *Callison/Sullivan*, Partnership Law, § 16:48.
569 *Ribstein*, 55 Bus. Law. 845, 871 (2000).
570 Vgl. auch *Hillman*, 78 Nw. U. L. Rev. 527, 578 ff. (1983–1984).
571 *Jones v. Chester*, 363 S.W. 2d 150 (Tex. Civ. App. 1962).
572 *Callison/Sullivan*, Partnership Law, § 16:48.

Vorgaben der Ausschlussklausel verstoßen. Der unrechtmäßige Ausschluss führt neben Schadensersatzpflichten zur Möglichkeit der gerichtlichen Auflösung der Gesellschaft bzw. unter UPA (1997) zum gerichtlich bestimmten Ausschluss der unrechtmäßig handelnden Gesellschafter selbst. Sofern ein Gesellschafter aus der Gesellschaft ausscheidet, löst sich unter UPA (1914) die Gesellschaft auf. Unter UPA (1997) führt das Gesellschafterausscheiden nur unter Umständen zur Auflösung. Sofern die übrigen Gesellschafter die Gesellschaft selbst (unter Geltung des UPA (1997)) oder die Geschäfte der Gesellschaft (unter Geltung des UPA (1914)) fortführen, ist der ausscheidende Gesellschafter abzufinden. Die gesetzlichen Regeln zur Abfindungsberechnung sind überwiegend dispositiv.

§ 4 Ergebnis

Die Vertragsfreiheit ist Leitbild des US-amerikanischen Rechts. Dies gilt auch im Rahmen des Gesellschaftsverhältnisses. Wollen sich Gesellschafter voneinander trennen, lässt ihnen Gesetz und Rechtsprechung weitgehend freie Hand. Die für die General Partnership entwickelten Uniform Partnership Acts von 1914 und 1997 kennen keine Pflicht der Gesellschafter, gemeinsam in der Gesellschaft zu verbleiben. Jeder Gesellschafter ist frei darin, sich seine Mitgesellschafter auszusuchen. So kann er nicht nur jederzeit aus der Gesellschaft austreten bzw. die Gesellschaft auflösen, sondern auch mit seinen Mitgesellschaftern umfangreiche Ausschlussrechte vereinbaren. Sofern gesellschaftsvertraglich nicht festgelegt wird, dass ein Ausschluss nur aus bestimmten Gründen erfolgen kann, besteht die Möglichkeit, einen Mitgesellschafter gänzlich grundlos auszuschließen. Die herrschende Meinung in Rechtsprechung und Literatur hält dabei weder den Wunsch der Gesellschafter nach einer möglichst schnellen und unproblematischen Trennung für verwerflich noch den auszuschließenden Gesellschafter für besonders schutzbedürftig. Stattdessen wird das gesellschaftsvertraglich vereinbarte Hinauskündigungsrecht vollumfänglich anerkannt. Der Ausschluss ist lediglich dann unrechtmäßig, wenn er entweder gegen die von den Gesellschaftern selbst auferlegten Vorgaben verstößt oder ausnahmsweise zu einem Predatory Purpose missbraucht wird. Die herrschende Meinung lehnt es darüber hinaus ab, weitere Pflichten aus der Duty of Good Faith abzuleiten. Ist ein Ausschluss ausnahmsweise unrechtmäßig, führt dies neben Schadensersatzpflichten zur Möglichkeit der gerichtlichen Auflösung der Gesellschaft bzw. zum gerichtlich bestimmten Ausschluss der unrechtmäßig handelnden Gesellschafter selbst. Führen die übrigen Gesellschafter die Gesellschaft selbst oder zumindest das Geschäft nach dem Ausscheiden eines Gesellschafters weiter, ist der ausscheidende Gesellschafter abzufinden. Die Gesellschafter können von einem Großteil der gesetzlichen Regeln zur Abfindungsberechnung gesellschaftsvertraglich abweichen. Das US-amerikanische Rechtsystem gewährt den Gesellschaftern im Ergebnis die Freiheit, gesellschaftsinterne Konflikte weitgehend autonom zu lösen.

Vierter Teil: Neuer Lösungsvorschlag

Die vorausgegangene Darstellung des Ausscheidens von Personengesellschaftern in Deutschland und den USA dient nun als Fundament für die Entwicklung eines verbesserten und dogmatisch stimmigen Vorschlags zur Lösung von Gesellschafterkonflikten. Ausgangspunkt ist die restriktive Haltung der deutschen Rechtsprechung. Unter besonderer Berücksichtigung der herrschenden Meinung in der US-amerikanischen Rechtsprechung und Literatur wird untersucht, ob die strikte Inhaltskontrolle von Hinauskündigungsklauseln tatsächlich unerlässlich für den Schutz des einzelnen Gesellschafters ist. Der neue Lösungsansatz soll den Gesellschafter vor willkürlichen Maßnahmen seiner Mitgesellschafter schützen, ohne die Vertragsfreiheit übermäßig zu beschneiden. Der zentrale Prüfungspunkt wird dabei die Abdingbarkeit des Ausschlussgrundes als „Kardinalfrage nach den Grenzen gesellschaftsrechtlicher Privatautonomie"[573] sein.

In einem ersten Schritt werden das Konzept der Gestaltungsfreiheit in der Gesellschaft und die Schranken der Vertragsfreiheit vorgestellt. Die Reichweite der Privatautonomie als Grundfrage des Gesellschaftsrechts und des gesamten Zivilrechts[574] wird zielgerichtet mit Blick auf die hier besonders interessierende Kontrolle der Ausschlussklauseln thematisiert. An die nachfolgende Erläuterung der dogmatischen Grundlagen der Inhaltskontrolle schließt sich als zweiter Schritt eine kritische Würdigung des Lösungsweges der Rechtsprechung an. Schließlich wird in einem dritten Schritt für eine Verlagerung von Inhalts- auf Ausübungskontrolle plädiert. Unter Berücksichtigung des Meinungsbildes in den USA wird der Versuch gewagt, neue Kriterien für die Ausübungskontrolle zu entwickeln. Auf diesem Wege soll es gelingen, der Antwort auf die Frage nach den angemessenen Schranken der Vertragsfreiheit als „vielleicht schwierigste Frage des Gesellschaftsrechts"[575] ein Stück näher zu kommen.

---

573 *Behr*, ZGR 1985, 475, 479.
574 *Armbrüster*, ZGR 2014, 333.
575 *Wieland*, Handelsrecht Bd. 1, S. 579.

§ 1 Grenzen der Gestaltungsfreiheit

Das Personengesellschaftsrecht spricht den Gesellschaftern gerade bei der Regelung ihres Innenverhältnisses ein hohes Maß an Privatautonomie zu.[576] Dies entspricht dem praktischen Bedürfnis der Gesellschafter, ihr Binnenrecht möglichst frei zu gestalten.[577] Personengesellschaften können für eine Vielzahl von Gesellschaftszwecken gegründet werden, die individuelle Regelungen erfordern. Oftmals passt das vorgefertigte gesetzliche Regelungskonzept nicht. Indem den Gesellschaftern eine weitgehende Gestaltungsfreiheit zugesprochen wird, können diese eigene, an ihre Interessen angepasste Vorschriften entwickeln und ihrer Gesellschaft eine geeignete Struktur geben.

Das Recht zur privatautonomen Ausgestaltung des Gesellschaftsvertrages wird in Art. 2 Abs. 1 GG[578] bzw. Art. 9 Abs. 1 GG[579] verfassungsrechtlich garantiert. Die Vertragsfreiheit ist Ausübung staatsbürgerlicher Freiheit. Nicht die Gesellschafter müssen sich rechtfertigen, warum und wie sie eine Gesellschaftsangelegenheit regeln. Vielmehr bedürfen die Beschränkungen der Gestaltungsfreiheit durch den Gesetzgeber oder die Gerichte einer gesonderten Rechtsgrundlage.[580] Die weitgehende Gestaltungsfreiheit der Gesellschafter wird seit den 60er und 70er Jahren kritischer gesehen.[581] Nach *Hey* liegt dies vor allem an einem veränderten Verständnis des Freiheitsbegriffs.[582] Ursprünglich verstand die vorherrschende liberale Idee Freiheit negativ als die Abwesenheit von Zwang.[583] Mittlerweile fasst eine verbreitete Ansicht Freiheit als Macht auf, das zu tun, was man möchte.[584] Das Verständnis der Freiheit verbindet sich mit einer Komponente der materiellen Gerechtigkeit im Sinne einer Mindestausstattung mit Gütern, ohne die der Gebrauch der Freiheit nicht möglich wäre. Diese Mindestausstattung, die zur freiheitlichen Betätigung notwendig ist, soll u.a. durch eine Begrenzung der Privatautonomie gewährleistet werden. Denn eine

---

576 *Armbrüster*, ZGR 2014, 333, 345 (m.w.N. zur umfangreichen Literatur zur Gestaltungsfreiheit); *Flume*, BGB AT Bd. 1, S. 189 ff.; *Grunewald*, Gesellschaftsrecht, S. 21; *Schäfer*, 71. DJT 2016, Band I, E44 f.; *Wiedemann*, ZGR 1998 Sonderheft 13, 5, 9.

577 *Hofmann*, Minderheitsschutz, S. 471.

578 *Hey*, Freie Gestaltung, S. 74 f.

579 *Wiedemann*, Beilage Nr. 8 zu WM 1990, 1, 17.

580 *Huber*, ZGR 1980, 177, 211.

581 Vgl. die Nachweise zur vermehrten Privatautonomiekritik bei *Zöllner*, AcP 196 (1996), 1, 2 f.

582 *Hey*, Freie Gestaltung, S. 55.

583 *Hey*, Freie Gestaltung, S. 55.

584 *Hey*, Freie Gestaltung, S. 55.

gänzlich unkontrollierte Freiheit laufe Gefahr, sich selbst zu zerstören oder zu Lasten der Freiheit Dritter zu gehen.[585] Auch der BGH stützt sich entsprechend dieses Gedankengangs darauf, dass die Gestaltungsfreiheit der Gesellschafter beschränkt werden müsse, um die (Entscheidungs-)Freiheit des betroffenen Gesellschafters zu schützen.[586]

Diese Bedenken gegenüber einem absoluten Vorrang der Vertragsgestaltungsfreiheit haben im Gesellschaftsrecht zur Ausformung verschiedener Schranken geführt. Sie werden im Folgenden vorgestellt. Bisher hat sich in der Literatur keine einheitliche Klassifizierung der verschiedenen Schranken durchsetzen können. Es existiert eine Vielzahl von Ansätzen, die Instrumente einzuteilen und zu systematisieren, die der Vertragsfreiheit im Einzelfall Grenzen setzen sollen. Zum Teil wird danach unterschieden, ob die Schranke dem Schutz der Institution, der Mitglieder oder der Gläubiger dienen soll.[587] Hier ist eine Einteilung nach dem Ursprung der jeweiligen Schranke vorzugswürdig. Es wird danach differenziert, ob es sich um Grenzen handelt, die allgemein privatrechtlich oder gesellschaftsrechtlich geprägt sind.[588] Diese Systematisierung erlaubt es, bei der späteren Untersuchung der Vor- und Nachteile der Hinauskündigungsrechtsprechung den Überblick darüber zu behalten, ob gerade Gedanken des allgemeinen Privatrechts oder speziell des Gesellschaftsrechts fruchtbar gemacht werden.

A. Privatrechtliche Schranken

Im Gesellschaftsrecht gelten die allgemeinen Grenzen der privatautonomen Ausgestaltung von Rechtsverhältnissen.[589] Der Gestaltungsfreiheit der Gesellschafter wird insbesondere durch die zwingenden Vorschriften des allgemeinen Privatrechts Grenzen gesetzt, wie z.B. den §§ 134 und 138 BGB. Die Verfolgung eines verbotswidrigen Gesellschaftszweckes kann z.B. gegen ein Verbotsgesetz i.S.d. § 134 BGB verstoßen.[590] Zudem steht die Rechtsprechung einzelnen Klauseltypen, wie z.B. den Abfindungsklauseln und den hier zentralen Hinauskündigungsklauseln,

585 So auch *Becker*, WM 1999, 709, 718; *Fastrich*, Inhaltskontrolle, S. 4; *R. Fischer*, ZGR 1979, 251, 262.

586 U.a. BGH v. 25.3.1985 - II ZR 240/84, NJW 1985, 2421, 2422.

587 *Armbrüster*, ZGR 2014, 333, 338 f.; *Wiedemann*, GesR Bd. II, S. 136 ff.

588 Ähnlich bei *Born*, in: Ebenroth/Boujong/Joost/Strohn, § 109 HGB Rn. 5 ff.; *Enzinger*, in: MüKoHGB, § 109 Rn. 6 ff.; *Finckh*, in: Henssler/Strohn, § 109 HGB Rn. 5 ff.; *Lieder*, in: Oetker, § 109 HGB Rn. 11 ff.; *Schöne*, in: BeckOKBGB, § 705 Rn. 75 ff.

589 *Flume*, BGB AT Bd. 1, S. 191.

590 *Born*, in: Ebenroth/Boujong/Joost/Strohn, § 109 HGB Rn. 5.

kritisch gegenüber und unterwirft sie einer Wirksamkeitskontrolle gem. § 138 BGB.[591] Auch eine grobe Ungleichbehandlung der Gesellschafter unter Ausnutzung der wirtschaftlichen Vormachtstellung des einen oder der Unerfahrenheit des anderen kann zur Annahme der Sittenwidrigkeit gem. § 138 BGB führen.[592] Eine weitergehende Inhaltskontrolle der gesellschaftsvertraglichen Klauseln, wie sie für Allgemeine Geschäftsbedingungen (AGBs) vorgesehen ist, ist dem deutschen Rechtssystem jedoch fremd. § 310 Abs. 4 S. 1 BGB nimmt vorformulierte Verträge des Gesellschaftsrechts ausdrücklich aus dem Anwendungsbereich der AGB-Kontrolle aus. Lediglich Gesellschaftsverträge von Publikumspersonengesellschaften werden ausnahmsweise einer Inhaltskontrolle anhand von Treu und Glauben gem. § 242 BGB unterzogen.[593]

B. Gesellschaftsrechtliche Schranken

Neben den geschriebenen gesellschaftsrechtlichen Schranken in §§ 716 Abs. 2, 717, 723 Abs. 3 und 724 BGB sind vor allem die nachfolgenden ungeschriebenen Schranken von Bedeutung.

I. Selbstorganschaft und Verbandssouveränität

Die organschaftliche Geschäftsführungs- und Vertretungsbefugnis muss zwingend den Gesellschaftern vorbehalten bleiben.[594] Auch der Grundsatz der Verbandssouveränität ist zu beachten. Danach müssen die Gesellschafter die Rechtsmacht behalten, Entscheidungen über die Rechtsgrundlagen der Gesellschaft zu treffen und über den Inhalt des Gesellschaftsvertrages zu disponieren.[595]

II. Kernbereichslehre

Der Kernbereich der mitgliedschaftlichen Rechtsstellung eines Gesellschafters ist nach hergebrachter Meinung zu schützen.[596] Die gesellschaftsrechtliche

---

591 *Schäfer*, 71. DJT 2016, Band I, E45 f.

592 BGH v. 5.12.1974 – II ZR 24/73, WM 1975, 325, 327; *Finckh*, in: Henssler/Strohn, § 109 HGB Rn. 7; *Schöne*, in: BeckOKBGB, § 705 Rn. 76.

593 Grundlegend BGH v. 14.4.1975 – II ZR 147/73, NJW 1975, 1318; dazu auch *Born*, in: Ebenroth/Boujong/Joost/Strohn, § 109 HGB Rn. 32.

594 Grundsatz der Selbstorganschaft, ganz h.M., vgl. für weitere Nachweise *Schäfer*, in: MüKoBGB, § 709 Rn. 5.

595 *Enzinger*, in: MüKoHGB, § 109 Rn. 15 ff.; *Wiedemann*, FS Schilling, 105, 111 ff.

596 *Finckh*, in: Henssler/Strohn, § 109 HGB Rn. 18; *Schäfer*, in: MüKoBGB, § 705 Rn. 135.

Schranke der Kernbereichslehre sichert die Gewährleistung eines Mindeststandards an Mitgliedsrechten.[597] Es werden dabei unverzichtbare, unentziehbare und stimmrechtsfeste Mitgliedschaftsrechte unterschieden.[598] Unverzichtbare Rechte zeichnen sich durch ihren zwingenden Charakter aus.[599] Sie können nicht abbedungen werden. Hierzu gehört u.a. das Recht des Gesellschafters bei Vorliegen eines wichtigen Grundes aus der Gesellschaft auszutreten.[600] Unentziehbare Rechte sind zwar abdingbar, aber dürfen dem Gesellschafter nicht ohne oder gegen seine Zustimmung entzogen werden, d.h. sie sind grundsätzlich mehrheitsfest.[601] Hierzu zählen z.B. Vorzugs- oder Sonderrechte und die in den Kernbereich der Mitgliedschaft fallenden Rechte (u.a. Stimmrecht, Gewinnbeteiligung, Informationsrechte). Den niedrigsten Schutzgrad bieten stimmrechtsfeste Rechte, bei denen dem Gesellschafter vor (dem mehrheitlichen) Entzug des Rechts lediglich die Möglichkeit geboten werden muss, mitzustimmen.[602] Beispiele für den stimmrechtsfesten Kernbereich sind die Änderung des Unternehmensgegenstandes und der Wechsel der Gesellschaftsform.[603] Auch die Mitgliedschaft selbst gehört zum Kernbereich, wobei die Mitgliedschaft als solche entzogen werden kann.[604] Der Entzug der Gesellschafterstellung durch zwangsweises Ausscheiden ist zwar nur mit Zustimmung des betroffenen Gesellschafters möglich, diese kann aber antizipiert durch die Aufnahme einer Ausschlussklausel im Gesellschaftsvertrag erteilt werden.[605]

Die Rechtsprechung ergänzte den Kernbereichsschutz früher auf formeller Ebene durch den sog. Bestimmtheitsgrundsatz. Die Mehrheitsklausel trug einen Mehrheitsbeschluss nur dann, wenn der konkrete Beschlussgegenstand entweder eindeutig oder zumindest durch Auslegung aus der Mehrheitsklausel ersichtlich

---

597 *Finckh*, in: Henssler/Strohn, § 109 HGB Rn. 18.

598 *Schmidt*, GesR, S. 470 ff.; *Wackerbeck*, Grenzen der Zulässigkeit, S. 7 ff.; *Wiedemann*, GesR Bd. I, S. 360 ff.

599 *Schmidt*, GesR, S. 470 f.

600 BGH v. 16.12.1991 – II ZR 58/91, NJW 1992, 892, 895.

601 *Schmidt*, GesR, S. 471 ff.

602 *Schmidt*, GesR, S. 475 f.

603 *Wackerbeck*, Grenzen der Zulässigkeit, S. 10 f.

604 *Wiedemann*, GesR Bd. I, S. 385.

605 BGH v. 19.10.2009 – II ZR 240/08, NJW 2010, 65, 67; *Wackerbeck*, Grenzen der Zulässigkeit, S. 218 f.; *Schmidt*, in: MüKoHGB, § 131 Rn. 89; nach *Freitag*, in: Ebenroth/Boujong/Joost/Strohn, § 119 HGB Rn. 7, soll das Verbot der Hinauskündigung ohne wichtigen Grund allerdings zu den unverzichtbaren Mitgliedschaftsrechten zählen.

war.[606] Eine allgemein gehaltene Klausel über Mehrheitsbeschlüsse reichte grundsätzlich nur für Angelegenheiten der laufenden Geschäftsführung.[607] Nachdem der BGH in der OTTO-Entscheidung[608] und später in der Schutzgemeinschaftsvertrag II-Entscheidung[609] noch in modifizierter Form am Bestimmtheitsgrundsatz festgehalten hat, hat er ihn ausdrücklich für bedeutungslos erklärt.[610] Nach dem Schutzkonzept des BGH reicht es auf der ersten Stufe der formellen Legitimation der Mehrheitsentscheidung aus, dass sich durch Auslegung des Gesellschaftsvertrages ergibt, dass der betreffende Beschlussgegenstand einer Mehrheitsentscheidung unterworfen sein soll.[611] Es bedarf keiner Aufzählung der von der Mehrheitsklausel erfassten Beschlussgegenstände im Einzelnen und zwar auch dann nicht, wenn es sich um eine früher als „Grundlagengeschäft" bezeichnete Angelegenheit handelt. Auf einer zweiten Stufe ist inhaltlich zu prüfen, ob zum Schutz der Minderheit ein Zustimmungserfordernis eingreift oder sich die Mehrheitsentscheidung als treupflichtwidrige Ausübung der Mehrheitsmacht gegenüber der Minderheit darstellt.[612] Es kommt darauf an, ob der Eingriff im Interesse der Gesellschaft geboten und dem betroffenen Gesellschafter unter Berücksichtigung seiner eigenen schutzwerten Belange zumutbar ist. Die Mehrheitsmacht wird regelmäßig treupflichtwidrig ausgeübt, wenn sie in unentziehbare Mitgliedschaftsrechte eingreift.[613]

Nach der ausdrücklichen Aufgabe des Bestimmtheitsgrundsatzes ist das Schicksal der Kernbereichslehre umstritten. Im Schrifttum ist eine Diskussion darüber entbrannt, ob der BGH gleichzeitig auch die Kernbereichslehre aufgegeben hat[614], was teilweise begrüßt[615], aber von den überwiegenden Stimmen

606 BGH v. 12.11.1952 – II ZR 260/51, NJW 1953, 102; BGH v. 13.7.1967 – II ZR 72/67, NJW 1967, 2157; BGH v. 15.1.2007 – II ZR 245/05, NJW 2007, 1685.

607 BGH v. 14.1.1960 – II ZR 55/59, WM 1961, 303.

608 BGH v. 15.1.2007 – II ZR 245/05, NJW 2007, 1685.

609 BGH v. 24.11.2008 – II ZR 116/08, NJW 2009, 669.

610 BGH v. 21.10.2014 – II ZR 84/13, NJW 2015, 859, 861; dazu auch *Grunewald*, BB 2015, 333.

611 BGH v. 21.10.2014 – II ZR 84/13, NJW 2015, 859, 861 f.

612 BGH v. 21.10.2014 – II ZR 84/13, NJW 2015, 859, 862.

613 BGH v. 21.10.2014 – II ZR 84/13, NJW 2015, 859, 862.

614 *Altmeppen*, NJW 2015, 2065; *Priester*, NZG 2015, 529; *Ulmer*, ZIP 2015, 657, 659; *Wertenbruch*, DB 2014, 2875, 2876 f.; a.A. *Goette/Goette*, DStR 2016, 74, 80; *Lieder*, in: Oetker, § 109 HGB Rn. 36; *Schäfer*, ZIP 2015, 1313, 1314 f.; *ders.*, in: MüKoBGB, § 709 Rn. 92a.

615 *Wertenbruch*, DB 2014, 2875 ff.

kritisch gesehen wird[616]. Ein Streitentscheid kann an dieser Stelle dahinstehen. Die Wertungen, die hinter der Kernbereichslehre stehen, ergeben sich zwingend aus Grund und Grenzen der Privatautonomie.[617] Diese grundlegenden Prinzipien der Privatautonomie sind daher losgelöst von ihrer Bezeichnung weiterhin im Rahmen der Kontrolle der Mehrheitsentscheidung anhand der Treuepflicht zu berücksichtigen.[618] Es wird nachfolgend auf S. 177 f. erörtert, wie sich der beschriebene Rechtsprechungswandel hin zur verstärkten Kontrolle der Mehrheitsmacht anhand der Treuepflicht auf den Streit über Hinauskündigungsklauseln auswirkt.

III. Gleichbehandlungsgrundsatz und Treuepflicht

Der Gleichbehandlungsgrundsatz und die Treuepflicht sind wichtige Schranken der Mehrheitsmacht und damit auch der Vertragsfreiheit der Gesellschafter. Der Grundsatz gleichmäßiger Behandlung verbietet die sachlich nicht gerechtfertigte Ungleichbehandlung von Gesellschaftern.[619] Jeder Gesellschafter kann allerdings auf die Einhaltung des Gleichbehandlungsgrundsatzes verzichten.[620] Im Gesellschaftsvertrag können abgestufte Mitgliedschaftsrechte und -pflichten festgelegt werden.

Die Treuepflicht gilt als zentraler Rechtssatz des Personengesellschaftsrechts sowohl gegenüber der Gesellschaft als auch gegenüber den einzelnen Mitgesellschaftern.[621] Sie begründet die Pflicht, zum einen auf die Belange der Gesellschaft und der Mitgesellschafter bei der Verfolgung eigener Interessen Rücksicht zu nehmen und zum anderen die mitgliedschaftlichen Belange der Gesellschaft zu fördern.[622] Sie entfaltet ihre Wirkung nicht nur im Rahmen der Kontrolle mehrheitlicher Vertragsänderungen, sondern auch bei

---

616 *Priester*, NZG 2015, 529 ff.; *Schäfer*, in: MüKoBGB, § 709 Rn. 92a; *ders.*, ZIP 2015, 1313, 1315 f.; *Ulmer*, ZIP 2015, 657, 658 ff.; i.E. auch *Altmeppen*, NJW 2015, 2065, 2069 f.

617 *Altmeppen*, NJW 2015, 2065.

618 So auch *Altmeppen*, NJW 2015, 2065; *Heckschen/Bachmann*, NZG 2015, 531, 537; *Schöne*, in BeckOKBGB, § 709 Rn. 43; *Lieder*, in: Oetker, § 109 HGB Rn. 37, der die Rechtsprechungsänderung des BGH ohnehin nur für eine terminologische Neuausrichtung und keine Aufgabe der hinter der Kernbereichslehre stehenden Prinzipien hält.

619 *Lieder*, in: Oetker, § 109 HGB Rn. 33; *Schäfer*, in: MüKoBGB, § 705 Rn. 245.

620 *Enzinger*, in: MüKoHGB, § 109 Rn. 20; *Schäfer*, in: MüKoBGB, § 705 Rn. 247.

621 Vgl. auch *Schäfer*, in: MüKoBGB, § 705 Rn. 221 ff.

622 *Lieder*, in: Oetker, § 109 HGB Rn. 26; *Schäfer*, in: MüKoBGB, § 705 Rn. 229.

der Rechtsausübung auf Grundlage des Gesellschaftsvertrages.[623] Gerade die Treuepflicht wird bei der späteren Ausgestaltung des neuen Lösungsvorschlages eine zentrale Rolle spielen.[624]

C. Zusammenfassung

Auch wenn den Gesellschaftern bei der Ausformung ihres Gesellschaftsverhältnisses ein großer Gestaltungsspielraum zukommt, gilt diese Freiheit nicht unbeschränkt. Zum einen sind die allgemeinen privatrechtlichen Schranken der §§ 134, 138 BGB von den Gesellschaftern zu beachten. Zum anderen wird die Privatautonomie neben den geschriebenen Schranken in §§ 716 Abs. 2, 717, 723 Abs. 3 und und 724 BGB von ungeschriebenen gesellschaftsrechtlichen Schranken begrenzt. Dazu zählen das Prinzip der Selbstorganschaft und Verbandssouveränität, die Kernbereichslehre (nach neuerer Rechtsprechung ohne Bestimmtheitsgrundsatz), der Gleichbehandlungsgrundsatz und die Treuepflichten.

§ 2 Kontrollmaßstab der Rechtsprechung – Inhaltskontrolle

Der BGH gibt nicht klar vor, mit Hilfe von welchem Kontrollinstrument er die Begrenzung der Gestaltungsfreiheit bei Hinauskündigungsklauseln technisch umsetzt. So erklärt das Gericht freie Ausschlussklauseln wegen Verstoßes gegen die guten Sitten nach § 138 Abs. 1 BGB für nichtig ohne den Eingriff in die Privatautonomie näher zu klassifizieren.[625] In der Literatur hat sich überwiegend das Verständnis durchgesetzt, dass es sich bei der gerichtlichen Überprüfung der Hinauskündigungsklauseln um eine Inhaltskontrolle handelt.[626] Ausgehend von dieser These sollen zunächst die Grundlagen der Inhaltskontrolle nach § 138 Abs. 1 BGB erläutert werden, bevor überprüft wird, ob die Hinauskündigungsrechtsprechung tatsächlich eine Inhaltskontrolle ist.

---

623 *Schäfer*, in: MüKoBGB, § 705 Rn. 231.

624 Vgl. dazu S. 164 ff.

625 Z.B. BGH v. 19.9.2005 – II ZR 173/04, NJW 2005, 3641, 3642.

626 U.a. *Beischer*, Ausschluss, S. 98; *Benecke*, ZIP 2005, 1437, 1439; *Henssler*, FS Konzen, 267, 281; *Nassall*, NZG 2008, 851, 854; *Reymann*, DNotZ 2006, 106, 108; *Wackerbeck*, Grenzen der Zulässigkeit, S. 126.

A. Grundlagen der richterlichen Inhaltskontrolle nach § 138 Abs. 1 BGB

Bei einer richterlichen Inhaltskontrolle handelt es sich um ein Instrument zur Überprüfung der inhaltlichen Richtigkeit und Angemessenheit von Verträgen anhand rechtlicher Maßstäbe.[627]

I. Voraussetzungen der Sittenwidrigkeit nach § 138 Abs. 1 BGB

Die gerichtliche Inhaltskontrolle der Hinauskündigungsklauseln stützt sich auf die Sittenwidrigkeitsprüfung gem. § 138 Abs. 1 BGB. Nach ständiger Rechtsprechung des BGH sind, wie oben dargestellt, Klauseln nicht mit den guten Sitten vereinbar, die einen freien Ausschluss ohne Grund zulassen. Entscheidend kommt es also auf das Gebot der guten Sitten an.

1. Gebot der guten Sitten

Nach § 138 Abs. 1 BGB ist ein Rechtsgeschäft, das gegen die guten Sitten verstößt, nichtig. Auf diese Weise soll im Rechtsverkehr ein ethisches Minimum gewahrt werden.[628] Ein Rechtsgeschäft ist sittenwidrig, wenn es gegen das Anstandsgefühl aller billig und gerecht Denkenden verstößt.[629] Gemeint ist damit allgemein die Sozialmoral des Durchschnittsbürgers.[630] Es ist ein objektiver Maßstab anzulegen, bei dem besonders strenge oder freizügige Moralvorstellungen Einzelner außer Betracht bleiben.[631] Neben sozialethischen Wertvorstellungen sind die der Rechtsordnung selbst innewohnenden rechtsethischen Werte und Prinzipien erfasst, d.h. die Wertungen und Grundsätze, die einzelnen Vorschriften oder Rechtsgebieten als gesetzliche Leitideen zugrunde liegen.[632]

Ein Sittenverstoß kann sich entweder aus dem Inhalt (Inhaltssittenwidrigkeit) oder aus dem Gesamtcharakter (Umstandssittenwidrigkeit) unter Berücksichtigung von Inhalt, Beweggrund und Zweck des konkreten Geschäfts ergeben.[633]

---

627 *Becker*, WM 1999, 709, 710.

628 *Hey*, Freie Gestaltung, S. 206 f.; *Wendtland*, in: BeckOKBGB, § 138 Rn. 2.

629 U.a. RG v. 15.10.1912 – VII 231/12, RGZ 80, 219, 221; BGH v. 9.7.1953 – IV ZR 242/52, NJW 1953, 1665; BGH v. 29.9.1977 – III ZR 164/75, NJW 1977, 2356, 2357; *Armbrüster*, in: MüKoBGB, § 138 Rn. 14; *Dörner*, in: HK-BGB, § 138 Rn. 3; *Sack/Fischinger*, in: Staudinger, § 138 BGB Rn. 57.

630 *Dörner*, in: HK-BGB, § 138 Rn. 3.

631 St. Rspr., u.a. BGH v. 21.12.1960 – VIII ZR 1/60, NJW 1961, 822; BGH v. 2.12.1998 – IV ZB 19/97, NJW 1999, 566, 568 f.; *Wendtland*, in: BeckOKBGB, § 138 Rn. 16.

632 *Wendtland*, in: BeckOKBGB, § 138 Rn. 17.

633 *Dörner*, in: HK-BGB, § 138 Rn. 4; *Wendtland*, in: BeckOKBGB, § 138 Rn. 19 ff.

Verstößt bereits der objektive Inhalt des Geschäfts gegen die guten Sitten (z.B. Leihmuttervertrag), sind die Voraussetzungen des § 138 Abs. 1 ohne Weiteres gegeben.[634] Auf die Kenntnis der sittenwidrigkeitsbegründenden Tatsachen oder das Bewusstsein der Sittenwidrigkeit kommt es nicht an.[635] Folgt der Sittenverstoß dagegen erst aus einer Gesamtwürdigung der Begleitumstände, müssen die Parteien die sittenwidrigkeitsbegründenden Umstände, Motive, Zwecke usw. kennen oder sich einer Kenntnis grob fahrlässig verschließen.[636] Eine Schädigungsabsicht oder das Bewusstsein sittenwidrigen Handelns sind nicht erforderlich.[637] Der Gesetzgeber selbst hat die Sittenwidrigkeitsschranke nicht näher präzisiert, sondern diese Aufgabe der Praxis durch die Bildung von entsprechenden Fallgruppen überlassen.[638] Die Hinauskündigungsrechtsprechung kann dabei am ehesten in die Fallgruppe der Ausnutzung wirtschaftlicher Übermacht oder der übermäßigen Einschränkung der (Entscheidungs-)Freiheit eingeordnet werden.[639] Im Rahmen dieser Fallgruppen kann der Vertragspartner seine Vertragsfreiheit nicht ausüben und wird zum Objekt von Fremdbestimmung gemacht (wie z.B. bei Knebelungsverträgen, die dem Schuldner seine persönliche oder wirtschaftliche Handlungsfreiheit nehmen).[640]

2. *Beurteilungszeitpunkt*

Nach herrschender Meinung ist der Beurteilungszeitpunkt für die Überprüfung der Sittenwidrigkeit im Rahmen der Inhaltskontrolle der Zeitpunkt des Vertragsschlusses und nicht der der Vertragserfüllung.[641] Durch eine spätere Veränderung der Umstände wird weder ein sittenwidriges Rechtsgeschäft wirksam noch ein gültiges nachträglich sittenwidrig.[642] Im Rahmen der Inhaltskontrolle der Hinauskündigungsklauseln nach § 138 Abs. 1 BGB ist deshalb nicht der

---

634 *Wendtland*, in: BeckOKBGB, § 138 Rn. 22.

635 BGH v. 8.5.1985 – IV a ZR 138/83, NJW 1985, 2405, 2406.

636 *Wendtland*, in: BeckOKBGB, § 138 Rn. 23 ff.

637 BGH v. 19.1.2001 – V ZR 437/99, NJW 2001, 1127.

638 *Dörner*, in: HK-BGB, § 138 Rn. 1.

639 *Armbrüster*, in: MüKoBGB, § 138 Rn. 80 ff.; *Dörner*, in: HK-BGB, § 138 Rn. 11; *Gärtner*, Der unfreiwillige Verlust, S. 154; *Schöne*, Gesellschafterausschluss, S. 56 ff.

640 BGH v. 17.10.2008 – V ZR 14/08, NJW 2009, 1135, 1136.

641 Vgl. z.B. BGH v. 28.2.1989 – IX ZR 130/88, NJW 1989, 1276, 1277; BGH v. 30.3.1995 – IX ZR 98/94, NJW 1995, 1886, 1887; *Armbrüster*, in: MüKoBGB, § 138 Rn. 133; *Dörner*, in: HK-BGB, § 138 Rn. 5; *Wendtland*, in: BeckOKBGB, § 138 Rn. 26.

642 St. Rspr., vgl. BGH v. 14.7.1952 – IV ZR 1/52, NJW 1952, 1169; BGH v. 15.4.1987 – VIII ZR 97/86, NJW 1987, 1878, 1879.

Zeitpunkt der Ausübung des Ausschlussrechts entscheidend, sondern der des Abschlusses des Gesellschaftsvertrages.[643]

II. Abgrenzung zu anderen Kontrollinstrumenten

Der BGH misst die Hinauskündigungsklauseln ausdrücklich am Maßstab des § 138 Abs. 1 BGB und gibt damit vor, welche Norm für die Vertragskontrolle maßgeblich ist. Die Inhaltskontrolle, die sich auf § 242 BGB stützt, ist trotz der Namensverwandtschaft nicht damit zu verwechseln.[644] Auch der Ausübungskontrolle kommt durch ihre Überprüfung der Rechtsausübung und nicht der Rechtsgrundlage selbst ein anderer Anwendungsbereich zu.

1. Inhaltskontrolle nach § 242 BGB

Bei der Inhaltskontrolle nach § 242 BGB geht es wie bei der Inhaltskontrolle nach § 138 Abs. 1 BGB um die Wirksamkeitskontrolle von Vertragsklauseln allein aufgrund ihres Inhalts.[645] Dabei ist allerdings nicht die Sittenwidrigkeitsschwelle der entscheidende Maßstab, sondern eine „vorgelagerte" Angemessenheitsgrenze.[646] Diese Angemessenheitsgrenze greift infolge ihres „schärferen" Prüfungsmaßstabs bereits bei strukturellen Vertragsungleichgewichten, die noch nicht den Unrechtsgehalt des § 138 BGB erreichen.[647] Die Inhaltskontrolle nach § 242 BGB durchbricht wie §§ 134, 138 BGB die Annahme der Richtigkeitsgewähr ausgehandelter Verträge.[648] Sie wird nur eingesetzt, wenn die Vertragsparität stark gestört ist. Eine gestörte Vertragsparität zeichnet sich zum einen durch eine strukturelle Unterlegenheit des einen Partners und zum anderen durch die ungewöhnlich belastenden Folgen des Vertrages für den anderen Vertragsteil aus.[649] Im Gegensatz zur Inhaltskontrolle nach § 138 Abs. 1 BGB überschreitet diese gestörte Vertragsparität allerdings noch nicht die Grenze zur Sittenwidrigkeit.

Vor Inkrafttreten des AGB-Gesetzes als Vorläufer der §§ 305 ff. BGB mussten sich AGBs am Maßstab des § 242 BGB messen lassen.[650] Auch heute wird

643 *Beischer*, Ausschluss, S. 107 f.
644 Siehe dazu auch *Wackerbeck*, Grenzen der Zulässigkeit, S. 13 ff.
645 Vgl. *Schubert*, in: MüKoBGB, § 242 Rn. 532 ff.
646 *Lieb*, AcP 178 (1978), 196, 207.
647 *Lieb*, AcP 178 (1978), 196, 207.
648 *H. Schmidt*, in: BeckOKBGB, § 307 Rn. 1.
649 BVerfG v. 19.10.1993 – 1 BvR 567/89, NJW 1994, 36, 38 f.; vgl. auch *Lieb*, AcP 178 (1978), 196, 200 f.; *Schubert*, in: MüKoBGB, § 242 Rn. 531.
650 *Kollmann*, in: NK-BGB, Vorb. §§ 305 ff. Rn. 1 f.

in Rechtsgebieten, die nicht von den §§ 305 ff. BGB erfasst werden, z.T. auf die Inhaltskontrolle nach § 242 BGB zurückgegriffen.[651] Dabei handelt es sich wegen § 310 Abs. 4 BGB insbesondere um die Gebiete des Erb-, Familien- und Gesellschaftsrechts sowie der Dienst- und Betriebsvereinbarungen. Die intensive Kontrolle der vorformulierten Vertragsklauseln wird meist mit der einseitigen Inanspruchnahme des Vertragsgestaltungsrechts durch den Verwender begründet.[652] Im Gegensatz zu „normalen" Personengesellschaften besteht bei Publikumsgesellschaften nach herrschender Ansicht eine mit der Vereinbarung von AGBs vergleichbare Sondersituation, die eine umfassendere Inhaltskontrolle nach § 242 BGB erforderlich macht.[653] Es wird vermutet, dass die Richtigkeitsgewähr bei solchen Gesellschaften mit großer Mitgliederzahl regelmäßig versage. Den Anlagegesellschaftern werde in der Regel ein vorgefertigter Gesellschaftsvertrag vorgelegt, auf den sie zur Wahrung ihrer Interessen keinen Einfluss nehmen könnten. Es fehle daher der Vertragskompromiss, der eine gewisse Ausgeglichenheit des Vereinbarten garantiere.[654]

2. *Ausübungskontrolle*

Die Inhaltskontrolle (sowohl nach § 138 Abs. 1 BGB als auch nach § 242 BGB) unterscheidet sich von der Ausübungskontrolle. Während die Inhaltskontrolle die Wirksamkeit der Vertragsklausel selbst betrifft, greift die Ausübungskontrolle erst auf der zweiten Stufe ein, sobald von den vertraglich vereinbarten Rechten Gebrauch gemacht wird. Die Ausübungskontrolle geht im Gegensatz zur Inhaltskontrolle zunächst von der Wirksamkeit der Vertragsbedingung aus.[655] Sie unterzieht nur den tatsächlichen Ausschlussbeschlusses einer Rechtsmissbrauchskontrolle gem. § 242 BGB. Für weitere Einzelheiten zur Ausübungskontrolle siehe S. 164 ff.

B. Hinauskündigungsrechtsprechung als Inhaltskontrolle

Wie beschrieben, stuft der überwiegende Teil der Literatur die Hinauskündigungsrechtsprechung als Inhaltskontrolle ein, die auf § 138 Abs. 1 BGB basiert.

---

651 *Schubert*, in: MüKoBGB, § 242 Rn. 531.

652 *H. Schmidt*, in: BeckOKBGB, § 307 Rn. 1.

653 Grundlegend BGH 14.4.1975 – II ZR 147/73, NJW 1975, 1318; BGH v. 9.3.2009 – II ZR 131/08, NZG 2009, 581; *Schubert*, in: MüKoBGB, § 242 Rn. 535.

654 U.a. *Grunewald*, Ausschluß, S. 132 m.w.N.

655 *Beischer*, Ausschluss, S. 88; *Schubert*, in: MüKoBGB, § 242 Rn. 529.

I. Einordnung als Inhalts- und nicht als Ausübungskontrolle

Die Einordnung als Inhalts- und nicht als Ausübungskontrolle überzeugt. Die Hinauskündigungsklauseln werden ganz im Sinne einer „Inhaltskontrolle" allein anhand ihres Inhalts auf ihre Wirksamkeit überprüft.[656] Es wird – wie für die Inhaltskontrolle typisch – auf das Versagen der Richtigkeitsgewähr bei Vertragsschluss abgestellt, die sich in der Vereinbarung der Hinauskündigungsklausel manifestiert. Das auf die Zukunft gerichtete „Damoklesschwert-Argument" wird dabei als Begründung herangezogen, warum der Gesellschafter des Schutzes durch die Sittenwidrigkeitskontrolle schon bei Vertragsschluss und nicht erst bei Ausübung des Ausschlussrechts bedarf.

II. Allgemeine Schranke nach § 138 Abs. 1 BGB oder eigenständige gesellschaftsrechtliche Schranke?

Die Kontrolle durch die Rechtsprechung beruht zudem tatsächlich auf § 138 Abs. 1 BGB und nicht, wie z.T. vertreten, auf einer eigenständigen gesellschaftsrechtlichen Schranke.

Insbesondere *Fastrich* vermutet, dass es sich bei der Hinauskündigungsrechtsprechung um eine durch verdeckte Rechtsfortbildung entwickelte Einzelschranke handelt, die neben der allgemeinen Sittenwidrigkeitsschranke nach § 138 Abs. 1 BGB steht.[657] Dem ist zu widersprechen. Es besteht keine Veranlassung dafür, in der Unwirksamkeitserklärung der Ausschlussklauseln eine völlig neue gesellschaftsrechtliche Grenze zu sehen. Die Inhaltskontrolle gem. § 138 Abs. 1 BGB ist abstrakt genug, um als Grundlage für die Kontrolle der Ausschlussklauseln zu fungieren.[658] Es besteht keine Gefahr, dass § 138 BGB durch die Anwendung auf Hinauskündigungsklauseln „mehr und mehr zur kleinen Münze geschlagen wird"[659]. Es entspricht dem Wesen der bewusst weit gefassten Generalklauseln, dass die Rechtsprechung im Rahmen des § 138 Abs. 1 BGB neue Anwendungsfelder definiert und der Generalklausel damit Kontur verleiht. Ob die Anwendung des § 138 Abs. 1 BGB im nächsten Schritt tatsächlich zu sachgerechten Ergebnissen führt, steht auf einem anderen Blatt und wird erst im Nachfolgenden kritisch untersucht. Die fragwürdige dogmatische

656 *Bunte*, ZIP 1985, 915, 917.

657 *Fastrich*, ZGR 1991, 306, 311; *ders.*, Inhaltskontrolle, S. 156 ff.; a.A. *Beischer*, Ausschluss, S. 98.

658 So auch *Beischer*, Ausschluss, S. 96 ff.

659 *Fastrich*, ZGR 1991, 306, 311.

Überzeugungskraft der Hinauskündigungsrechtsprechung ändert an der Einordnung als Inhaltskontrolle nach § 138 Abs. 1 BGB jedoch nichts.

Dafür spricht auch, dass der BGH selbst seit seiner Entscheidung von 1990[660] nicht mehr auf die nur schwer fassbare Schranke der „Grundprinzipien des Gesellschaftsrechts“[661] zurückgreift.[662] Er stützt die Unwirksamkeitserklärung der Hinauskündigungsklauseln ausdrücklich auf § 138 Abs. 1 BGB. Die Grundprinzipien des Gesellschaftsrechts gehen nunmehr im Abwägungsprozess bei der Beurteilung der Sittenwidrigkeit auf[663] und allein die Schranke des § 138 Abs. 1 BGB bleibt übrig.[664]

III. Zwischenergebnis

Die Hinauskündigungsrechtsprechung ist in Abgrenzung zur wesensverschiedenen Ausübungskontrolle zutreffend als Inhaltskontrolle einzuordnen. Im Einklang mit der überwiegenden Literatur ist anzunehmen, dass die Rechtsprechung nicht auf eine spezielle gesellschaftsrechtliche Schranke, sondern auf die allgemeine Schranke des Privatrechts gem. § 138 Abs. 1 BGB zurückgreift. Durch die Verknüpfung mit § 138 Abs. 1 BGB wird zudem klar, dass es sich nicht um eine der Sittenwidrigkeitsschranke vorgelagerte Inhaltskontrolle nach § 242 BGB handelt.

C. Zweck der Rechtsprechung

Um das Verständnis der Hinauskündigungsrechtsprechung abzurunden ist zunächst der Zweck der Hinauskündigungsrechtsprechung darzustellen. Der BGH hat seine Ziele selbst nicht zweifelsfrei kundgetan. Teilweise wird die Annahme der Sittenwidrigkeit der Hinauskündigungsklauseln mit dem Schutz der Entscheidungsfreiheit des Auszuschließenden begründet.[665] Andere

---

660 BGH v. 9.7.1990 – II ZR 194/89, NJW 1990, 2622.

661 So noch bis 1981, zuletzt in BGH v. 13.7.1981 – II ZR 56/80, NJW 1981, 2565.

662 1985 griff der BGH zumindest noch hilfsweise auf die Grenze der immanenten Grundprinzipien des Gesellschaftsrechts zurück, vgl. BGH v. 25.3.1985 – II ZR 240/84, NJW 1985, 2421, 2422.

663 In diese Richtung auch *Grunewald*, Ausschluß, S. 128; *Hey*, Freie Gestaltung, S. 215; *Odersky*, ZGR 1998 Sonderheft 13, 103, 110.

664 So z.B. in BGH v. 19.9.2005 – II ZR 173/04, NJW 2005, 3641, 3642, worin keine Rede mehr von den „Grundprinzipien des Gesellschaftsrechts“ ist, sondern nur noch § 138 Abs. 1 BGB als Maßstab genannt wird.

665 *Gärtner*, Der unfreiwillige Verlust, S. 154, 162 ff.; *Verse*, DStR 2007, 1822, 1826.

verstehen die Rechtsprechung so, dass in erster Linie die Funktionsfähigkeit der Gesellschaft als Ganzes geschützt werden soll.[666] Von letzteren wird vertreten, dass der Schutz des Einzelnen nur Mittel und Zweck für die Erreichung des dahinterstehenden Ziels des Schutzes des Verbandes als Institution und Funktionseinheit sei.[667] *Schäfer* geht dabei sogar so weit, zu behaupten, der BGH habe „in mustergültiger Klarheit" entschieden, dass der Schutz der Funktionsfähigkeit des Verbandes im Vordergrund stehe.[668] Dem kann nicht gefolgt werden. Zwar betont der BGH durchaus den Gedanken des Funktionsschutzes, wenn er angibt, dass das Damoklesschwert der Hinauskündigung die Erfüllung der sich aus der Gesellschafterstellung ergebenden Rechte und Pflichten bedrohe und damit die gesellschaftstreue Zusammenarbeit im Kern treffe.[669] In dem von *Schäfer* als Beleg für seine Ansicht zitierten Urteil[670] finden sich aber ebenso eindeutige Verweise auf die Relevanz der Entscheidungsfreiheit des einzelnen Gesellschafters. So argumentiert der BGH, dass „die ihnen [den Gesellschaftern] im Rahmen des Gesellschaftsvertrages obliegenden Entscheidungen […] durch die mit einer solchen Klausel begründete Abhängigkeit in unzulässiger Weise beeinflußt" würden und kommt im Anschluss ausdrücklich auf die gewichtige Bedeutung der „Freiheit der persönlichen Entschließung" für den Gesellschafter zu sprechen.[671] Damit bezieht sich der BGH in zentralen Punkten seiner Argumentation auf den Individualschutz des Ausschließenden ohne den Eindruck zu vermitteln, dies nur zur Untermauerung der Schutzbedürftigkeit der Gesellschaft selbst zu tun. Zudem hat der BGH in neueren Entscheidungen den individuellen Schutz des Auszuschließenden deutlich in den Fokus gerückt.[672] So heißt es in drei aktuelleren Entscheidungen explizit „Tragende Erwägung […] ist, den von der Ausschließung […] bedrohten Gesellschafter zu schützen."[673] Es bleibt kein Raum mehr für ernsthafte Zweifel am individualschützenden Charakter der Hinauskündigungsrechtsprechung.

---

666 *Behr*, ZGR 1985, 475, 493; *ders.*, ZGR 1990, 370, 377; *Kübler*, FS Sigle, 183, 191; *Miesen*, RNotZ 2006, 522, 524; *Schäfer*, in: MüKoBGB, § 737 Rn. 19.

667 *Behr*, ZGR 1985, 475, 493; *ders.*, ZGR 1990, 370, 377; *Miesen*, RNotZ 2006, 522, 524.

668 So *Schäfer*, in: MüKoBGB, § 737 Rn. 19.

669 BGH v. 13.7.1981 – II ZR 56/80, NJW 1981, 2565, 2566.

670 BGH v. 13.7.1981 – II ZR 56/80, NJW 1981, 2565.

671 BGH v. 13.7.1981 – II ZR 56/80, NJW 1981, 2565, 2566.

672 So auch *Gärtner*, Der unfreiwillige Verlust, S. 162.

673 BGH v. 8.3.2004 – II ZR 165/02, NZG 2005, 569, 570; BGH v. 14.3.2005 – II ZR 153/03, NZG 2005, 479, 480; BGH v. 7.5.2007 – II ZR 281/05, NJW-RR 2007, 1256, 1258.

D. Zusammenfassung

Der BGH unterwirft Hinauskündigungsklauseln einer Wirksamkeitskontrolle. Diese stellt weder eine Inhaltskontrolle nach § 242 BGB noch eine Ausübungskontrolle nach § 242 BGB dar. Stattdessen handelt es sich um eine Inhaltskontrolle, die sich auf das Sittenwidrigkeitsverbot gem. § 138 Abs. 1 BGB stützt und dabei die Grundprinzipien des Gesellschaftsrechts im Rahmen der Prüfung heranzieht. Der Zweck der Hinauskündigungsrechtsprechung liegt nicht im Schutz der Funktionsfähigkeit der Gesellschaft, sondern der Entscheidungsfreiheit des einzelnen Gesellschafters.

§ 3 Ablehnung der Inhaltskontrolle

Die Hinauskündigungsrechtsprechung wird im Folgenden einer kritischen Würdigung unterzogen. Dabei ist das Sittenwidrigkeitsverdikt nicht allein deswegen fragwürdig, weil andere bedeutende Rechtskreise (wie die USA) einen Ausschluss ohne Grund zulassen.[674] Zwar wird die Sittenwidrigkeit allgemein als Verstoß gegen das Anstandsgefühl **aller** billig und gerecht Denkender definiert.[675] Die Sittenwidrigkeit gem. § 138 BGB bezieht sich aber nicht auf das Anstandsgefühl eines Art „Weltbürgers". Der die guten Sitten konkretisierende Standard hat sich vielmehr am Rechtsgefühl des betroffenen Verkehrskreises zu orientieren.[676] Das sind vorliegend inländische Gesellschafter. Auf die Rechtseinschätzung ausländischer Rechtsordnungen kommt es für das Sittenwidrigkeitsurteil nicht an.

Davon abgesehen stehen der Hinauskündigungsrechtsprechung jedoch die folgenden Bedenken entgegen:

A. Keine die Inhaltskontrolle rechtfertigende Sondersituation

Der BGH stützt seine Rechtsprechung maßgeblich darauf, dass Hinauskündigungsklauseln zwingend durch die Sittenwidrigkeitsschranke des § 138 Abs. 1 BGB zu begrenzen seien. Dem ist zu widersprechen. Aufgrund des Ausnahmecharakters des § 138 BGB dürfen nur Extremfälle für sittenwidrig und damit unwirksam erklärt werden. Die Vereinbarung einer Hinauskündigungsklausel ist kein solcher Extremfall.

---

674 *Gärtner*, Der unfreiwillige Verlust, S. 307 ff.; *Verse*, DStR 2007, 1822, 1826 f.

675 Statt aller anderen *Armbrüster*, in: MüKoBGB, § 138 Rn. 14.

676 *Armbrüster*, in: MüKoBGB, § 138 Rn. 14, 16.

I. Ausnahmecharakter des § 138 BGB

Nach dem Prinzip der Eigengestaltung und Selbstverantwortung regeln die Gesellschafter ihre Rechtsbeziehungen grundsätzlich selbst. Nur in Ausnahmefällen werden dieser Gestaltungsfreiheit Schranken gesetzt. Dem liegt das Verständnis zugrunde, dass denjenigen das Gestaltungsvorrecht zukommen soll, die am Ende die Folgen der Regelungen tragen müssen. Ein von außen kommender Eingriff – sei er gesetzlich oder richterlich – kann sich grundsätzlich nicht auf die Sachnähe oder den Informationsstand stützen, der den Gesellschaftern zu eigen ist.[677] Dritte können nur unter besonderen Umständen beanspruchen, die Interessen der Vertragsschließenden besser einschätzen und durchsetzen zu können.[678] Es muss verhindert werden, dass Willkürentscheidungen der Gesellschafter durch Willkürentscheidungen Dritter ersetzt werden bzw. anders formuliert, der Vorteil der Objektivität durch den Nachteil der Sachferne erkauft wird.[679] Ansonsten besteht die Gefahr einer „Bevormundung der mündigen Bürger'" oder hier der mündigen Gesellschafter, die Gesellschaftsverträge in der Regel frei und überlegt aushandeln.[680] Die Begründungs- und Argumentationslast liegt somit auf der Feststellung der Sondersituation, die einen Eingriff in die Privatautonomie erforderlich macht; die privatautonome Vertragsgestaltung muss hingegen nur ausnahmsweise begründet werden.[681]

Dieses Regel-Ausnahme-Verhältnis spiegelt sich auch im Wesen der Sittenwidrigkeitsschranke wider.[682] Der Schutz der Privatautonomie verlangt, dass die Sittenwidrigkeit nicht vorschnell angenommen wird. Sie darf nicht mit einer bloßen Rechts- oder Ordnungswidrigkeit bzw. Unangemessenheit gleichgestellt werden.[683] Es ist nicht Aufgabe des außenstehenden Richters, einseitig in das vielschichtige Regelungsgeflecht des Gesellschaftsvertrages einzugreifen.[684] Weder ist es zweckmäßig, dass der regelmäßig sachfernere Richter sein

---

677 *Hey*, Freie Gestaltung, S. 3.

678 *Hey*, Freie Gestaltung, S. 69.

679 *Schmidt*, GesR, S. 467.

680 *Eiselt*, FS Lübtow, 643, 665.

681 *Hey*, Freie Gestaltung, S. 72; *Schmidt*, GesR, S. 467.

682 *Flume*, BGB AT Bd. 2, S. 365; *Hey*, Freie Gestaltung, S. 204 f.

683 *Armbrüster*, in: MüKoBGB, § 138 Rn. 13; *Fastrich*, Inhaltskontrolle, S. 18; *Hey*, Freie Gestaltung, S. 206, 215; *Odersky*, ZGR Sonderheft 13, 103, 111; *Sack/Fischinger*, in: Staudinger, § 138 BGB Rn. 75 ff.; a.A. früher noch *Sack*, in: Staudinger, 2003, § 138 BGB Rn. 26 ff.

684 *Kübler*, FS Sigle, 183, 194; kritisch gegenüber der gesellschafterlichen Gestaltungsfreiheit, *Fischer*, ZGR 1979, 251, 262.

Angemessenheitsempfinden über das zumeist gut durchdachte Vertragssystem der Gesellschafter stülpt. Noch gibt es ein vom Gesetzgeber vorgezeichnetes Leitbild einer „gerechten" binnenrechtlichen Gesellschaftsordnung, an dem sich der Richter orientieren könnte.[685] Ein Verstoß gegen die guten Sitten ist nur zurückhaltend anzunehmen.[686] Eine vorschnell und ohne zwingenden Grund vorgenommene Sittenwidrigkeitskontrolle gefährdet die Funktionsfähigkeit der Privatautonomie nicht weniger als deren Missbrauch. Sie untergräbt das Bewusstsein der Selbstverantwortlichkeit und damit eine entscheidende Funktionsbedingung der Privatautonomie.[687] Die richterliche Prüfungskompetenz hat an dem Punkt zu enden, an dem der Richter ohne zwingendes Bedürfnis sein eigenes Gutdünken an die Stelle des Gesellschafterwillens setzt.

II. Keine typische Schutzbedürftigkeit

§ 138 BGB beschränkt sich daher als Ausnahmevorschrift auf die Kontrolle von gravierenden, unerträglichen Fallgestaltungen.[688] Das bedeutet, dass es nicht reicht, wenn vertragliche Gestaltungen lediglich als ungerecht empfunden werden. Vielmehr findet die Gestaltungsfreiheit der Gesellschafter ihre Grenze erst in den schutzwürdigen Interessen des jeweils anderen Gesellschafters.[689] Ist der andere Gesellschafter besonders schutzwürdig, kann das Eingreifen der Sittenwidrigkeitsschranke ausnahmsweise gerechtfertigt sein.

Der BGH spricht der Hinauskündigungsklausel das Potential zu, der Willkürherrschaft in der Personengesellschaft Vorschub zu leisten. Die Rechtsmacht, Mitgesellschafter nach freiem Ermessen aus der Gesellschaft ausschließen zu können, setze die vom Ausschluss bedrohten Gesellschafter übermäßig unter Druck.[690] Die Hinauskündigungsklausel weise auf ein typisches Machtungleichgewicht zwischen den Gesellschaftern hin, das den betroffenen Gesellschafter – losgelöst vom Einzelfall – stets schutzbedürftig mache. Diese abstrakte Schutzbedürftigkeit erfordere laut Rechtsprechung pauschal das Eingreifen der Sittenwidrigkeitsschranke.

---

685 *Koller*, DB 1984, 545, 546; *Loritz*, JZ 1986, 1073, 1078.

686 So auch *Hey*, Freie Gestaltung, S. 207.

687 *Fastrich*, Inhaltskontrolle, S. 76.

688 *Armbrüster*, in: MüKoBGB, § 138 Rn. 1; *Canaris*, AcP 184 (1984), 201, 235 f.; *Dauner-Lieb*, ZHR 158 (1994), 271, 288; *Fastrich*, Inhaltskontrolle, S. 18; *Grunewald*, Gesellschaftsrecht, S. 21; *Hey*, Freie Gestaltung, S. 215; *Müller-Laube/Büsching*, JA 1989, 1, 5; *Sack/Fischinger*, in: Staudinger, § 138 BGB Rn. 75 ff.

689 *Wendtland*, in: BeckOKBGB, § 138 Rn. 1.

690 Z.B. BGH v. 25.3.1985 – II ZR 240/84, NJW 1985, 2421, 2422.

Dieser Einschätzung ist mit Nachdruck zu widersprechen. Weder ergibt sich eine solche pauschale Schutzwürdigkeit des Gesellschafters aus einem regelmäßigen Machtungleichgewicht zwischen den Gesellschaftern bei Abschluss des Gesellschaftsvertrages, noch ist der Gesellschafter typischerweise so geschäftsunerfahren, dass er pauschal vor einer Übervorteilung durch seine Mitgesellschafter geschützt werden müsste. Ohne besondere Schutzwürdigkeit besteht kein Grund, dem Gesellschafter einen Dispens vom eigenen Wort zu gewähren.

1. *Kein zwingender Schluss von Hinauskündigungsklausel auf ein unerträgliches Vertragsungleichgewicht*

Laut BGH weist die Vereinbarung der Hinauskündigungsklausel eindeutig auf ein Machtungleichgewicht zwischen den am Gesellschaftsvertrag Beteiligten hin, das aufgrund seiner Schwere nicht mehr hinnehmbar ist.

a) Machtungleichgewicht

Der Vertragsinhalt und damit die Vereinbarung einzelner Klauseln kann Indiz für die fehlende Waffengleichheit zwischen Gesellschaftern sein.[691] Eine Hinauskündigungsklausel, die es den übrigen Gesellschaftern ermöglicht, einen unerwünschten Mitgesellschafter ohne Grund aus dem Gesellschafterkreis auszuschließen, ist für den betroffenen Gesellschafter nachteilig. Er verzichtet dadurch auf den sonst im Rahmen der gesetzlichen Vorschrift des § 737 BGB vorgesehenen Schutz durch das Erfordernis des wichtigen Ausschlussgrundes. Akzeptiert der Gesellschafter eine solche für ihn nachteilige Regelung, kann dies Hinweis auf ein Machtungleichgewicht sein. Diese Erkenntnis gilt jedoch nur für Hinauskündigungsklauseln, bei denen schon zum Zeitpunkt der Vereinbarung feststeht, dass sie nur bestimmte Gesellschafter betreffen werden. Betrifft die Ausschlussmöglichkeit alle Gesellschafter gleichmäßig, akzeptiert jeder Gesellschafter die nachteilige Klausel.[692] Von einem typischen Ungleichgewicht kann schon allein deswegen keine Rede ein. Die Annahme des BGH, dass die Hinauskündigungsklausel für ein Machtungleichgewicht zwischen den Gesellschaftern spricht, ist damit nur für den seltenen Fall der einseitig ermächtigenden Hinauskündigungsklausel plausibel.

---

691 *Manke*, Das Recht zur Ausschließung, S. 58 f.

692 *Henssler*, FS Konzen, 267, 270.

b) Ungleichgewicht nicht unerträglich

Selbst wenn ausnahmsweise einzelne Gesellschafter die Hinauskündigungsklausel aus einer Position der Schwäche akzeptiert haben, reicht das allein nicht aus, um pauschal die Schutzbedürftigkeit des betroffenen Gesellschafters zu begründen. Nur ein besonders schwerwiegendes Machtgefällte zwischen den Gesellschaftern rechtfertigt die Inhaltskontrolle gem. § 138 Abs. 1 BGB.[693] Die Rechtsordnung überträgt dem einzelnen Teilnehmer am Rechtsverkehr ein hohes Maß an Selbstverantwortung grundsätzlich unabhängig davon, in welchem Umfang er im Einzelfall und individuell tatsächlich zur eigenverantwortlichen Regelung im Stande ist.[694] Dabei müssen nicht alle Gesellschafter genau im gleichen Maße auf den Inhalt des Gesellschaftsvertrages einwirken können.[695] Der Vertrag darf aus Gründen der Rechtssicherheit nicht bei jeder Störung des Verhandlungsgleichgewichts nachträglich in Frage gestellt oder korrigiert werden.[696] Für eine nachträgliche richterliche Inhaltskontrolle ist daher kein Raum, wenn die vertragliche Richtigkeitsgewähr greift.[697] Bei Personengesellschaften, die gerade nicht die Ausmaße einer Publikumspersonengesellschaft erreichen, ist typischerweise von einer ausreichenden vertraglichen Richtigkeitsgewähr auszugehen.[698] Die Richtigkeitsgewähr des vertraglich Ausgehandelten wird erst im Fall einer gravierenden Vertragsdisparität bei Abschluss des Gesellschaftsvertrages ausgehebelt. Nur dann ist der schwächere Gesellschafter schutzbedürftig.[699] Dies ergibt sich auch aus § 138 Abs. 2 BGB. Danach reicht das Vorliegen eines Machtungleichgewichts allein nicht aus, um der Vereinbarung die zivilrechtliche Wirksamkeit zu nehmen.[700] Der Wuchertatbestand verlangt über das Ungleichgewicht bei Vertragsabschluss hinaus zusätzliche qualifizierende Elemente für den Eintritt der Unwirksamkeit. Die bloße Vormachtstellung reicht nicht aus.[701]

Das Machtungleichgewicht zwischen den Gesellschaftern muss also so schwerwiegend sein, dass es nicht mehr hingenommen werden kann. Das ist der Fall, wenn die inhaltliche Gestaltung des Gesellschaftsvertrages so entscheidend

---

693 *Henssler*, FS Konzen, 267, 270; *Lieb*, AcP 178 (1978), 196, 204.

694 *Fastrich*, Inhaltskontrolle, S. 73 f.

695 *Wackerbeck*, Grenzen der Zulässigkeit, S. 198 f.

696 BVerfG v. 19.10.1993 – 1 BvR 567/89, NJW 1994, 36, 38.

697 *Manke*, Das Recht zur Ausschließung, S. 58.

698 *Dauner-Lieb*, ZHR 158 (1994), 271, 289; *Henssler*, FS Konzen, 267, 270; *Verse*, DStR 2007, 1822, 1825; *Vollmer*, DB 1998, 2507, 2511.

699 *Lieb*, AcP 178 (1978), 196, 204.

700 *Fastrich*, Inhaltskontrolle, S. 18; *Hey*, Freie Gestaltung, S. 65.

701 *Hey*, Freie Gestaltung, S. 65.

durch das Machtungleichgewicht geprägt ist, dass es dem schwächeren Gesellschafter schlicht unmöglich war, seine berechtigten Interessen durchzusetzen.[702] Die bloße Existenz der Hinauskündigungsklausel reicht dafür nicht. Daraus, dass sich die Gesellschafter auf ein freies Ausschlussrecht geeinigt haben, kann nicht geschlossen werden, dass der betroffene Gesellschafter die Klausel nur akzeptiert hat, weil er nicht anders konnte. Wie weiter unten dargestellt, gibt es durchaus gute Gründe dafür, Hinauskündigungsklauseln in den Gesellschaftsvertrag aufzunehmen. Zudem müssen Gesellschafter im Rahmen ihrer privatautonomen und eigenverantwortlichen Regelungsmacht auch für sie selbst nachteilige und riskante Regelungen wie die Hinauskündigungsklausel treffen dürfen, ohne dass die Rechtsordnung sich veranlasst sieht, einzugreifen.[703] Der Gesellschafter muss nicht vor jeder Benachteiligung bzw. Leichtsinnigkeit gegenüber sich selbst geschützt werden. Die Hinauskündigungsklausel ist dem Grunde nach wertneutral und zwingt gerade nicht zu dem Schluss, dass eine unerträgliche Ungleichgewichtslage zwischen den Gesellschaftern besteht.[704] Die gesellschaftsrechtlichen Beziehungen sind insgesamt so vielschichtig, dass sich das Schutzbedürfnis einzelner Gesellschafter kaum allein aus der Vereinbarung einer Hinauskündigungsklausel erschließt.[705] Zwar ist das Problem, dass sich später bei Durchführung des Vertrages ein nicht mehr zu akzeptierendes Machtungleichgewicht entwickelt, nicht von der Hand zu weisen. Es kann aber mit dem Instrument der Ausübungskontrolle befriedigend gelöst werden.[706] Bei der Inhaltskontrolle kommt es allein auf den Zeitpunkt der Vereinbarung der Vertragsklausel an. Bei Vertragsschluss spricht die Vereinbarung der Hinauskündigungsklausel nicht pauschal für ein unerträgliches Machtungleichgewicht.

c) Zwischenergebnis

Allein die Vereinbarung einer Hinauskündigungsklausel deutet noch nicht auf ein typisches Machtungleichgewicht zwischen den Gesellschaftern hin. Zudem ist ein nachträglicher Eingriff in das Vertragsgefüge über § 138 Abs. 1 BGB nur

---

702 *Blanke*, Das Recht zur Ausschließung, S. 64 ff.; *Manke*, Das Recht zur Ausschließung, S. 59; *Westermann*, AcP 175 (1975), 375, 410.

703 *Hey*, Freie Gestaltung, S. 215 f.; *Koller*, DB 1984, 545, 546; *Kübler*, FS Sigle, 183, 197, der dafür plädiert „den Experten" die Freiheit zu lassen, für sich selber zu entscheiden, welches Maß an Gefährdung sie eingehen; *Verse*, DStR 2007, 1822, 1825.

704 *Beischer*, Ausschluss, S. 121 f.; *Blanke*, Das Recht zur Ausschließung, S. 122; *Hey*, Freie Gestaltung, S. 68; im Ansatz a.A. *Hofmann*, Minderheitsschutz, S. 378.

705 *Benecke*, ZIP 2005, 1437, 1440.

706 Siehe dazu mehr unter S. 164 ff.

gerechtfertigt, wenn das ausnahmsweise bestehende Ungleichgewicht so gravierend ist, dass es nicht mehr hingenommen werden kann. Dafür muss die Position des betroffenen Gesellschafters so schwach gewesen sein, dass es ihm unmöglich war, seine berechtigten Interessen wahrzunehmen. Die bloße Existenz der Hinauskündigungsklausel ist kein zwingender Beweis dafür. Aus der vielschichtigen Gesellschafterbeziehung können sich verschiedene Gründe dafür ergeben, eine Hinauskündigungsklausel freiwillig zu vereinbaren. Es besteht entgegen der Ansicht des BGH keine zwingende Verknüpfung zwischen Hinauskündigungsklausel und unerträglichem Machtungleichgewicht. Damit lässt sich allein aufgrund der Hinauskündigungsklausel keine typische Schutzwürdigkeit des betroffenen Gesellschafters bei Vertragsschluss ableiten.

2. *Gesellschafter nicht generell schutzwürdig*

Der Gesellschafter ist auch aus anderen Gründen nicht generell und unabhängig vom Einzelfall schutzbedürftig. Gesellschafter, die Hinauskündigungsklauseln vereinbaren, sind in der Regel entweder selbst geschäftskundig oder zumindest sachkundig beraten.[707] Hinauskündigungsklauseln sind kein automatischer Bestandteil des Binnenrechts der GbR und müssen explizit vereinbart werden. Damit sind gerade keine kleinen Gelegenheits-GbR betroffen, die ohne Gesellschaftsvertrag agieren, sondern Personengesellschaften, die im Mindestmaß organisiert sind. Die Gesellschafter schließen bewusst einen Gesellschaftsvertrag mit vom geschriebenen Recht abweichenden Regeln ab. Durch die Vereinbarung der Hinauskündigungsklausel zeigen sie, dass sie von Anfang an die Lösung von Gesellschafterkonflikten im Blick hatten und zumindest dem Grunde nach über Vor- und Nachteile der erleichterten Ausschlussmöglichkeit nachgedacht haben. Dies spricht für eine regelmäßige Geschäftsgewandtheit der Gesellschafter. Selbst wenn der Gesellschaftsvertrag von einer „mächtigeren“ Vertragspartei ausgearbeitet und maßgeblich beeinflusst wird, kann sich der weniger geschäftsgewandte Gesellschafter fachkundig beraten lassen und so seine Interessen einbringen.[708] Die Gesellschafter haben regelmäßig ein „waches Empfinden“ für ihre eigenen Interessen.[709] Sofern es ein Gesellschafter selbst in der Hand hat, seine Interessen zu verteidigen, bedarf es des Schutzes durch die Inhaltskontrolle nicht.[710] Der Gesellschafter ist dann „seines eigenen Glückes

---

707 *Müller-Laube/Büsching*, JA 1989, 1, 8; *Verse*, DStR 2007, 1822, 1825; *Westermann*, AcP 175 (1975), 375, 408.

708 *Blanke*, Das Recht zur Ausschließung, S. 120 f.; *Bunte*, ZIP 1983, 8, 14.

709 *Priester*, DNotZ 1989, 97, 103.

710 So auch *Beischer*, Ausschluss, S. 121.

Schmied".[711] Auf Ausnahmesituationen, in denen der Gesellschafter tatsächlich schutzbedürftig ist, ist einzelfallabhängig zu reagieren. Eine kategorische Ablehnung der Hinauskündigungsregelung zur Verhinderung von Missbrauchsfällen ist überzogen.

3. *Kein Dispens vom Vereinbarten gerechtfertigt*

Schließlich ist die selbstbestimmte Einverständniserklärung des Gesellschafters zum freien Ausschlussrecht in die Bewertung seiner Schutzbedürftigkeit miteinzubeziehen. Wie oben beschrieben, akzeptiert der geschäftskundige Gesellschafter die Hinauskündigungsklausel mit all ihren Vor- und Nachteilen sehenden Auges.[712] Die Situation, dass der Gesellschafter nachträglich sein Einverständnis mit dem Gesellschaftsvertrag zurücknehmen möchte, bezeichnet *Zöllner* anschaulich als *„April-April-Syndrom"*.[713] Denn der Gesellschafter hat grundsätzlich die freie Wahl, ob er sich auf den Abschluss eines für ihn nachteiligen Gesellschaftsvertrages einlässt.[714] Niemand ist gezwungen, Gesellschafter zu werden. Dafür, dem Gesellschafter über die Inhaltskontrolle „Dispens vom gegebenen Wort" zu gewähren, besteht im Rahmen der GbR kein Bedarf.[715] Die Ausnahmefälle, in denen es tatsächlich unerträglich wäre, den Gesellschafter an sein gegebenes Wort zu binden, sind nicht über das generalisierende Sittenwidrigkeitsverdikt des § 138 Abs. 1 BGB zu lösen. Sie lassen sich, wie später erörtert, durch eine einzelfallbezogene Ausübungskontrolle angemessen in den Griff bekommen.

III. Zwischenergebnis

Aufgrund des Ausnahmecharakters des § 138 Abs. 1 BGB darf nur in Extremfällen in das von den Gesellschaftern erarbeitete Regelungsgefüge eingegriffen werden. Eine Vertragsgestaltung ist nur einer Inhaltskontrolle nach § 138 Abs. 1 BGB zu unterziehen, wenn ihre Anerkennung geradezu unerträglich wäre. In allen anderen Fällen ist der Eingriff in die Gestaltungsfreiheit nicht gerechtfertigt. Eine Kontrolle über § 138 Abs. 1 BGB kann geboten sein, wenn es einem Vertragspartner aufgrund eines krassen Machtungleichgewichts nicht möglich

---

711 *Huber*, ZGR 1980, 177, 211; *Manke*, Das Recht zur Ausschließung, S. 63.
712 *Drinkuth*, NJW 2006, 410, 412; *Gärtner*, Der unfreiwillige Verlust, S. 193.
713 Vgl. *Zöllner*, FS 100 Jahre GmbHG, 85, 116; *ders.*, AcP 196 (1996), 1, 31 f.
714 *Flume*, DB 1986, 329, 333; *Harrer*, FS Sonnenberger, 235, 241 f.
715 *Blanke*, Das Recht zur Ausschließung, S. 132 ff.; *Gärtner*, Der unfreiwillige Verlust, S. 193 ff.; *Harrer*, FS Sonnenberger, 235, 241.

ist, seine eigenen Interessen zu wahren. Eine solche die Inhaltskontrolle rechtfertigende Sondersituation liegt hier jedoch nicht vor. Es besteht schon kein typisches Machtungleichgewicht, nur weil sich die Gesellschafter auf die Hinauskündigungsklausel geeinigt haben. Selbst wenn man mit der Rechtsprechung ein Ungleichgewicht (zu Unrecht) unterstellt, ist dieses nicht gravierend genug, um die Schutzbedürftigkeit des Gesellschafters zu begründen. Die Gesellschafter sind zudem regelmäßig selbst ausreichend geschäftskundig bzw. zumindest fachlich beraten. Es bedarf keiner Bevormundung in Form der nachträglichen richterlichen Inhaltskontrolle. Das Recht, riskante bzw. nachteilige Vereinbarungen schließen zu dürfen, gehört zur Privatautonomie. Dem Gesellschafter ist kein Dispens von seiner ursprünglichen Zustimmung zur Hinauskündigungsklausel zu gewähren. Die Einschätzung des BGH, dass Hinauskündigungsklauseln das Eingreifen der Inhaltskontrolle gem. § 138 Abs. 1 BGB zwingend erforderlich machen, vermag nicht zu überzeugen.

B. Rechtsprechung dogmatisch unsauber

Die Rechtsprechung ist zudem dogmatisch angreifbar. Die Möglichkeit der sachlichen Rechtfertigung ist zum einen vom BGH missverständlich bezeichnet. Zum anderen verstößt sie gegen das Regel-Ausnahme-Verhältnis des § 138 BGB.

I. Missverständliche Bezeichnung

Der BGH begründet die Ausnahme vom Sittenwidrigkeitsverdikt bzw. die Zulässigkeit einer Hinauskündigungsklausel mit einer „sachlichen Rechtfertigung“[716] des freien Ausschlussrechts. Diese Bezeichnung vermittelt den Eindruck, dass die einmal als sittenwidrig befundene Hinauskündigungsklausel durch die sachliche Rechtfertigung nachträglich wirksam wird. Eine solche „Heilung“ der zunächst sittenwidrigen Klausel ist ein Fremdkörper im Rahmen der Prüfung des § 138 Abs. 1 BGB.[717] § 138 Abs. 1 BGB basiert auf einer Gesamtwürdigung aller Umstände. Die besonderen Umstände, die nach Ansicht des BGH eine Ausnahme vom Sittenwidrigkeitsurteil begründen können, müssen die Unwirksamkeit also bereits im Rahmen der tatbestandlichen Prüfung des Sittenverstoßes ausschließen.[718] Es handelt sich um einen einheitlichen Abwägungsvorgang auf

---

716 U.a. bei BGH v. 20.1.1977 – II ZR 217/75, NJW 1977, 1292, 1293; BGH v. 13.7.1981 – II ZR 56/80, NJW 1981, 2565, 2566.

717 So wohl verstanden von *Becker*, Zulässigkeit von Hinauskündigungsklauseln, S. 81; *Bunte*, ZIP 1983, 8, 15; *Gärtner*, Der unfreiwillige Verlust, S. 152 f.

718 *Hinderer*, RNotZ 2005, 416, 419.

Tatbestandsebene bei dem die Schutzwürdigkeit des Gesellschafters aufgrund besonderer Umstände für geringer gehalten wird.[719] Für eine spätere „Rechtfertigung" der zunächst für sittenwidrig befundenen Klausel bleibt dabei kein Raum. Warum der BGH dennoch an einer grundsätzlichen Sittenwidrigkeit festhält, die dem Anschein nach erst in einem separaten Prüfungsschritt sachlich gerechtfertigt werden kann, bleibt in den entsprechenden Urteilsbegründungen des BGH unklar. Die missverständliche Bezeichnung trägt nicht zur Überzeugungskraft der Rechtsprechung bei.[720]

II. Verstoß gegen das Regel-Ausnahme-Verhältnis des § 138 BGB

Die Möglichkeit der sachlichen Rechtfertigung stellt das Regel-Ausnahme-Verhältnis des § 138 BGB auf den Kopf.[721] Wie oben gesehen, ist es dem deutschen Vertragsfreiheitsgrundsatz immanent, das vertraglich Vereinbarte anzuerkennen, sofern es nicht aufgrund besonderer Umstände ausnahmsweise sittenwidrig ist. Der BGH dreht diesen Grundsatz ohne dogmatische Rechtfertigung einfach um. Er hält Hinauskündigungsklauseln regelmäßig für unwirksam. Nur bei Vorliegen besonderer sachlicher Gründe akzeptiert er das vertraglich Vereinbarte ausnahmsweise.

Der BGH beachtet die gerade beschriebene Umkehrung des Regel-Ausnahme-Verhältnisses selbst nicht mehr konsequent. Er hat die Hinauskündigungsklauseln in der Mehrzahl seiner jüngeren Entscheidungen als ausnahmsweise gerechtfertigt akzeptiert.[722] Ein Grundsatz, der in der Praxis deutlich mehr Ausnahmen als Regelfälle hervorbringt, muss sich zwangsläufig den Einwand gefallen lassen, dass er zu weit geraten ist.[723] Auch inhaltlich wird die Rechtsprechung des BGH durch die vermehrte Anerkennung von Ausnahmen nicht überzeugender. Denn je öfter die Rechtsprechung den eigenen Grundsatz mit der Billigung von Ausnahmen durchbricht, desto weniger plausibel ist es, dass Hinauskündigungsklauseln tatsächlich pauschal gegen das Anstandsgefühl aller billig und gerecht Denkenden verstoßen.[724]

---

719 Vgl. *Gärtner*, Der unfreiwillige Verlust, S. 151 f.; *Kowalski/Bormann*, GmbHR 2004, 1438, 1441; *Miesen*, RNotZ 2006, 522, 524.

720 So auch *Bunte*, ZIP 1983, 8, 15.

721 Vgl. dazu *Becker*, Zulässigkeit von Hinauskündigungsklauseln, S. 81; *Gärtner*, Der unfreiwillige Verlust, S. 299 ff.; *Hey*, Freie Gestaltung, S. 216; *Verse*, DStR 2007, 1822, 1825.

722 Siehe dazu oben S. 68 ff.

723 *Gärtner*, Der unfreiwillige Verlust, S. 302; *Sosnitza*, DStR 2006, 99, 100; *Verse*, DStR 2007, 1822, 1825.

724 *Kilian*, WM 2006, 1567, 1570, 1574.

C. Beurteilungszeitpunkt

Der unflexible Beurteilungszeitpunkt des § 138 Abs. 1 BGB spricht ebenfalls gegen die Hinauskündigungsrechtsprechung. Die Prüfung der Sittenwidrigkeit bezieht sich stets auf den Zeitpunkt der Vornahme des Rechtsgeschäfts. Das ist hier der Abschluss des Gesellschaftsvertrages. Es kommt für die Untersuchung der Sittenwidrigkeit also nur auf den Zeitpunkt der Vereinbarung der Klausel an.[725] Die sachliche Rechtfertigung bezieht sich ebenfalls auf den Zeitpunkt der Vereinbarung der Hinauskündigungsklausel und nicht auf die spätere konkrete Ausschlussentscheidung. Umstände, die nach Vereinbarung der Hinauskündigungsklausel eintreten, können somit an der anfänglichen Unwirksamkeit nichts mehr ändern. Das führt zu dem praktisch unbefriedigenden Ergebnis, dass ein Ausschluss mangels wirksamer vertraglicher Ermächtigung auch dann nicht möglich ist, wenn nachträglich Umstände eintreten, die das Hinauskündigungsrecht nach Ansicht des BGH legitimieren würden.[726] In jüngerer Zeit hat der BGH den feststehenden Beurteilungszeitpunkt des § 138 Abs. 1 BGB selbst nicht immer konsequent beachtet und Aspekte der konkreten Ausschlusssituation in die abstrakte Prüfung des § 138 Abs. 1 BGB miteinbezogen.[727] Er hat u.a. berücksichtigt, wie sich die Ablehnung des Hinauskündigungsrechts auf das konkrete Geschäftsmodell der Gesellschaft auswirken würde. Damit hat er nicht allein die abstrakte Situation bei Vertragsschluss, sondern auch das spätere konkrete Ausschlussszenario bewertet.[728] Die klare dogmatische Grenze zwischen Inhaltskontrolle der Vertragsklausel und anschließender Ausübungskontrolle des Ausschlussbeschlusses wurde so verwischt.[729] Es ist unvorhersehbar, wann der BGH – im Rahmen des § 138 Abs. 1 BGB methodisch falsch – aus Gerechtigkeitsgesichtspunkten auf die konkreten Auswirkungen des Ausschlusses abstellt. Es bleibt im Allgemeinen bei dem praktisch unbefriedigenden frühen Beurteilungszeitpunkt der Sittenwidrigkeitskontrolle. Nachträgliche Veränderungen können nicht berücksichtigt werden.

---

725 So auch *Gärtner*, Der unfreiwillige Verlust, S. 303.

726 *Gärtner*, Der unfreiwillige Verlust, S. 304 f.; *Kübler*, FS Sigle, 183, 188.

727 *Henssler*, FS Konzen, 267, 282; *Kilian*, WM 2006, 1567, 1574.

728 *Gärtner*, Der unfreiwillige Verlust, S. 305; *Kilian*, WM 2006, 1567, 1574.

729 *Gärtner*, Der unfreiwillige Verlust, S. 305 f.; *Kilian*, WM 2006, 1567, 1574; Henssler spricht in *Henssler*, FS Konzen, 267, 282 sogar davon, dass „nach dem mit den jüngsten Entscheidungen eingeleiteten Rechtsprechungswandel […] der Schritt hin zur sachgerechten Ausübungskontrolle jedoch nicht mehr allzu groß" sei.

D. Rechtsunsicherheit

Die Hinauskündigungsrechtsprechung ist aufgrund der nur unzureichend bestimmten Voraussetzungen der sachlichen Rechtfertigung unberechenbar. Dies führt zu großer Unsicherheit in der Rechtpraxis. Exemplarisch zeigt sich diese Rechtsunsicherheit in zwei Entscheidungen des OLG Frankfurt a.M.[730] und des OLG Düsseldorf[731] aus dem Jahr 2004. Die Gerichte sind bei vergleichbaren Sachverhalten und jeweils unter Bezugnahme auf die aktuelle BGH-Rechtsprechung zu entgegengesetzten Ergebnissen gekommen.[732] Es handelte sich um Parallelfälle aus dem Bereich der Managerbeteiligungsmodelle. Die jederzeit abrufbaren GmbH-Geschäftsführer waren bei Verlust ihrer Geschäftsführerstellung dazu verpflichtet, die ihnen gewährten Anteile am Unternehmen an die Gesellschaft zurück zu verkaufen. Das OLG Frankfurt a.M. erklärte dieses Modell für sittenwidrig gem. § 138 Abs. 1 BGB.[733] Das OLG Düsseldorf hielt die Vertragsgestaltung dagegen aufgrund des wirtschaftlich plausiblen Gesamtkonzepts der GmbH und der angemessenen Berücksichtigung der Interessen des betroffenen Gesellschafter-Geschäftsführers für sachlich gerechtfertigt.[734] Erst die anschließende BGH-Entscheidung brachte Klarheit. Die in Frage stehende Variante der Hinauskündigungsklausel wurde aufgrund der besonderen Umstände des Managerbeteiligungsmodells für gerechtfertigt erklärt.[735] Der BGH klassifizierte die eingeräumte Beteiligung an der GmbH dabei als bloßen Annex zur Geschäftsführerstellung, vor dessen Verlust der (ehemalige) Geschäftsführer keines Schutzes bedürfe (siehe hierzu ausführlich oben S. 71 f.).[736]

Die Fälle der sachlichen Rechtfertigung entbehren insgesamt praxistauglicher Konturen.[737] Die außergewöhnlichen Umstände, die die Rechtsprechung zur Anerkennung der Hinauskündigungsklausel fordert, sind unbestimmte Rechtsbegriffe. Der BGH gibt dem Rechtsanwender allerdings keine Leitlinien zur Bestimmung dieser außergewöhnlichen Umstände an die Hand.[738] Auch der

---

730 OLG Frankfurt a.M. v. 23.6.2004 - 13 U 89/03, NZG 2004, 914.

731 OLG Düsseldorf v. 16.1.2004 - I-17 U 50/03, DB 2004, 2575.

732 Vgl. dazu *Benecke*, ZIP 2005, 1437 f.

733 OLG Frankfurt a.M. v. 23.6.2004 - 13 U 89/03, NZG 2004, 914, 915.

734 OLG Düsseldorf v. 16.1.2004 - I-17 U 50/03, DB 2004, 2575 f.

735 BGH v. 19.9.2005 - II ZR 173/04, NJW 2005, 3641, 3642 f.

736 BGH v. 19.9.2005 - II ZR 173/04, NJW 2005, 3641, 3643.

737 *Benecke*, ZIP 2005, 1437, 1439; *Gärtner*, Der unfreiwillige Verlust, S. 146; *Gehrlein*, NJW 2005, 1969, 1971; *Kübler*, FS Sigle, 183, 195; *Reymann*, DNotZ 2006, 106, 111 f.; a.A. *Peltzer*, ZGR 2006, 702, 721.

738 *Kübler*, FS Sigle, 183, 195; *Westermann*, FS Larenz, 723, 737.

Literatur ist es aufgrund der Heterogenität des vom BGH entschiedenen Fallmaterials bisher nicht gelungen, allgemeingültige Kriterien der sachlichen Rechtfertigung herauszuarbeiten.[739] Es bleibt damit kaum prognostizierbar, wie einzelne Umstände im Zweifelsfall von der Rechtsprechung im Rahmen der Beurteilung der sachlichen Rechtfertigung gewichtet werden. In der Gestaltungspraxis ist es damit praktisch unmöglich, rechtssichere Hinauskündigungsklauseln zu entwerfen.[740]

E. Nichtigkeitsfolge des § 138 Abs. 1 BGB passt nicht

Die Rechtsprechung des BGH verdient nicht nur hinsichtlich des tatbestandlichen Eingreifens des § 138 Abs. 1 BGB Kritik. Auch die Angemessenheit der Nichtigkeitsfolge des Sittenverstoßes überzeugt nicht.[741] Nach dem Alles-oder-Nichts-Prinzip des § 138 Abs. 1 BGB führt der Verstoß gegen die guten Sitten zur Nichtigkeit des Rechtsgeschäfts. Mit den Worten von *Loritz* wird das Damoklesschwert der Hinauskündigungsklausel damit durch das „*Fallbeil der Unwirksamkeit*" ersetzt.[742] Der BGH hat den Anlass für die diesbezügliche Kritik dadurch etwas entschärft, dass er sachlich nicht gerechtfertigte Hinauskündigungsklauseln zumindest als Ausschlussrecht aus wichtigem Grund mit den in der Klausel vereinbarten besonderen Ausschlussverfahrensregeln teilweise aufrechterhält.[743] Der BGH wendet dabei § 139 BGB analog an. Es wird angenommen, dass die Beteiligten, hätten sie die Nichtigkeit gekannt, anstelle einer nichtigen Hinauskündigungsklausel eine andere auf das zulässige Maß beschränkte Regelung vereinbart hätten. In einer Befugnis zum Ausschluss ohne Grund sei zumindest auch die Befugnis zum Ausschluss aus wichtigem Grund enthalten.[744] Die geltungserhaltene Reduktion ist jedoch wie jede richterliche Vertragsanpassung mit der Unsicherheit verbunden, ob im Ergebnis wirklich der tatsächliche Parteiwille durchgesetzt wird.[745] Es besteht die Gefahr, dass durch die Verquickung von

---

739 So auch *Gärtner*, Der unfreiwillige Verlust, S. 146, 148; *Peltzer*, ZGR 2006, 702, 713, der darauf hinweist, dass aus den BGH-Urteilen zumindest für die Praxis hilfreiche Tendenzen gewonnen werden können.

740 *Henssler*, FS Konzen, 267, 270.

741 *Benecke*, ZIP 2005, 1437, 1439; *Bütter/Tonner*, MDR 2006, 61, 64; *Hey*, Freie Gestaltung, S. 218 f.

742 *Loritz*, JZ 1986, 1073, 1075.

743 BGH v. 19.9.1988 – II ZR 239/87, NJW 1989, 834, 836; BGH v. 5.6.1989 – II ZR 227/88, NJW 1989, 2681, 2682 f.

744 Vgl. dazu auch *Miesen*, RNotZ 2006, 522, 537.

745 *Hey*, Freie Gestaltung, S. 219.

grundsätzlicher Nichtigkeit und anschließender teilweiser Aufrechterhaltung das sorgfältig abgewogene Vertragswerk durcheinandergebracht wird.[746] Die grundsätzliche Nichtigkeitserklärung bleibt trotz der analogen Anwendung des § 139 BGB ein übermäßiger Eingriff in die Vertragsfreiheit. Es werden ohne Not Lücken in das Vereinbarte geschlagen, die anschließend nur oberflächlich über das Hilfskonstrukt der geltungserhaltenden Reduktion gekittet werden.

F. Ergebnis

Der Hinauskündigungsrechtsprechung des BGH ist nicht zu folgen. Die Anwendung des § 138 Abs. 1 BGB wird dem Ausnahmecharakter der Sittenwidrigkeitsschranke nicht gerecht. Der betroffene Gesellschafter ist nicht typischerweise schutzbedürftig. Die Vereinbarung der Hinauskündigungsklausel weist nicht auf ein generelles Machtungleichgewicht zwischen den Gesellschaftern hin. Selbst wenn entgegen der hier vertretenen Meinung ein Ungleichgewicht unterstellt wird, ist dieses nicht schwerwiegend genug, um eine Schutzbedürftigkeit des Gesellschafters zu begründen. Der Gesellschafter ist regelmäßig geschäftsgewandt genug bzw. ausreichend fachlich beraten, um seine Interessen selbst wahren zu können. Es besteht keine Veranlassung für die Rechtsprechung, über die Inhaltskontrolle vertragsgestaltend einzugreifen. Der Gesellschafter ist somit an seiner Einverständniserklärung zum Gesellschaftsvertrag festzuhalten. Die Rechtsprechung überzeugt auch auf dogmatischer Ebene nicht: Die vom BGH ersonnene Möglichkeit der sachlichen Rechtfertigung bleibt ein Fremdkörper im Regelungssystem des § 138 Abs. 1 BGB. Zum einen bleibt die Rechtsprechung eine stimmige Verortung der Prüfung der rechtfertigenden Umstände schuldig. Zum anderen stellt der BGH das in der Privatautonomie fest verankerte Regel-Ausnahmesystem von regelmäßiger Wirksamkeit des Vereinbarten und nur ganz ausnahmsweiser Sittenwidrigkeit auf den Kopf. Auch der Beurteilungszeitpunkt des § 138 Abs. 1 BGB ist wenig praxistauglich. Für § 138 Abs. 1 BGB kommt es nur auf die Umstände zum Zeitpunkt des Vertragsschlusses an. Umstände, die erst nach Abschluss des Gesellschaftsvertrages eintreten, sind entgegen dem praktischen Bedürfnis nicht mehr berücksichtigungsfähig. Schließlich sind die vom BGH bisher akzeptierten, besonderen Umständen zur sachlichen Rechtfertigung völlig konturlos. Das macht es praktisch unvorhersehbar, ob eine vereinbarte Hinauskündigungsklausel im Zweifelsfall der gerichtlichen Überprüfung standhält. Zusammen mit der ansonsten eintretenden gravierenden Nichtigkeitsfolge des § 138 Abs. 1 BGB stellt die Rechtsprechung die Gestaltungspraxis

---

746 *Benecke*, ZIP 2005, 1437, 1439.

vor das fast unlösbare Problem, den Wunsch der Gesellschafter nach einer flexiblen Trennungsmöglichkeit auch im Streitfall rechtssicher umzusetzen.

Die gerichtliche Inhaltskontrolle ist also insgesamt abzulehnen.

§ 4 Neue Lösung

Das generelle Sittenwidrigkeitsverdikt des BGH ist, wie gezeigt, zurückzuweisen. Das heißt jedoch nicht, dass ein vertraglich vereinbartes Hinauskündigungsrecht stets rechtswirksam ist. Der vom Ausschluss betroffene Gesellschafter kann durchaus im Einzelfall schutzbedürftig sein. Es ist deshalb zu untersuchen, wie der Betroffene abseits der abzulehnenden Inhaltskontrolle im Einzelfall ausreichend geschützt werden kann. Als neue Lösung bietet sich eine vollständige Verlagerung der Prüfung auf die Kontrolle der Ausübung des freien Ausschlussrechts an. Die grundsätzliche Sittenwidrigkeitskontrolle der Hinauskündigungsklausel selbst entfällt.

Diese Idee ist nicht völlig neu. Es hat sich bereits ein erheblicher Teil der Literatur dafür ausgesprochen, die Ausschlussentscheidung allein im Rahmen einer Ausübungskontrolle zu überprüfen.[747] Die herrschende Meinung beharrt allerdings, wie beschrieben, auf der Inhaltskontrolle der Hinauskündigungsklausel selbst. Sie kritisiert vor allem den aus ihrer Sicht unzureichenden Schutzumfang und die Konturlosigkeit der Ausübungskontrolle.[748]

A. Grundlagen der Ausübungskontrolle

Bei der Ausübungskontrolle handelt es sich um eine gerichtliche Überprüfung privatrechtlicher Willenserklärungen. Sie wird bei der Ausübung von Rechten angewendet, ohne dass das dahinterstehende Mutterrecht in Frage gestellt wird.[749] Das heißt hier, dass die Wirksamkeit der Hinauskündigungsklausel

---

747 U.a. *Blanke*, Das Recht zur Ausschließung, S. 135; *Benecke*, ZIP 2005, 1437, 1441; *Böttcher*, NZG 2005, 992, 995; *Bunte*, ZIP 1983, 8, 15; *Bütter/Tonner*, MDR 2006, 61, 64; *Drinkuth*, NJW 2006, 410, 412; *Grunewald*, DStR 2004, 1750, 1751 f.; *Habersack/Verse*, ZGR 2005, 451, 465, 479; *Henssler*, FS Konzen, 267, 281 ff.; *Hey*, Freie Gestaltung, S. 214 ff.; *Hirtz*, BB 1981, 761; *Kowalski/Bormann*, GmbHR 2004, 1438, 1441; *Loritz*, JZ 1986, 1073, 1078, 1081 f.; *Müller-Laube/Büsching*, JA 1989, 1, 5; *Priester*, DNotZ 1989, 97, 103 f.; *Schmolke*, ECFR 2012, 380, 416; *Verse*, DStR 2007, 1822, 1827 f.; *Westermann*, FS Larenz, 723, 738; *Wicke*, DNotZ 2017, 261, 270; *Wiedemann*, ZGR 1980, 147, 155.

748 Siehe dazu die umfangreichen Literaturnachweise auf S. 168 ff.

749 *Wiedemann*, Beilage Nr. 8 zu WM 1990, 1, 22.

als „Mutterrecht" unberührt bleibt. Nur die spätere Ausübung des freien Ausschlussrechts unterfällt der richterlichen Kontrolle. Dahinter steht die Erkenntnis, dass gerade die Ausübung eines bestehenden, dem Grunde nach nicht in Frage gestellten Rechts im konkreten Einzelfall missbräuchlich und deshalb unzulässig sein kann.[750]

Die rechtsdogmatische Grundlage der Ausübungskontrolle im Gesellschaftsrecht ist nicht abschließend geklärt. In Betracht kommen das Verbot des rechtsmissbräuchlichen Verhaltens gem. § 242 BGB[751] und die gesellschafterliche Treuepflicht[752]. Eine genaue Bestimmung der Rechtsgrundlage ist im Ergebnis allerdings entbehrlich. Nach überwiegender Ansicht stützt sich auch die Treuepflicht – entweder ergänzend zu § 705 BGB oder ausschließlich – auf § 242 BGB.[753] Es kann daher als „gemeinsamer Nenner" der beiden möglichen Rechtsgrundlagen auf das Gebot von Treu und Glauben nach § 242 BGB zurückgegriffen werden. Die Ausübungskontrolle nach § 242 BGB bildet so den Oberbegriff unter den das Rechtsmissbrauchsverbot und die Treuepflicht gleichermaßen fallen.[754] Der Ausschlussbeschluss muss das Verbot rechtsmissbräuchlichen Verhaltens und die Pflicht zur Achtung der Treuepflicht der Gesellschafter kumulativ im Rahmen einer Gesamtabwägung beachten.[755] Es wird dabei überprüft, ob der Ausübung des Hinauskündigungsrechts im konkreten Fall außergewöhnliche Umstände nach Treu und Glauben gem. § 242 BGB entgegenstehen.[756] Was das konkret heißt, ist umstritten. Bisher hat sich keine einheitliche Linie hinsichtlich der konkreten Ausgestaltung der Ausübungskontrolle herausgebildet. Die dazu entwickelten Konkretisierungsmöglichkeiten und ein eigener Lösungsansatz werden in § 5 vorgestellt. In diesem § 4 geht es als Basis zunächst darum, ob die Ausübungskontrolle der Inhaltskontrolle des BGH vorzuziehen ist.

B. Vorzugswürdigkeit der Ausübungskontrolle?

Es ist nur sinnvoll, eine neue Lösung für den Umgang mit Hinauskündigungssituationen vorzuschlagen, wenn diese die Rechtsanwendung tatsächlich

---

750 *Wendland*, in: Staudinger, § 307 BGB Rn. 36.

751 *Wendland*, in: Staudinger, § 307 BGB Rn. 36 ff.; *Fastrich*, Inhaltskontrolle, S. 36; *Gärtner*, Der unfreiwillige Verlust, S. 311; *Henssler*, LMK 2005, 15, 16; *Hey*, Freie Gestaltung, S. 144; *Kübler*, FS Sigle, 183, 199.

752 *Benecke*, ZIP 2005, 1437, 1441.

753 Siehe für weitere Nachweise *Hofmann*, Minderheitsschutz, S. 32.

754 *Hey*, Freie Gestaltung, S. 331; a.A. *Schockenhoff*, ZIP 2005, 1009, 1013.

755 So auch *Beischer*, Ausschluss, S. 129 f.

756 *Hey*, Freie Gestaltung, S. 144.

verbessert. Dafür muss hier die Ausübungskontrolle gem. § 242 BGB der von der Rechtsprechung favorisierten Inhaltskontrolle gem. § 138 Abs. 1 BGB überlegen sein. Sie muss mehr Vorteile als Nachteile aufweisen. Bei der Gesamtabwägung ist besonders darauf zu achten, dass dem betroffenen Gesellschafter ein ausreichendes Schutzniveau geboten wird.

I. Vorteile der Ausübungskontrolle

Die Ausübungskontrolle bietet eine ganze Reihe von Vorteilen, die grundsätzlich für ihre praktische und dogmatische Überlegenheit gegenüber der Inhaltskontrolle sprechen:

1. Einzelfallgerechtigkeit

Das Eingreifen der Ausübungskontrolle beurteilt sich nach den individuellen Umständen des Einzelfalls. Das ist ihr zentraler Vorteil. Sie bietet ein deutlich beweglicheres Kontrollsystem als andere Schranken der Vertragsfreiheit und bewahrt damit die notwendige Gestaltungsflexibilität der Gesellschafter.[757] Es wird im konkreten Anwendungsfall untersucht, ob die Richtigkeitsgewähr ausnahmsweise versagt und deshalb eine Korrektur erforderlich ist. Eine abstrakte und nur pauschal drohende Gefahr der Willkürherrschaft reicht anders als bei der Inhaltskontrolle nicht aus. Es ist vielmehr ein konkreter Nachweis des unerträglichen Machtungleichgewichts im Rahmen der individuellen Ausschlusssituation erforderlich. Auf diese Weise wird der im Privatrecht geltenden Richtigkeitsgewähr des vertraglich Vereinbarten ausreichender Raum eingeräumt.[758] Den komplexen und vielschichtigen Interessen der Gesellschafter einer GbR wird angemessen begegnet.

Zur Einzelfallgerechtigkeit trägt auch der im Vergleich mit der Inhaltskontrolle spätere Beurteilungszeitpunkt bei.[759] Bei der Ausübungskontrolle wird die tatsächliche Rechtsausübung überprüft, d.h. hier die konkrete Ausschlussentscheidung. Zu diesem Zeitpunkt können auch spätere, sich erst nach Abschluss des Gesellschaftsvertrages ergebende Entwicklungen in die Abwägung einbezogen werden. Das ist praxisgerecht. Wie zuvor dargestellt, ist ein typisches, rechtlich verwerfliches Machtungleichgewicht zwischen den Gesellschaftern bei Vertragsabschluss abzulehnen. Es besteht regelmäßig nur die Gefahr, dass sich die

---

757 *Gärtner*, Der unfreiwillige Verlust, S. 298, 312 f.; *Hey*, Freie Gestaltung, S. 145; *Priester*, DNotZ 1989, 97, 103 f.; *Westermann*, AcP 175 (1975), 375, 414.

758 *Hey*, Freie Gestaltung, S. 147; *Müller-Laube/Büsching*, JA 1989, 1, 5.

759 *Gärtner*, Der unfreiwillige Verlust, S. 306; *Hey*, Freie Gestaltung, S. 145.

Machtverhältnisse im Laufe der Zeit einseitig verschieben. Dies kann z.B. durch die Bildung fester Mehrheiten geschehen. Wenn sich daraus eine gravierende und unerträgliche Unterlegenheit des auszuschließenden Gesellschafters ergibt, kann er durch die Ausübungskontrolle flexibel vor übermäßiger Benachteiligung bewahrt werden. Der spätere Beurteilungszeitpunkt ist noch aus einem weiteren Gesichtspunkt interessengerecht: Oft lässt sich erst zum Zeitpunkt des Ausschlusses beurteilen, ob das Ausschlussrecht tatsächlich durch sachfremde und willkürliche Gründe motiviert ist.[760] Die besondere Schutzbedürftigkeit des vom Ausschluss betroffenen Gesellschafters liegt – wenn überhaupt – typischerweise erst zum Zeitpunkt der konkreten Ausschlussentscheidung vor. Sie ist maßgeblich davon abhängig, wie das Gesellschafterverhältnis „gelebt“ wird. Darauf kann mit der beweglichen Schranke der Ausübungskontrolle besser reagiert werden als mit dem vorschnellen, pauschalen Sittenwidrigkeitsurteil gem. § 138 Abs. 1 BGB.

2. *Flexibilität der Rechtsfolge*

Die Rechtsfolge der Ausübungskontrolle ist ebenfalls flexibler.[761] Während ein Verstoß gegen § 138 Abs. 1 BGB grundsätzlich zur Nichtigkeit der gesamten Klausel führt, ist im Rahmen der Ausübungskontrolle nur der Rechtsausübungsakt unwirksam, d.h. die Ausschlussentscheidung. Das oben angesprochene „Fallbeil der Unwirksamkeit“ wird nicht ausgelöst. In das von den Gesellschaftern gestaltete Vertragsgefüge wird als solches nicht eingegriffen. Der zuvor kritisierte Umweg über eine (teilweise) Geltungserhaltung gem. § 139 BGB analog ist damit überflüssig.[762]

3. *Sachgerechte Umkehrung der Beweislastverteilung*

Die Umkehr der Darlegungs- und Beweislast ist ebenfalls ein wichtiger und praxisrelevanter Vorteil der Ausübungskontrolle.[763] Die ausschließenden Gesellschafter müssen nicht darlegen, dass die Hinauskündigungsklausel ausnahmsweise sachlich gerechtfertigt ist. Stattdessen obliegt es dem vom Ausschluss Bedrohten nachzuweisen, dass die Ausübung des Ausschlussrechts im konkreten Fall zu beanstanden ist. Die Beweislast trifft denjenigen, der sich auf den Rechtsmissbrauch beruft.[764] Diese Verteilung der Darlegungs- und Beweislast

---

760 *Beischer*, Ausschluss, S. 121.

761 *Benecke*, ZIP 2005, 1437, 1441; *Gärtner*, Der unfreiwillige Verlust, S. 313.

762 *Benecke*, ZIP 2005, 1437, 1441.

763 *Kübler*, FS Sigle, 183, 199; *Verse*, DStR 2007, 1822, 1827.

764 *Gärtner*, Der unfreiwillige Verlust, S. 327; *Grunewald*, Ausschluß, S. 250.

ist sachgerecht.[765] Sie trägt dem Umstand Rechnung, dass die Gesellschafter mit der Vereinbarung der Hinauskündigungsklausel zum Ausdruck gebracht haben, dass sie das Ausschlussrecht gerade nicht an eine sachliche Rechtfertigung knüpfen wollten. Der Vorrang des Vereinbarten wird damit auch auf der Beweisebene berücksichtigt. Dem entspricht, dass der vom Ausschluss betroffene Gesellschafter nur ausnahmsweise schutzbedürftig ist. Wer sich auf eine Ausnahme beruft (hier die Schutzbedürftigkeit), trägt auch nach allgemeinen Grundsätzen die Beweislast.[766]

4. Zusammenfassung

Die Ausübungskontrolle genießt eine Reihe von Vorteilen gegenüber der Inhaltskontrolle gem. § 138 Abs. 1 BGB. Der wichtigste Vorzug liegt in der gesteigerten Flexibilität. Diese kommt (i) in Form des größeren Einzelfallbezugs, (ii) in dem nach hinten geschobenen Beurteilungszeitpunkt und (iii) im Absehen von der starren Nichtigkeitsfolge zum Ausdruck. Die praktisch bedeutsame Umkehr der Darlegungs- und Beweislastverteilung ist ebenfalls zu begrüßen. Insgesamt greift die bewegliche Schranke der Ausübungskontrolle mit geringerer Intensität in das Gesellschaftsverhältnis ein. Sie respektiert die Gestaltungsfreiheit der Gesellschafter bei der Ausformung ihrer Gesellschaft.

II. Nachteile der Ausübungskontrolle

Allerdings ist auch die Ausübungskontrolle kein makelloses „Allheilmittel". Zur Vorbereitung der späteren Gesamtabwägung werden deshalb nun die Kritikpunkte beleuchtet, die aus Sicht der herrschenden Meinung allerdings gegen die Ausübungskontrolle sprechen.

1. Geringeres Schutzniveau – Damoklesschwert-Argument

Kritiker der Ausübungskontrolle bemängeln in erster Linie, dass sie nicht schutzintensiv genug sei. Während die einen primär auf einen unzureichenden Schutz der Funktionsfähigkeit der Gesellschaft abstellen[767], befürchten andere, dass der vom Ausschluss betroffene Gesellschafter trotz Ausübungskontrolle der Willkürherrschaft der Mitgesellschafter ausgeliefert bleibt[768].

---

765 So auch *Gärtner*, Der unfreiwillige Verlust, S. 326 f.; *Verse*, DStR 2007, 1822, 1827.

766 *Grunewald*, Ausschluß, S. 250.

767 *Armbrüster*, ZGR 2014, 333, 360; *Behr*, ZGR 1985, 475, 493.

768 *Heinemann*, ZHR 155 (1991), 447, 459; *Hofmann*, Minderheitsschutz, S. 378; *Miesen*, RNotZ 2006, 522, 523; *Wackerbeck*, Grenzen der Zulässigkeit, S. 200.

Verbindendes Argument ist dabei, dass allein schon die Existenz der Hinauskündigungsklausel eine verhaltenssteuernde Drucksituation für den Gesellschafter erzeuge. Der Gesellschafter könne seine Entscheidungsfreiheit in Gesellschaftsangelegenheiten nicht mehr ausüben. Damit werde die Richtigkeitsgewähr der Beschlussfassung beeinträchtigt und die Funktionsfähigkeit der Gesellschaft insgesamt gefährdet.[769] Zudem führe das freie Ausschlussrecht durch seine einschüchternde Wirkung dazu, dass sich der Betroffene systematisch dem Willen der Gegenseite beuge.[770] Das gedeihliche Zusammenwirken der Gesellschafter, das für die Gesellschaft als Zweckförderungsgemeinschaft elementar sei, werde in seinen Grundsätzen bedroht. Eine nachfolgende Ausübungskontrolle der Ausschlussentscheidung könne diese Beeinträchtigung nicht mehr beheben.[771] Denn die „Damoklesschwert-Bedrohung" in Form des Bestehens des freien Hinauskündigungsrechts wirke schon abstrakt ab Vertragsschluss auf den jeweiligen Gesellschafter ein und beeinflusse sein Handeln. Über die nachgehende Kontrolle des konkreten Ausschlusses könne die „Freiheit zur Opposition"[772] des Gesellschafters nicht wiederhergestellt werden. Die vorgelagerte Inhaltskontrolle der Hinauskündigungsklausel sei deshalb unverzichtbar.

2. *Verminderte Rechtssicherheit*

Die Ausübungskontrolle steht zudem im Verdacht die Rechtssicherheit zu beeinträchtigen. Die Rechtssicherheit profitiere nur auf den ersten Blick davon, dass die Zahl der Kontrollschritte auf die eine Schranke der Ausübungskontrolle reduziert werde. Zwar entfalle die Stufe der Inhaltskontrolle, die weitgehende Berücksichtigung von Einzelumständen im Rahmen der Ausübungskontrolle begründe aber ein hohes Maß an Unvorhersehbarkeit.[773] Im Rahmen der Inhaltskontrolle gebe die grundsätzliche Unzulässigkeit der Hinauskündigungsklausel den Rechtsanwendern zumindest eine Grundregel an die Hand, die als erster Anhaltspunkt für die Vertragsgestaltung genommen werden könne. Die

---

769 *Armbrüster*, ZGR 2014, 333, 360; *Behr*, ZGR 1985, 475, 493 f.; *Schöne*, Gesellschafterausschluß, S. 61; *Wackerbeck*, Grenzen der Zulässigkeit, S. 200; *Wiedemann*, ZGR 1980, 147, 155.

770 *Hofmann*, Minderheitsschutz, S. 378.

771 *Schöne*, Gesellschafterausschluß, S. 61.

772 *Schöne*, Gesellschafterausschluß, S. 70.

773 *Grunewald*, Ausschluß, S. 147 f.; *dies.*, DStR 2004, 1750, 1751 f.; *Wackerbeck*, Grenzen der Zulässigkeit, S. 201.

Kehrseite des geltend gemachten Vorteils der Einzelfallgerechtigkeit sei damit zugleich der Verlust an Rechtssicherheit.[774]

3. *Zusammenfassung*

Es könnten somit vorrangig zwei Gesichtspunkte gegen die alleinige Anwendung der Ausübungskontrolle sprechen: (1) Das geringere Schutzmaß dadurch, dass der mit der Hinauskündigungsklausel potentiell ausgelöste verhaltenssteuernde Druck bestehen bleibt und (2) das mit der größeren Einzelfallgerechtigkeit der Ausübungskontrolle einhergehende verringerte Maß an Vorhersehbarkeit des Überprüfungsergebnisses.

III. Gesamtabwägung

Im Rahmen einer Gesamtabwägung der aufgezeigten Vor- und Nachteile ist als erstes zu untersuchen, ob die potentiellen Nachteile der Ausübungskontrolle tatsächlich stichhaltig und damit anzuerkennen sind. Sofern die Nachteile widerlegt werden können, ist die Ausübungskontrolle ohne weitere Begründung gegenüber der Inhaltskontrolle vorzugswürdig. Eine weitergehende Abwägung ist nicht erforderlich. Bei der Untersuchung des notwendigen Schutzniveaus ist ein Blick auf die US-amerikanische Diskussion besonders lohnenswert. Dort wird die Frage, ob Hinauskündigungsklauseln wirklich per se ein verwerfliches Druckmittel sind, von einem etwas anderen – liberaleren – Standpunkt betrachtet.

1. *Vorwurf des unzureichenden Schutzumfangs*

Der Vorwurf des unzureichenden Schutzumfangs verfängt nur, wenn der vom Ausschluss betroffene Gesellschafter tatsächlich schon zwingend vor der bloßen Existenz der Hinauskündigungsklausel zu schützen ist. Das ist nur der Fall, wenn die Hinauskündigungsklausel den Gesellschafter von Anfang an unter einen unerträglichen Druck setzt. Die potentiell verhaltensbeeinflussende Wirkung der Hinauskündigungsklausel muss untragbar sein. Die Hinauskündigungsklausel muss geradezu „in beispielsloser Weise zur Errichtung eines ‚Schreckensregimes' des Kündigungsberechtigten dienen"[775].

Eine solche unerträgliche Wirkung der Hinauskündigungsklausel ist abzulehnen. Selbst wenn man der Hinauskündigungsklausel eine gewisse

774 *Wackerbeck*, Grenzen der Zulässigkeit, S. 201.

775 *Schöne*, Gesellschafterausschluß, S. 62.

verhaltenssteuernde Wirkung zuspricht, ist der Eingriff in die gesellschafterliche Entscheidungsfreiheit aufgrund der positiven Seiten der Klausel gerechtfertigt. Diese Vorteile der Hinauskündigungsklausel können durch einen Seitenblick auf das US-amerikanische Recht abgesichert werden. Des Weiteren schützt die deutsche Rechtsordnung die Entscheidungsfreiheit der Gesellschafter auch in anderen Konstellationen nicht ausnahmslos. Aus der neueren Rechtsprechung zu den Mehrheitsklauseln ergibt sich schließlich, dass der BGH die Vorzüge der Kontrolle des Gesellschafterbeschlusses anstatt der Vertragsklausel zumindest in Ansätzen selbst erkannt hat.

a) Positive Wirkungen der Hinauskündigungsklausel

Die Hinauskündigungsklausel darf nicht vorschnell als untragbares „Damoklesschwert" abgelehnt werden. Die herrschende Meinung führt die Diskussion über die Wirksamkeit von Hinauskündigungsklauseln vielfach zu einseitig. Die ebenfalls schutzwürdigen Interessen der zum Ausschluss Berechtigten werden nur unzureichend berücksichtigt.[776] Die besondere, von der Rechtsprechung betonte Schutzbedürftigkeit des vom Ausschluss Betroffenen ist nur eine Seite der Medaille. Wird der vom Ausschluss Betroffene stärker geschützt, führt dies zugleich zu einer Schwächung der Position der ausschließenden Mitgesellschafter.[777] Um einen gerechten Ausgleich zwischen den Interessen der Gesellschafter zu finden, müssen die nachfolgend dargestellten positiven Wirkungen des freien Ausschlussrechts ebenfalls berücksichtigt werden.[778] Nur auf diese Weise wird die im Gesellschaftsvertrag insgesamt vereinbarte Chancen- und Risikoverteilung angemessen berücksichtigt.[779]

aa) Hinauskündigungsklausel als Mittel zur Förderung des Gesellschaftszwecks

Das Interesse der Hinauskündigungsberechtigten, einen auftretenden Konfliktfall durch eine schnelle und einfache Trennung zu lösen, ist schutzwürdig.[780] Es ist grundsätzlich Sache der Gesellschafter festzulegen, mit welchen Mitteln und Anreizen sie das gedeihliche Zusammenwirken stärken wollen. Das verhaltensbeeinflussende Element der Hinauskündigungsklausel ist dabei nicht pauschal verwerflich. Die enge persönliche und durch ein hohes Maß an Vertrauen

776 *Flume*, DB 1986, 629; *Gärtner*, Der unfreiwillige Verlust, S. 270, 315.

777 Vgl. *Hey*, Ausschluß, S. 217.

778 So auch *Müller-Laube/Büsching*, JA 1989, 1, 7; *Verse*, DStR 2007, 1822, 1826.

779 *Hey*, Freie Gestaltung, S. 217.

780 *Blanke*, Das Recht zur Ausschließung, S. 139.

geprägte Zusammenarbeit ist – wie schon mehrfach herausgestellt – elementar wichtig in der Personengesellschaft. Kommt es zu massiven Verwerfungen zwischen den Gesellschaftern, kann sich eine ernstzunehmende Vertrauenskrise innerhalb der Gesellschaft entwickeln. Diese kann das gemeinsame Zusammenwirken unmöglich machen bzw. zumindest wesentlich erschweren. Schlimmstenfalls wird die Gesellschaft durch einen „Deadlock" vollständig gelähmt.[781] Die Hinauskündigungsklausel kann in solchen Konfliktsituationen disziplinierend wirken. Sie motiviert die beteiligten Gesellschafter dazu, nicht auf der eigenen Position zu beharren, sondern ernsthaft, konstruktiv und ergebnisoffen nach einer einvernehmlichen Lösung zu suchen. Die Klausel führt insgesamt zu einer höheren Kompromissbereitschaft zwischen den Gesellschaftern. Die bloße Existenz der Hinauskündigungsklausel kann daher entgegen der herrschenden Meinung den Gesellschaftszweck sogar fördern.[782] Es greift also zu kurz, die Hinauskündigungsklausel – wie von der Rechtsprechung vertreten – zum Schutz des gedeihlichen Zusammenwirkens stets für unwirksam zu erklären.

bb) Weitere Konfliktvermeidung

Können sich die Gesellschafter nicht auf einen gütlichen Kompromiss zur weiteren Zusammenarbeit einigen, hilft die Hinauskündigungsklausel bei der raschen Gesellschaftertrennung.[783] Es wird ein langgezogener Streit darüber vermieden, ob der auszuschließende Gesellschafter tatsächlich ausreichenden Grund für seinen Ausschluss gegeben hat. Es muss nicht nachgeprüft werden, inwiefern sein mögliches Fehlverhalten durch das vorangegangene (Fehl-)Verhalten der Mitgesellschafter verursacht worden ist.[784] In der Regel lässt sich ohnehin nicht trennscharf bestimmen, wer von den Gesellschaftern „gut" und wer „böse" ist. Der Beweis des Fehlverhaltens eines Gesellschafters ist insgesamt nur schwer zu führen.[785] Es besteht gerade an der Eliminierung dieses Beweisrisikos ein schützenswertes Interesse. Die schnelle, von langwierigen Beweispflichten befreite Trennungsmöglichkeit ist wesentlich für die Wiederherstellung der Handlungsfähigkeit der Gesellschaft.

cc) Flexibilität und Kosteneffizienz

Die Gesellschafter sind bei der Führung ihrer Geschäfte auf ein ausreichendes Maß an Flexibilität angewiesen.[786] Dazu zählt auch die rasche Reaktionsmöglichkeit

781 *Schmolke*, ECFR 2012, 380, 388.
782 So auch *Kübler*, FS Sigle, 183, 193.
783 *Koller*, DB 1984, 545, 546.
784 *Kübler*, FS Sigle, 183, 193; *Müller-Laube/Büsching*, JA 1989, 1, 7 f.
785 *Becker*, Zulässigkeit von Hinauskündigungsklauseln, S. 80.
786 *Loritz*, JZ 1986, 1073, 1075.

auf Konflikte im Gesellschafterkreis. Wie gezeigt, können durch die Vereinbarung von Hinauskündigungsklauseln langwierige und teure Rechtsstreite mit schwieriger Beweislage verhindert werden.[787] Ein jahrelang andauernder Schwebezustand belastet die Gesellschafter nicht nur persönlich, sondern ist auch wirtschaftlich nachteilig für die Gesellschaft im Ganzen.[788] Die einfache und reibungslose Trennung von einem Gesellschafter stellt sowohl zeitlich als auch kostenmäßig die effizienteste Konfliktlösungsform dar. Daran haben die Gesellschafter ein berechtigtes Interesse.

dd) Zusammenfassung

Es ist zu einseitig, die Hinauskündigungsklausel ausschließlich als verwerfliches Mittel der Gesellschafterunterdrückung anzusehen. Sie wirkt sich in vielen Aspekten positiv auf die Zusammenarbeit der Gesellschafter aus: (1) Sie hält die Gesellschafter zu größerer Kompromissbereitschaft an, (2) bei einer Eskalation des Konflikts vermeidet sie zusätzlichen Streit über das Vorliegen eines ausreichenden Ausschlussgrundes und (3) ermöglicht sie eine ausreichende unternehmerische Flexibilität. Es werden so wirtschaftlich nachteilige Phasen der Handlungsunfähigkeit der Gesellschaft vermieden. Diese positiven Wirkungen der Hinauskündigungsklausel sind bei der Beurteilung des notwendigen Schutzniveaus zu berücksichtigen. Sie widersprechen dem „Damoklesschwert-Argument".

b) Seitenblick auf das US-amerikanische Recht

In der US-amerikanischen Rechtsdiskussion sind die gerade beschriebenen Vorteile der Vereinbarung eines freien Ausschlussrechts praktisch unbestritten. In den leitenden Gerichtsentscheidungen *Holman v. Coie, Lawlis v. Kightlinger & Gray* und *Gelder Medical Group v. Webber* wird die Vorteilhaftigkeit der freien Ausschlussklauseln ohne große Diskussion anerkannt.[789] Es gilt als legitimes Ziel der Gesellschafter, schwierige und langgezogene Rechtsstreitigkeiten über das Vorliegen eines wichtigen Ausschlussgrundes zu vermeiden.[790] Das Interesse

---

787 *Loritz*, JZ 1986, 1073, 1075.

788 *Becker*, Zulässigkeit von Hinauskündigungsklauseln, S. 80; *Schmolke*, ECFR 2012, 308, 388, 415 f.

789 *Holman v. Coie*, 522 P.2d 515, 524 (Wash. Ct. App. 1974); *Gelder Medical Group v. Webber*, 363 N.E.2d 573, 577 (1977); *Lawlis v. Kightlinger & Gray*, 562 N.E.2d 435, 442 (Ind. Ct. App. 1990).

790 *Gelder Medical Group v. Webber*, 363 N.E.2d 573, 577 (1977); *Holman v. Coie*, 522 P.2d 515, 524 (Wash. Ct. App. 1974); so auch bei *Kleinberger*, Agency, Partnerships, and LLCs, S. 408.

daran, eine schnelle und praktische Trennungsmöglichkeit zu vereinbaren, wird über das Schutzinteresse des Auszuschließenden gestellt.[791] Sowohl von der Rechtsprechung als auch von der US-amerikanischen Literatur wird dabei darauf verwiesen, dass eine Partnerschaft nur funktionieren kann, wenn die Gesellschafter vertrauensvoll zusammenarbeiten.[792] Daher sei das Bestreben der übrigen Gesellschafter schutzwürdig, die zerstrittene Gesellschaft durch den Ausschluss eines „störenden" Gesellschafters zu befrieden.[793] Die Möglichkeit, das Vertrauensverhältnis durch die sofortige Entfernung eines Gesellschafters wiederherzustellen, gilt als besonders vorteilhaft für die Gesellschaft als Gesamtheit.[794] Während die deutsche Rechtsprechung den potentiellen Willenssteuerungseffekt der freien Ausschlussklausel negativ als Damoklesschwert-Effekt bezeichnet, hebt die herrschende Meinung im US-Recht genau diesen Disziplinierungseffekt als besonders positiv hervor. Durch die Vereinbarung der Hinauskündigungsklausel werde ein wirksames Mittel zur Disziplinierung und notfalls auch Bestrafung eines Gesellschafters „auf Abwegen" geschaffen.[795] Der Schutz des Auszuschließenden wird zurückgestellt, um den Ruf und die Funktionsfähigkeit der Gesellschaft abzusichern.[796]

Der Seitenblick auf das Meinungsbild in den USA zeigt, dass der Hinauskündigungsklausel andernorts eindeutig positive Auswirkungen zugeschrieben werden. Das US-amerikanische Recht hält die Vereinbarung eines freien Ausschlussrechts mehrheitlich für ausgesprochen nützlich. Die großzügige Akzeptanz von Hinauskündigungen hat in den USA bisher weder massenhaft Fälle willkürlicher Gesellschafterausschlüsse noch sonstige Missstände hervorgebracht. Es wird noch deutlicher, dass die negative Pauschalcharakterisierung der Hinauskündigungsklausel als „Damoklesschwert" zu einseitig ist.

c) Absolute Entscheidungsfreiheit nicht erforderlich

Das deutsche Gesellschaftsrecht schützt die Entscheidungsfreiheit der Gesellschafter auch sonst nicht ausnahmslos. So wird zum einen zugelassen, dass Gesellschafter Teile ihrer Entscheidungsfreiheit unmittelbar abgeben. Sie können sich z.B. im Rahmen von Stimmrechtsbindungsverträgen verpflichten, ihr Stimmrecht

---

791 *Lawlis v. Kightlinger & Gray*, 562 N.E.2d 435, 442 (Ind. Ct. App. 1990).

792 *Holman v. Coie*, 522 P.2d 515, 524 (Wash. Ct. App. 1974); *Kleinberger*, Agency, Partnerships, and LLCs, S. 408; *Ribstein*, 55 Bus. Law. 2000, 845, 846 ff.

793 *Kleinberger*, Agency, Partnerships, and LLCs, S. 408.

794 *Kleinberger*, Agency, Partnerships, and LLCs, S. 408.

795 *Ribstein*, 55 Bus. Law. 2000, 845, 846 ff.

796 *Ribstein*, 55 Bus. Law. 2000, 845, 847.

nur in einer bestimmten Art und Weise auszuüben.[797] Für Kapitalgesellschafter besteht auch die Möglichkeit, über die Zustimmung zu einem Beherrschungsvertrag nach § 291 Abs. 1 S. 1 AktG weitreichende Entscheidungskompetenzen abgeben.[798] Zum anderen hat der Gesetzgeber mit dem Squeeze-Out gem. §§ 327a ff. AktG selbst ein Instrument geschaffen, dessen bloß drohender Einsatz die Entscheidungsfreiheit des Minderheitsaktionärs theoretisch beeinträchtigen kann.

Der Squeeze-Out ist an dieser Stelle interessant und für die vorliegende Frage besonders bedeutsam: Nach den §§ 327a ff. AktG ist ein Mehrheitsaktionär, der mindestens 95 % des Grundkapitals hält, berechtigt, die übrigen Aktionäre ohne besonderen Grund auszuschließen. Es bestehen Parallelen zur Hinauskündigungssituation. Der Minderheitsaktionär kann ähnlich wie beim Vorliegen einer Hinauskündigungsklausel durch den stets drohenden Squeeze-Out in seiner Entscheidungsfreiheit eingeschränkt sein.[799] Die Rechtsordnung hält das im Fall des Squeeze-Outs nicht für problematisch. Das Squeeze-Out-Recht wird nicht als verwerfliches „Damoklesschwert", sondern als nützliches Instrument der Mehrheitssicherung angesehen.

aa) Squeeze-Out Regeln: Vollständige Übertragbarkeit auf das Personengesellschaftsrecht?

Teile des Schrifttums folgern aus der Schaffung des Squeeze-Outs, dass die Hinauskündigung im Personengesellschaftsrecht nach dem gesetzgeberischen Willen entsprechend anzuerkennen sei.[800] Das, was für die Kapitalgesellschaft regelmäßig zulässig sei, könne für das Personengesellschaftsrecht nicht grundsätzlich unzulässig sein.[801] Es müssten lediglich, wie in den §§ 327a ff. AktG vorgesehen, die wirtschaftlichen Interessen des betreffenden Gesellschafters berücksichtigt werden.[802]

Dem kann in dieser Pauschalität nicht gefolgt werden. Ausgangspunkt ist die Frage, ob ein Gestaltungsmittel, das der Gesetzgeber ausdrücklich für eine

---

797 *Beischer*, Ausschluss, S. 148; *Gärtner*, Der unfreiwillige Verlust, S. 184; *Roth*, in: Baumbach/Hopt, § 119 HGB Rn. 17 f.; *Schäfer*, in: MüKoBGB, § 717 Rn. 20 ff.

798 Siehe dazu auch *Gärtner*, Der unfreiwillige Verlust, S. 182 f.; zur analogen Anwendung der §§ 291 ff. AktG auf die GmbH siehe *Altmeppen*, in: MüKoAktG, § 291 Rn. 19.

799 *Gärtner*, Der unfreiwillige Verlust, S. 183 f.

800 *Grunewald*, DStR 2004, 1750, 1751; *Harrer*, FS Sonnenberger, 235, 244 ff.; *Kowalski/Bormann*, GmbHR 2004, 1438, 1441 f.; *Sosnitza*, DStR 2005, 72, 74; a.A. *Werner*, WM 2006, 213, 215 f.

801 So schon in etwas anderem Zusammenhang *Immenga*, ZGR 1974, 385, 390.

802 *Harrer*, FS Sonnenberger, 235, 244 ff.

bestimmte Rechtsform zur Verfügung stellt, nicht ebenfalls von Gesellschaftern anderer Rechtsformen vertraglich vereinbart werden können muss.[803] Dafür müssen die Situationen in den betreffenden Rechtsformen vergleichbar sein. Bei dem aktienrechtlichen Squeeze-Out handelt es sich um ein Ausschlussrecht, das dem alleinigen Mehrheitsgesellschafter gegenüber einer nur sehr kleinen Minderheit zusteht.[804] Eine Anwendung auf andere Gesellschaftsformen ist nur denkbar, wenn eine ebenso klare Verteilung der Mehrheits- und Minderheitsanteile vorliegt. Davon ist in der Personengesellschaft nicht immer auszugehen. Mit der Vereinbarung einer Hinauskündigungsklausel wird nicht stets nur der Ausschluss eines absoluten Minderheitsgesellschafters durch die Mehrheit bezweckt. Die Gesellschaftsanteile sind oft gleichmäßiger verteilt. Zudem sind Personengesellschaften viel stärker auf eine enge und dauerhafte persönliche Bindung ausgelegt als anonyme, auf den freien Handel ausgerichtete Aktiengesellschaften. Es fehlt an der erforderlichen Vergleichbarkeit zwischen der Ausschlusssituation in der Aktiengesellschaft und der Personengesellschaft. Die aktienrechtlichen Regeln des Squeeze-Outs können daher nicht per se einer anfänglichen Unwirksamkeit von Hinauskündigungsklauseln im Personengesellschaftsrecht entgegengehalten werden.

bb) Nur Berücksichtigung der Grundwertungen

Die Regeln der §§ 327a ff. AktG müssen für diese Untersuchung allerdings auch nicht vollumfänglich auf das Personengesellschaftsrecht übertragbar sein. Es reicht aus, die wesentlichen Grundwertungen einzubeziehen, die den Gesetzgeber zur Schaffung der §§ 327a ff. AktG veranlasst haben. Laut Gesetzesbegründung sollte der Squeeze-Out hauptsächlich der „Stärkung der unternehmerischen Flexibilität“[805] dienen. Kleinstbeteiligungen sollten nicht mehr dazu missbraucht werden können, den Mehrheitsaktionär bei der Unternehmensleitung zu behindern und ihn zu finanziellen Zugeständnissen zu veranlassen.[806] Laut Gesetzesbegründung wurden die widerstreitenden Interessen von Ausschlussberechtigten und -bedrohten bei der Entwicklung der §§ 327a ff. AktG umfassend gegeneinander abgewogen.[807] Der Gesetzgeber hat dabei angenommen, dass das Interesse des Hauptaktionärs an der alleinigen Führungsmacht regelmäßig das Interesse des Minderheitsaktionärs an weiterer Beteiligung überwiegt. Der auszuschließende Minderheitsaktionär muss nur auf

803 Dazu auch *Gärtner*, Der unfreiwillige Verlust, S. 271 ff.

804 *Gärtner*, Der unfreiwillige Verlust, S. 281 f.

805 Begr. RegE BT-Drs. 14/7034, S. 32.

806 Begr. RegE BT-Drs. 14/7034, S. 31 f.

807 *Gärtner*, Der unfreiwillige Verlust, S. 274.

wirtschaftlicher Ebene ausreichend abgefunden werden. Diese Grundwertungen lassen sich im Rahmen der Diskussion zu Hinauskündigungsklauseln heranziehen. Es wird hier gerade keine 1:1 Übertragung der Squeeze-Out Regeln auf die Personengesellschaft angestrebt. Stattdessen geht es nur darum, dass gesetzgeberische Grundwertungen bei der allgemeinen Rechtsanwendung einbezogen werden. Dafür reicht es aus, dass Parallelen zwischen den Ausschlussinteressen im Aktienrecht und Personengesellschaftsrecht bestehen; einer weitergehenden Vergleichbarkeit, wie oben angesprochen, bedarf es nicht. Aus den Squeeze-Out Regeln wird ersichtlich, dass die Interessen eines Mehrheitsgesellschafters, bzw. hier der Gesellschaftermehrheit, nicht zwingend hinter dem Schutz des „schwächeren" Gesellschafters zurückzutreten haben. Der Gesetzgeber hat das Gesellschafterinteresse an unternehmerischer Flexibilität und ungestörter Leitungsmacht als legitim anerkannt. Um ein solches Interesse geht es auch bei Hinauskündigungsklauseln in der Personengesellschaft.

cc) Zusammenfassung

Der Gesellschafter muss nach der gesetzgeberischen Vorstellung nicht uneingeschränkt frei in seinen Entscheidungen bleiben. Es gibt zum einen verschiedene gesetzlich zugelassene Gestaltungsmittel zur freiwilligen Abgabe von Entscheidungskompetenzen. Zum anderen hat der Gesetzgeber mit der Schaffung des Squeeze-Outs verdeutlicht, dass es legitime Gründe dafür gibt, das Ausschlussinteresse der übrigen Gesellschafter über den Schutz des Auszuschließenden zu stellen. Diese grundsätzlichen Wertungen des Gesetzgebers widersprechen dem pauschalen Damoklesschwert-Argument der Rechtsprechung.

d) Parallelen zur neueren Rechtsprechung zu Mehrheitsklauseln

Im Rahmen dieser Diskussion kann auch die neuere Rechtsprechung zu den Mehrheitsklauseln[808] herangezogen werden. Der vom BGH vorgenommene verstärkte Rückgriff auf das Gebot von Treu und Glauben gem. § 242 BGB entspricht der hier vorgestellten Lösung über die flexible Ausübungskontrolle i.S.d. § 242 BGB bereits in einigen wesentlichen Aspekten.

Wie auf S. 138 ff. dargestellt, hat der BGH mit Entscheidung vom 21.10.2014[809] die Kontrolle von Mehrheitsklauseln anhand des Bestimmtheitsgrundsatzes aufgegeben. Früher waren Mehrheitsentscheidungen von Gesellschaftern im Kernbereich der Gesellschafterrechte nur formell rechtmäßig,

808 BGH v. 21.10.2014 – II ZR 84/13, NJW 2015, 859.
809 BGH v. 21.10.2014 – II ZR 84/13, NJW 2015, 859.

wenn der Gesellschaftervertrag für den konkreten Beschlussgegenstand eine genau bestimmte Ermächtigung enthielt. Nach dem neuen Konzept des BGH unterliegen Mehrheitsentscheidungen nunmehr der bereits oben beschriebenen zweistufigen Wirksamkeitsprüfung.[810] Es kommt danach bei der inhaltlichen Prüfung der Mehrheitsentscheidung auf zweiter Stufe allein auf Folgendes an: Der Eingriff in die individuelle Rechtsstellung des Gesellschafters muss (i) im Interesse der Gesellschaft geboten und (ii) dem betroffenen Gesellschafter unter Berücksichtigung seiner eigenen schutzwerten Belange gem. § 242 BGB zumutbar sein.[811] Sofern der Eingriff nicht geboten oder unzumutbar ist, bedarf der fragliche Beschluss der Zustimmung des betroffenen Gesellschafters. Die fehlende Zustimmung lässt die Wirksamkeit der Mehrheitsklausel an sich unberührt; nur die Beschlussfassung ist gegenüber dem betroffenen Gesellschafter unwirksam.[812] Der Rechtssprechungswechsel wurde mit Ausnahme einiger kritischer Stimmen[813] überwiegend begrüßt[814]. Der BGH hat also – zumindest im Zusammenhang mit Mehrheitsklauseln – erkannt, dass es zum Schutz des Betroffenen nicht zwingend erforderlich ist, schon die Ermächtigungsklausel an sich für unwirksam zu erklären. Stattdessen hat die Rechtsprechung die einzelfallabhängige Kontrolle des Mehrheitsbeschlusses als ausreichend schutzintensiv erachtet. Durch die Aufgabe der strikten Klauselkontrolle wird auch hier die Einzelfallgerechtigkeit in den Mittelpunkt gerückt.

e) Zwischenergebnis

Die Ausübungskontrolle ist schutzintensiv genug. Ein Personengesellschafter muss nicht schon vor der bloßen Existenz der Hinauskündigungsklausel geschützt werden. Die Ablehnung der Hinauskündigungsklausel als verwerfliches „Damoklesschwert" ist zu einseitig. Die legitimen Interessen der ausschließenden Gesellschafter werden dabei zu Unrecht nicht berücksichtigt. Auch ein Blick auf das sonstige Gesellschaftsrecht zeigt, dass es keine gesetzgeberische

810 BGH v. 24.11.2008 – II ZR 116/08, NJW 2009, 669, 671 ff.

811 BGH v. 21.10.2014 – II ZR 84/13, NJW 2015, 859, 862.

812 Es handelt sich um eine besondere, nur gegenüber dem betroffenen Gesellschafter wirkende Kategorie eines Beschlussmangels, vgl. BGH v. 21.10.2014 – II ZR 84/13, NJW 2015, 859, 862; *Leuering/Rubner*, NJW-Spezial 2017, 655, 656.

813 *Altmeppen*, NJW 2015, 2065, 2066 ff.; *Risse/Höfling*, NZG 2017, 1131 ff.

814 *Goette/Goette*, DStR 2016, 74, 83 f.; *Grunewald*, BB 2015, 333; *Heckschen/Bachmann*, NZG 2015, 531, 537; *Schäfer*, ZIP 2015, 1313 f.; *Wertenbruch*, DB 2014, 2875, 2876 f.; nur eingeschränkt zustimmend *Priester*, NZG 2015, 529, 530 f.; *Ulmer*, ZIP 2015, 657, 658 f.

Grundregel gibt, nach der die Entscheidungsfreiheit zwingend vor jeder potentiellen Beschränkung zu schützen ist. Der BGH hat zudem an anderer Stelle selbst die Vorzüge einer nachgelagerten flexiblen Kontrolle gem. § 242 BGB erkannt und zur Begründung der Aufgabe der strikten Kontrolle der Mehrheitsklauseln herangezogen. Eine Notwendigkeit, den vom Ausschluss betroffenen Gesellschafter pauschal durch eine starre Inhaltskontrolle der Hinauskündigungsklausel zu schützen, besteht nicht. Der Vorwurf des unzureichenden Schutzumfangs der Ausübungskontrolle ist insgesamt widerlegt.

2. *Vorwurf der verminderten Rechtssicherheit*

Der starke Einzelfallbezug der Ausübungskontrolle macht das Kontrollergebnis flexibel. Generelle, allgemeingültige Vorabwertungen sind schwer im Voraus zu definieren. Dieser Vorwurf trifft die Lösung des BGH aber noch viel mehr: Wie dargestellt, wendet die Rechtsprechung eine zweistufige Prüfung bei der Hinauskündigung an. Auf der zweiten Kontrollstufe prüft der BGH ebenfalls die konkrete Ausübung des Hinauskündigungsrechts im Einzelfall. Allerdings führt die Rechtsprechung auf der ersten Kontrollstufe zusätzlich die Inhaltskontrolle durch. Statt einer Kontrollstufe, die gegebenenfalls mit Unsicherheiten belastet ist, nimmt der BGH mit der Inhaltskontrolle sogar eine weitere, noch schwerer vorhersehbare Kontrollstufe hinzu.[815] Die Prüfung der Rechtsprechung ist auch nicht dadurch vorhersehbarer als die hier vorgestellte Lösung, dass die Hinauskündigungsklausel bereits im ersten Schritt grundsätzlich für unwirksam erklärt wird. Die Rechtsprechung lässt im konkreten Einzelfall reihenweise Ausnahmen von der eigenen, abstrakten Grundregel zu. Allein durch diese Vermischung von abstrakter Inhaltskontrolle mit zahlreichen, konkreten Ausnahmen sowie der Ausübungskontrolle im Einzelfall kann von einer Vorhersehbarkeit des Ausgangs der Inhaltskontrolle keine Rede mehr sein. Im Ergebnis vermindert die hier vorgeschlagene einstufige Lösung die Rechtssicherheit nicht, sondern stärkt sie vielmehr.

3. *Ergebnis*

Die von der herrschenden Meinung identifizierten Nachteile der Lösung über die Ausübungskontrolle bestehen nicht. Eine konsequent durchgeführte Ausübungskontrolle schützt den vom Ausschluss betroffenen Gesellschafters ausreichend. Es bedarf keiner vorgelagerten Inhaltskontrolle der Hinauskündigungsklausel. Die bloße Existenz von Hinauskündigungsklauseln begründet

---

815 *Gärtner*, Der unfreiwillige Verlust, S. 315; *Verse*, DStR 2007, 1822, 1825.

noch kein „Schreckensregime“ der ausschlussberechtigten Gesellschafter. Die Einsatzmöglichkeit der Hinauskündigungsklausel zur Erhöhung der Kompromissbereitschaft und als Instrument der effizienten Gesellschaftertrennung entspricht den legitimen Interessen der Ausschlussberechtigten. Diese Interessen sind – ebenso wie im US-amerikanischen Personengesellschaftsrecht selbstverständlich – anzuerkennen. Sie widersprechen einer Schutzbedürftigkeit, der nur durch die pauschale Unwirksamkeitserklärung der Hinauskündigungsklausel entsprochen werden kann. Auch ein Blick auf die Squeeze-Out Regeln und die BGH-Rechtsprechung zu den Mehrheitsklauseln bestätigt dieses Ergebnis. Schließlich ist die einstufige Ausübungskontrolle sogar rechtssicherer als die Lösung des BGH, die auf zwei Prüfungsstufen mit Unsicherheiten belastet ist. Als Ergebnis der Gesamtabwägung überwiegen die Vorteile der Ausübungskontrolle eindeutig die (ohnehin widerlegten) Nachteile. Sie ist gegenüber der starren Inhaltskontrolle des BGH vorzugswürdig.

C. Abgrenzung zu alternativen Lösungsansätzen im Schrifttum

Die gerade herausgestellte Vorzugswürdigkeit der vorgeschlagenen Lösung gegenüber der Inhaltskontrolle des BGH reicht allein nicht aus. Die Ausübungskontrolle muss sich auch gegen die anderen im Schrifttum vertretenen Meinungsansätze durchsetzen können. Es geht dabei hauptsächlich um zwei Lösungsansätze: Zum einen hält *Gehrlein* eine Lösung über § 139 BGB analog für zweckmäßiger; zum anderen wird vertreten, dass der Ausübungskontrolle nach der Lehre vom Gesellschafter minderen Rechts in bestimmten Konstellationen die Prüfungsgrundlage fehle.

I. Gehrleins Lösung über § 139 BGB analog

Gehrlein[816] geht in Übereinstimmung mit der Rechtsprechung davon aus, dass Hinauskündigungsklauseln unwirksam sind.[817] Er schlägt aber vor, die Hinauskündigungsrechtsprechung auf Rechtsfolgenseite weiterzuentwickeln. Hinauskündigungsklauseln sollen insofern nach § 139 BGH analog aufrechterhalten werden, derart, dass das Ausschlussrecht auf einen im Gesellschaftsvertrag zwar nicht genannten, aber nachgeschobenen, allgemein anerkannten sachlichen Grund gestützt werden kann.[818] Der Ausgeschlossene müsse den Ausschluss

---

816 *Gehrlein*, NJW 2005, 1969, 1972 f.
817 *Gehrlein*, NJW 2005, 1969, 1972.
818 *Gehrlein*, NJW 2005, 1969, 1972.

aus solchen sachlichen Gründen akzeptieren, die bei Vertragsschluss wirksam gesellschaftsvertraglich hätten vereinbart werden können.[819] *Gehrlein* beruft sich darauf, dass der vom Ausschluss betroffene Gesellschafter weniger schutzwürdig sei, als vom BGH angenommen. Schließlich habe es der Gesellschafter versäumt, seine Interessen durch anfängliche Verhinderung der Hinauskündigungsklausel ausreichend durchzusetzen.[820]

Mit Recht wird der von Gehrlein entwickelte Vorschlag in der Literatur vielfach abgelehnt.[821] Aus den oben erläuterten Gründen überzeugt schon die grundsätzliche Ablehnung des freien Ausschlussrechts nicht. Der betroffene Gesellschafter ist nicht nur vermindert schutzwürdig, sondern in der Regel gar nicht (mit Ausnahme der Schutzwürdigkeit im Rahmen der Ausübungskontrolle nach § 242 BGB). Wenn die Hinauskündigungsklauseln nicht gem. § 138 Abs. 1 BGB nichtig sind, gibt es keinen Grund auf den Mechanismus der geltungserhaltenden Reduktion zurückzugreifen. Der teilweisen Aufrechterhaltung der Hinauskündigungsklausel fehlt der Anknüpfungspunkt. Der Ansatz Gehrleins ist abzulehnen.

II. Gleichbehandlungsgrundsatz und Lehre vom Gesellschafter minderen Rechts

Die Ausübungskontrolle ist der Inhaltskontrolle des BGH und dem Ansatz Gehrleins, wie gezeigt, vorzuziehen. Wenn die Hinauskündigungsklausel allerdings aus anderen Gründen als zwingend nichtig anzusehen ist, ergibt es – trotz ihrer Vorteile – keinen Sinn, die Lösung über die Ausübungskontrolle zu suchen. Denn ohne zunächst wirksame Klausel ist eine darauf basierende Ausschlussentscheidung ebenfalls nichtig. Die konkrete Ausübungskontrolle der Ausschlussentscheidung läuft ins Leere. Eine solche (Teil-)Nichtigkeit der Hinauskündigungsklausel befürwortet die Lehre vom Gesellschafter minderen Rechts wegen eines Verstoßes gegen den Gleichbehandlungsgrundsatz.

1. Gleichbehandlungsgrundsatz im Allgemeinen

Als zentrales Rechtsprinzip findet der Gleichbehandlungsgrundsatz im Personengesellschaftsrecht auch ohne ausdrückliche gesetzliche Regelung (wie in

---

819 *Gehrlein*, NJW 2005, 1969, 1973.

820 *Gehrlein*, NJW 2005, 1969, 1972.

821 *Gärtner*, Der unfreiwillige Verlust, S. 333 f.; *Schulte/Hushahn*, in: MünchHdBGesR, Bd. I, § 74 Rn. 80; *Verse*, DStR 2007, 1822, 1829; a.A. *Wackerbeck*, Grenzen der Zulässigkeit, S. 209 f.

§ 53a AktG für die Aktiengesellschaft) Anwendung.[822] Er gibt vor, dass Gesellschafter nicht ohne sachlichen Grund bzw. willkürlich ungleich behandelt werden dürfen.[823] Nach überzeugender Meinung kann der Gleichbehandlungsgrundsatz vertraglich abbedungen werden.[824] Es ist nicht mit dem Grundsatz der Privatautonomie vereinbar, den Gesellschaftern nur unter Nachweis eines sachlichen Grundes zu erlauben, ungleiche Rechte und Pflichten im Gesellschaftsvertrag zu vereinbaren.[825] Der Gleichbehandlungsgrundsatz ist insgesamt nicht mit einem Zwang zur Herstellung einer allgemeinen Gleichheit im Gesellschaftsrecht zu verwechseln.[826] Es liegt in der freien Gestaltungsmacht der Gesellschafter, Gesellschafterpositionen unterschiedlich stark auszugestalten.

2. *Lehre vom Gesellschafter minderen Rechts*

Flume hat die Lehre vom Gesellschafter minderen Rechts Ende 1970 entwickelt.[827] Danach kann es, wie oben bereits erwähnt, in einer Gesellschaft zwei Arten von Gesellschaftern geben: Gleichberechtigte und minderberechtigte.[828] Letztere besitzen nach dem Gesellschaftsvertrag eine mindere Stellung mit weniger Rechten.[829] Nach dieser Lehre sind Hinauskündigungsklauseln nur wirksam, wenn das grundlose Ausschlussrecht gegenüber minderberechtigten Gesellschaftern besteht.[830] Hinauskündigungsklauseln unter sog. „gleichberechtigten" Gesellschaftern sind unwirksam.[831] Denn Klauseln, die die Hinauskündigung gegenüber „gleichberechtigten" Gesellschaftern ermöglichen, seien nicht mit dem Gleichbehandlungsgrundsatz vereinbar.[832] Nach der Lehre vom Gesellschafter

---

822 *Schäfer*, in: MüKoBGB, § 705 Rn. 244.

823 *Gärtner*, Der unfreiwillige Verlust, S. 344; *Grunewald*, Gesellschaftsrecht, S. 17; *Schäfer*, in: MüKoBGB, § 705 Rn. 245; *Schmidt*, GesR, S. 463; *Wackerbeck*, Grenzen der Zulässigkeit, S. 39; *Wiedemann*, GesR Bd. I, S. 427.

824 BGH v. 27.09.1965 – II ZR 186/63, WM 1965, 1284, 1286; *Gärtner*, Der unfreiwillige Verlust, S. 347; *Hey*, Freie Gestaltung, S. 220; *Hueck*, FS Heymann, 700, 717; *Manke*, Das Recht zur Ausschließung, S. 70; *Schäfer*, in: MüKoBGB, § 705 Rn. 247; *Servatius*, in: Henssler/Strohn, § 705 BGB Rn. 60; *Wackerbeck*, Grenzen der Zulässigkeit, S. 48 f.; a.A. *Flume*, NJW 1979, 902.

825 *Gärtner*, Der unfreiwillige Verlust, S. 347.

826 *Schmidt*, GesR, S. 463.

827 Erstmalig in *Flume*, NJW 1979, 902.

828 *Flume*, NJW 1979, 902, 903 f.

829 *Flume*, JZ 1985, 1105, 1108.

830 *Flume*, DB 1986, 629, 633.

831 *Flume*, NJW 1979, 902; *ders.*, JZ 1985, 1105, 1108; *ders.*, DB 1986, 629, 633 ff.

832 *Flume*, NJW 1979, 902; *ders.*, DB 1986, 629, 633.

minderen Rechts ist damit nur ein freies Ausschlussrecht gegenüber minderberechtigten Gesellschaftern möglich; für den Ausschluss von gleichberechtigten Gesellschaftern ist ein wichtiger Grund erforderlich.

Die Lehre vom Gesellschafter minderen Rechts ist abzulehnen.[833] Der Gleichbehandlungsgrundsatz ist, wie oben gesehen, nicht zwingend, sondern dispositiv. In der Zustimmung zur Hinauskündigungsklausel liegt auch unter „gleichberechtigten" Gesellschaftern ein entsprechender Verzicht auf die Einhaltung des Gleichbehandlungsgebotes.[834] Ein solcher Verzicht ist gegenüber einer konkret umrissenen zukünftigen Maßnahme der jeweiligen Gesellschaftermehrheit – hier der Hinauskündigung – möglich.[835] Damit sind Hinauskündigungsklauseln entgegen der Lehre vom Gesellschafter auch gegenüber „gleichberechtigten" Gesellschaftern wirksam.

III. Ergebnis

Die Lösung Gehrleins über die teilweise Aufrechterhaltung der Hinauskündigungsklausel als Ausschlussrecht aus sachlichem Recht überzeugt nicht. Die Hinauskündigungsklauseln sind schon im ersten Schritt nicht gem. § 138 Abs. 1 BGB nichtig. Auch verstoßen Hinauskündigungsklauseln weder gegenüber „minderberechtigten" noch gegenüber „gleichberechtigten" Gesellschaftern gegen den Gleichbehandlungsgrundsatz. Im Ergebnis erweisen sich der Ansatz Gehrleins und Flumes Lehre vom Gesellschafter minderen Rechts weder dogmatisch noch praktisch als gegenüber der hier vertretenen Lösung über die Ausübungskontrolle überlegen.

D. Übermaßverbot

Aus dem vorgenannten Ergebnis folgt nicht nur, dass die Lösung über die Ausübungskontrolle favorisiert werden sollte. Aufgrund des Übermaßverbotes muss ihr sogar der Vorzug eingeräumt werden.[836] Der Vorrang der Privatautonomie und der oben herausgearbeitete Ausnahmecharakter des § 138 Abs. 1 BGB führen

---

833 So auch BGH v. 19.9.2005 – II ZR 342/03, NJW 2005, 3644, 3646; BGH v. 9.1.1989 – II ZR 83/88, NJW 1989, 2685, 2686; *Bunte*, ZIP 1983, 8, 13; *Gärtner*, Der unfreiwillige Verlust, S. 352 ff.; *Hirtz*, BB 1981, 761, 763; *Huber*, ZGR 1980, 177, 199; *Schöne*, Gesellschafterausschluß, S. 67 f.

834 *Gärtner*, Der unfreiwillige Verlust, S. 363; *Huber*, ZGR 1980, 177, 199; *Schöne*, Gesellschafterausschluß, S. 68; *Verse*, DStR 2007, 1822, 1829.

835 *Verse*, DStR 2007, 1822, 1829.

836 *Gärtner*, Der unfreiwillige Verlust, S. 298.

dazu, dass der Schutz des betroffenen Gesellschafters über das am wenigsten einschneidende Mittel zu gewähren ist. Dieser Grundsatz gilt auch bei der Auswahl des angemessenen Kontrollinstruments für Hinauskündigungsklauseln. Die von der Rechtsprechung etablierte Inhaltskontrolle muss sich neben den Kriterien der Geeignetheit und der Angemessenheit im engeren Sinne insbesondere am Maßstab der Erforderlichkeit messen lassen. Das bedeutet, dass eine gleich wirksame, aber weniger belastende Maßnahme Vorrang gegenüber der Inhaltskontrolle genießt.[837] Die Ausübungskontrolle greift aufgrund ihrer einzelfallabhängigen und nur punktuell ansetzenden Überprüfungswirkung weniger intensiv in die Vertragsfreiheit ein.[838] Dabei bietet sie, wie gezeigt, ein ebenso ausreichendes Schutzniveau. Sie ist im Vergleich zur Inhaltskontrolle (mindestens) gleich wirksam, aber weniger belastend.[839] Die Inhaltskontrolle ist daher nicht erforderlich und insgesamt unverhältnismäßig. Die Lösung über die Ausübungskontrolle ist die einzig richtige.

E. Fazit

Die Lösung über die Ausübungskontrolle nach § 242 BGB überzeugt. Sie ist sowohl gegenüber der Inhaltskontrolle gem. § 138 BGB als auch gegenüber Gehrleins Lösung gem. § 139 BGB analog vorzugswürdig. Sie ist dogmatisch stringenter, flexibler, praxisnäher und weniger eingriffsintensiv. Die von der herrschenden Meinung geltend gemachten Nachteile der Ausübungskontrolle bestehen nicht. Auch verstößt die Vereinbarung einer freien Ausschlussklausel nicht gegen das gesellschaftsrechtliche Gleichbehandlungsgebot. Bei der Kontrolle der Hinauskündigungsklauseln ist das Übermaßverbot zu beachten. Der vom Ausschluss betroffene Gesellschafter wird ausreichend durch eine Überprüfung der späteren Ausschlussentscheidung im Rahmen des § 242 BGB geschützt. Danach ist allein die Lösung über die Ausübungskontrolle nach § 242 BGB verhältnismäßig.

§ 5 Ausgestaltung der Ausübungskontrolle

Ist die vom BGH praktizierte Inhaltskontrolle von Hinauskündigungsklauseln abzulehnen und stattdessen die Ausübungskontrolle nach § 242 BGB anzuwenden, so ist damit lediglich das „Ob" einer Ausübungskontrolle geklärt. Mit

---

837 *Armbrüster*, ZGR 2014, 333, 357; *Hey*, Freie Gestaltung, S. 146 f.

838 *Hey*, Freie Gestaltung, S. 149, 218 f.

839 *Hey*, Freie Gestaltung, S. 218 f.

diesem Ergebnis kann sich die Untersuchung noch nicht zufriedengeben. Überzeugen kann der hier entwickelte Ansatz nur, wenn es auch gelingt, für das „Wie" der vorgeschlagenen Ausübungskontrolle Kriterien zu entwickeln. Ohne praktisch handhabbare Prüfungsvoraussetzungen bliebe die Ausübungskontrolle zu konturlos. Es muss erarbeitet werden, an welchen Kriterien sich die Ausschlussentscheidung im konkreten Fall zu messen lassen hat. Dazu werden im Nachfolgenden verschiedene Ansätze zur Eingrenzung der Ausübungskontrolle vorgestellt und diskutiert. Es wird auch hier eine besondere Rolle spielen, wie die US-amerikanische Rechtsordnung die Ausübungskontrolle bei freien Ausschlüssen ausgestaltet. Im Wege des Vergleichs sollen weitere Denkanstöße für die Ausformung der deutschen Ausübungskontrolle gewonnen werden. Schließlich darf auch ein Blick auf die praktischen Konsequenzen der Lösung über die Ausübungskontrolle nicht fehlen.

A. Konkrete Durchführung der Ausübungskontrolle

I. In der Klausel angelegte Vorgaben

Für die praktische Ausgestaltung der Ausübungskontrolle ist zunächst zu klären, welche Vorgaben sich aus der Hinauskündigungsklausel selbst ergeben. An erster Stelle steht die Auslegung der Hinauskündigungsklausel nach §§ 133, 157, 242 BGB. Denn die Ausübungskontrolle kann erst dort beginnen, wo die Auslegung endet.[840] Es ist daher zu klären, welche Vorgaben sich die Parteien im Rahmen der Hinauskündigungsklausel selbst auferlegen. Dabei ist entscheidend, ob sich aus der Hinauskündigungsklausel regelmäßig ergibt, dass die Gesellschafter die tatsächliche Ausübung des Ausschlussrechts weder von einem wichtigen noch von einem sachlichen Grund abhängig machen wollen.

1. Kein Erfordernis eines wichtigen Grundes

Es ist unstreitig, dass Gesellschafter, die eine Hinauskündigungsklausel vereinbaren, vor allem das Erfordernis des wichtigen Ausschlussgrundes gem. § 737 S. 1 BGB abbedingen wollen. Im Gegensatz zum US-Recht gibt es keine „Silent-Hinauskündigungsklauseln", die lediglich auf das Ausschlussrecht hinweisen, ohne die Abhängigkeit vom wichtigen Grund ausdrücklich auszuschließen. Das deutsche Recht räumt den Gesellschaftern über § 737 S. 1 BGB ohnehin ein gesetzliches Ausschlussrecht ein. Die dazu inhaltsgleiche Vereinbarung einer „Silent"-Klausel bringt keinen Mehrwert. Erst der ausdrückliche Ausschluss des

840 *Dauner-Lieb*, ZHR 158 (1994), 271, 277.

wichtigen Grundes gibt der Klausel ihr Gepräge als Hinauskündigungsklausel. Er drückt eindeutig den Gesellschafterwillen aus, Mitgesellschafter ohne wichtigen Grund aus der Gesellschaft entfernen zu können.

2. *Kein Erfordernis eines sachlichen Grundes*

Es stellt sich bei der Auslegung der Ausschlussklausel die Frage, ob die Gesellschafter regelmäßig nur die Anforderungen an den Ausschlussgrund verringern oder das Grunderfordernis gänzlich abbedingen wollen.[841] Es wird zum Teil vertreten, dass der Inhalt der Hinauskündigungsklausel gerade nicht darauf gerichtet sei, einen Ausschluss ohne einen sachlichen Grund zu ermöglichen, sondern nur darauf, die Offenlegung dieses Grundes zu verhindern.[842] Dieser Annahme ist zu widersprechen. Die Vereinbarung der Hinauskündigungsklausel bringt den Gesellschaftern einen entscheiden Vorteil: Die Chance, sich schnell, unproblematisch und ohne langwierigen Streit über das Vorliegen des Ausschlussgrundes von einem missliebigen Mitgesellschafter trennen zu können. Es kommt den Gesellschaftern gerade auf diese rasche Trennungsmöglichkeit an. Aus diesem Grund wollen die Gesellschafter in der Regel nicht nur die Offenlegung eines weiterhin notwendigen sachlichen Grundes verhindern, sondern insgesamt auf ein Grunderfordernis verzichten.[843]

3. *Zwischenergebnis*

Die Auslegung der Hinauskündigungsklausel ergibt, dass die Gesellschafter regelmäßig darauf abzielen, das Ausschlussrecht von jeglichem Grunderfordernis abzukoppeln. Es soll nach dem Parteiwillen weder ein wichtiger noch ein sachlicher Grund für den Gesellschafterausschluss erforderlich sein. Damit ergeben sich aus der Hinauskündigungsklausel selbst keine Anforderungen, die bei der Ausübung des freien Ausschlussrechts einzuhalten sind.

II. Vorgaben aus § 242 BGB (Treu und Glauben)

Weiter ist zu prüfen, ob der von den Gesellschaftern angestrebte grundunabhängige Ausschluss im Rahmen der Ausübungskontrolle mit dem Gebot von Treu und Glauben nach § 242 BGB vereinbart werden kann. Es gibt drei Möglichkeiten für die Wechselbeziehung zwischen § 242 BGB und der Hinauskündigung: (i)

---

841 So auch *Schöne*, Gesellschafterausschluß, S. 50.

842 *Blanke*, Das Recht zur Ausschließung, S. 150.

843 *Schöne*, Gesellschafterausschluß, S. 53 ff.; a.A. *Blanke*, Das Recht zur Ausschließung, S. 150.

§ 242 BGB lässt den Ausschluss nur bei Vorliegen eines sachlichen Grundes zu, (ii) § 242 BGB stellt keinerlei Anforderungen an die Ausschlussentscheidung oder (iii) § 242 BGB erfordert eine vermittelnde Kontrolle, die zwischen den Möglichkeiten (i) und (ii) liegt.

1. Grundlagen

Wie bereits oben erläutert, schließen sich das Rechtsmissbrauchsverbot und das Gebot der Treuepflicht nicht gegenseitig aus, sondern sind beide Teilaspekte der Ausübungskontrolle nach § 242 BGB.

a) Missbräuchliche Rechtsausübung

Die Rechtsausübung ist i.S.d. § 242 BGB missbräuchlich, wenn das Recht in einer von Sinn und Zweck unter keinem denkbaren Gesichtspunkt mehr gedeckten Weise gebraucht wird.[844] Ein Rechtsmissbrauch ist insbesondere anzunehmen, wenn eine formale Rechtsposition in einer Weise genutzt wird, die mit dem von den Parteien zugrunde gelegten Vertragszweck nicht mehr vereinbar ist.[845] Die Rechtsausübung ist ebenso missbräuchlich, wenn ihr kein schutzwürdiges Eigeninteresse zugrunde liegt, z.B. wenn das Recht nur als Vorwand zur Erreichung vertragsfremder oder unlauterer Zwecke gebraucht wird.[846] Das ist vor allem der Fall, wenn die Benachteiligung des Betroffenen der einzig mögliche Zweck der Rechtsausübung ist.[847] Hier kann zum Beispiel eine Ausnutzung des formal vorliegenden Ausschlussrechts missbräuchlich sein, welche gegen die Zielvorstellungen der Gesellschafter verstößt.[848] Auch eine Hinauskündigung, die als einzigen Zweck die Benachteiligung des Auszuschließenden hat, ist nicht durch ein schutzwürdiges Eigeninteresse der Ausschließenden gedeckt und kann daher unwirksam sein.

b) Verstoß gegen die Treuepflicht

Der zweite Grundpfeiler der Ausübungskontrolle ist die Prüfung, ob die gesellschafterliche Treuepflicht ausreichend beachtet wurde. Dabei wirkt die Treuepflicht in zwei Richtungen: Sie erstreckt sich sowohl auf das Verhältnis des

---

844 BGH v. 26.2.1987 – VII ZR 58/86, NJW 1987, 1946, 1947; *Gärtner*, Der unfreiwillige Verlust, S. 318; *Hey*, Freie Gestaltung, S. 144.

845 Kübler, FS Sigle, 183, 199.

846 *Grüneberg*, in: Palandt, § 242 Rn. 50; *Sutschet*, in: BeckOKBGB, § 242 Rn. 83.

847 *Schubert*, in: MüKoBGB, § 242 Rn. 240; *Sutschet*, in: BeckOKBGB, § 242 Rn. 83.

848 Siehe dazu ausführlicher auf S. 203 ff.

Gesellschafters zur Gesellschaft als auch auf das zu den anderen Mitgesellschaftern.[849] Die Intensität der Treuepflicht hängt dabei von der Realstruktur, d.h. der tatsächlichen Ausgestaltung des Gesellschaftsverhältnisses, ab.[850] Maßgebend sind der Gesellschaftszweck, das Maß der persönlichen Bindung und der persönlichen Beiträge und die Ausformung der Mitgliedschaft an sich.[851] Je kleiner der Gesellschafterkreis und je größer der Einfluss des Einzelnen auf die Gesellschaft, desto ausgeprägter ist im Allgemeinen die Treuepflicht.[852] Das Maß der Verantwortung und der damit verbundenen Rücksichtnahmepflicht auf die Interessen der Gesellschaft und der Mitgesellschafter entspricht regelmäßig der Einflussmöglichkeit des Gesellschafters.[853] Dabei beschränkt sich die Treuepflicht gegenüber den anderen Gesellschaftern auf den gesellschaftsrechtlichen Bereich und begründet keine Rücksichtnahmepflicht auf private Interessen der Mitgesellschafter.[854] Sie verpflichtet die Gesellschafter aber dazu, bei der Verfolgung ihrer Eigeninteressen auf die (im Gesellschaftsverhältnis begründeten) Belange der Mitgesellschafter Rücksicht zu nehmen.[855] Es ist regelmäßig treuwidrig, Mitgliedschaftsrechte funktionswidrig nur zu dem Zweck auszuüben, um dadurch einen unberechtigten Vorteil gegenüber den anderen Gesellschaftern zu erlangen. Dabei ist die Rücksichtnahmepflicht bei Entscheidungen und Maßnahmen, die Veränderungen und Entwicklungen der Mitgliedschaft nach sich ziehen, besonders wichtig.[856] Sie ist daher gerade im Rahmen der Überprüfung von Ausschlussentscheidungen von großer Bedeutung.

2. Vereinbarkeit des Auslegungsergebnisses mit § 242 BGB?

Eine starke Strömung in der Literatur geht nun davon aus, dass die Gesellschafter zwar ein freies Ausschlussrecht vereinbaren wollen, ein solcher grundloser

---

849 BGH v. 1.2.1988 – II ZR 75/87, NJW 1988, 1579, 1581 f.; *Grunewald*, Gesellschaftsrecht, S. 13; *Hofmann*, Minderheitsschutz, S. 28; *Schöne*, in: BeckOKBGB, § 705 Rn. 101.

850 *Schockenhoff*, ZIP 2005, 1009, 1013; *Wackerbeck*, Grenzen der Zulässigkeit, S. 59; *Wiedemann*, Beilage Nr. 7 zu WM 1992, 7, 18.

851 *Schockenhoff*, ZIP 2005, 1009, 1013.

852 *Grunewald*, Gesellschaftsrecht, S. 13; *Schäfer*, in: MüKoBGB, § 705 Rn. 224.

853 *Hofmann*, Minderheitsschutz, S. 29 f.; *Wackerbeck*, Grenzen der Zulässigkeit, S. 58.

854 *Wackerbeck*, Grenzen der Zulässigkeit, S. 61.

855 *Hofmann*, Minderheitsschutz, S. 27; *Wackerbeck*, Grenzen der Zulässigkeit, S. 61; *Wiedemann*, Beilage Nr. 7 zu WM 1992, 7, 21.

856 *Tröger*, in: Hdb. PerGes, Rn. 160a.

Ausschluss aber per se nicht mit § 242 BGB zu vereinbaren ist.[857] Ein Ausschluss ohne Grund verstoße sowohl gegen die Treuepflicht zwischen den Gesellschaftern als auch gegen das Rechtsmissbrauchsverbot. Es müsse zumindest ein sachlicher Grund für den Gesellschafterausschluss gegeben sein.[858]

Ob die Gesellschafter tatsächlich nur bei Vorliegen eines sachlichen Grundes wirksam ausschließen können, ist Gegenstand der nachfolgenden Untersuchung. Es geht dabei nicht mehr um die sachliche Rechtfertigung der Vereinbarung der Hinauskündigungsklausel selbst, sondern um das Erfordernis eines sachlichen Grundes für die einzelne Ausschlussentscheidung.

a) Definition des sachlichen Ausschlussgrundes

Die Grenze zwischen sachlichem und wichtigem Grund ist fließend.[859] Eine trennscharfe und praktisch gut handhabbare Definition des sachlichen Grundes gibt es bisher nicht. Der Idee nach soll der „sachliche" Ausschlussgrund in der Mitte zwischen einem Ausschluss aus „wichtigem Grund" und einer freien Hinauskündigung liegen.[860] Es handelt sich also um eine eingeschränkte Generalklausel, die das Ausschlussrecht an Gründe knüpft, die unter den Anforderungen eines „wichtigen Grundes" liegen. Ein sachlicher Grund liegt danach bereits vor, wenn der Ausschluss dem Gesellschaftsziel lediglich dient.[861] Im Gegensatz zum freien Ausschlussrecht reichen subjektive Wertungen der Gesellschafter allein jedoch nicht aus. Vielmehr müssen die Ausschlussgründe für Dritte nachvollziehbar sein.[862]

b) Argumente für das Erfordernis eines sachlichen Grundes

Trotz der oben genannten Definitionsschwierigkeiten gibt es einige Literaturstimmen, die einen Ausschluss ohne sachlichen Grund wegen Verstoßes gegen Treu und Glauben gem. § 242 BGB für unwirksam halten. Verbindendendes Element ist dabei das Ziel, willkürliche Ausschlussentscheidungen zu verhindern.[863] Durch das (eingeschränkte) Grunderfordernis sollen sachfremde Ausschlussmotive, die den Gesellschafterbeschluss in die Nähe der Willkür rücken,

---

857 U.a. *Henssler*, FS Konzen, 267, 282; *Schmolke*, ECFR 2012, 380, 416; *Wiedemann*, GS Lüderitz, 839, 852 f.

858 So z.B. bei *Henssler*, FS Konzen, 267, 282, 284; *Bunte*, ZIP 1985, 915, 917.

859 *Grunewald*, Ausschluß, S. 190.

860 *Schöne*, Gesellschafterausschluß, S. 129.

861 *Grunewald*, Ausschluß, S. 190.

862 *Grunewald*, Ausschluß, S. 190.

863 *Bunte*, ZIP 1985, 915, 917.

bekämpft werden.[864] *Loritz* vertritt hier eine differenziertere Meinung: Ein sachlicher Grund sei für die Trennung notwendig, wenn durch den Ausschluss die Mitarbeit des betroffenen Gesellschafters beendet und damit seine Existenzgrundlage vernichtet werde.[865] Sofern allerdings nur das „Kapitalanlageinteresse" des auszuschließenden Gesellschafters berührt werde, soll auch ein grundloser Ausschluss möglich sein; das Schutzbedürfnis sei dann geringer.[866]

In der Regel unterscheiden die Befürworter des sachlichen Grundes jedoch nicht danach, ob der Gesellschafter den Gesellschaftsanteil nur als Kapitalanlage hält oder persönlich mitarbeitet. Stattdessen wird bei enger personalistischer Gesellschaftsstruktur stets ein personen- oder gesellschaftsbezogener Grund für den Ausschluss gefordert.[867] Dadurch soll ein Gleichgewicht gefunden werden zwischen freiem Ermessen und Ausschlussgrund, d.h. zwischen Ausschlussinteresse der Ausschließenden und Verbleibinteresse des vom Ausschluss Betroffenen. Sofern kein sachlicher Ausschlussgrund vorliegt, sei das Interesse des Auszuschließenden am Verbleib in der Gesellschaft generell schutzwürdiger. Eine sachgrundlose Ausschlussentscheidung sei daher treuwidrig.[868]

c) Argumente gegen das Erfordernis eines sachlichen Grundes

Das sachliche Begründungserfordernis überzeugt nicht. Die freie Ausschlussentscheidung ist Kern der Hinauskündigungsklausel. Es kommt den Gesellschaftern bei ihrer Vereinbarung gerade auf die grundlose Ausschlussmöglichkeit an. Dieses Recht darf nicht umgehend durch die Ausübungskontrolle wieder zurückgenommen werden. Ein Ausschluss aus sachlichem Grund ist schließlich etwas grundlegend anderes als ein freies Ausschlussrecht.[869]

Die einstufige Kontrolle der konkreten Ausschlussentscheidung basiert auf der Grundannahme, dass die Hinauskündigungsklausel an sich wirksam ist. Wenn die grundlose Ausschlussklausel also zulässig ist, kann nicht jede Ausübung genau dieses freien Ausschlussrechtes rechtsmissbräuchlich sein. Wer bei der Ausübung eines Rechts an keine bestimmten Gründe gebunden ist, handelt nun mal nicht missbräuchlich, wenn er seine Rechtsposition ohne bestimmten

---

864 *Bunte*, ZIP 1985, 915, 917.

865 *Loritz*, JZ 1986, 1073, 1081.

866 *Loritz*, JZ 1986, 1073, 1081.

867 *Bunte*, ZIP 1985, 915, 917; *Henssler*, FS Konzen, 267, 282; *Wiedemann*, GS Lüderitz, 839, 852 f.

868 *Wiedemann*, GS Lüderitz, 839, 852.

869 *Grunewald*, Ausschluß, S. 226.

Anlass nutzt.[870] Die Gesellschafter haben im Gesellschaftsvertrag ausdrücklich vereinbart, dass der Ausschluss nicht zu begründen ist. Eine (sachliche) Begründungspflicht darf nun nicht durch die Hintertür de facto wieder eingeführt werden.[871] Der Gesellschafterwille ist im Sinne der Privatautonomie zu schützen. Auch wäre gegenüber der abzulehnenden Hinauskündigungsrechtsprechung des BGH auf diese Weise kaum etwas gewonnen. Zum einen wird das Erfordernis eines sachlichen Ausschlussgrundes den berechtigen Gesellschafterinteressen an einer schnellen und effektiven Konfliktlösung nicht gerecht.[872] Wenn trotz zulässiger Hinauskündigungsklausel stets ein sachlicher Ausschlussgrund notwendig wäre, bliebe von der (zuvor als legitim anerkannten) Möglichkeit des erleichterten Ausschlusses kaum etwas übrig. Zum anderen bringt ein Abstellen auf das Kriterium des sachlichen Grundes ohne trennscharfe und praktisch brauchbare Definition keinen messbaren Vorteil gegenüber der Hinauskündigungsrechtsprechung.[873]

Der vom Ausschluss betroffene Gesellschafter muss schließlich auch nicht durch die Forderung eines sachlichen Grundes besonders geschützt werden. Wie bereits bei der Auseinandersetzung mit der Hinauskündigungsrechtsprechung des BGH (siehe dazu S. 150 ff.) herausgearbeitet, ist der betroffene Gesellschafter nicht generell schutzbedürftig. Sowohl die Vereinbarung der Hinauskündigungsklausel als auch die spätere Ausübung des freien Ausschlussrechts sind Ausdruck der von der Privatautonomie gedeckten vertraglich vereinbarten Risikoverteilung.[874] Das legitime Interesse an der Vermeidung langer gerichtlicher Rechtsstreitigkeiten über das Vorliegen eines (sachlichen) Ausschlussgrundes ist im Rahmen der Interessenabwägung nach § 242 BGB anzuerkennen. Ein grundloser Ausschluss ist daher nicht allein wegen seiner Grundlosigkeit rechtsmissbräuchlich; der betroffene Gesellschafter bedarf keines einzelfallunabhängigen Schutzes durch einen sachlichen Grund.

870 *Behr*, ZGR 1985, 475, 490; *Beischer*, Ausschluss, S. 49; *Fastrich*, ZGR 1991, 306, 312; *Gärtner*, Der unfreiwillige Verlust, S. 322; *Grunewald*, Ausschluß, S. 248; *Schöne*, Gesellschafterausschluß, S. 55; *Verse*, DStR 2007, 1822, 1828.

871 *Gärtner*, Der unfreiwillige Verlust, S. 322 f.; *Grunewald*, Ausschluß, S. 248.

872 *Grunewald*, Ausschluß, S. 190.

873 Ein Hinweis auf die daraus resultierende geringe Verbreitung von Klauseln mit einem Ausschlussrecht aus sachlichem Grund findet sich bei *Schöne*, Gesellschafterausschluß, S. 129.

874 *Gärtner*, Der unfreiwillige Verlust, S. 324.

d) Blick auf die Diskussion im US-amerikanischen Recht

Diese Erkenntnis kann durch einen Blick auf die Diskussion im US-amerikanischen Rechtskreis gesichert werden. Dort lehnt es die herrschende Meinung ebenfalls ab, anhand der Treuepflicht (Duty of Good Faith) ein Grunderfordernis in freie Ausschlussklauseln hineinzulesen. Die US-amerikanische Literatur geht dabei sogar noch einen Schritt weiter. So besteht bei Hinauskündigungsklauseln nach hiesiger Definition (d.h. Klauseln, die explizit einen Ausschluss ohne Grund ermöglichen) keinerlei Zweifel daran, dass die Treuepflicht kein Grunderfordernis begründen kann.[875] Es wird allein diskutiert, ob bei „Silent"-Klauseln, also Klauseln, die zwar ein Ausschlussrecht verleihen, aber keine Angaben zur Grundabhängigkeit machen, zwingend ein Ausschlussgrund erforderlich ist.[876] Ein solches immanentes Grunderfordernis wird mehrheitlich mit folgenden Argumenten abgelehnt:

- Für die Untersuchungen, ob (i) ein Ausschlussgrund vorliegt oder (ii) die Gesellschafter in Good Faith gehandelt haben, bestehe schon kein einheitlicher Prüfungsrahmen.[877] Die Frage, ob ein Ausschlussgrund gegeben sei, konzentriere sich im Allgemeinen auf das Verhalten des Auszuschließenden und darauf, ob dieses Verhalten den Ausschluss rechtfertigt.[878] Im Gegensatz dazu lege die Good Faith Untersuchung den Fokus auf die Motive, aus denen die ausschließenden Gesellschafter gehandelt haben.[879] Die Prüfungsrichtungen seien damit gegensätzlich.
- Die Begründungspflicht aus Treuepflichtgesichtspunkten sei auch inhaltlich verfehlt. Das gegenseitige Vertrauen und die reibungslose Kooperation ständen im Mittelpunkt des Erfolgs einer Partnership. Im Fall eines Zerwürfnisses ermögliche der Ausschluss ohne Grund einen „clean break" ohne langgezogene Rechtsstreitigkeiten.[880] Die Entscheidung der übrigen Gesellschafter, nicht mehr mit dem „problematischen" Gesellschafter zusammenarbeiten zu

---

875 Siehe dazu S. 116.

876 Gegen ein Grunderfordernis u.a. *Dalley*, 21 Cardozo L. Rev. 181, 186 (1999–2000); *Grenardo*, 34 Miss. C. L. Rev. 15, 38 (2015); *Hynes*, 19 Fla. St. U. L. Rev. 727, 752 (1991–1992); *Kleinberger*, Agency, Partnerships, and LLCs, S. 408; *Ribstein*, 55 Bus. Law. 845, 846 ff. (2000); a.A. *Richmond*, 57 Clev. St. L. Rev. 93, 96 (2009).

877 *Dalley*, 21 Cardozo L. Rev. 181, 186 (1999–2000).

878 *Dalley*, 21 Cardozo L. Rev. 181, 186 (1999–2000).

879 *Dalley*, 21 Cardozo L. Rev. 181, 186 (1999–2000).

880 *Dalley*, 21 Cardozo L. Rev. 181, 186 (1999–2000); *Kleinberger*, Agency, Partnerships, and LLCs, S. 408.

wollen, sei selbst bereits adäquater Grund, sich von dem betroffenen Gesellschafter zu trennen.[881]

- Ein gerichtliches „second-guessing" (nachträgliches Anzweifeln) der Vereinbarung zwischen den Gesellschaftern durch die Hintertür der Duty of Good Faith müsse verhindert werden.[882]
- Der zukünftige Partner habe es selbst in der Hand, keinen Vertrag mit einer für ihn nachteiligen Ausschlussklausel zu schließen.[883] Er sei nicht schutzbedürftig. Eine Partnership existiere schließlich nur, weil sich die Gesellschafter entschlossen hätten, sich gegenseitig zu vertrauen. Dem Schutz dieser vertrauensvollen Zusammenarbeit müsse Vorrang vor dem Schutz des Auszuschließenden eingeräumt werden.[884]
- Eine effektive Ausschlussklausel habe zudem zahlreiche Vorteile: (1) Sie motiviere die Gesellschafter dazu, durchweg gute Leistungen zu erbringen, (2) sie wirke hinsichtlich zukünftigen Fehlverhaltens abschreckend, (3) es müsse kein spezifischer Schaden bewiesen werden, der sich aus dem Handeln des Auszuschließenden ergibt, (4) die Strafe durch den Ausschluss sei selbstadjustierend, da sie vom Wert des Rufs der Partnership abhänge und (5) das Ansehen der Partnership werde durch den erleichterten Ausschluss auch vor zukünftigem Schaden bewahrt.[885]
- Es gebe schließlich auch ohne ein auf der Duty of Good Faith basierendes Grunderfordernis genügend Anreize für Partnerships, von unrechtmäßigen Ausschlüssen abzusehen: (1) Die Gefahr eines fehlerhaften Ausschlusses verringere die Bereitschaft der Gesellschafter, den Marktwert der Partnerschaft und nicht nur ihr eigenes Ansehen zu verbessern; (2) der Ausschluss koste die Gesellschaft die zukünftigen (unter Umständen guten) Beiträge des Ausgeschlossenen; (3) es koste die Partnership, den ausgeschlossenen Gesellschafter zu ersetzen und (4) fehlerhafte Ausschlüsse machten es insgesamt schwerer, neue Gesellschafter für die Firma zu gewinnen.[886] Aus diesen Gründen sei es auch ohne Grunderfordernis unwahrscheinlich, dass die Gesellschafter ihr Ausschlussrecht missbrauchten.

---

881 *Kleinberger*, Agency, Partnerships, and LLCs, S. 408.

882 *Hynes*, 19 Fla. St. U. L. Rev. 727, 752 (1991–1992); Ribstein, 55 Bus. Law. 845, 852, 867 (2000).

883 *Grenardo*, 34 Miss. C. L. Rev. 15, 38 (2015).

884 *Grenardo*, 34 Miss. C. L. Rev. 15, 39 ff. (2015).

885 *Ribstein*, 55 Bus. Law. 845, 846 ff. (2000).

886 *Ribstein*, 55 Bus. Law. 845, 850 ff. (2000).

Diese grundsätzliche Ablehnung des (sachlichen) Begründungserfordernisses kann auf die Diskussion zum deutschen Recht übertragen werden. Die in der US-amerikanischen Diskussion maßgeblichen Argumente sind auch bei den Überlegungen zum deutschen Recht gültig. Es zeigt sich sowohl im deutschen als auch im US-amerikanischen Personengesellschaftsrecht, dass kein Bedürfnis dafür besteht, das Ausschlussrecht zwingend von einem sachlichen Ausschlussgrund abhängig zu machen. Der Vorteil der schnellen und effektiven Trennungsmöglichkeit durch die grundlose Ausschlussmöglichkeit muss erhalten bleiben.

e) Ergebnis

Das Gebot von Treu und Glauben nach § 242 BGB steht einem Ausschluss ohne sachlichen Grund nicht entgegen. Vielmehr gestattet die zulässige Hinauskündigungsklausel gerade den Ausschluss ohne jeden Grund. Die grundlose Ausübung dieses Ausschlussrechts kann weder rechtsmissbräuchlich noch treuwidrig sein. Ein Sachgrunderfordernis, das sich aus dem Gebot von Treu und Glauben nach § 242 BGB ableitet, ist damit – ebenso wie im US-amerikanischen Recht – abzulehnen.

3. *Bestehen anderweitiger Grenzen nach § 242 BGB*

Wenn demnach sogar ein gänzlich grundloser Ausschluss mit § 242 BGB vereinbar ist, stellt sich die Frage, welcher Anwendungsbereich der Ausübungskontrolle überhaupt noch zukommt. Die Ausübungskontrolle liefe leer, wenn die Gesellschafter durch die Vereinbarung der Hinauskündigungsklausel nicht nur das Grunderfordernis an sich, sondern darüber hinaus jegliche Überprüfungsmöglichkeit anhand des Gebots von Treu und Glauben abbedingen könnten. Eine solche Rechtsmacht der Gesellschafter wird z.T. bejaht. Es wird vertreten, dass zwischen der Einräumung des Ausschlussrechts (Hinauskündigungsklausel) und der konkreten Ausübung der Befugnis (Ausschlussbeschluss) keine materielle Kontrolle mehr stattfinden könne.[887] Durch die Aufgabe der Begründungpflicht für den konkreten Ausschluss sei eine Überprüfung, ob sich die Gesellschafter im Rahmen der eingeräumten Ermächtigung gehalten hätten oder nicht, nicht mehr möglich.[888]

Diese These wird im Nachfolgenden geprüft. Auch hier lohnt sich ein Seitenblick auf die Diskussion im US-amerikanischen Recht. Dort hält eine wichtige

887 *Schöne*, Gesellschafterausschluß, S. 58.
888 *Schöne*, Gesellschafterausschluß, S. 58 f.

Meinungsströmung die Treuepflicht als Kern der Rechtsmissbrauchskontrolle tatsächlich für gänzlich abdingbar.

a) Blick auf die Diskussion im US-amerikanischen Recht

In den USA wird intensiv über die Zulässigkeit eines sog. „Fiduciary Duty Waiver“ (Verzicht auf Treuepflichten) diskutiert.[889] Es besteht Streit zwischen den „Fiduciarians“ und den „Contractarians“. Die Fiduciarians halten die Treuepflichten für so elementar, dass sie stets zwingend sind.[890] Das sehen die Contractarians anders. Für sie hat die Vertragsfreiheit stets Vorrang.[891] Da die Partnerships in der Regel zwischen gleichberechtigten Partnern begründet würden, müssten die Gesellschafter völlig frei bei der Regelung ihrer vertraglichen Beziehung bleiben.[892] Die Treuepflichten seien kein notwendiger Bestandteil des Gesellschaftsverhältnisses, sondern nur ein Produkt des gesellschaftsvertraglichen Übereinkommens.[893] Die Gesellschafter könnten sich also darauf einigen, die Geltung der Treuepflichten vollumfänglich auszuschließen. Ein zwingender Kern von Treuepflichten, wie er z.B. in Sect. 103 (b) (2)-(4) UPA (1997) aufgenommen wurde, schränke die Gesellschafter übermäßig ein.[894] Stattdessen müsse die Angemessenheit des Verhandlungsergebnisses der Gesellschafter unterstellt werden („Bargain Principle“[895]), um eine „Bevormundung“[896] durch die Gerichte zu verhindern.[897] Einzige Voraussetzung für die Abbedingung der Treuepflichten sei, dass der Verzicht klar und eindeutig erklärt werde.[898]

---

889 Siehe dazu auch *Fleischer/Harzmeier*, NZG 2015, 1289, 1291 f.

890 *Morris*, 10 Duq. Bus. L. J. 73, 83 (2008); *Weidner*, 58 Law & Contemp. Probs. 81, 82 (1995).

891 *Hynes*, 54 Wash. & Lee L. Rev. 439, 452 (1997); *Mitchell*, 54 Wash. & Lee L. Rev. 465, 467 (1997).

892 *Callison*, 1 J. Small & Emerging Bus. L. 109, 154 (1997); *Hynes*, 58 Law & Contemp. Probs. 29, 40 (1995); *Hynes*, 54 Wash. & Lee L. Rev. 439, 443 (1997); *Ribstein*, 49 Bus. Law. 45, 57 ff. (1993–1994); *Ribstein*, 54 Wash. & Lee L. Rev. 537, 594 (1997); *Ribstein*, 26 J. Corp. L. 819, 848 (2000–2001).

893 *Ribstein*, 54 Wash. & Lee L. Rev. 537, 541 (1997).

894 *Hynes*, 54 Wash. & Lee L. Rev. 439, 452 f. (1997); *Ribstein*, 54 Wash. & Lee L. Rev. 537, 546 (1997).

895 *Hynes*, 58 Law & Contemp. Probs. 29, 38 (1995).

896 *Ribstein*, 54 Wash. & Lee L. Rev. 537, 564 (1997) spricht sogar von einer ansonsten eintretenden Einschränkung des menschlichen Bedürfnisses nach Autonomie („*human's need for autonomy*“).

897 *Hynes*, 58 Law & Contemp. Probs. 29, 39 (1995).

898 *Hynes*, 54 Wash. & Lee L. Rev. 439, 457 (1997).

b) Abdingbarkeit im Allgemeinen

Ein solcher Ausschluss der Pflichten nach § 242 BGB – wie von den Contractarians für die Treuepflicht gefordert – ist im deutschen Recht nicht umsetzbar. Nach der ganz herrschenden Meinung unterliegt § 242 BGB als „Gebot der Redlichkeit“ wegen seiner grundlegenden Bedeutung nicht der Disposition der Gesellschafter.[899] Gesellschafter können die Geltung des Gebots von Treu und Glauben einschließlich der Treuepflicht und des Rechtsmissbrauchsverbots insgesamt nicht einfach ausschließen. Im Übrigen findet sich in Hinauskündigungsklauseln regelmäßig kein ausdrücklicher Verzicht auf die weitere Überprüfungsmöglichkeit anhand von § 242 BGB. Ein solcher ausdrücklicher Verzicht ist jedoch selbst für die Contractarians zwingende Voraussetzung für die vollständige Abbedingung der Treuepflichten.

Nur eine gesellschaftsvertragliche Konkretisierung des Pflichtenkatalogs nach § 242 BGB ist mit dem deutschen Verständnis von Privatautonomie und Missbrauchsschutz vereinbar. Die Gesellschafter sind befugt, die Pflichten nach § 242 BGB in gewissem Umfang zu modifizieren.[900] Sie können dabei die Gesamtabwägung des § 242 BGB beeinflussen, indem sie die vertragliche Risikoverteilung nach ihren Vorstellungen gestalten.[901] So ist es zum Beispiel möglich, „abgespeckte“ Leistungs- und Pflichtenkataloge zu vereinbaren oder für bestimmte Verhaltensweisen die Grenze zur Rechtsmissbräuchlichkeit nach oben zu verschieben.[902] Die Treuepflichten innerhalb der Gesellschaft sind so weit modifizierbar, wie der Gesellschaftszweck nicht in Frage gestellt wird. Der Kernbereich des Gesellschaftsvertrages muss jedoch unversehrt bleiben.[903]

---

899 *Armbrüster*, ZGR 2014, 333, 363; *Fleischer/Harzmeier*, NZG 2015, 1289, 1294; *Grüneberg*, in: Palandt, § 242 Rn. 20; *Schlitt/Maier-Reinhardt*, in: Reichert, GmbH & Co. KG, § 26 Rn. 24; *Schubert*, in: MüKoBGB, § 242 Rn. 92; *Sutschet*, in: BeckOKBGB, § 242 Rn. 38; *Tröger*, in: Hdb. PerGes, Rn. 158b; *Wiedemann*, GesR Bd. II, S. 198.

900 BGH. v. 25.1.2011 – II ZR 122/09, NJW 2011, 1667, 1669; BGH v. 9.6.2015 – II ZR 420/13, NJW 2015, 2882, 2884; *Armbrüster*, ZGR 2014, 333, 363; *Fleischer/Harzmeier*, NZG 2015, 1289, 1294; *Schlitt/Maier-Reinhardt*, in: Reichert, GmbH & Co. KG, § 26 Rn. 24; *Schubert*, in: MüKoBGB, § 242 Rn. 92; *Tröger*, in: Hdb. PerGes, Rn. 158b.

901 *Schubert*, in: MüKoBGB, § 242 Rn. 92.

902 *Fleischer/Harzmeier*, NZG 2015, 1289, 1294; *Schubert*, in: MüKoBGB, § 242 Rn. 92.

903 *Schlitt/Maier-Reinhardt*, in: Reichert, GmbH & Co. KG, § 26 Rn. 24.

c) Konsequenz für den Prüfungsumfang der Ausübungskontrolle

Es gilt also, dass die „Treuepflicht [...] jedem Gesellschaftsverhältnis ohne ausdrückliche Regelung immanent [ist]“[904] und auch bleibt. Die Treuepflichten sind allerdings modifizierbar. Das bedeutet im Rahmen der hier untersuchten Hinauskündigungsfälle, dass die Gesellschafter privatautonom festlegen können, dass der Gesellschafterausschluss keines Grundes bedarf. Ein grundloser Ausschluss aufgrund der Hinauskündigungsklausel verstößt nicht gegen das Gebot von Treu und Glauben. Die Gestaltungsmacht der Gesellschafter geht allerdings nicht so weit, dass sie neben der Begründungspflicht auch alle sonstigen Pflichten aus § 242 BGB abbedingen könnten. Ein völliger Verzicht auf die Grenzen des § 242 BGB würde wegen der engen persönlichen Verbundenheit von Personengesellschaftern den Kernbereich des Gesellschaftsverhältnisses verletzen. Das übergeordnete Ziel der gemeinsamen (vertrauens- und rücksichtsvollen) Zweckverfolgung würde andernfalls in Frage gestellt. Der betroffene Gesellschafter muss auch unter Geltung einer Hinauskündigungsklausel stets vor einer willkürlichen Ausschlussentscheidung geschützt werden.[905] Die Anerkennung eines „freien“ Ausschlussrechts beinhaltet damit nur, dass die Gesellschafter an kein Grunderfordernis gebunden sind. Eine weitergehende Freistellung von § 242 BGB besteht nicht. Die gerichtliche Ausübungskontrolle des Ausschlussbeschlusses auf Willkür muss immer möglich sein, damit die Wirksamkeit des Ausschlusses nicht vollständig in das Belieben der Gesellschafter fällt.[906] Lediglich die Schranken des § 242 BGB sind durch die gesellschaftsvertragliche Vereinbarung des Hinauskündigungsrechts weiter gesetzt.[907]

III. Kriterien der Ausübungskontrolle im Detail

Das oben genannte Ergebnis hat zur Folge, dass die Ausübung des freien Ausschlussrechts abgesehen von Sonderfällen zulässig ist.[908] Die Hinauskündigungsklausel schließt das Begründungserfordernis aus; es muss kein wichtiger oder sachlicher Grund vorliegen. Damit ist die Ausübungskontrolle nach § 242 BGB jedoch nicht überflüssig. Der betroffene Gesellschafter ist vor willkürlichen Entscheidungen seiner Mitgesellschafter zu schützen. Die Ausübungskontrolle nach

904 BGH v. 9.6.2015 – II ZR 420/13, NJW 2015, 2882, 2884.

905 *Harrer*, FS Sonnenberger, 235, 239 f.

906 *Beischer*, Ausschluss, S. 49.

907 *Fastrich*, ZGR 1991, 306, 312.

908 *Grunewald*, Ausschluß, S. 248.

§ 242 BGB übernimmt die Funktion einer solchen Willkürschranke, dessen Grenzen im Folgenden nachgezeichnet werden.

1. Grundsätzlich zulässige Fallgruppen

Ausschlusskonstellationen, in denen von der Rechtsprechung regelmäßig (a) ein wichtiger Grund anerkannt oder (b) die Hinauskündigungsklausel als sachlich gerechtfertigt behandelt wird, sind grundsätzlich nicht willkürlich. Denn wenn der Ausschluss bzw. die Ausschlussklausel schon von der restriktiven Rechtsprechung akzeptiert wird, ist die Annahme einer Willkürentscheidung der Mitgesellschafter kaum begründbar. In diesen Fällen betreiben die ausschließenden Gesellschafter den Ausschluss in der Regel rechtmäßig. Diese Vermutung wird im Zweifelsfall auch nur schwerlich vom betroffenen Gesellschafter zu widerlegen sein.

a) Anerkannte Fälle des wichtigen Grundes

Nicht willkürlich sind damit Fallkonstellationen, die sogar für die Begründung eines wichtigen Ausschlussgrund ausreichen würden. Die Voraussetzungen des wichtigen Ausschlussgrundes wurden bereits detailliert oben unter S. 53 ff. aufgezeigt. Danach kann ein wichtiger Grund vielfach angenommen und damit ein Willkürvorwurf abgelehnt werden, wenn folgende Gründe in der Person des Auszuschließenden vorliegen[909]:

- Schwerwiegende Verstöße gegen gesellschaftsvertragliche Pflichten, etwa die Ausübung vertragswidrigen Wettbewerbs oder die Verletzung der Verschwiegenheitspflicht[910],
- Veruntreuung und Unterschlagung von Gesellschaftsvermögen[911],
- das schuldhafte Erwecken von Verdachtsmomenten strafbaren Verhaltens eines Mitgesellschafters[912],
- Übervorteilung der Gesellschaft zum eigenen Nutzen[913],
- die bewusste Geschäftsschädigung[914],

---

909 Siehe auch den Überblick bei *Kilian*, in: Henssler/Strohn, § 737 BGB Rn. 6; *Kamanabrou*, in: Oetker, § 140 HGB Rn. 23 ff.; *Roth*, in: Baumbach/Hopt, § 140 HGB Rn. 7; *Schäfer*, in: MüKoBGB, § 723 Rn. 31 ff.; *Schöne*, in: BeckOKBGB, § 737 Rn. 14.

910 BGH v. 21.3.1957 – II ZR 97/56, NJW 1957, 872, 873.

911 BGH v. 14.6.1999 – II ZR 193/98, NJW 1999, 2820, 2821.

912 BGH v. 17.12.1959 – II ZR 32/59, NJW 1960, 625, 627.

913 BGH v. 25.1.1960 – II ZR 22/59, NJW 1960, 866, 867 f.

914 BGH v. 23.1.1967 – II ZR 166/65, NJW 1967, 1081, 1083 f.

- Verletzung von Kompetenzabsprachen bei Eingehung gefährlicher und umfangreicher Geschäfte[915],
- Unfähigkeit zur Führung der Geschäfte auf Grund verschiedener Gründe, wie z.B. langanhaltender Krankheit, Erreichung einer bestimmten Altersgrenze oder Verlust der Berufszulassung für die Beteiligung an einer Freiberuflersozietät.[916]

b) Fälle der „sachlichen Rechtfertigung"

Der Rechtsprechung ist weiterhin nicht darin zu folgen, dass es für die Zulässigkeit der Hinauskündigungsklausel einer sachlichen Rechtfertigung bedarf. Die vom BGH entschiedenen Fälle können aber trotzdem im Rahmen der Ausübungskontrolle gem. § 242 BGB fruchtbar gemacht werden. Denn in Fallgestaltungen, in denen schon die Hinauskündigungsklausel voraussichtlich zulässig wäre, verstößt auch die konkrete Ausschlussentscheidung regelmäßig nicht gegen das Gebot von Treu und Glauben.

In Kurzfassung handelt es sich dabei um die folgenden vom BGH entschiedenen Fälle der sachlichen Rechtfertigung:

- Vorliegen eines treuhandähnlichen Verhältnisses, bei dem der ausschlussberechtigte Gesellschafter aufgrund enger persönlicher Beziehung zwischen den Gesellschaftern die volle Finanzierung der Gesellschaft übernimmt und der Mitgesellschafterin in diesem Zuge eine Mehrheitsbeteiligung und Geschäftsführungsbefugnis gewährt;
- „Probezeit" in Form einer zeitlich begrenzten Prüfungsmöglichkeit in einer ärztlichen Gemeinschaftspraxis;
- Gesellschaftsbeteiligung als untergeordneter Annex zu einem Kooperationsvertrag der Gesellschafter, bei der sichergestellt werden soll, dass nur Partner des Kooperationsvertrages Gesellschafter sein können;
- Manager-/Mitarbeitermodell, bei dem die Überlassung eines Geschäftsanteils mit der Geschäftsführer/-Mitarbeiterstellung verknüpft wird;
- Rechtfertigung durch die Testierfreiheit des Erblassers (d.h. wenn der Erblasser seinen Kindern sein einzelkaufmännisches Unternehmen unter der Auflage vererbt, dass diese sein Unternehmen in eine neu zu gründende

---

915 BGH v. 15.12.1958 – II ZR 131/57, WM 1959, 134, 135.

916 Vgl. *Kilian*, in: Henssler/Strohn, § 737 BGB Rn. 6; *Schöne*, in: BeckOKBGB, § 737 Rn. 14.

Gesellschaft einbringen und einen Gesellschaftsvertrag abschließen, der dem einen Kind das Recht zur Übernahme des Geschäftsbetriebs einräumt).

Zur Vermeidung von Wiederholungen wird für die genaueren Einzelheiten der vom BGH angenommenen Fälle der sachlichen Rechtfertigung auf die Beschreibung auf S. 68 ff. verwiesen.

Im Rahmen dieser Arbeit wird dem ambitionierten Versuch der Literatur nicht weiter nachgegangen, abstrakte Kriterien aus den BGH-Urteilen zur sachlichen Rechtfertigung herauszufiltern, bei deren Beachtung die Hinauskündigungsklausel regelmäßig anzuerkennen ist[917]. Es soll nur festgehalten werden, dass Fallgestaltungen, die ohne weiteres mit denen vom BGH entschiedenen Sachverhalten übereinstimmen, mit § 242 BGB vereinbar sind.[918] Im Unterschied dazu zielen die vorgenannten Literaturstimmen überwiegend darauf ab, aus der BGH-Rechtsprechung herauszulesen, wann Hinauskündigungsklauseln voraussichtlich einer gerichtlichen Überprüfung standhalten. Es sollen der Praxis allgemeingültige Grundregeln an die Hand gegeben werden, wann die Vereinbarung einer Hinauskündigungsklausel vermutlich sachlich gerechtfertigt ist. Zum Teil werden die BGH-Entscheidungen auch genutzt, um auf der zweiten Stufe der Ausübungskontrolle Anhaltspunkte dafür zu entwickeln, wann ein sachlicher Ausschlussgrund vorliegt.[919]

Beide genannten Zielrichtungen der Literatur unterscheiden sich von der hier vorgeschlagenen Lösung. Grundessenz der diesseitig vertretenen Meinung ist, dass weder die Hinauskündigungsklausel noch die Ausschlussentscheidung sachlich gerechtfertigt werden müssen. Wie gezeigt, ist die Hinauskündigungsklausel per se zulässig – auch ohne sachliche Rechtfertigung. Es kommt gerade nicht darauf an, „ob es einen plausiblen Grund für die Verknüpfung von Gesellschafterstellung und Hinauskündigungsklausel […] gibt“[920]. Ebenso ist die konkrete Ausschlussentscheidung grundlos möglich. Wenn die Ausübung des Ausschlussrechts demnach überhaupt keines Grundes bedarf, erübrigt sich das Bedürfnis nach abstrakten Prüfungskriterien für das Vorliegen eines sachlichen, d.h. nachvollziehbaren, Ausschlussgrundes zu suchen. Stattdessen ist für die

917 Vgl. *Gärtner*, Der unfreiwillige Verlust, S. 131 ff. m.w.N.; *Grunewald*, FS Priester, 123, 126 ff.; *Henssler*, FS Konzen, 267, 273 ff.; *Miesen*, RNotZ 2006, 522, 526 f.; *Peltzer*, ZGR 2006, 702, 712 f.; *Wackerbeck*, Grenzen der Zulässigkeit, S. 139 ff.

918 So auch *Beischer*, Ausschluss, S. 143 f.

919 U.a. *Henssler*, FS Konzen, 267, 282 f.

920 *Miesen*, RNotZ 2006, 522, 526.

einzig notwendige Willkürkontrolle ein Grundgerüst zu erarbeiten, ab wann die Ausschlussentscheidung unter keinem Gesichtspunkt mehr akzeptabel ist.

2. *Allgemeine Kriterien für Zweifelsfälle*

In Ausschlussszenarien, die nicht schon unter die gerade beschriebenen grundsätzlich zulässigen Fallgruppen passen, ist im Rahmen des § 242 BGB eine eingeschränkte Interessenabwägung vorzunehmen. Dabei ist es nicht das Ziel, die Ausschlussentscheidung auf ihre Angemessenheit zu untersuchen, sondern nur die willkürliche Ausübung des Ausschlussrechtes zu verhindern. Die Interessenabwägung muss demnach kein Gleichgewicht der Interessen zum Ergebnis haben. Sie muss lediglich vor einer besonders groben und nicht mehr hinnehmbaren Benachteiligung der Interessen des Ausgeschlossenen schützen. Die Ausschlussentscheidung wird also allein auf eine willkürliche, treuwidrige und damit rechtsmissbräuchliche Ausübung überprüft. Alles andere würde doch wieder auf eine – mit der Vertragsfreiheit nicht vereinbare – Forderung eines nachvollziehbaren Ausschlussgrundes hinauslaufen.

a) Grundsätzliches

Die Kernfrage lautet also: Wann ist eine Ausschlussentscheidung willkürlich?

Allgemein wird Willkür als ein allein an den eigenen Interessen ausgerichtetes und die eigene Macht nutzendes Handeln oder Verhalten bezeichnet, das die allgemein geltenden Maßstäbe, Gesetze, Rechte und Interessen anderer missachtet.[921] Das Bundesverfassungsgericht hält zudem einen Richterspruch für objektiv willkürlich, wenn er unter keinem denkbaren Aspekt rechtlich vertretbar ist und sich daher der Schluss aufdrängt, dass er auf sachfremden Erwägungen beruht.[922]

Diese beiden Ansätze können zusammen als Anhaltspunkt für eine erste Umgrenzung des Willkürbegriffs herangezogen werden. Danach ist die Ausschlussentscheidung willkürlich, wenn sie ausschließlich eigennützig ist, Rechte und Interessen des Auszuschließenden grob missachtet und sich der Schluss aufdrängt, dass sie auf sachfremden Erwägungen beruht.

Diese sehr abstrakte Definition taugt allein nicht als praktikables Kontrollinstrument im Rahmen der Prüfung nach § 242 BGB. Im Folgenden wird die

---

921 *Dudenredaktion (o.J.)*, „Willkür“ auf Duden online.

922 U.a. BVerfG v. 26.5.1993 – 1 BvR 208/93, NJW 1993, 2035, 2037; BVerfG v. 8.7.1997 – 1 BvR 1934/93, NJW 1997, 2305, 2307; BVerfG v. 29.5.2015 – 1 BvR 163/15, NJW 2015, 3083.

Willkürdefinition daher konkreter ausgestaltet und praktisch handhabbar gemacht. Dafür wird neben den vom deutschen Schrifttum entwickelten Willkürgrenzen auf die Eingrenzungsansätze zurückgegriffen, die in der US-amerikanischen Rechtsprechung und Literatur diskutiert werden.

b) Überblick über die Definitionen der Willkürgrenze im deutschen Schrifttum

Es werden an dieser Stelle weiterhin keine Kriterien für das Vorliegen eines sachlichen Ausschlussgrundes oder Anhaltspunkte für eine ausgeglichene Interessenabwägung gesucht. Die Willkürschranke soll nur die Ausschlussentscheidungen herausfiltern, die so eklatant gegen die berechtigten Interessen des Auszuschließenden verstoßen, dass sie schlicht nicht mehr hinnehmbar sind. Die Auseinandersetzung mit der deutschen Literatur konzentriert sich deshalb auf Ansichten, die keine allgemeine Interessenabwägung beschreiben, sondern ebenfalls die Willkürschranke zu konkretisieren versuchen.

aa) Schädigungsabsicht

Es entspricht der allgemeinen Ansicht, dass ein Ausschluss, der von den Mitgesellschaftern mit Schädigungsabsicht oder aus reiner Schikane vorangetrieben wird, keinen Bestand haben darf.[923] Ein solcher Ausschluss, der nur dem Zweck dient, dem Auszuschließenden zu schaden, dürfte zudem auch nach § 226 BGB unzulässig sein.[924] Unter § 226 BGB fällt jedes Verhalten, bei dem nach Lage der gesamten Umstände jeder andere Zweck als die Schadenszufügung objektiv ausgeschlossen ist.[925] Schließen die Mitgesellschafter den Betroffenen mit Schädigungsabsicht aus und ist kein mitbestimmendes berechtigtes Interesse der ausschließenden Gesellschafter erkennbar, handelt es sich um schikanöses Verhalten gem. § 226 BGB.[926]

bb) Diskriminierung

Ebenso ist ein Ausschluss willkürlich, der den betroffenen Gesellschafter persönlich diskriminiert. Ein Gesellschafter darf nicht aufgrund der in Art. 3 Abs. 3 GG missbilligten Differenzierungskriterien, wie Geschlecht, Abstammung, Rasse,

---

923 *Gärtner*, Der unfreiwillige Verlust, S. 316 f.; *Loritz*, JZ 1986, 1073, 1081; *Verse*, DStR 2007, 1822, 1828.

924 *Verse*, DStR 2007, 1822, 1828.

925 *Grothe*, in: MüKoBGB, § 226 Rn. 3 ff.; *Dennhardt*, in: BeckOKBGB, § 226 Rn. 5.

926 *Gärtner*, Der unfreiwillige Verlust, S. 317.

Glauben usw. ausgeschlossen werden. Bei solch klaren Diskriminierungen ist die Ausschlussentscheidung zudem sittenwidrig gem. § 138 Abs. 1 BGB.[927]

cc) Besonders schwerwiegender Rechtsmissbrauch

Umstritten ist die Frage, ab wann ein Ausschluss so missbräuchlich bzw. treuwidrig ist, dass er der Willkürkontrolle nicht mehr standhält. *Verse* sieht diese Grenze als überschritten an, wenn das Ausschlussrecht zu einem Zweck genutzt wird, der mit den im Gesellschaftsvertrag niedergelegten Erwartungen der Gesellschafter unvereinbar ist.[928] Dazu gehört auch nach Ansicht anderer Literaturstimmen insbesondere der Fall, dass das Ausschlussrecht als Disziplinierungsmittel eingesetzt wird, um den Auszuschließenden (i) an der Verfolgung seiner Mitgliedschaftsrechte zu hindern oder (ii) ihn zu einem Verhalten zu drängen, auf das die übrigen Gesellschafter keinen Anspruch haben.[929] Auch *Harrer* hält einen Ausschluss für willkürlich, wenn er dazu missbraucht wird, wesentliche Gesellschafterrechte des Auszuschließenden zu konterkarieren.[930] Das sei z.B. der Fall, wenn das Ausschlussrecht genutzt wird, um legitime Informationsrechte des Gesellschafters zu beschneiden.[931] Nach zutreffender Meinung ist dabei nicht jede Disziplinierung willkürlich. Das Ausschlussrecht darf nur nicht eingesetzt werden, um einen Gesellschafter von der Ausübung seiner wesentlichen/unentziehbaren Rechte abzuhalten.[932] Ein Beispiel einer rechtswidrigen Disziplinierung findet sich in der bereits zuvor erwähnten Laborärzte-Entscheidung[933]. Der BGH hat in diesem Fall entschieden, dass der Ausschluss des Gesellschafters, der zuvor eine für ihn nachteilige Vertragsänderung abgelehnt hatte, nicht mit § 242 BGB zu vereinbaren war. Die Mitgesellschafter hätten sich auf diesem Wege nur von für sie lästig gewordenen vertraglichen Verpflichtungen befreien wollen.[934] Im Ergebnis durfte der Ausschluss nicht als Disziplinierungsmittel genutzt werden, um den Gesellschafter zu einem Verhalten zu drängen (Zustimmung zur Vertragsänderung), auf das die übrigen Gesellschafter keinen Anspruch hatten.

---

927 *Verse*, DStR 2007, 1822, 1828.

928 *Verse*, DStR 2007, 1822, 1828.

929 *Gärtner*, Der unfreiwillige Verlust, S. 318; *Grunewald*, Ausschluß, S. 249; *Verse*, DStR 2007, 1822, 1828.

930 *Harrer*, FS Sonnenberger, 235, 239 f.

931 *Harrer*, FS Sonnenberger, 235, 239 f.

932 *Grunewald*, Ausschluß, S. 249.

933 BGH v. 8.3.2004 – II ZR 165/02, NZG 2004, 569, 570.

934 BGH v. 8.3.2004 – II ZR 165/02, NZG 2004, 569, 570.

Schließlich wird auch die „dysfunktionale“ Ausübung des Ausschlussrechts als willkürlich bezeichnet.[935] Eine solche „Dysfunktionalitat“ sei gegeben, wenn die Hinauskündigungsklausel zwar nach dem Parteiwillen nur zu einem bestimmten Zweck gebraucht werden darf, aber der Ausschluss im konkreten Fall mit einer anderen Zielvorstellung betrieben wird.[936] Eine solche Zweckgebundenheit kann sich u.a. durch eine Zusatzvereinbarung zu der Hinauskündigungsklausel ergeben. So können z.B. Gründungsgesellschafter das Hinauskündigungsrecht mündlich auf den Fall beschränken, dass etwaige Neuzugänge die wirtschaftlichen Erwartungen nicht erfüllen.[937] Die Verknüpfung des Ausschlussrechts mit der Enttäuschung bestimmter Erwartungen an die wirtschaftliche Zusammenarbeit muss dabei nicht ausdrücklich im Wortlaut der Klausel niedergelegt sein. Die Zweckgebundenheit kann sich auch im Wege der Auslegung des Gesellschaftsvertrages ergeben. In dem vorgenannten Beispiel wäre es mit den im Vertrag angelegten Parteierwartungen unvereinbar, wenn der neu aufgenommene Gesellschafter trotz erfolgreicher Geschäftstätigkeit aus nichtigem Anlass ausgeschlossen würde.[938] Faktisch handelt es sich bei der vereinbarten Ausschlussmöglichkeit also um kein wirklich freies Ausschlussrecht.[939] Die Gesellschafter haben es nur versäumt, die Zweckgebundenheit des Ausschlussrechts (wie im vorgenannten Beispiel der Zweck, sich vom neu aufgenommenen Gesellschafter bei enttäuschender wirtschaftlicher Leistung schnell wieder lösen zu können) in der Ausschlussklausel festzuhalten. Um die Grenze zur Willkür zu überschreiten, muss sich diese Intention der Parteien zum einen klar aus den Gesamtumständen ergeben. Zum anderen muss die Ausnutzung des formalen Ausschlussrechts evident gegen die berechtigten Erwartungen des Auszuschließenden verstoßen. Abgesehen von solch eindeutigen Fällen ist ein Verstoß gegen § 242 BGB abzulehnen. Ansonsten besteht die Gefahr, dass der betroffene Gesellschafter bei jeder Ausübung des Hinauskündigungsrechts geltend macht, dass der Ausschluss gegen seine Erwartung bei Unterzeichnung des Gesellschaftsvertrages verstoße.

---

935 *Gärtner*, Der unfreiwillige Verlust, S. 138; dem Grunde nach auch *Schockenhoff*, ZIP 2005, 1009, 1015, der allerdings die Hinauskündigungsklausel selbst für unvereinbar mit der gesellschafterlichen Treuepflicht hält, sofern die Klausel vom berechtigten Gesellschafter dysfunktional ausgeübt werden kann, d.h. wenn er sie dazu nutzen kann, entgegen des ursprünglich vereinbarten Modells Risiken auf die Mitgesellschafter abzuwälzen und Vorteile an sich zu ziehen.

936 *Grunewald*, Ausschluß, S. 248 f.

937 *Grunewald*, Ausschluß, S. 249.

938 *Gärtner*, Der unfreiwillige Verlust, S. 138; *Grunewald*, Ausschluß, S. 249.

939 *Gärtner*, Der unfreiwillige Verlust, S. 139; *Grunewald*, Ausschluß, S. 249.

Es ist bis auf wenige Ausnahmefälle davon auszugehen, dass die Gesellschafter das wollen, was sie vereinbart haben: Ein freies Ausschlussrecht. Dann widerspricht es nicht den berechtigten Erwartungen des Betroffenen, wenn er ohne bestimmten Anlass ausgeschlossen wird. Eine über § 242 BGB zu verhindernde grobe Missachtung der vertraglich vereinbarten Risikoverteilung liegt nicht vor.

dd) Zwischenergebnis

Unter denjenigen Literaturstimmen, die die Ausübungskontrolle nach § 242 BGB ebenfalls auf evident missbräuchliche Ausschlussentscheidungen begrenzen wollen, lassen sich zusammenfassend die folgenden Willkürschranken herausfiltern:

- Der Ausschluss darf nicht mit reiner Schädigungsabsicht erfolgen.
- Der Ausschluss darf keine Diskriminierung gem. Art 3 Abs. 3 GG darstellen.
- Der Ausschluss darf nicht als rechtswidriges Disziplinierungsmittel eingesetzt werden, i.e. um den Betroffenen von der Ausübung seiner wesentlichen Gesellschafterrechte abzuhalten oder um ihn zu einem Verhalten zu drängen, auf das die Mitgesellschafter keinen Anspruch haben.
- Der Ausschluss darf nicht evident dysfunktional ausgeübt werden.

c) Blick auf den liberalen US-Ansatz

Wie bereits herausgearbeitet, ist für das US-amerikanische Verständnis der Partnership grundlegend, dass es sich um einen freiwilligen und willentlichen Zusammenschluss handelt. Daher werden die Grenzen des Ausschlussrechts weit gezogen. Es wird nachfolgend erörtert, ab wann auch das liberale US-amerikanische Recht einen Ausschluss für willkürlich hält. Nach der hier vertretenen Auffassung ist eine Ausschlussentscheidung nicht allein deshalb willkürlich, weil der Ausschluss ohne Grund erfolgt. Daher werden an dieser Stelle die (vereinzelten) US-amerikanischen Literaturstimmen ebenfalls ausgeblendet, die zwingend einen Ausschlussgrund verlangen. Stattdessen werden die sonstigen Schranken begutachtet, die in den USA zur Begrenzung der Ausschlussmacht entwickelt wurden. Die Untersuchungen im US-Recht sprechen dabei nicht ausdrücklich von einem Willkürverstoß, sondern von einem Verstoß gegen die Fiduciary Duties bzw. der Duty of Good Faith. Wenn schon im liberalen US-amerikanischen System etwas für so treuwidrig gehalten wird, dass es nicht mehr akzeptabel ist, kann es auch in unserem restriktiveren System als Grenze willkürlichen Verhaltens dienen. Es sollen dabei die für das US-amerikanische Rechtssystem erdachten Ausschlussgrenzen nicht 1 zu 1 auf das deutsche Recht übertragen werden. Stattdessen werden die Überlegungen, die auch US-amerikanische Gerichte und Autoren dazu bewegen, einen Ausschluss als rechtsmissbräuchlich zu bewerten, als Gedankenanstoß für den Lösungsansatz im deutschen Recht genutzt.

Das Spektrum der Lösungsansätze im US-amerikanischen Recht liegt zwischen (i) einer allein auf das Verbot der wirtschaftlichen Plünderung (Predatory Purpose) begrenzten Schranke und (ii) der ausschließlichen Zulassung des Ausschlusses zur Förderung des Gemeinschaftszwecks (Collective Purpose).

aa) Minimalschutz

Die US-amerikanische Rechtsprechung und herrschende Literatur fordern bei der Ausübung des Ausschlussrechts lediglich die Einhaltung eines Mindeststandards. Das bedeutet im Wesentlichen, dass nur die folgenden zwei Schranken beachtet werden müssen:

Erstens und vor allem darf die Ausschlussentscheidung nicht aus einem Predatory Purpose erfolgen. Das heißt, dass die Gesellschafter ihre Mitgesellschafter nicht ausschließlich aus finanziellem Eigennutz ausschließen dürfen.[940] Ein Ausschluss allein aus finanziellem Eigennutz liegt vor, wenn dem vom Ausschluss Betroffenen Vermögensvorteile vorenthalten werden sollen, die ihm rechtmäßig zustehen.[941] Die Ausübungsschranke bezieht sich also primär auf die finanziellen Aspekte des Gesellschaftsverhältnisses. Sie verbietet die Anmaßung von mehr Vorteilen und Rechten, als den Ausschließenden laut Gesellschaftsvertrag zukommen.[942] Dieser finanzielle Mindestschutz wird durch eine zweite Schranke ergänzt: Der Gesellschafter darf nicht allein deswegen ausgeschlossen werden, um ihn an der Ausübung seiner Gesellschafterrechte zu hindern.[943]

Die herrschende Meinung im US-Recht wendet die Ausübungsschranke also sehr restriktiv und hauptsächlich zur Verhinderung der unrechtmäßigen („räuberischen") Selbstbereicherung der übrigen Gesellschafter an. Auf die sonstige Motivation der ausschließenden Gesellschafter kommt es mit Ausnahme der (selten eingreifenden) obigen Schranke nicht an.[944]

---

940 *Holman v. Coie*, 522 P.2d 515, 523 (Wash. Ct. App. 1974); *Lawlis v. Kightlinger & Gray*, 562 N.E.2d 435, 442 f. (Ind. Ct. App. 1990); *Bohatch v. Butler & Binion*, 905 S.W.2d 597, 602 (Tex. App. 1995); *Heller v. Pillsbury Madison & Sutro*, 50 Cal.App.4th 1367, 1387 (1996).

941 *Holman v. Coie*, 522 P.2d 515, 523 (Wash. Ct. App. 1974); *Lawlis v. Kightlinger & Gray*, 562 N.E.2d 435, 442 f. (Ind. Ct. App. 1990); *Hynes*, 19 Fla. St. U. L. Rev. 727, 751 (1991–1992).

942 *Ribstein*, 55 Bus. Law. 845, 870 (2000); *Phillips*, 64 U. Colo. L. Rev. 1179, 1216 (1993).

943 *Winston & Strawn v. Nosal*, 664 N.E.2d 239, 246 (Ill. App. Ct. 1996).

944 Vgl. *Hynes*, 19 Fla. St. U. L. Rev. 727, 751 (1991–1992).

bb) Erweiterter Schutz

Einige US-amerikanische Autoren halten den oben beschriebenen Mindestschutz durch das Verbot des Predatory Purpose für unzureichend. Mit dem Collective Purpose Test, der Orientierung an den gesetzlichen Auflösungsgründen gem. § 32 UPA 1914 und der Cost-of-Contracting Analysis wird deshalb versucht, den Schutz des Auszuschließenden zu stärken.

(1) Collective Purpose Test

Mit dem sog. "Collective Purpose Test" hat *Vestal*[945] eine recht weitgehende Ausübungsschranke entwickelt. Danach ist ein Ausschluss nur rechtmäßig, sofern er dem kollektiven Vorteil der Gesellschaft dient. Die Treuepflicht erfordere, dass der „störende" Gesellschafter nur dann ausgeschlossen wird, wenn dies die Interessen der Gesellschaft fördere.[946] Das sei zum Beispiel der Fall, wenn das Verhalten des „störenden" Gesellschafters ein Haftungsrisiko für die Gesellschaft begründe oder eine zukünftige produktive Zusammenarbeit der Gesellschafter unmöglich mache.[947] Ein Ausschluss aus rein persönlichen und nicht gemeinschaftlichen Gründen („*for personal and not collective reasons*") ist unzulässig.[948] Im konkreten Streitfall muss die Gesellschaft nachweisen, dass der Ausschluss tatsächlich dem kollektiven Wohl der Gesellschaft dient.[949] Wenn der Gesellschaft dieser Nachweis gelingt, kann der Ausgeschlossene im Gegenzug nicht geltend machen, dass das Gesellschaftswohl mit milderen Mitteln als durch den Ausschluss hätte gefördert werden können.[950] Auf diese Weise soll verhindert werden, dass sich die Parteien und Gerichte in langwierige und komplexe Gerichtsverfahren über das Vorliegen von weniger einschneidenden Mitteln verstricken.[951] Nach *Vestal* ist es schließlich aber möglich, dass die Gesellschafter die Anwendung des Collective Purpose Test gesellschaftsvertraglich ausdrücklich abbedingen.[952]

Auf den ersten Blick passt der Collective Purpose Test nicht zu der hier vertretenden reinen Willkürkontrolle. Es werden nicht nur Ausschlussentscheidungen herausgefiltert, die auf völlig sachfremden, nicht mehr akzeptablen Motiven

---

945 *Vestal*, 55 Wash. & Lee L. Rev. 1083, 1127 ff. (1998).
946 *Vestal*, 55 Wash. & Lee L. Rev. 1083, 1128 (1998).
947 *Vestal*, 55 Wash. & Lee L. Rev. 1083, 1128 (1998).
948 *Vestal*, 55 Wash. & Lee L. Rev. 1083, 1128 (1998).
949 *Vestal*, 55 Wash. & Lee L. Rev. 1083, 1130 (1998).
950 *Vestal*, 55 Wash. & Lee L. Rev. 1083, 1130, 1133 (1998).
951 *Vestal*, 55 Wash. & Lee L. Rev. 1083, 1133 (1998).
952 *Vestal*, 55 Wash. & Lee L. Rev. 1083, 1133 (1998).

beruhen, sondern schon alle, die nicht klar am Gesellschaftswohl orientiert sind. Die Idee hinter dem Collective Purpose Test ist jedoch zumindest teilweise verwertbar: Wenn die Umstände der Ausschlussentscheidung darauf hindeuten, dass Gründe des Gemeinschaftswohles zumindest mitentscheidend waren, ist die Annahme von Willkür fernliegend. Somit taugt der Collective Purpose Test zwar aus den zuvor genannten Gründen nicht als Ausübungsschranke, aber umgekehrt als Entscheidungshilfe, wann eine Ausschlussentscheidung als willkürfrei einzuordnen ist.

(2) Orientierung an den gesetzlichen Auflösungsgründen gem. § 32 UPA (1914)

Zur Konkretisierung des Good Faith Erfordernisses schlägt *Hillman* vor, die Gründe, die nach § 32 UPA (1914) zur gerichtlichen Auflösung der Partnerschaft führen, als Leitlinie für zulässige Ausschlussentscheidungen zu verwenden.[953] Ein ausreichender Ausschlussgrund liege dementsprechend in den folgenden Fällen vor: (i) Das Verhalten des Auszuschließenden schadet den Geschäften der Partnerschaft, (ii) der Auszuschließende verletzt den Gesellschaftsvertrag oder (iii) der Auszuschließende macht die zukünftige Zusammenarbeit mit den übrigen Gesellschaftern undurchführbar.[954] Die ausschließenden Gesellschafter müssten beweisen, dass der Ausschluss mit der Duty of Good Faith vereinbar ist. Dafür reicht nach *Hillman* der Nachweis, dass die Gründe nach § 32 UPA (1914) gegeben sind.

Die Auflösungsgründe in § 32 UPA (1914) ähneln den Motiven, die auch im Rahmen des Collective Purpose Test für die Zulässigkeit der Ausschlussentscheidung ausreichen würden. Eine Orientierung daran kommt ebenfalls nur eingeschränkt in Betracht. Denn ohne Erfordernis eines Ausschlussgrundes besteht auch keine Notwendigkeit, die rechtfertigenden Auflösungsgründe nach § 32 UPA (1914) heranzuziehen. Es kann aber ähnlich verfahren werden, wie bei den wichtigen Ausschlussgründen, die von der deutschen Rechtsprechung akzeptiert werden (siehe dazu S. 198 f.), oder wie beim vorgenannten Collective Purpose Test: Die Auflösungsgründe nach § 32 UPA (1914) werden als Anhaltspunkte genutzt, wann eine Ausschlussentscheidung gerade nicht willkürlich ist.

---

953 *Hillman*, 78 Nw. U. L. Rev. 527, 573 (1983–1984).

954 *Hillman*, 78 Nw. U. L. Rev. 527, 573 f. (1983–1984).

(3) *Cost-of-Contracting Analysis*[955]

Schließlich schlagen einige Literaturstimmen vor, die Ausschlussentscheidung über das Verbot des Predatory Purpose hinaus im Wege der sog. „Cost-of-Contracting Analysis" zu überprüfen.[956] Dem Grunde nach wird dabei untersucht, ob das im Vertrag eingeräumte Ermessen im Einklang mit den gerechtfertigten bzw. vernünftigen Erwartungen der Parteien ausgeübt wird.[957] Es soll verhindert werden, dass eine Partei durch opportunistisches Verhalten einen zuvor im Vertrag preisgegebenen Vorteil wiedererlangt oder Nachteile abwälzt, die ihm durch den Vertrag aufgebürdet wurden.[958] Die von der herrschenden Meinung vertretene auf finanzielle Aspekte der Partnerschaft fokussierte Good-Faith-Überprüfung wird auf andere nicht-finanzielle Motive ausgeweitet.[959] Einerseits werden die Fälle des Ausschlusses aus finanziellem Eigennutz herausgefiltert und andererseits ein flexibler Rahmen für weitere Fälle des bösen Glaubens geschaffen.[960]

Die Überprüfung der konkreten Ausschlussentscheidung erfolgt dabei in zwei Schritten:

(a) Subjektive Motivation der Ausschließenden

Im ersten Prüfungsschritt wird untersucht, mit welcher Intention die übrigen Gesellschafter den Ausschluss betrieben haben.[961] Im Fokus steht hierbei die subjektive Motivation der Ausschließenden, die sie zur konkreten Ausschlussentscheidung bewegt hat. Es ist nicht entscheidend, welcher Grund in der Person des Auszuschließenden gegeben ist, sondern zu welchem Zweck sich die ausschließenden Gesellschafter vom Betroffenen trennen wollen.[962]

(b) Verstoß gegen berechtigte Erwartungen des Auszuschließenden

Im zweiten Schritt wird geprüft, ob der Ausschluss zu diesem Zweck ein Recht war, auf das die Parteien im Gesellschaftsvertrag verzichtet haben.[963] Diese

955 Wird auch als „Forgone Opportunity Analysis" bezeichnet bei *Schwartz*, 9 Chap. L. Rev. 1, 16 ff. (2005).

956 *Dalley*, 21 Cardozo L. Rev. 181, 198 ff. (1999–2000); *Richmond*, 57 Clev. St. L. Rev. 93, 123 ff. (2009); *Schwartz*, 9 Chap. L. Rev. 1, 16 ff. (2005).

957 *Dalley*, 21 Cardozo L. Rev. 181, 199 (1999–2000).

958 *Dalley*, 21 Cardozo L. Rev. 181, 199 (1999–2000); *Schwartz*, 9 Chap. L. Rev. 1, 17 (2005).

959 *Schwartz*, 9 Chap. L. Rev. 1, 11 (2005).

960 *Schwartz*, 9 Chap. L. Rev. 1, 27 (2005).

961 *Schwartz*, 9 Chap. L. Rev. 1, 17, 19 ff. (2005).

962 *Dalley*, 21 Cardozo L. Rev. 181, 200 (1999–2000).

963 *Schwartz*, 9 Chap. L. Rev. 1, 21 ff. (2005).

Prüfung wird von den Erwartungen des ausgeschlossenen Gesellschafters zum Zeitpunkt des Vertragsschlusses abhängig gemacht. Es kann dabei auch auf außerhalb des Vertrages liegende Umstände zurückgegriffen werden.[964] Sofern die verbleibenden Gesellschafter ihr Ermessen bei der Ausschlussentscheidung im Widerspruch zu den vernünftigen Erwartungen des Ausgeschlossenen ausüben, handeln sie treuwidrig.[965]

Wann ein Ausschluss innerhalb des Rahmens der berechtigten Erwartungen des Auszuschließenden liegt, hängt neben dem Gesellschaftszweck maßgeblich davon ab, welche Vor- und Nachteile die Gesellschafter mit dem Zusammenschluss in Kauf genommen haben. Als Vorteile lassen sich regelmäßig die Gewinnteilung, das gemeinschaftliche Eigentum am Gesellschaftsvermögen (inkl. Good Will) und das gemeinsame Geschäftsführungsrecht nennen. Entgegenstehende Nachteile sind: Die gemeinsame Haftung für Verluste und der Verzicht auf die Möglichkeit, Gewinne und Vermögen der Partnership ungeteilt zu erhalten bzw. zu besitzen. Es besteht eine Vermutung dafür, dass sich der Einzelne nur dann dafür entscheidet, eine Partnerschaft einzugehen, wenn er glaubt, der Nutzen der Gesellschafterbeziehung werde den Verlust der alleinigen Inhaberschaft der Geschäftschance ausgleichen.[966]

Wenn die Gesellschafter nun eine Ausschlussklausel vereinbaren, räumen sie sich gegenseitig das Recht ein, die zukünftige Zusammensetzung der Gesellschafter zu verändern. Dieses Ausschlussrecht wird regelmäßig mit bestimmten Erwartungen der Gesellschafter verknüpft sein. Ein Ausschluss entspricht z.B. regelmäßig den berechtigten Erwartungen, wenn er die übrigen Gesellschafter vor einem Gesellschafter schützt, der seine Vertrauenswürdigkeit verloren hat oder die gedeihliche Zusammenarbeit innerhalb der Gesellschaft verhindert.[967] Weiter ist auch nach der Cost-of-Contracting Analysis ein Ausschluss regelmäßig zulässig, der klar dem Wohle der Gesellschaft dient. Das heißt jedoch umgekehrt nicht, dass ein Ausschluss stets treuwidrig ist, der nicht bereits auf den ersten Blick die Gesellschaftsinteressen fördert. Der Ausschluss eines „Rainmakers", d.h. eines Gesellschafters, der besonders viel Geschäft für die Partnership heranzieht, kann durchaus rechtmäßig sein. Ein solcher Ausschluss kann z.B. notwendig werden, wenn das sonstige Verhalten des „Rainmakers" eine weitere Zusammenarbeit wesentlich erschwert oder unmöglich macht. Zwar

964 *Schwartz*, 9 Chap. L. Rev. 1, 21, 23 (2005).
965 *Schwartz*, 9 Chap. L. Rev. 1, 25 (2005).
966 *Dalley*, 21 Cardozo L. Rev. 181, 200 f. (1999–2000).
967 *Dalley*, 21 Cardozo L. Rev. 181, 201 (1999–2000).

ist dieser Ausschluss für das wirtschaftliche Ergebnis der Gesellschaft unter Umständen zunächst nachteilig. Er dient aber langfristig der Verbesserung der Gesellschafterbeziehung an sich, die ebenfalls von essentiellem Gesellschaftsinteresse ist.[968] Ein solcher Ausschlusszweck liegt innerhalb des Erwartungshorizonts des betroffenen Gesellschafters.

Wenn die übrigen Gesellschafter einen Gesellschafter jedoch allein deshalb ausschließen, um ihren eigenen Gewinnanteil zu steigern, widersprechen sie dem ursprünglich erklärten Verzicht darauf, alle Gewinne selbst behalten zu können.[969] Der Ausschluss liegt außerhalb der berechtigten Erwartungen des Ausgeschlossenen. Ein betroffener Kläger hat dies im Rahmen des Gerichtsverfahrens über die Zulässigkeit seines eigenen Ausschlusses wie folgt zusammengefasst: „*The risk we took was that the business would not succeed. We did not take the risk that the business would succeed so well that the general partner would squeeze us out and take the investment for himself*"[970]. Ein Ausschluss allein zur Steigerung der finanziellen Vorteile der übrigen Gesellschafter ist also nicht mehr von den berechtigten Erwartungen des betroffenen Gesellschafters gedeckt.[971] Auch Ausschlüsse, die nur dazu dienen, einen Gesellschafter von der Ausübung seiner eingeräumten Rechte abzuhalten, laufen der ursprünglichen Verteilung von Kosten und Nutzen innerhalb der Gesellschaft ("cost-of-contracting") zuwider. Sie sind treuwidrig. Ebenso liegen diskriminierende Ausschlüsse, z.B. wegen des Alters oder des Geschlechts, oder Ausschlüsse aus „personal spite" (persönlicher Gehässigkeit), außerhalb der berechtigten Erwartungen des betroffenen Gesellschafters.[972]

Bei *Ribstein*[973] finden sich zwei weitere Beispiele für Ausschlüsse, die nicht mit den berechtigten Erwartungen des Auszuschließenden vereinbar sind: Zum einen können die Gesellschafter ein diversifiziertes Unternehmensmodell vereinbaren, bei denen das Risiko von profitablen und weniger profitablen Geschäftsbereichen gleichmäßig auf die Gesellschafter verteilt wird.[974] Ein Gesellschafter, der entsprechend dieses Geschäftsmodels weniger Gewinne in seinem Bereich erwirtschaftet, geht davon aus, dass er nicht allein aus diesem

968 *Dalley*, 21 Cardozo L. Rev. 181, 201 (1999–2000).
969 *Dalley*, 21 Cardozo L. Rev. 181, 201 (1999–2000); *Hilliker*, 14 CBA Rec. 24, 25 (2000).
970 *Labovitz v. Dolan*, 545 N.E.2d 304, 313 (Ill. App. Ct. 1989).
971 *Dalley*, 21 Cardozo L. Rev. 181, 201 (1999–2000).
972 *Morris*, 10 Duq. Bus. L.J. 73, 112 (2008); *Schwartz*, 9 Chap. L. Rev. 1, 11 f. (2005); *Stein/Billok*, 35 Litigation 33, 36 (2008).
973 *Ribstein*, 55 Bus. Law. 845, 850 (2000).
974 *Ribstein*, 55 Bus. Law. 845, 850 (2000).

Grund aus der Gesellschaft ausgeschlossen wird. Wenn ihn seine Mitgesellschafter trotzdem wegen seiner strukturell bedingten schlechteren Ergebnisse ausschließen, widerspricht dies seinen berechtigten Erwartungen. Zum anderen kann auch das vereinbarte Vergütungsmodell den Erwartungshorizont der Gesellschafter bestimmen. Die Gesellschafter können sich bei Begründung der Gesellschaft dafür entscheiden, die Vergütung von der Unternehmenszugehörigkeit und nicht von dem wirtschaftlichen Erfolg des Einzelnen abhängig zu machen. Dadurch sollen die Gesellschafter motiviert werden, gerade am Anfang ihrer Karriere den Ruf des Unternehmens insgesamt und nicht nur ihren eigenen Kundenkreis zu stärken.[975] Aufgrund der Aussicht in späteren Jahren der Unternehmenszugehörigkeit mehr zu verdienen, verzichten die Gesellschafter in ihrer leistungsstärksten Zeit auf Teile ihrer Vergütung. Es liegt außerhalb der berechtigten Erwartungen des dienstälteren Gesellschafters, wenn er nur ausgeschlossen wird, um ihm die für das Alter versprochene – im Vergleich zur tatsächlichen Eigenleistung erhöhte – Vergütung vorzuenthalten.[976]

(c) Mehrwert der Cost-of-Contracting Analysis

Die Cost-of-Contracting Analysis dient hauptsächlich dazu, den von der Rechtsprechung entwickelten Mindestschutz auf eine fundierte dogmatische Grundlage zu stellen. Sowohl der unter aa) genannte Ausschluss aus einem Predatory Purpose als auch der Ausschluss, um einen Gesellschafter an der Ausübung seiner Mitgliedschaftsrechte zu hindern, widerspricht den berechtigten Erwartungen des Ausgeschlossenen. Sie stehen im Widerspruch zur vertraglichen Risiken-/Kostenverteilung. Die Rechtsprechungslinie wird durch die von *Ribstein* angeführten Beispiele von treuwidrigen Ausschlüssen etwas erweitert. Es geht allerdings auch in diesen Beispielen im Kern um finanzielle Themen und die Ausnutzung des Ausschlussrechts zur Abweichung von der von den Gesellschaftern ursprünglich vereinbarten Gewinnverteilung. Die Cost-of-Contracting Analysis dient damit hauptsächlich der Plausibilisierung der US-amerikanischen Rechtsprechungslinie; viele Neuerungen bringt sie nicht hervor.

cc) Zwischenergebnis

Das von der Rechtsprechung entwickelte Verbot des Predatory Purpose und der Vereitelung mitgliedschaftlicher Rechte gewährt dem vom Ausschluss betroffenen Gesellschafter einen gewissen Mindestschutz. Die Cost-of-Contracting Analysis kann dabei der dogmatischen Untermauerung dieser Schutzgrenze

975 *Ribstein*, 55 Bus. Law. 845, 850 (2000).
976 *Ribstein*, 55 Bus. Law. 845, 850 (2000).

dienen. Der Collective Purpose Test und die Auflösungsgründe in § 32 UPA (1914) können im Weiteren nur eingeschränkt verwertet werden: Ausschlüsse, die offensichtlich dem Gesellschaftswohle dienen bzw. sogar für einen Auflösungsgrund nach § 32 UPA (1914) reichen würden, sind regelmäßig nicht willkürlich. Liegen ein solcher Collective Purpose oder die Auflösungsgründe nach § 32 UPA (1914) nicht vor, macht dies die Ausschlussentscheidung jedoch nicht automatisch willkürlich.

d) Ergebnis

Eine Ausschlussentscheidung ist willkürlich, wenn sie auf völlig sachfremden Erwägungen der übrigen Gesellschafter beruht und/oder den berechtigten Interessen des Auszuschließenden klar widerspricht. Unter Heranziehung der Vorarbeiten im deutschen und US-amerikanischen Recht heißt das näher:

In Anlehnung an die Cost-of-Contracting Analysis ist Ausgangspunkt die zwischen den Gesellschaftern vereinbarte Risiko- und Chancenverteilung. Daran misst sich, was der einzelne Gesellschafter von der gemeinsamen Unternehmung und von seinen Mitgesellschaftern erwarten kann. In der Regel schließen sich Gesellschafter zusammen, um durch die gemeinsame Ausnutzung von Geschäftschancen einen größeren Gewinn für den Einzelnen zu generieren. Die Chance der Teilhabe an guten Ergebnissen der Gesellschaft unter Nutzung der individuellen Gesellschafterqualitäten wird gegen das Risiko des etwaigen Misserfolgs als Kollektiv aufgewogen. Das Weniger an Einzelbefugnis wird also durch die Erwartung eines Mehr an Gewinn kompensiert. Nehmen die Gesellschafter dabei eine Hinauskündigungsklausel in den Gesellschaftsvertrag auf, signalisieren sie, dass die Gesellschafterzusammensetzung nicht starr, sondern ohne großen Begründungsaufwand veränderbar sein soll.

Ein grundloser Ausschluss entsprechend der Hinauskündigungsklausel widerspricht damit grundsätzlich nicht den Erwartungen des einzelnen Gesellschafters. Die mit dem Ausschluss einhergehende Veränderung der Gewinnverteilung ist dem Grunde nach ebenfalls keine überraschende Folge. Wenn ein Gesellschafter ausgeschlossen wird, um das Gesellschaftsinteresse und -wohl zu fördern, ist zu vermuten, dass dies der vereinbarten Risiko- und Chancenverteilung entspricht. Der Ausschluss zum kollektiven Vorteil der Gesellschaft liegt damit regelmäßig innerhalb des Erwartungskreises des Ausgeschlossenen – auch wenn er bei Abschluss des Gesellschaftsvertrages nicht mit der eigenen Betroffenheit gerechnet hat.

Willkür liegt erst vor, wenn sich aus den Gesamtumständen ergibt, dass die berechtigten Interessen des Betroffenen dem Ausschluss nicht nur entgegenstehen, sondern eklatant verletzt werden. Die Frage ist, ob der Auszuschließende nach dem Gesellschaftsvertrag berechtigter Weise erwarten durfte, nicht zu diesem Zweck ausgeschlossen zu werden. An das Willkürverdikt sind hohe Anforderungen zu stellen.

Die Gesellschafter üben ihr Ausschlussrecht vor allem dann willkürlich aus, wenn sie aus rücksichtslosen finanziellem Eigensinn handeln. Das ist beispielsweise der Fall, wenn die übrigen Gesellschafter einen unliebsamen Gesellschafter kurz vor der Realisierung einer lukrativen Geschäftschance ausschließen, um den Kreis der Gewinnbeteiligten eigennützig zu verkleinern. Auch das von *Ribstein* angeführte Beispiel des Ausschlusses eines Partners in der Nähe des Rentenalters, um die vereinbarte höhere Vergütung im Alter zu umgehen, ist eine Ausschlussentscheidung aus finanziellem Eigennutz. Der Ausschluss zu einem solchen Predatory Purpose kann keinen Bestand haben. Das Ausschlussrecht darf nicht dazu missbraucht werden, dem Auszuschließenden Vermögensvorteile vorzuenthalten, die ihm rechtmäßig zustehen. Die gesellschaftsvertraglich vereinbarte Gewinnverteilung ist nicht über die Ausnutzung des Hinauskündigungsrechts von den Mitgesellschaftern einseitig zu ihrem Vorteil veränderbar. Ansonsten könnten sich die übrigen Gesellschafter mehr Rechte und Vorteile anmaßen, als ihnen laut Gesellschaftsvertrag (explizit oder konkludent) zustehen. Eine solche Umgehung der Risiko- und Chancenverteilung würde offensichtlich gegen die im Gesellschaftsvertrag niedergelegten Erwartungen des vom Ausschluss Betroffenen verstoßen.

Die Willkürschranke beschränkt sich nicht nur auf die finanziellen Aspekte des Gesellschaftsverhältnisses: Erstens darf ein Gesellschafter berechtigterweise erwarten, dass er nicht ausgeschlossen wird, um ihn von der Ausübung seiner wesentlichen Mitgliedschaftsrechte abzuhalten. Die Mitgesellschafter handeln danach z.B. willkürlich, wenn alleiniger Anlass des Ausschlusses ist, dass der Gesellschafter die Richtigkeit von Abrechnungen überprüfen und deshalb im Rahmen seiner Informationsrechte die Geschäftsbücher einsehen will. Zweitens dürfen die Gesellschafter einen unliebsamen Mitgesellschafter nicht mit dem einzigen Ziel ausschließen, ihm zu schaden oder ihn zu schikanieren. Drittens kann der Gesellschafter berechtigterweise davon ausgehen, dass er nicht allein wegen seiner Hautfarbe, seines Geschlechts oder ähnlichem ausgeschlossen wird. Viertens kann es in wenigen Ausnahmefällen sein, dass die Gesellschafter – ohne dies im Gesellschaftsvertrag tatsächlich niederzulegen – mündlich oder konkludent vereinbaren, dass von dem Hinauskündigungsrecht nur zu bestimmten Zwecken Gebrauch gemacht werden darf. Wie bereits oben auf S. 203 ff. dargelegt, handelt es sich damit faktisch nicht um ein freies Ausschlussrecht im Sinne eines klassischen Hinauskündigungsrechts. Wenn der Gesellschafter zu einem

Zweck ausgeschlossen wird, der nicht dem ursprünglich gebildeten kollektiven Gesellschafterwillen entspricht, kann dies willkürlich sein. Der betroffene Gesellschafter muss allerdings nachweisen können, dass von dem Ausschlussrecht tatsächlich nur zweckgebunden Gebrauch gemacht werden darf.

Im Übrigen bleibt es dabei, dass nicht jede dysfunktionale Ausübung des Ausschlussrechts willkürlich ist. Lediglich gravierende Verstöße gegen die gesellschaftsvertragliche Risiko- und Chancenverteilung (z.B. durch die gezielte Vorenthaltung von Gewinnen) führen zur Unvereinbarkeit mit § 242 BGB. Insbesondere ist kein sachlicher Grund im Sinne eines nachvollziehbaren Grundes erforderlich. Die Willkürschranke versagt nur dem wirklich untragbaren Ausschluss die Wirksamkeit, der nicht, wie weiter unten dargestellt, durch eine volle Abfindungszahlung oder ein besonderes Ausschlussverfahren erträglich wird.

3. *Praxisbedarf*

Die vorgestellte Lösung wird den Bedürfnissen und Interessen der Gesellschafter in der Praxis gerecht. Gerade in den nachfolgenden – bisher von der Rechtsprechung besonders unbefriedigend gelösten – Fallkonstellationen ist ein Ausschluss danach regelmäßig möglich:

a) Zerrüttung

Stehen sich Gesellschafter(-gruppen) unversöhnlich gegenüber, ist ein produktives Miteinander ausgeschlossen. Wie bereits beschrieben, hilft die herrschende Rechtsauffassung hier nicht weiter. Denn nach der Rechtsprechung ist ein Ausschluss aus wichtigem Grund nur möglich, wenn die Zerrüttung des Gesellschafterverhältnisses auf das Fehlverhalten des Auszuschließenden zurückzuführen ist. In der Praxis ist eine solche Alleinverantwortlichkeit für den Gesellschafterstreit jedoch nur in Ausnahmefällen nachweisbar.

Wendet man stattdessen die hier vorgeschlagene reine Willkürschranke an, können Gesellschafter regelmäßig auf ein zuvor vereinbartes Hinauskündigungsrecht zurückgreifen. Sobald sich eine Gesellschaftermehrheit findet, die zur Weiterarbeit ohne den störenden Gesellschafter fähig ist, kann der „Störenfried" ausgeschlossen werden. Der schwierige und zeitraubende Umweg über den Nachweis der einseitigen Verantwortlichkeit für die Zerrüttung entfällt. Die übrigen Gesellschafter erhalten so eine aussichtsreiche Chance zum Neuanfang und können sich statt auf den Gesellschafterkonflikt wieder auf das wirtschaftliche Fortkommen konzentrieren.

b) Deadlock

Die Lösung der Rechtsprechung ist im Fall des sogenannten „Deadlocks" ebenso unzulänglich. Ein Deadlock liegt vor, wenn Gesellschafter in Entscheidungssituationen unnachgiebig an ihren Positionen festhalten, ohne einen Kompromiss finden zu wollen oder zu können. Schlimmstenfalls werden wesentliche Entscheidungen durch die Blockade Einzelner verhindert – die Gesellschaft wird handlungsunfähig. Die bloße Handlungsunfähigkeit stellt nach herrschender Meinung allerdings noch keinen wichtigen Grund für den Ausschluss des „blockierenden" Gesellschafters dar.

Erlaubt man den Gesellschaftern hingegen, eine Hinauskündigungsklausel zu vereinbaren, fördert schon das Bestehen des freien Ausschlussrechts die Kompromissbereitschaft. Reicht die Disziplinierungswirkung der Klausel nicht aus, hat die Gesellschaftermehrheit die Möglichkeit, die Blockade durch die Hinauskündigung des störrischen Gesellschafters zu beenden. Die übrigen Gesellschafter können die Gesellschaft auf diese Weise schnell wieder handlungsfähig machen.

c) Strategische Neuausrichtung

Die äußeren Rahmenbedingungen und Marktanforderungen bleiben nach der Gründung der Gesellschaft selten unverändert. Eine strategische Neuausrichtung kann notwendig werden, um den weiteren Erfolg der Gesellschaft zu sichern. So kann sich z.B. eine Fokussierung auf wesentliche Kerngebiete und die Neudefinierung als „Boutique" anbieten. Ebenso kann es erforderlich werden, auf veränderte Kundenstrukturen zu reagieren und bestimmte Bereiche an einem neuen Standort zu bündeln. Bei solchen Strategieänderungen ist nur in den wenigsten Fällen ein wichtiger Grund für den Ausschluss des Gesellschafters, der den zu schließenden oder zu verlegenden Fachbereich zu verantworten hat, gegeben. Das große praktische Bedürfnis der Gesellschafter nach Flexibilität und Dynamik reicht für die Rechtsprechung ohne wichtigen Ausschlussgrund allein nicht aus.

Anders ist das bei der hier vorgeschlagenen reinen Ausübungskontrolle. Die Gesellschafter erhalten durch die großzügigere Anerkennung von Hinauskündigungsklauseln die Chance, von der Gesellschaftermehrheit für richtig befundene strategische Entscheidungen umzusetzen. Veränderungsunwillige Gesellschafter können notfalls ausgeschlossen und ein potentielles Scheitern der Gesellschaft als Ganzes verhindert werden.

d) Profitabilitätsgefälle

Es geht in der Praxis schließlich besonders häufig um die Frage, ob und wie sich erfolgreiche Gesellschafter von unprofitablen Mitgesellschaftern trennen können. Die herrschende Meinung stellt sich regelmäßig gegen einen Ausschluss des leistungsschwachen Gesellschafters. Denn der für die Rechtsprechung erforderliche wichtige Ausschlussgrund liegt regelmäßig nur vor, wenn der Gesellschafter eklatant (und vor allem nachweisbar) gegen seine Pflicht zur Mitarbeit verstößt. Das ist nur selten der Fall.[977] Nach der hier vorgeschlagenen Willkürkontrolle ist die Hinauskündigung des „Lowperformers“ grundsätzlich zulässig. Dabei wird trotzdem, wie nachfolgend dargelegt, der Schutz des auszuschließenden Gesellschafters einzelfallabhängig und im angemessenen Maße gewährleistet:

aa) Enttäuschte Erwartungen

Erfüllt der auszuschließende Gesellschafter die erwarteten Umsatzsatzziele nicht oder gelingt es ihm nicht, das versprochene neue Geschäft einzubringen, können die übrigen Gesellschafter von dem vereinbarten Hinauskündigungsrecht Gebrauch machen. Ein Ausschluss ohne Grund ist möglich. Die Willkürgrenze ist erst überschritten, wenn der Auszuschließende z.B. nachweisen kann, dass die allgemeinen Umsatzziele gerade für den von ihm neu aufzubauenden Fachbereich in den ersten Jahren nicht gelten sollten und er trotzdem – entgegen seinen berechtigten Erwartungen – bereits in den ersten Monaten ausgeschlossen wird.

bb) Unzureichende Mitarbeit

Ebenso kann ein Gesellschafter ausgeschlossen werden, der sich im Vergleich mit den übrigen Gesellschafter nur unzureichend in die Gesellschaft einbringt. Die Gesellschafter bringen mit der Hinauskündigungsklausel den Wunsch nach großer Flexibilität bei der Gesellschafterzusammensetzung zum Ausdruck. Sie sollen daher nicht mühsam eine besonders schwerwiegende Verletzung der Mitarbeitspflicht nachweisen müssen. Die Hinauskündigung ist erst unzulässig, wenn sich die Gesellschafter z.B. zuvor geeinigt haben, dass der Auszuschließende einen Teil seiner Arbeitskraft zur Ausübung eines Aufsichtsratsmandats verwendet. Der vom Ausschluss betroffene Gesellschafter kann in einer solchen Situation berechtigter Weise erwarten, nicht allein deshalb ausgeschlossen zu werden, weil er weniger als 100% seiner Zeit und Arbeitskraft für die Gesellschaft einsetzt.

---

977 *Henssler/Michel*, NZG 2012, 401, 403.

cc) Geringere Profitabilität von älteren Gesellschaftern

Das Problem des Profitabilitätsgefälles zwischen den Gesellschaftern tritt häufig bei Gesellschaften mit uneinheitlicher Altersstruktur auf. Ein Gesellschafter ist im Alter von 60 Jahren gegebenenfalls nicht mehr so leistungsstark wie mit 40 oder 50 Jahren. Trotzdem erhält er nach vielen Vergütungs-/Entnahmemodellen ebenso viel oder sogar mehr als die jüngeren Leistungsträger. Nach aktueller Rechtslage kann der alte, leistungsschwache Gesellschafter nur ausgeschlossen werden, wenn die hohe Hürde des wichtigen Ausschlussgrundes überwunden wird. Das gelingt nur selten. Anders ist dies bei der hier vertretenen Beschränkung der Kontrolle der Hinauskündigung auf Willkür: Den Gesellschaftern wird grundsätzlich die Möglichkeit eröffnet, solche Generationenkonflikte schnell und klar durch einen Ausschluss zu lösen. Dabei steht der betroffene Gesellschafter nicht schutzlos dar. Die ausschließenden Gesellschafter handeln willkürlich, wenn sie entgegen der sonstigen inneren Logik des Gesellschaftsvertrages handeln und dadurch die berechtigten Erwartungen des Auszuschließenden eklatant verletzen. Was das konkret bedeutet, ist anschaulich an dem praktisch häufig anzutreffenden Konflikt zwischen jungen und alten Partnern von Rechtsanwaltskanzleien darstellbar. Dabei kann die für die Willkürschranke entscheidende abweichende „innere Logik des Gesellschaftsvertrages" insbesondere durch die vereinbarte Vergütungsstruktur und/oder die Aufnahme einer Altersgrenze zum Ausdruck kommen.

(1) Vergütungsstruktur[978]

In Rechtsanwaltskanzleien gibt es zahlreiche unterschiedliche Modelle zur Aufteilung des erwirtschafteten Gewinns zwischen den Gesellschaftern. Viele Gewinnverteilungsmodelle nehmen den Berufstätigen zwischen 35 und 55 zum Maßstab, der seine Lehrzeit hinter sich hat und 12–14 Stunden am Tag arbeiten kann und will.[979] Hat ein Partner kurz vor dem Rentenalter nun viele seiner persönlichen Verbindungen bereits an die jüngere Anwaltsgeneration abgegeben und ist allgemein persönlich nicht mehr so leistungsfähig, kommt es je nach Vergütungsmodell regelmäßig zu Konflikten mit den jüngeren Kollegen:

---

978 Siehe für einen Überblick über die Gewinnverteilungstypen in Rechtsanwaltskanzleien auch *Hirtz*, in: Henssler/Strohn, § 6 PartGG Rn. 19; *Heussen*, AnwBl. 2007, 169, 171.

979 *Heussen*, AnwBl. 2007, 169, 174.

(a) Verteilung nach gleichen Teilen

Ist im Gesellschaftsvertrag nichts Abweichendes geregelt, so wird der Gewinn gem. § 722 Abs. 1 BGB nach gleichen Anteilen, also nach Köpfen, zwischen den Gesellschaftern verteilt. Diese Methode kommt typischerweise in kleineren Sozietäten zur Anwendung, insbesondere wenn die Gesellschafter in etwa gleich alt sind und einen vergleichbaren Arbeitseinsatz zeigen. Geht dieses Modell nicht mehr auf, weil sich neue, leistungsstärkere Partner in der Gesellschaft etablieren, ist die Hinauskündigung des älteren „Lowperformers" möglich. Denn das zwischen den Gesellschaftern vereinbarte Hinauskündigungsrecht muss in beide Richtungen gelten: Ebenso wie die jungen Gesellschafter am Anfang der Partnerschaft das Risiko eingegangen sind, wegen enttäuschender Anfangsleistung vor die Tür gesetzt zu werden, müssen diese nun die Chance haben, sich von umsatzschwachen Altgesellschaftern zu befreien. Mangels besonderer Vorgaben im Gesellschaftsvertrag lässt sich hier allein aus dem Vergütungsmodell keine Ausschlussschranke ableiten.

(b) Gewinnverteilung abhängig vom individuellen Beitragsergebnis (merit based)

Die Gesellschafter können vereinbaren, die Gewinnverteilung vom individuellen Beitrag zum Erfolg der Gesellschaft abhängig zu machen („merit based"-Modell). Nach diesem Prinzip werden umsatzstarke Gesellschafter automatisch besser vergütet als leistungsschwache. Die Hinauskündigung des älteren Gesellschafters ist möglich; es besteht aber in der Regel kein gesteigertes praktisches Bedürfnis daran. Die übrigen Gesellschafter müssen den Leistungsschwachen aufgrund der individuellen Gewinnverteilung ohnehin nicht mitfinanzieren. Die Grenze dürfte jedoch dann erreicht sein, wenn der betroffene Gesellschafter aufgrund der ihm gestellten Ressourcen dauerhaft mehr Kosten verursacht als er einbringt. Ein Altgesellschafter, der sich sogar im „merit based"-Modell als reiner Kostenfaktor herausstellt, kann ohne Weiteres ausgeschlossen werden.

(c) Alter/Unternehmenszugehörigkeit

Richtet sich die Vergütung der Gesellschafter nach dem Alter und/oder der Unternehmenszugehörigkeit, ist ein allein durch altersbedingten Leistungsabfall motivierter Ausschluss genauer zu untersuchen. Die Gesellschafter haben durch die Vereinbarung der altersbezogenen Gewinnverteilung bewusst in Kauf genommen, dass ältere Partner viel bzw. überproportional verdienen. Kommt es nun zu diesem altersbedingten Mehrverdienst, tritt nur die zwischen den Gesellschaftern zuvor vereinbarte Rechtsfolge ein. Wenn im Gesellschaftsvertrag zudem ein automatisches Ausscheiden bei Erreichung eines bestimmten Alters vereinbart ist, spricht viel dafür, dass Altgesellschafter trotz eventueller

Umsatzschwäche bis zu dem vereinbarten Alter in der Gesellschaft bleiben können und nach dem Gesellschafterwillen auch sollen. Ein Ausschluss wegen zurückgehender Umsatzzahlen im Alter verstößt in dieser Konstellation daher regelmäßig gegen die berechtigten Erwartungen des betroffenen Gesellschafters. Der Ausschluss ist unwirksam, sofern dem Gesellschafter der entsprechende Nachweis der Willkür gelingt.

(d) Lockstep-System

Die Gewinnverteilung allein nach Alter/Unternehmenszugehörigkeit kommt in der Praxis allerdings eher selten vor. Stattdessen wird weitaus häufiger auf das sogenannte Lockstep-System zurückgegriffen. Im Lockstep-System steigt ein neuer Gesellschafter mit einer gewissen Punktzahl in die Kanzlei ein und steigert diese gleichmäßig mit jedem Jahr der Sozietätszugehörigkeit.[980] Aus der Summe der Punkte errechnet sich anteilsmäßig die Beteiligung am Gesellschaftsvermögen und auch am Gewinn.[981] Für ältere Partner ziehen Lockstep-Kanzleien zudem sogenannte Plateaus ein. Das Plateau beschreibt dabei die höchste erreichbare Punktzahl. Nach Erreichen der Maximalpunktzahl und damit eines bestimmten Alters schmilzt das Punktekonto schrittweise wieder ab. Auch hier werden oftmals zusätzlich Altersgrenzen vereinbart, die zu einem automatischen Ausscheiden aus der Gesellschaft bei Erreichung des Höchstalters führen.

Im Lockstep-System sind die Grenzen für einen Ausschluss allein wegen altersbedingter Minderleistung noch enger zu ziehen als in dem vorgenannten Vergütungssystem nach Alter/Unternehmenszugehörigkeit. Der Gesellschaftsvertrag sieht bereits ein ausgefeiltes eigenes Regelungssystem zum Umgang mit älteren Partnern vor: Die Vergütung steigt zunächst durch die gleichmäßige Erhöhung des Punktekontos mit jedem Lebens- und Zugehörigkeitsjahr stetig an und verringert sich nach Erreichung der maximalen Leitungsfähigkeit auf Plateau-Ebene ebenso gleichmäßig wieder. Ein altersbedingter Umsatzverlust ist durch das automatische Absinken der Gewinnbeteiligung bereits miteingepreist. Der ältere Gesellschafter kann grundsätzlich darauf vertrauen, dass er bei abnehmender Leistungsfähigkeit im Alter nicht herausgedrängt wird, sondern – entsprechend der getroffenen Vergütungsregelung – nur einen kleineren Anteil am Gewinn erhält. Dem entspricht, dass der Altgesellschafter ebenso während seiner besonders leistungsstarken Vergangenheit keine Erhöhung des Gewinnanteils mit der Begründung verlangen konnte, er erwirtschafte im Vergleich zu seiner Gewinnbeteiligungsquote einen überproportionalen Anteil am Umsatz

980 *Hirtz*, AnwBl 2008, 82, 85.
981 *Kunz*, in: Peres/Senft, Sozietätsrecht, § 5 Rn. 8.

und Gewinn der Sozietät.[982] Der Ausschluss kann jedoch u.U. dann zulässig sein, wenn der Gesellschafter die Akten dauerhaft gegen den Golfschläger eintauscht und selbst unter Berücksichtigung des automatischen Abschmelzens seiner Punkte unverhältnismäßig wenig leistet. Diese Verletzung der Pflicht zur Mitarbeit schneidet dem Gesellschafter regelmäßig die Berufung auf Willkür ab.

(e) Mischformen

Die vorgenannten Gewinnverteilungstypen kommen in der Praxis nur selten in Reinform vor. Gerade das Lockstep-System wird zunehmend durch leistungsbezogene Kriterien ergänzt. Dabei wird die starre Punkteverteilung anhand der Sozietätszugehörigkeit durch verschiedenartige Bonuskomponenten und von der individuellen Leistung abhängigen Zusatzpunkte aufgeweicht.[983] Bei solchen Mischformen kommt es für die Beurteilung der Zulässigkeit der Hinauskündigung im besonderen Maße auf den Einzelfall an. Je näher die Vergütungsregelung an das reine Lockstep-System mit Plateau-Regelung rückt, desto größer ist das Risiko, dass der betroffene Gesellschafter im Streitfall mit dem Vorwurf der Willkür Erfolg hat.

(2) Einfluss der Vereinbarung einer Altersgrenze

Die Gesellschafter vereinbaren zusätzlich zur Regelung der Gewinnverteilung regelmäßig Altersgrenzen nach deren Überschreitung die Gesellschafterstellung des Betroffenen ohne Weiteres endet.[984] Eine solche Vereinbarung ist im Rahmen der Ausübungskontrolle ebenfalls zu berücksichtigen. Es kommt auch hier auf das Gesamtbild an. Die gesellschaftsvertragliche Altershöchstgrenze führt keinesfalls dazu, dass eine Hinauskündigung vor Erreichen der Altersgrenze stets als willkürlich zu behandeln ist. Stattdessen muss der betroffene Gesellschafter nachweisen, dass (i) die Hinauskündigung allein durch einen altersbedingten Leistungsabfall motiviert ist und (ii) er berechtigterweise erwarten konnte, dass eine solche Minderleistung im Alter bis zur vereinbarten Altersgrenze hingenommen wird. Eine berechtigte Erwartungshaltung kann sich gerade dann ergeben, wenn die Altersgrenze mit einem Gewinnverteilungsmodell nach Alter/Zugehörigkeit oder mit dem Lockstep System (oben unter (c) und (d))

982 OLG Stuttgart v. 16.5.2007 – 14 U 9/06, NZG 2007, 745, 746 f.; *Hirtz*, AnwBl 2008, 82, 85.

983 So zum Beispiel im Muster-Formular „Gesellschaftsvertrag einer Rechtsanwalts-GbR (Anwaltssozietät))“ bei *Giehl*, in: BeckOF Vertrag, Form. 7.1.2.1.

984 Eine Altersgrenze von 65. Lebensjahren findet sich z.B. auch im Muster-Formular „Gesellschaftsvertrag einer Rechtsanwalts-GbR (Anwaltssozietät))“ bei *Giehl*, in: BeckOF Vertrag, Form. 7.1.2.1.

zusammentrifft. Den Mitgesellschaftern bleibt jedoch stets die Möglichkeit darzulegen, dass – nach dem Gesellschafterwillen – die Altersgrenze nicht den vorzeitigen freien Ausschluss aus Altersgründen verhindern, sondern lediglich das Verfahren durch den Verzicht auf einen zusätzlichen Gesellschafterbeschluss erleichtern sollte.

(3) Kein Ultima-Ratio-Prinzip

Zusammenfassend bleibt es auch im Rahmen der Hinauskündigung von leistungsschwächeren Altgesellschaftern dabei, dass die Ausübungskontrolle nicht der Überprüfung der Verhältnismäßigkeit dient. Der betroffene Gesellschafter ist nur vor eklatant willkürlichen Ausschlussentscheidungen zu schützen. Es bedarf keines wichtigen oder sachlichen Ausschlussgrundes. Vor dem Ausschluss muss auch nicht auf mildere Mittel zurückgegriffen werden, wie z.B. auf eine Verringerung der Ausschüttung an den Gesellschafter. Das gesellschaftsvertraglich Vereinbarte – das freie Hinauskündigungsrecht – hat Geltungsvorrang. Der Auszuschließende ist nur vor einer groben, nicht mehr hinnehmbaren Beeinträchtigung zu bewahren.

e) Zwischenergebnis

Das Verständnis der Ausübungskontrolle als reine Willkürschranke ermöglicht es den Gesellschaftern, den „störenden" Mitgesellschafter in den besonders praxisrelevanten Fällen der Zerrüttung, des Deadlocks, der Notwendigkeit einer strategischen Neuausrichtung und des Profitabilitätsgefälles aus der Gesellschaft auszuschließen. Dabei schützt das Willkürverbot den betroffenen Gesellschafter einzelfallabhängig und zielgerichtet vor willkürlichen Ausschlussentscheidungen. Das Gepräge und die innere Logik des Gesellschaftsvertrages werden angemessen berücksichtigt. Drängt sich der Schluss auf, dass der Ausschluss im besonderen Maße gegen die berechtigten Erwartungen des Gesellschafters verstößt, ist der Ausschluss unwirksam. In allen übrigen Fällen kann vom Hinauskündigungsrecht – wie gesellschaftsvertraglich gewollt – Gebrauch gemacht werden.

4. Zusammenfassung

In zwei Fällen der deutschen Rechtsanwendung besteht bereits eine Vermutung dafür, dass die Ausübung des Ausschlussrechts nicht willkürlich ist: Erstens, wenn der Betroffene aus Motiven ausgeschlossen wird, die auch ohne Hinauskündigungsklausel einen Ausschluss aus wichtigem Grund ermöglicht hätten. Zweitens, wenn der konkrete Fall einer Situation gleicht, in der der BGH schon die Hinauskündigungsklausel selbst als sachlich gerechtfertigt anerkannt hätte.

Eine weitergehende Ausübungskontrolle entfällt in den beiden vorgenannten Fällen regelmäßig. In allen anderen Fällen ist eine konkrete Prüfung des Ausschlusses anhand von § 242 BGB notwendig. Dabei beschränkt sich die Kontrolle auf das Herausfiltern von willkürlichen Ausschlussentscheidungen. Der Gesellschafterausschluss ist nur willkürlich, wenn er (i) auf völlig sachfremden Motiven beruht und/oder (ii) so weit von der gesellschaftsvertraglich vereinbaren Risiko- und Chancenverteilung abweicht, dass er nicht mehr innerhalb der berechtigten Erwartungen des Auszuschließenden liegt. Dabei kann, wie oben gesehen, auf die Cost-of-Contracting-Analysis und die sonstigen im deutschen und US-amerikanischen Recht herausgearbeiteten Ansätze zurückgegriffen werden. Mit Blick auf die Vertragsfreiheit muss ein Willkürverdikt jedoch die absolute Ausnahme bleiben. Die Gesellschafter haben sich durch die Vereinbarung der Hinauskündigungsklausel für eine vereinfachte Trennungsmöglichkeit entschieden. Dieses Recht zum grundlosen Ausschluss darf ihnen nicht über eine übermäßige Ausübungskontrolle nach § 242 BGB direkt wieder genommen werden. Wenn die Vereinbarung der Hinauskündigungsklausel regelmäßig rechtmäßig ist, muss dies auch für die Ausübung eben dieses Hinauskündigungsrechts gelten. Der auszuschließende Gesellschafter ist nur vor der tatsächlich völlig willkürlichen Ausübung der Mehrheitsmacht der übrigen Gesellschafter zu schützen.

IV. Einfluss einer vollwertigen Abfindung

Diese Arbeit konzentriert sich auf die Grundlagen und die Ausübung des Ausschlussrechts und nicht auf seine Rechtsfolgen. Es wird daher nicht näher untersucht, wie sich die Abfindung des wirksam Ausgeschlossenen im Einzelnen berechnet oder welche Vorgaben für die Abfindungsklausel genau gelten. Hinsichtlich der Fragen zur Abfindung als „Rechtsfolge“ der Hinauskündigung sei daher auf die zahlreichen bereits veröffentlichten Literaturbeiträge dazu verwiesen.[985]

Unverzichtbar erscheint aber selbst in diesem eingeschränkten Rahmen ein Blick auf die Wechselwirkung zwischen Ausübungskontrolle und Abfindungszahlung. Die anwaltliche Praxis zeigt, dass sich der Gesellschafterstreit um den anvisierten Ausschluss eines Gesellschafters schnell von dem Ausscheiden an

---

985 Beispielhaft für das Erfordernis einer vollwertigen Abfindung: *Grunewald*, Ausschluß, S. 222 ff.; *dies.*, DStR 2004, 1750, 1751 f.; *Henssler*, FS Konzen, 267, 273, 283; *Huber*, ZGR 1980, 177, 203; *Miesen*, RNotZ 2006, 522, 533; *Müller-Laube/Büsching*, JA 1989, 1, 9; *Schilling*, ZGR 1979, 419, 429.

sich zu der letztlich entscheidenden Frage verlagert: Die Höhe der Abfindung. Die Fronten zwischen den Gesellschaftern verhärten sich während des fortdauernden Konflikts regelmäßig so sehr, dass eine konstruktive Zusammenarbeit in der Zukunft nicht mehr möglich ist.[986] Das Verbleiben in der Gesellschaft ist keine Option. Es kommt für den betroffenen Gesellschafter im Ergebnis darauf an, wieviel Abfindung er als Entschädigung für den Verlust seiner Gesellschafterstellung einfordern kann.[987] Es ist nun zu klären, ob diese praktische Bedeutung der Abfindungshöhe auch Einfluss auf die Intensität der Ausübungskontrolle der Hinauskündigung haben sollte.

1. Getrennte Beurteilung von Ausschlussentscheidung und Abfindung

Ein Teil der Literatur fordert übereinstimmend mit dem BGH[988], Ausschlussentscheidung und Abfindung stets getrennt voneinander zu betrachten.[989] Im Kern geht es um die Begründung, warum die Hinauskündigungsklausel trotz Abfindungszahlung sittenwidrig nach § 138 BGB ist. Der – aus Sicht des BGH notwendige – Schutz vor einem grundlosen Ausschluss könne nicht über die Abfindung gewährleistet werden.[990] Die angemessene Abfindung sei kein „Allheilmittel" für den Gesellschafterausschluss.[991] Dem betroffenen Gesellschafter sei nicht allein mit einer vollwertigen Abfindung gedient; in manchen Fällen habe er ein vitales Interesse am Fortbestand seiner Gesellschafterstellung.[992] So könne die langjährige Gesellschafterstellung in einem Familienunternehmen u.U. unersetzlich und unverkäuflich sein.[993] Die wechselwirkende Beurteilung von Ausschluss und Abfindung wird auch aus dogmatischen Gründen abgelehnt. Es drohe eine unzulässige Vermischung von Tatbestand und Rechtsfolge.[994] Wenn schon die Hinauskündigungsklausel und die darauf beruhende Ausschlussentscheidung nichtig seien, trete die Rechtsfolge der Abfindung überhaupt nicht ein. Damit

---

986 *Behr*, ZGR 1985, 475, 476 f.

987 Unter Bezugnahme auf Gesellschafterstreitigkeiten in Deutschland und USA *Scogin*, 15 Mich. J. Int'l L. 127, 179 (1993–1994).

988 BGH v. 13.7.1981 – II ZR 56/80, NJW 1981, 2565, 2566.

989 U.a. *Wiedemann*, ZGR 1980, 147, 153; *Beischer*, Ausschluss, S. 78.

990 BGH v. 13.7.1981 – II ZR 56/80, NJW 1981, 2565, 2566; *Huber*, ZGR 1980, 177, 203.

991 *Behr*, ZGR 1985, 475, 477.

992 *Behr*, ZGR 1985, 475, 477; *Wiedemann*, ZGR 1980, 147, 153.

993 *Behr*, ZGR 1985, 475, 477.

994 *Beischer*, Ausschluss, S. 77 f.; *Hadding/Kießling*, in: Soergel BGB, § 737 Rn. 18; *Schöne*, in: BeckOKBGB, § 737 Rn. 33; *ders.*, Gesellschafterausschluß, S. 26; *Wackerbeck*, Grenzen der Zulässigkeit, S. 130.

könne sie auch keinen Ausgleich schaffen.[995] Schließlich könne es zwar sein, dass die Aussicht, eine angemessene Abfindung zahlen zu müssen, die Gefahr des willkürlichen Ausschlusses mindere. Sie schließe sie aber nicht völlig aus.[996] Ein Ausschluss aus irrationalen Gründen oder mit Schädigungsabsicht lasse sich auch durch eine Vollabfindung nicht verhindern.[997]

2. *Wechselwirkung ausschlaggebend*

Nach anderer Ansicht ist die Abfindung von großer Bedeutung für die Beurteilung der Hinauskündigung(sklausel).[998] Die Hinauskündigungsklausel wird bei vollwertiger Abfindung für zulässig gehalten.[999] Durch eine angemessene Abfindung werde der Gesellschafter ausreichend vor dem „Damoklesschwert" der Hinauskündigung geschützt.[1000] Der betroffene Gesellschafter erhalte durch die Abfindung den Wert seiner Beteiligung zurück und könne diese Summe anderweitig investieren.[1001] Zudem bestünde wegen der Abfindungszahlungsverpflichtung kein Anreiz für die verbleibenden Gesellschafter einen unliebsamen Mitgesellschafter aus sachfremden Motiven auszuschließen.[1002] Die Gefahr einer Willkürherrschaft der übrigen Gesellschafter sei wesentlich verringert.[1003]

3. *Stellungnahme*

Der Großteil der oben dargestellten Diskussion beschäftigt sich damit, ob eine vollwertige Abfindung das vom BGH proklamierte Sittenwidrigkeitsverdikt der

---

995 *Beischer*, Ausschluss, S. 78; *Schöne*, Gesellschafterausschluß, S. 27.

996 *Beischer*, Ausschluss, S. 78; *Miesen*, RNotZ 2006, 522, 532; *Wackerbeck*, Grenzen der Zulässigkeit, S. 189.

997 *Miesen*, RNotZ 2006, 522, 532; *Wackerbeck*, Grenzen der Zulässigkeit, S. 189; *Wiedemann*, ZGR 1980, 147, 153.

998 *Drinkuth*, NJW 2006, 410, 411; *Gärtner*, Der unfreiwillige Verlust, S. 209 ff.; *Grunewald*, Ausschluß, S. 221; *dies.*, DStR 2004, 1750, 1751 f.; *dies.*, Gesellschaftsrecht, S. 72; *Henssler*, FS Konzen, 267, 270 f.; *Huber*, ZGR 1980, 177, 210 f.; *Verse*, DStR 2007, 1822, 1826.

999 U.a. *Bunte*, ZIP 1983, 8, 15; *Grunewald*, Ausschluß, S. 221; *Henssler*, FS Konzen, 267, 270 f.; *Müller-Laube/Büsching*, JA 1989, 1, 9.

1000 *Drinkuth*, NJW 2006, 410, 411 f.; *Gärtner*, Der unfreiwillige Verlust, S. 212; *Grunewald*, DStR 2004, 1750, 1751; *Müller-Laube/Büsching*, JA 1989, 1, 9; *Verse*, DStR 2007, 1822, 1826.

1001 *Grunewald*, Ausschluß, S. 221.

1002 *Huber*, ZGR 1980, 177, 210 f.; *Müller-Laube/Büsching*, JA 1989, 1, 9.

1003 *Bunte*, ZIP 1983, 8, 15; *Drinkuth*, NJW 2006, 410, 411 f.; *Grunewald*, Ausschluß, S. 221; *Hirtz*, BB 1981, 761, 765; *Huber*, ZGR 1980, 177, 210 f.

Hinauskündigungsklausel entkräften bzw. widerlegen kann. Diese Hürde hat die vorliegende Untersuchung bereits genommen. Hinauskündigungsklauseln sind nicht gem. § 138 BGB sittenwidrig. Das „Damoklesschwert-Argument" überzeugt nicht – losgelöst von der Relevanz der Abfindungszahlung. Darüber hinaus geht es hier nicht um die Wirksamkeit von Abfindungsregelungen, sondern um die Zulässigkeit der Hinauskündigung. Der Ausschluss selbst ist nicht von der Wirksamkeit der gesellschaftsvertraglichen Abfindungsklausel abhängig.[1004] Eine zu niedrige Abfindung berührt sowohl im Personengesellschaftsrecht als auch im GmbH-Recht nicht die Wirksamkeit des Ausschlussbeschlusses grundsätzlich.[1005] Vielmehr tritt an die Stelle der vereinbarten Abfindung eine angemessene Abfindung.[1006]

Die hier vorgeschlagene Ausübungskontrolle in Form der Willkürkontrolle stützt sich allerdings im Kern auf eine (eingeschränkte) Interessenabwägung. Da der finanzielle Ausgleich eine zentrale Rolle für den Ausgeschlossenen spielt, ist er zumindest mit zu berücksichtigen.[1007] Einerseits kann eine viel zu niedrige Abfindung darauf hinweisen, dass der Ausschluss aus finanziellem Eigensinn bzw. zu einem Predatory Purpose geschieht. So spricht z.B. das Zusammenfallen von grundlosem Ausschluss mit einer vertraglichen Abfindungsbeschränkung kurz vor der Realisierung einer Geschäftschance dafür, dass sich die Mitgesellschafter entgegen der gesellschaftsvertraglichen Chancenverteilung finanzielle Vorteile verschaffen wollen. Andererseits kann eine angemessene Abfindung ebenso dabei helfen, einen Willkürverdacht zu zerstreuen. Wenn der ausgeschlossene Gesellschafter zum wahren Wert seiner Beteiligung abzufinden ist, liegt der grundlose Ausschluss regelmäßig innerhalb seines Erwartungshorizonts.[1008] Denn die Gesellschafter haben durch ihre gesellschaftsvertraglichen Regelungen ausgedrückt, dass die Hinauskündigung verbunden mit der vollwertigen Abfindung ein gangbarer Weg sein soll.

Die Abfindungszahlung ist allerdings nur ein Element der eingeschränkten Interessenabwägung im Rahmen der Willkürkontrolle. Ausschlüsse mit reiner

---

1004 BGH v. 7.5.1973 – II ZR 140/71, NJW 1973, 1606, 1607; BGH v. 19.9.1988 – II ZR 329/87, NJW 1989, 834, 835; BGH v. 9.7.1990 – II ZR 194/89, NJW 1990, 2622.

1005 BGH v. 7.5.1973 – II ZR 140/71, NJW 1973, 1606, 1607; BGH v. 9.7.1990 – II ZR 194/89, NJW 1990, 2622.

1006 U.a. BGH v. 19.9.2005 – II ZR 173/04, NJW 2005, 3641, 3643.

1007 So auch *Drinkuth*, NJW 2006, 410, 411.

1008 Diese Vermutung gilt nicht ausnahmslos, z.B. ggfs. nicht im Fall des Ausschlusses eines Gesellschafters eines Familienunternehmens, wenn der Verlust der Beteiligung aus verschiedenen Gründen nicht mit Geld zu kompensieren ist.

Schädigungsabsicht oder zur Verhinderung der Ausübung von Gesellschafterrechten werden allein durch die Zahlung einer angemessenen Abfindung nicht rechtmäßig. Die Verpflichtung zur Abfindungszahlung schließt die Gefahr willkürlicher Entscheidungen nicht aus, sie mildert sie jedoch wesentlich ab.

V. Zusätzlicher Schutz durch Verfahren

Als Ausgleich für die Anerkennung der Hinauskündigungsmöglichkeit wird in der Literatur neben einer vollwertigen Abfindung ein zusätzlicher Schutz durch besondere Verfahrensregeln gefordert. So hält *Grunewald* eine korporationsinterne Diskussion über die Vor- und Nachteile des Ausschlusses unter Beteiligung des Auszuschließenden für erforderlich.[1009] Dadurch sollen die Interessen des Auszuschließenden im Findungs- und Entscheidungsprozess des Ausschlussbeschlusses ausreichend berücksichtigt werden. Auch *Gärtner* fordert ein geordnetes Ausschlussverfahren, in dem der Auszuschließende an dem Entscheidungsfindungsprozess beteiligt und zu dem geplanten Ausschluss gehört wird.[1010] *Henssler* schlägt für Freiberuflersozietäten vor, dem Auszuschließenden eine angemessene Auslauffrist von ein bis zwei Jahren ab Mitteilung des Ausschlusses zu gewähren, damit dieser seinen Wechsel in eine andere Gesellschaft oder in eine andere Tätigkeit vorbereiten kann.[1011]

Die vorgenannten zusätzlichen Verfahrensregeln sind durchaus geeignet, dem betroffenen Gesellschafter ein gewisses Maß an Schutz zu gewähren. Als starre Voraussetzungen für eine wirksame Hinauskündigung passen sie jedoch nicht. Zweck des geforderten „geordneten Entscheidungsprozesses" soll sein, den betroffenen Gesellschafter über die Hintergründe der Ausschlussentscheidung zu informieren. Er soll die Gelegenheit erhalten, seine Sicht der Dinge darzustellen. Dieses Ziel kann (und muss) im Kontext der Hinauskündigung jedoch nicht durch die Einräumung eines solchen Rechts auf Gehör erreicht werden.[1012] Es bedarf keines Grundes für eine wirksame Hinauskündigung. Damit kann der betroffene Gesellschafter nicht erwarten, dass die übrigen Gesellschafter ihre Ausschlussentscheidung im Rahmen des Entscheidungsprozesses begründen.

1009 *Grunewald*, Ausschluß, S. 222, allerdings bezieht sich diese Forderung nach einer Art „Recht auf Gehör" nur auf den grundlosen Ausschluss; im Fall des Ausschlusses aus wichtigem Grund lehnt Grunewald zusätzliche Verfahrenserfordernisse ab, vgl. *Grunewald*, Ausschluß, S. 165 f.

1010 *Gärtner*, Der unfreiwillige Verlust, S. 227.

1011 *Henssler*, FS Konzen, 267, 282 f.

1012 So auch *Blanke*, Das Recht zur Ausschließung, S. 49 ff.

Dies ist zum Schutz des Gesellschafters auch nicht erforderlich. Die allein über die Willkürschranke herauszufilternden Fälle der grob sachwidrigen Ausschlüsse sind ohnehin so eklatant rechtswidrig, dass es keiner expliziten Mitteilung der Beweggründe durch die Mitgesellschafter bedarf.[1013] Außerhalb dieser augenscheinlich willkürlichen Ausschlusssituationen geht es regelmäßig nur darum, dass sich Gesellschafter nicht mehr verstehen und ihre Zusammenarbeit deshalb (einseitig) beenden wollen.[1014] Das grundlose Hinauskündigungsrecht wird in solchen Fällen seinem Zweck entsprechend eingesetzt. Der betroffene Gesellschafter muss den Ausschluss dann ohne zusätzliche Informationsgewährung allein als Folge der gesellschaftsvertraglichen Vereinbarung des Hinauskündigungsrechts hinnehmen.[1015] Wenn die Gesellschafter die Hinauskündigung trotzdem freiwillig begründen, wird es zudem selten passieren, dass sich willkürlich handelnde Mitgesellschafter dazu hinreißen lassen, ihre völlig sachfremden Beweggründe tatsächlich kundzutun.

Ebenso passt die Verpflichtung zur Gewährung einer Auslauffrist von ein bis zwei Jahren hier nicht. Sie ist maßgeblich von der Grundannahme geprägt, dass die Hinauskündigung nur bei Vorliegen eines sachlichen Grundes zulässig ist.[1016] Bei der Prüfung des sachlichen Ausschlussgrundes werden die berechtigten Interessen der Ausschließenden und des vom Ausschluss Betroffenen umfassend gegeneinander abgewogen. Dabei trägt die Gewährung einer Auslauffrist dazu bei, die berechtigten Interessen der Beteiligten in ein Gleichgewicht zu bringen. Der hier vertretene Lösungsweg verlangt allerdings kein solches Interessengleichgewicht. Die Interessen des vom Ausschluss Betroffenen sind nur eingeschränkt – d.h. nur vor Willkür – zu schützen. Wie mit Blick auf das deutsche und US-amerikanische Recht herausgearbeitet wurde, entspricht gerade die schnelle und einfache „Guillotine Approach“[1017] der Hinauskündigung dem Praxisbedürfnis. Willkür wird allein dadurch nicht begründet. Das Erfordernis, dem betroffenen Gesellschafter den grundlosen Ausschluss mit einer vorlaufenden Frist von ein bis zwei Jahren mitzuteilen, passt dabei nicht zu dieser grundsätzlichen Anerkennung der zeitnahen Trennungsmöglichkeit.

Das heißt nicht, dass die Vorschläge zur Ausgestaltung des Ausschlussverfahrens gänzlich beiseite zu schieben sind. Der Vorteil der hier vorgeschlagenen

---

1013 Vgl. *Blanke*, Das Recht zur Ausschließung, S. 50.
1014 *Blanke*, Das Recht zur Ausschließung, S. 51.
1015 *Blanke*, Das Recht zur Ausschließung, S. 51.
1016 *Henssler*, FS Konzen, 267, 283 f.
1017 *Holman v. Coie*, 522 P.2d 515, 524 (Wash. Ct. App. 1974).

Willkürkontrolle ist gerade, dass im Rahmen der eingeschränkten Interessenabwägung sämtliche Umstände im Zusammenhang mit dem Ausschluss berücksichtigt werden können. Das gilt nicht nur für die Abfindungszahlung, sondern auch für das angewandte Ausschlussverfahren.[1018] Wurde der betroffene Gesellschafter vor der Abstimmung über den Ausschluss gehört, hatte er Gelegenheit zur Verteidigung oder wurde er sonst über den geplanten Ausschluss informiert, spricht dies oftmals gegen das Vorliegen von Willkür. Die Gewährung einer Auslauffrist um dem Ausgeschlossenen den Wechsel in eine neue Gesellschaft oder Tätigkeit zu erleichtern, deutet ebenfalls darauf hin, dass die Mitgesellschafter weder rücksichtlos noch willkürlich handeln.

VI. Zwischenergebnis

Die Auslegung der Hinauskündigungsklausel ist Ausgangspunkt der Ausübungskontrolle. Danach zielen die Gesellschafter regelmäßig darauf ab, das Ausschlussrecht vollständig von dem Erfordernis eines sachlichen oder wichtigen Ausschlussgrundes zu befreien. Die Gesellschafter haben dabei nicht die Rechtsmacht, das Gebot von Treu und Glauben nach § 242 BGB gesellschaftsvertraglich vollständig abzubedingen. Auch die Hinauskündigung muss sich im Rahmen der Ausübungskontrolle gem. § 242 BGB an dem Verbot der missbräuchlichen Rechtsausübung und dem Gebot der gesellschafterlichen Treuepflicht messen lassen. Zwar erlaubt § 242 BGB nach richtiger Ansicht einen Ausschluss ohne Nachweis eines sachlichen oder wichtigen Ausschlussgrundes. Ansonsten bleibt es aber bei den Grenzen des Gebots von Treu und Glauben. Das heißt hier konkret: Die Ausschlussentscheidung muss einer Willkürkontrolle standhalten. Die Gesellschafter dürfen den unliebsamen Gesellschafter zwar grundlos, aber nicht willkürlich ausschließen. Ausschlüsse sind regelmäßig *nicht* willkürlich, wenn (i) die Umstände sogar für einen wichtigen Ausschlussgrund ausreichen würden oder (ii) Fallgestaltungen betroffen sind, in denen auch der BGH die Hinauskündigungsklausel für sachlich gerechtfertigt gehalten hätte. In den übrigen Fällen ist eine eingeschränkte Interessenabwägung vorzunehmen. Der Auszuschließende muss dabei vor einer besonders groben und nicht mehr hinnehmbaren Benachteiligung seiner Interessen geschützt werden. Unter Rückgriff auf die Diskussion im deutschen und US-amerikanischen Recht und insbesondere auf die Cost-of-Contracting Analysis ergibt sich folgende Leitlinie: Die Ausschlussentscheidung ist ausnahmsweise willkürlich, wenn sie so weit von der gesellschaftsvertraglich vereinbaren Risiko- und Chancenverteilung abweicht, dass sie völlig außerhalb

1018 So auch *Gärtner*, Der unfreiwillige Verlust, S. 227.

der berechtigten Erwartungen des Auszuschließenden liegt. Im Rahmen der eingeschränkten Gesamtabwägung ist die Zahlung einer vollwertigen Abfindung oder die Einhaltung schützender Verfahrensregeln stets zu berücksichtigen.

B. Praktische Konsequenz (Beweis- und Darlegungslast)

Die Prüfungsverlagerung auf die Ausübungskontrolle nach § 242 BGB hat eine praktisch besonders wichtige Konsequenz: Der Ausgeschlossene trägt nun die Beweis- und Darlegungslast.[1019] Die Beweislast für den Rechtsmissbrauch durch die willkürliche Ausschlussentscheidung trifft dadurch den, der sich darauf beruht.[1020] Nicht die Mitgesellschafter müssen begründen, warum der Ausschluss sachgerecht ist, sondern der Ausgeschlossene muss darlegen und nachweisen, dass die Ausschlussentscheidung gegen § 242 BGB verstößt. Der Beweis der Willkür wird regelmäßig nicht einfach zu führen sein. Es werden daher oftmals nur besonders evidente Verstöße unterbunden werden können.[1021] Dies steht im Einklang mit dem diesseitig vertretenen Verständnis der Ausübungskontrolle als bloße Willkürschranke. Sie soll nur in extremen Ausnahmefällen eingreifen. Liegt eine solche seltene Willkürsituation vor, wird dem Ausgeschlossenen regelmäßig auch der Nachweis des Rechtsmissbrauchs möglich sein. Die Verschiebung der Darlegungs- und Beweislast auf den Ausgeschlossenen trägt schließlich dem Umstand Rechnung, dass Zweck des freien Hinauskündigungsrechts gerade die Loslösung vom Nachweiserfordernis eines (sachlichen oder wichtigen) Ausschlussgrundes ist.[1022]

C. Ergebnis

Das Hinauskündigungsrecht ist grundsätzlich frei. Es bedarf weder eines sachlichen noch eines wichtigen Ausschlussgrundes. Die Ausübungskontrolle nach § 242 BGB beschränkt sich auf eine Willkürkontrolle. Sie greift nur ein, wenn die berechtigten Interessen des Ausgeschlossenen eklatant verletzt werden. Für das Vorliegen einer solchen Extremsituation trägt der vom Ausschluss Betroffene die Darlegungs- und Beweislast. Die Hinauskündigung wird so als ein effektives Mittel der Gesellschaftertrennung anerkannt. Trotzdem steht der Auszuschließende durch das Willkürverbot nicht schutzlos dar. Dem Grundsatz der

1019 *Gärtner*, Der unfreiwillige Verlust, S. 326; *Koller*, DB 1984, 545, 547; *Kübler*, FS Sigle, 183, 199; *Schilling*, ZGR 1979, 419, 423; *Verse*, DStR 2007, 1822, 1827.

1020 *Grunewald*, Ausschluß, S. 250.

1021 *Koller*, DB 1984, 545, 547.

1022 Vgl. *Gärtner*, Der unfreiwillige Verlust, S. 327; *Verse*, DStR 2007, 1822, 1827.

Vertragsfreiheit wird auf diese Weise der ihm gebührende hohe Stellenwert eingeräumt.

§ 6 Reformvorschlag

Die Hinauskündigungsrechtsprechung ist im Ergebnis aufzugeben. Es ist nicht sachgerecht, Hinauskündigungsklauseln als grundsätzlich sittenwidrig gem. § 138 Abs. 1 BGB zu behandeln. Stattdessen sollte die Rechtsprechung anerkennen, dass der Auszuschließende, der die Vereinbarung der Hinauskündigungsklausel selbst akzeptiert hat, nur eingeschränkt schutzbedürftig ist. Dieser Schutz kann über die Ausübungskontrolle in Form der Willkürkontrolle gem. § 242 BGB in ausreichendem Maße gewährt werden. Es ist im letzten Schritt zu klären, was dieses Ergebnis nun für die Kautelarpraxis und den Gesetzgeber bedeutet.

A. Kautelarpraxis

Der BGH ist bislang trotz aller Kritik nicht von seiner verfehlten Hinauskündigungsrechtsprechung abgerückt.[1023] Bis auf Weiteres muss die Rechtsprechung wohl als „gesicherter Bestandteil des Gesellschaftsrechts“[1024] hingenommen werden. Die große Rechtsunsicherheit bei der Gestaltung von Hinauskündigungsklauseln bleibt bestehen. Es ist weiterhin kaum vorhersehbar, wann die Rechtsprechung eine Hinauskündigungsklausel für ausnahmsweise sachlich gerechtfertigt hält. Wenn trotz dieser Risiken eine Hinauskündigungsklausel vereinbart wird, sollten bei der Gestaltung des Gesellschaftsvertrages die folgenden Hinweise beachtet werden:

- Die der Hinauskündigungsklausel zu Grunde liegenden Erwägungen sollten (soweit praktikabel) in der Präambel des Gesellschaftsvertrages dokumentiert werden.[1025] Auf diese Weise können sie bei der späteren Auslegung der Klausel einfacher nachgewiesen werden. Das ist für die ausschließenden Gesellschafter von großer Wichtigkeit, da sie nach Ansicht des BGH dafür beweisbelastet sind, dass ein legitimer Grund für die Vereinbarung der Hinauskündigungsklausel vorliegt.
- Obwohl dies für den grundlosen Ausschluss eigentlich nicht notwendig ist, sollten im Rahmen der Hinauskündigungsklausel beispielhaft Gründe

---

1023 *Drinkuth*, NJW 2006, 410, 412.

1024 *Gehrlein*, BB 2005, 2433.

1025 *Drinkuth*, NJW 2006, 410, 412; *Miesen*, RNotZ 2006, 522, 526; *Wackerbeck*, Grenzen der Zulässigkeit, S. 177.

aufgeführt werden, die regelmäßig zum Ausschluss berechtigen. Diese Regelbeispiele sollten möglichst an objektive Tatbestände anknüpfen.[1026]

- Dem betroffenen Gesellschafter sollte ein Anspruch auf angemessene Abfindung eingeräumt werden, der dem wahren Wert seiner Beteiligung entspricht.[1027]
- Schließlich sollte, sofern im Rahmen der konkreten Gesellschaftsstruktur praktikabel, ein geordnetes Ausschlussverfahren vorgesehen werden, in dessen Rahmen das Für und Wieder des Ausschlusses zwischen den Gesellschaftern diskutiert wird.[1028]

B. Reform des Gesetzes

Da es keine Anzeichen dafür gibt, dass der BGH seine Rechtsprechungslinie in nächster Zeit aufgibt, sollte der Gesetzgeber Abhilfe schaffen:

I. Entsprechende Regelung zu § 131 Abs. 3 HGB im Recht der GbR

An erster Stelle muss dabei die Aufgabe der gesetzlichen Regelfolge der Auflösung bei einem Gesellschafterwechsel stehen. Losgelöst vom Thema der Hinauskündigung besteht Einigkeit darüber, dass es für die GbR einer Regelung entsprechend § 131 Abs. 3 HGB bedarf.[1029] Das gesetzliche Leitbild ist überholt, dass jeder Gesellschafterwechsel innerhalb der GbR grundsätzlich zur Auflösung der Gesellschaft führt. Es ist an der Zeit, ähnlich dem Konzept der Dissociation nach UPA (1997), das Prinzip „Ausscheiden statt Auflösung" im deutschen Recht konsequent umzusetzen. Die deutsche Diskussion hat sich auch an dieser Stelle viel zu lange dem rechtsvergleichenden Blick auf das US-amerikanische Recht – welches die praxisgerechte Abkehr von der zwingenden Auflösungsfolge bei Partnerships bereits vor langer Zeit aufgegriffen hat – verschlossen. Die Gesellschafter drücken regelmäßig mit der Vereinbarung von Fortsetzungsklauseln ihren Willen zur Gesellschaftsfortsetzung nach Ausscheiden Einzelner aus. Das Gesetz sollte diesen praktischen Willen aufgreifen und zur Regelfolge machen. Entsprechend § 131 HGB sollte dafür durch Anpassung,

---

1026 *Drinkuth*, NJW 2006, 410, 412; *Lindner*, RNotZ 2017, 328.

1027 U.a. *Grunewald*, Ausschluß, S. 222 ff.; *Henssler*, FS Konzen, 267, 283.

1028 In Anlehnung an *Grunewald*, Ausschluß, S. 222.

1029 Es sei diesbezüglich statt aller anderen auf den beim 71. DJT mit großer Mehrheit angenommenen gleichlautenden Antrag verwiesen, vgl. *71. DJT 2016*, Beschlüsse, S. 35.

teilweise Streichung und Zusammenfassung der Regelungen in den §§ 723 ff. BGB neu bestimmt werden, in welchen Fällen die Gesellschaft aufgelöst und wann sie fortgeführt wird. Insbesondere der Wechsel im Gesellschafterbestand durch Austrittskündigung oder Ausschluss sollte im neuen Regelungssystem nur zur Auflösung der Gesellschaft führen, sofern die Gesellschafter – sozusagen als Gegenstück zur Fortsetzungsvereinbarung – ausdrücklich eine „Auflösungsvereinbarung" treffen.

II. Änderung des § 737 BGB

Im Weiteren ist der Annahme *Schäfers* zu widersprechen, dass die Rechtsprechung zu Hinauskündigungsklauseln so gut begründet sei, dass es lediglich um eine Einzelfallkorrektur gehen könne, die nicht Aufgabe des Gesetzgebers sei.[1030] Der Hinauskündigungsrechtsprechung ist insgesamt nicht zu folgen. Ein „prinzipielles Gegensteuern des Gesetzgebers"[1031] ist damit sehr wohl erforderlich. Dieses Gegensteuern könnte so aussehen, dass zum einen entsprechend des zuvor unter I. Dargestellten keine ausdrückliche Fortsetzungsvereinbarung mehr erforderlich ist und zum anderen ausdrücklich gestattet wird, vertraglich von der Voraussetzung des wichtigen Ausschlussgrundes abzusehen. Die zum Teil zusätzlich geforderte ausdrückliche Einschränkung, dass ein solcher grundloser Ausschluss nur zulässig ist, wenn er nicht treuwidrig ausgeführt wird, ist nicht notwendig.[1032] Die Einhaltung der Willkürgrenze gem. § 242 BGB ist, wie oben dargestellt, ohnehin zwingend. Sie muss in § 737 BGB nicht nochmals wiederholt werden. Der modifizierte und dabei zugleich vereinfachte § 737 BGB könnte wie folgt aussehen:

> *„Die Gesellschafter können gemeinschaftlich einen anderen Gesellschafter, in dessen Person ein wichtiger Grund nach § 723 Abs. 1 Satz 2 und 3 vorliegt, aus der Gesellschaft ausschließen. Von dem Erfordernis eines Ausschlussgrundes kann gesellschaftsvertraglich abgesehen werden. Die Ausschließung erfolgt durch Erklärung gegenüber dem auszuschließenden Gesellschafter."*

1030 *Schäfer*, Beilage zu ZIP 22/2016, 63, 66.

1031 Ablehnend *Schäfer*, Beilage zu ZIP 22/2016, 63, 66.

1032 A.A. wohl *Wicke*, DNotZ 2017, 261, 271, der entsprechend in § 140 Abs. 3 HGB eine neue Regelung einfügen will, wonach Vereinbarungen zu Ausschlussrechten zulässig sind, ihre Geltendmachung aber nicht in treuwidriger Weise erfolgen darf.

III. Ergänzung des § 723 BGB

Sollte sich der Gesetzgeber mit der Gestattung der Hinauskündigung ebenfalls schwertun, ist wenigstens das Ausschlussrecht aus wichtigem Grund praktikabler und effizienter zu gestalten.

Es ist dabei am drängendsten, die Trennung der Gesellschafter im Fall eines schwerwiegenden Gesellschafterkonflikts zu vereinfachen. Die Rechtsprechung stellt hohe Anforderungen an den Ausschluss aufgrund einer Zerrüttung des Gesellschaftsverhältnisses. Der Ausschluss ist nach aktueller Rechtslage nur begründet, wenn der Auszuschließende das Zerwürfnis durch sein Verhalten überwiegend verursacht hat.[1033] Sobald in der Person der Ausschließenden ebenfalls Umstände vorliegen, die ihren eigenen Ausschluss rechtfertigen würden, ist der Ausschluss ausgeschlossen.[1034] Im Fall des beiderseitig verursachten Zerwürfnisses ist der Ausschluss damit praktisch unmöglich. Es kann regelmäßig nicht trennscharf bestimmt werden, wer überwiegend für den Vertrauensverlust verantwortlich ist.[1035] Die Zusammenarbeit der Gesellschafter funktioniert nur bei einem intakten Vertrauensverhältnis. Aus diesem Grund sollte der wichtige Grund der Zerrüttung (entsprechend dem US-amerikanischen Verständnis[1036]) nicht mehr vom überwiegenden Verschulden des Auszuschließenden abhängig gemacht werden.[1037] Der Ausschluss wegen Zerrüttung könnte auf Gesetzeswegen durch eine Ergänzung des § 723 BGB erleichtert werden. Konkret könnte die folgende Regelung als neuer § 723 Abs. 1 S. 3 Nr. 3 BGB eingefügt werden: „*[Ein wichtiger Grund liegt insbesondere vor,]* ***wenn das Vertrauensverhältnis zwischen den Gesellschaftern nachhaltig zerrüttet ist. Eine überwiegende Verantwortlichkeit des anderen Gesellschafters ist nicht erforderlich.***“ Durch diese Erweiterung des § 723 BGB wird nicht nur das Ausschlussrecht aus wichtigem Grund, sondern gleichlaufend auch das außerordentliche Kündigungsrecht des Gesellschafters erweitert. Eine missbräuchliche Ausnutzung des neuen §§ 737

1033 BGH v. 31.3.2003 – II ZR 8/01, WM 2003, 1084, 1086; *Lutz*, Gesellschafterstreit, S. 152; *Schäfer*, in: MüKoBGB, § 737 Rn. 8; *Schöne*, in: BeckOKBGB, § 737 Rn. 9.

1034 BGH v. 31.3.2003 – II ZR 8/01, WM 2003, 1084, 1086.

1035 *Goette*, DStR 2001, 533, 536; *Kilian*, WM 2006, 1567, 1568.

1036 Vgl. zur grundsätzlichen Bedeutung der Trennungsmöglichkeit bei Vorliegen eines „partnership schism“ u.a. *Holman v. Coie*, 522 P.2d 515, 524 (Wash. Ct. App. 1974); *Leigh v. Crescent Square, Ltd.*, 608 N.E.2d 1166, 1171 (Ohio Ct. App. 1992); *Richmond*, 57 Clev St. L. Rev. 93, 113 (2009).

1037 Vgl. *Verse*, DStR 2007, 1822, 1828; i.E. für Freiberuflerzusammenschlüsse auch *Henssler*, FS Konzen, 267, 280.

S. 1, 723 Abs. 1 S. 3 Nr. 3 BGB kann auch hier über die Ausübungskontrolle gem. § 242 BGB verhindert werden.

C. Zusammenfassung

Im Streitfall sollten die Gerichte die Hinauskündigung allein im Rahmen einer Ausübungskontrolle überprüfen. Der BGH hat seine Rechtsprechung jedoch trotz aller Kritik bislang nicht geändert. Solange die Rechtsprechung Hinauskündigungsklauseln nur in seltenen Ausnahmefällen akzeptiert, sollte die Gestaltungspraxis Vorsicht bei der vertraglichen Vereinbarung des grundlosen Ausschlussrechts walten lassen. Vereinbarte Hinauskündigungsklauseln werden regelmäßig vor Gericht keinen Bestand haben. Durch verschiedene gestalterische Handgriffe kann aber zumindest die Wahrscheinlichkeit erhöht werden, dass das Gericht die sachliche Rechtfertigung der Klausel akzeptiert.

Soweit die Änderung der Hinauskündigungsrechtsprechung unwahrscheinlich bleibt, sollte der Gesetzgeber regelnd eingreifen. Primär sollte er durch die Aufnahme eines entsprechenden Zusatzes in § 737 BGB die gesetzlichen Regelungen zum Ausschluss aus wichtigem Grund insgesamt für abdingbar erklären. Als Minusmaßnahme sollte der Gesetzgeber § 723 Abs. 1 S. 3 BGB durch die Einfügung einer Nr. 3 erweitern, in der die Zerrüttung des Vertrauensverhältnisses zwischen den Gesellschaftern – verschuldensunabhängig – als ein Beispiel für einen wichtigen Grund aufgeführt wird. Schließlich ist es unerlässlich, dass der Gesetzgeber den Gesetzestext endlich an die Praxis anpasst und entsprechend § 131 Abs. 3 HGB das Ausscheiden ohne Auflösung der GbR zum Regelfall erklärt.

§ 7 Ergebnis

Streit zwischen Personengesellschaftern ist nichts Ungewöhnliches und grundsätzlich auch nichts Schlechtes. Nur im intensiven Diskurs können Ideen entwickelt und kann Neues angestoßen werden. Wenn die Diskussion allerdings eskaliert und in einen langfristigen Konflikt mündet, kann dies das Wohl der Gesellschaft ernsthaft beeinträchtigen. Eine produktive Zusammenarbeit ist ohne intakte Vertrauensbasis unmöglich. Sofern das Vertrauen unter den Gesellschaftern nur durch das Ausscheiden eines oder mehrerer Mitgesellschafter wiederhergestellt werden kann, steht den übrigen Gesellschaftern jedoch kein effektives Trennungsinstrument zur Verfügung. Ein „schneidiges", d.h. von einem Grunderfordernis befreites, Ausschlussrecht ist dem deutschen Recht fremd. Dazu trägt maßgeblich die vom BGH geprägte Ablehnung von Hinauskündigungsklauseln als sittenwidrig bei. Diese von der Rechtsprechung praktizierte Inhaltskontrolle der freien Ausschlussklauseln ist abzulehnen. Mangels typischer Schutzwürdigkeit des betroffenen Gesellschafters ist das Sittenwidrigkeitsverdikt nicht mit dem Ausnahmecharakter des § 138 Abs. 1 BGB vereinbar. Die Hinauskündigungsrechtsprechung überzeugt auch dogmatisch und methodisch nicht. Weder fügt sich die abstrakte und konturlose Möglichkeit der sachlichen Rechtfertigung in das Regel-Ausnahmesystem der Sittenwidrigkeitskontrolle ein, noch ist die grundsätzliche Nichtigkeit gem. § 138 Abs. 1 BGB angemessen. Der vom BGH vorgenommene weitgehende Eingriff in die Vertragsfreiheit der Gesellschafter ist im Ergebnis unberechtigt. Stattdessen sollten Hinauskündigungsklauseln als wirksam anerkannt werden. Es reicht aus, die konkrete Ausschlussentscheidung im Rahmen einer Ausübungskontrolle gem. § 242 BGB zu überprüfen. Die Ausübungskontrolle ist durch ihre Einzelfallbezogenheit, ihren nach hinten gelegten Beurteilungszeitpunkt und ihre moderaten Rechtsfolgen deutlich flexibler und insgesamt vorzugswürdig. Gleichwohl schützt sie den betroffenen Gesellschafter ausreichend vor etwaigen Willkürentscheidungen seiner Mitgesellschafter. Die berechtigten Interessen der übrigen Gesellschafter sind (wie im U.S-amerikanischen Recht ohne Weiteres praktiziert) ebenfalls in die Abwägung der Schutzbedürftigkeit des auszuschließenden Gesellschafters miteinzubeziehen. Dabei ist die Einsatzmöglichkeit der Hinauskündigungsklausel als potentielles Disziplinierungsmittel und als Instrument der schnellen Konfliktlösung ein legitimes Interesse der ausschlussberechtigten Gesellschafter. Die vom BGH proklamierte Schutzbedürftigkeit des Auszuschließenden, die nur durch die anfängliche Unwirksamkeit der Hinauskündigungsklausel gewährleistet werden kann, überzeugt daher nicht. Als Konsequenz gebietet es das Übermaßgebot, anstatt der übergriffigen Inhaltskontrolle die weniger einschneidende Ausübungskontrolle anzuwenden.

Basis der Ausübungskontrolle ist § 242 BGB mit dem Verbot der missbräuchlichen Rechtsausübung und der Treuepflicht. Für die rechtmäßige Ausübung des Hinauskündigungsrechts ist weder ein wichtiger noch ein sachlicher Ausschlussgrund nötig. Die Ausübungskontrolle beschränkt sich unter Anerkennung der Privatautonomie der Gesellschafter auf eine bloße Willkürkontrolle. Für die Bestimmung der Willkürgrenze können die rechtvergleichenden Erkenntnisse aus dem US-amerikanischen Recht herangezogen werden. Ein Gesellschafterausschluss ist willkürlich, wenn er auf völlig sachfremden Motiven beruht und/oder so weit von der gesellschaftsvertraglich vereinbaren Risiko- und Chancenverteilung abweicht, dass er außerhalb der berechtigten Erwartungen des Auszuschließenden liegt. Die Ausschlussentscheidung ist nur in absoluten Ausnahmefällen willkürlich. Ansonsten muss das (fast) freie

Ausschlussrecht als effizientes Instrument zur langfristigen Befriedung der Gesellschaft Bestand haben.

Bis sich diese Erkenntnis beim BGH durchgesetzt hat, ist bei der Vereinbarung von Hinauskündigungsklauseln Vorsicht walten zu lassen. Mit Ausnahme der kaum vorhersehbaren Fälle der sachlichen Rechtfertigung werden freie Ausschlussklauseln weiterhin als sittenwidrig behandelt und sind nichtig. Ob sich der Gesetzgeber dazu berufen sehen wird, die entsprechenden – dringend gebotenen – Änderungen auf Gesetzesebene zu veranlassen, ist fraglich. Es ist noch einiges an Überzeugungsarbeit zu leisten, um die deutsche Rechtsprechung und Gesetzgebung für die liberale und praxisnahe Handhabung der Gesellschaftertrennung zu gewinnen.

Fünfter Teil: Zusammenfassung in Thesen

- Das Personengesellschaftsrecht hat in der rechtswissenschaftlichen Diskussion bislang nicht die Beachtung gefunden, die seiner praktischen Bedeutung angemessen ist. Gerade die als Grundordnung verstandenen §§ 705 - 740 BGB entsprechen nicht mehr den vielfältigen Bedürfnissen der Gesellschafter in der heutigen Zeit. Eine systematische (Neu-)Ordnung des Personengesellschaftsrechts ist dringend geboten.
- Die Gesellschafterstellung in der GbR begründet ein höchstpersönliches Vertrauensverhältnis. Diese enge mitgliedschaftliche Verbundenheit kann nach dem Gesetzeswortlaut nur durch Auflösung der Gesellschaft an sich (Auflösungskündigung) beendet werden. Etwas anderes gilt nur bei Vorliegen einer Fortsetzungsvereinbarung zwischen den Gesellschaftern. Dann ist sowohl eine Austrittskündigung, d.h. die Kündigung der eigenen Mitgliedschaft, als auch eine Ausschlusskündigung eines Mitgesellschafters unter Fortbestehen der Gesellschaft möglich.
- Ein Gesellschafter kann seine Mitgliedschaft gem. § 723 Abs. 1 S. 1 bzw. S. 2 BGB ordentlich oder außerordentlich kündigen. Für die außerordentliche Kündigung bedarf es eines wichtigen Kündigungsgrundes im Sinne des § 723 Abs. 1 S. 2, 3 BGB. Die Kündigungsfreiheit kann nur in Ausnahmefällen beschränkt werden, § 723 Abs. 3 BGB.
- Der Gesellschafterausschluss ist nach gesetzlichem Vorbild ebenfalls von einem wichtigen Grund gem. §§ 737, 723 Abs. 1 S. 2, 3 BGB abhängig.
- Die gesetzlichen Vorgaben in § 737 BGB sind grundsätzlich dispositiv. Die Grenze der Gestaltungsfreiheit ist nach herrschender Ansicht bei der Vereinbarung eines grundlosen Ausschlussrechts in Form der Hinauskündigungsklausel erreicht. Der BGH hält Hinauskündigungsklauseln in ständiger Rechtsprechung für sittenwidrig gem. § 138 Abs. 1 BGB. Das „Damoklesschwert“ des freien Ausschlussrechts beschränke den betroffenen Gesellschafter in verwerflicher Weise in seinen Gesellschafterrechten und seiner Entscheidungsfreiheit. Nur in Ausnahmefällen werden Hinauskündigungsklauseln von der herrschenden Meinung als sachlich gerechtfertigt akzeptiert.
- Sobald ein Gesellschafter ausscheidet, wächst sein Gesellschaftsanteil bei den übrigen Gesellschaftern an. Im Gegenzug erhält der Ausscheidende einen Anspruch auf Abfindung gem. § 738 Abs. 1 S. 2 BGB. Vertragliche

Abfindungsklauseln werden grundsätzlich von der Rechtsprechung akzeptiert.

- Im US-amerikanischen Gesellschaftsrecht ist die General Partnership am ehesten mit der deutschen GbR vergleichbar. Die einzelstaatlichen Regelungen der General Partnership basieren auf den jeweils von der Rechtsvereinheitlichungskommission (NCCUSL) entwickelten UPA (1914) und UPA (1997).
- Ein General Partner kann durch selbsterklärten Austritt oder fremdbestimmten Ausschluss aus der Gesellschaft ausscheiden. Die Gesellschaft löst sich unter Geltung des UPA (1914) bei Gesellschafterwechseln zwingend auf. Die Gesellschafter können nicht mehr als eine Fortsetzung der Geschäfte der aufzulösenden Gesellschaft vereinbaren. Im UPA (1997) wurde das Konzept der „Dissociation“ gegen Abfindung eingeführt, das den übrigen Gesellschaftern ermöglicht, die General Partnership ohne Auflösung fortzusetzen. Das Recht, jederzeit aus der Gesellschaft auszutreten bzw. die Gesellschaft aufzulösen, ist unabdingbar.
- Im US-amerikanischen Recht muss das Ausschlussrecht in aller Regel ausdrücklich im Gesellschaftsvertrag vereinbart werden. Die Gesellschafter können die entsprechende Ausschlussklausel praktisch frei gestalten und damit die Voraussetzungen und das Verfahren des Ausschlusses selbst vorgeben. Grundprämisse ist, dass sich jeder Gesellschafter seine Mitgesellschafter frei aussuchen können muss.
- Die Gesellschafter sind bei der Gestaltung und Ausübung des Ausschlussrechts einzig an die Pflicht zum Handeln im guten Glauben (Duty of Good Faith) gebunden. Sie dürfen einen Mitgesellschafter weder aus unrechtmäßigem finanziellem Eigennutz noch zur rechtswidrigen Beschneidung seiner Gesellschaftsrechte ausschließen. Die Duty of Good Faith verpflichtet die Gesellschafter darüber hinaus nicht dazu, den Ausschluss von einem Grund abhängig zu machen oder dem Auszuschließenden Rechte im Rahmen des Ausschlussverfahrens einzuräumen.
- Sofern die übrigen Gesellschafter die Gesellschaft selbst (unter Geltung des UPA (1997)) oder die Geschäfte der Gesellschaft (unter Geltung des UPA (1914)) fortführen, steht dem ausscheidenden Gesellschafter eine Abfindung zu. Die gesetzlichen Regeln zu den Abfindungsvoraussetzungen und der Abfindungshöhe sind überwiegend dispositiv.

- Die Gestaltungsmacht der Gesellschafter wird im deutschen Recht u.a. durch die privatrechtlichen Schranken der §§ 134, 138 BGB und die gesellschaftsrechtlichen Schranken der Kernbereichslehre, des Gleichbehandlungsgrundsatzes und der Treuepflicht beschränkt.
- Bei der Hinauskündigungsrechtsprechung wird die Gestaltungsfreiheit durch eine Inhaltskontrolle des gesellschaftsvertraglich Vereinbarten begrenzt. Diese Inhaltskontrolle stützt sich auf das Sittenwidrigkeitsverbot gem. § 138 Abs. 1 BGB und zieht dabei die Grundprinzipien des Gesellschaftsrechts als Prüfungsmaßstab heran. Diese restriktive Rechtsprechung zielt primär auf den Schutz der Entscheidungsfreiheit des einzelnen Gesellschafters ab.
- Die BGH-Rechtsprechung zu den Hinauskündigungsklauseln ist abzulehnen. Für die Anwendung des § 138 Abs. 1 BGB fehlt es bereits an der typischen Schutzwürdigkeit des betroffenen Gesellschafters. Der Gesellschafter ist regelmäßig geschäftsgewandt genug, um Vor- und Nachteile des freien Ausschlussrechts selbst abzuwägen. Die Hinauskündigungsrechtsprechung überzeugt auch auf dogmatischer und methodischer Ebene nicht. Das Konstrukt der sachlichen Rechtfertigung stellt das Regel-Ausnahmesystem von regelmäßiger Wirksamkeit des Vereinbarten und nur ausnahmsweiser Sittenwidrigkeit auf den Kopf. Es ist zudem durch die Konturlosigkeit der bisherigen Fälle der sachlichen Rechtfertigung kaum vorhersehbar, wann eine Hinauskündigungsklausel der gerichtlichen Überprüfung standhält.
- Die Wirksamkeit von Hinauskündigungsklauseln ist anzuerkennen. Statt der ungerechtfertigten Inhaltskontrolle der Hinauskündigungsklausel ist die Ausschlussentscheidung im Rahmen der konkreten Ausübungskontrolle gem. § 242 BGB zu überprüfen.
- Im Gegensatz zur Inhaltskontrolle wird bei der Ausübungskontrolle die Wirksamkeit der zugrundeliegenden Klausel vorausgesetzt. Es wird geprüft, ob der Rechtsausübung im konkreten Fall außergewöhnliche Umstände entgegenstehen. Das Rechtsmissbrauchsverbot und das Gebot der Treuepflicht sind die maßgeblichen Prüfungsmaßstäbe der Ausübungskontrolle nach § 242 BGB.
- Die Ausübungskontrolle ist gegenüber der Inhaltskontrolle gem. § 138 Abs. 1 BGB vorzugswürdig. Sie ist aufgrund ihres Einzelfallbezugs, der Möglichkeit der Einbeziehung nachträglich entstehender Umstände und ihrer moderaten Rechtsfolgen deutlich flexibler. Auch die praktisch bedeutsame Umkehr der Darlegungs- und Beweislastverteilung ist sachgerecht. Insgesamt greift die bewegliche Schranke der Ausübungskontrolle weniger intensiv in das

Gesellschaftsverhältnis ein. Sie respektiert die Gestaltungsfreiheit der Gesellschafter.

- Die konsequent eingesetzte Ausübungskontrolle schützt den betroffenen Gesellschafter hinreichend vor einer übermäßigen Benachteiligung. Es ist ein legitimes Interesse der übrigen Gesellschafter, das Hinauskündigungsrecht zur notwendigen Disziplinierung und als Instrument der effizienten Gesellschaftertrennung einzusetzen. Ebenso wie im US-amerikanischen Personengesellschaftsrecht praktiziert, ist dieses rechtmäßige Interesse der Ausschlussberechtigten im Rahmen der Gesamtbeurteilung der Schutzwürdigkeit des betroffenen Gesellschafters zu berücksichtigen. Eine pauschale Unzulässigkeitserklärung der Hinauskündigungsklausel ist nicht zum Schutz des betroffenen Gesellschafters erforderlich. Diese Einschätzung deckt sich mit den Erkenntnissen aus den Squeeze-Out Regeln und aus der Rechtsprechung zu den Bestimmtheitsklauseln.
- Die Gesellschafter können einen Mitgesellschafter entsprechend der freien Ausschlussklausel grundlos hinauskündigen. Aus dem Gebot von Treu und Glauben nach § 242 BGB folgt kein Erfordernis eines sachlichen Ausschlussgrundes. Wenn die Hinauskündigungsklausel wie gezeigt zulässig ist, kann nicht jede sachgrundlose Ausübung eben dieses freien Ausschlussrechtes rechtsmissbräuchlich sein. Das einmal akzeptierte Recht zur Hinauskündigung darf nicht umgehend durch die Ausübungskontrolle wieder zurückgenommen werden.
- Die Ausübungskontrolle gem. § 242 BGB beschränkt sich daher in ihrem unabdingbaren Kern auf eine bloße Willkürkontrolle. Ausschlusssituationen, die entweder schon den Tatbestand eines wichtigen Grundes erfüllen oder Fälle betreffen, in denen sogar die Hinauskündigungsklausel laut BGH sachlich gerechtfertigt wäre, sind in der Regel nicht willkürlich. In den übrigen Fällen erfolgt eine eingeschränkte Interessenabwägung.
- Bei der Ausgestaltung dieser eingeschränkten Interessenabwägung können Konzepte des US-amerikanischen Rechts fruchtbar gemacht werden. So kann das von der US-amerikanischen Rechtsprechung entwickelte Verbot des Predatory Purpose und der Vereitelung mitgliedschaftlicher Rechte zum Mindestschutz des vom Ausschluss betroffenen Gesellschafters herangezogen werden. Die Cost-of-Contracting Analysis dient im Weiteren der dogmatischen Untermauerung und der punktuellen Ausdehnung des Mindestschutzes auf nicht-finanzielle Aspekte des Gesellschaftsverhältnisses. Danach ist ein Ausschluss treuwidrig, wenn der verfolgte Zweck nicht im Einklang mit

dem Gesellschaftsvertrag steht und der Ausschluss deutlich außerhalb der berechtigten Erwartungen des Auszuschließenden liegt. Weiter kann aus dem US-amerikanischen Recht mitgenommen werden, dass Ausschlüsse, die offensichtlich dem Gesellschaftswohle dienen oder für einen Auflösungsgrund nach § 32 UPA (1914) reichen würden, regelmäßig nicht willkürlich sind.

- Aus der Zusammenschau der Diskussion im deutschen und US-amerikanischen Recht lässt sich folgende Beschreibung der Willkürschranke entwickeln: Eine Ausschlussentscheidung ist ausnahmsweise willkürlich, wenn sie so weit von der gesellschaftsvertraglich vereinbarten Risiko- und Chancenverteilung abweicht, dass sie völlig außerhalb der berechtigten Erwartungen des Auszuschließenden liegt. Willkür ist regelmäßig anzunehmen, wenn (i) die übrigen Gesellschafter ausschließlich aus rücksichtslosem finanziellen Eigennutz handeln, (ii) der Auszuschließende von der Ausübung seiner wesentlichen Mitgliedschaftsrechte abgehalten werden soll, (iii) der Ausschluss aus reiner Schikane oder mit Schadenszufügungsabsicht erfolgt, (iv) der Tatbestand der Diskriminierung erfüllt ist oder (iv) das Ausschlussrecht einer (ungeschriebenen) Zweckbindung unterliegt, welche nicht berücksichtigt wird. Insgesamt führen nur gravierende Verstöße gegen die gesellschaftsvertragliche Risiko- und Chancenverteilung zur Unvereinbarkeit mit § 242 BGB.
- Eine angemessene Abfindungszahlung oder die Einhaltung von begünstigenden Ausschlussverfahrensregeln sind ebenfalls im Rahmen der eingeschränkten Gesamtabwägung zu berücksichtigen.
- Der Ausgeschlossene ist für die Annahme der Willkür darlegungs- und beweisbelastet. Die Ausschlussentscheidung ist nur in absoluten Ausnahmefällen willkürlich und damit unwirksam. Im Übrigen ist das Hinauskündigungsrecht als effizientes Instrument der langfristigen Befriedung der Gesellschaft zu begrüßen. Gerade in den praxisrelevanten Fällen der Zerrüttung, des Deadlocks, der Strategieneuausrichtung und des Profitabilitätsgefälles zwischen den Gesellschaftern ist eine Hinauskündigung regelmäßig möglich. Eine zusätzliche Lockerung des Umgangs mit umfangreichen Abfindungsbeschränkungen nach US-amerikanischen Vorbild ist nicht zu fordern.
- Sollte der BGH seine fehlgehende Rechtsprechung auch in Zukunft nicht aufgeben, ist es am Gesetzgeber, regelnd einzugreifen. Entsprechend § 131 Abs. 3 HGB sollte zunächst das Ausscheiden ohne Auflösung der Gesellschaft zum Regelfall im GbR-Recht bestimmt werden. Weiter ist das Vorliegen eines Ausschlussgrundes in § 737 BGB ausdrücklich für abdingbar zu erklären. Als Mindestmaßnahme sollte der Gesetzgeber in § 723 Abs. 1 S. 3 BGB eine neue

Nr. 3 aufnehmen, in der die verschuldensunabhängige Zerrüttung des Vertrauensverhältnisses als ein Beispiel für einen wichtigen Grund genannt wird.

- Solange die Rechtsprechung Hinauskündigungsklauseln regelmäßig für unwirksam hält, haben GbR-Gesellschafter nur beschränkte Möglichkeiten, Gesellschafterkonflikte schnell und effizient zu lösen. Dass dies ein unbefriedigender Zustand ist, macht der Rechtsvergleich mit dem liberalen und praxisnahen US-amerikanischen Rechtssystem deutlich. Es ist dringend an der Zeit, dass das deutsche Recht die Vertragsfreiheit stärkt und den Gesellschaftern die notwendige Rechtsmacht zur selbstständigen Konfliktlösung einräumt. Dafür muss der Gesetzgeber seine Aufgabe als Architekt des neuen Personengesellschaftsrechts annehmen und vorantreiben. Der erste Schritt könnte (und sollte) die Umsetzung des hier entwickelten Gesetzesvorschlags sein.

Literaturverzeichnis

ABA: The Committee on Professional Responsibility	Unpartnering: An Overview of the Legal and Ethical Issues in: 55 The Record of the Association of the Bar of the City of New York (2000), S. 61–71 (zit.: *ABA: The Committee on Professional Responsibility*, 55 Rec. Ass'n B. City N.Y. 61 (2000))
Altmeppen, Holger	Kernbereichslehre, Bestimmtheitsgrundsatz und Vertragsfreiheit in der Personengesellschaft in: Neue Juristische Wochenschrift 2015, S. 2065–2071 (zit.: *Altmeppen*, NJW 2015, 2065)
Armbrüster, Christian	Grenzen der Gestaltungsfreiheit im Personengesellschaftsrecht in: Zeitschrift für Unternehmens- und Gesellschaftsrecht 2014, S. 333–363 (zit.: *Armbrüster*, ZGR 2014, 333)
Bainbridge, Stephen	Agency, Partnerships & LLCs New York 2004 (zit.: *Bainbridge*, Agency, Partnerships & LLCs)
Bamberger, Heinz; Roth, Herbert; Hau, Wolfgang; Poseck, Roman	Beck'scher Online-Kommentar BGB 52. Edition München 2019 (zit.: *Bearbeiter*, in: BeckOKBGB)
Bannister, Joel	In Search of a Title: When Should Partners Be Considered "Employees" for Purposes of Federal Employment Antidiscrimination Statutes? in: 53 University of Kansas Law Review (2004–2005), S. 257–279 (zit.: *Bannister*, 53 U. Kan. L. Rev. 257 (2004–2005))
Bassen, Ned; Frost, Danny	Mandatory Retirement of Law Firm Partners in: Bloomberg Law Reports – Law Firm Management, May 2010, S. 1–5 (zit.: *Bassen/Frost*, Bloomberg Law Reports, May 2010, 1)

Baumbach, Adolf; Hopt, Klaus
Handelsgesetzbuch
Beck'sche Kurzkommentare
38. Auflage
München 2018
(zit.: *Bearbeiter*, in: Baumbach/Hopt)

Becker, Michael
Vertragsfreiheit, Vertragsgerechtigkeit und Inhaltskontrolle
in: Wertpapier-Mitteilungen 1999, S. 709–718
(zit.: *Becker*, WM 1999, 709)

Becker, Benjamin
Die Zulässigkeit von Hinauskündigungsklauseln nach freiem Ermessen im Gesellschaftsvertrag
Zugleich eine Besprechung von Russian Roulette-, Texan Shoot Out- und Drag-along-Klauseln
u.a. Frankfurt am Main 2009
zugl.: Diss., Düsseldorf 2009
(zit.: *Becker*, Zulässigkeit von Hinauskündigungsklauseln)

Behr, Volker
Der Ausschluß aus der Personengesellschaft im Spannungsfeld zwischen Vertrag und Status
in: Zeitschrift für Unternehmens- und Gesellschaftsrecht 1985, S. 475–505
(zit.: *Behr*, ZGR 1985, 475)

Behr, Volker
Neue Tendenzen im Recht der Ausschließung aus der Personengesellschaft
in: Zeitschrift für Unternehmens- und Gesellschaftsrecht 1990, S. 370–390
(zit.: *Behr*, ZGR 1990, 370)

Beischer, Benjamin
Der Ausschluss von Personengesellschaftern ohne wichtigen Grund
Frankfurt am Main 2011
zugl.: Diss., Potsdam 2011
(zit.: *Beischer*, Ausschluss)

Benecke, Martina
Inhaltskontrolle im Gesellschaftsrecht oder: „Hinauskündigung" und das Anstandsgefühl aller billig und gerecht Denkenden
in: Zeitschrift für Wirtschaftsrecht 2005, S. 1437–1442
(zit.: *Benecke*, ZIP 2005, 1437)

Binz, Mark; Sorg, Martin — Manager-Beteiligung auf Zeit – ein unzulässiger Etikettenschwindel?
in: GmbH-Rundschau 2005, S. 893–900
(zit.: *Binz/Sorg*, GmbHR 2005, 893)

Blanke, Christoph — Das Recht zur Ausschließung aus der Personengesellschaft ohne Angaben von Gründen
München 1994
zugl.: Diss., Passau 1994
(zit.: *Blanke*, Das Recht zur Ausschließung)

Böttcher, Lars — Managementbeteiligungen im Spiegel der aktuellen BGH-Rechtsprechung
in: Neue Zeitschrift für Gesellschaftsrecht 2005, S. 992–995
(zit.: *Böttcher*, NZG 2005, 992)

Branch, Joan — The Revised Uniform Partnership Act Breakup Provisions: Should They Be Adopted?
in: 25 Creighton Law Review (1991–1992), S. 701–727
(zit.: *Branch*, 25 Creighton L. Rev. 701 (1991–1992))

Bromberg, Alan — Partnership Dissolution – Causes, Consequences, and Cures
in: 43 Texas Law Review (1965), S. 631–668
(zit.: *Bromberg*, 43 Tex. L. Rev. 631 (1965))

Bromberg, Alan; Ribstein, Larry; Hurt, Christine; Smith, Gordon — Bromberg and Ribstein on Partnership
New York 2013
(zit.: *Bearbeiter*, in: Bromberg/Ribstein/Hurt/Smith, Bromberg and Ribstein on Partnership)

Bromberg, Alan; Ribstein, Larry; Hurt, Christine; Smith, Gordon — Bromberg and Ribstein on Limited Liability Partnerships, the Revised Uniform Partnership Act, and the Uniform Limited Partnership Act
New York 2013
(zit.: *Bearbeiter*, in Bromberg/Ribstein/Hurt/Smith, Bromberg and Ribstein on LLP)

Buck, Stephanie — Sanctioning Lawlessness: The Need To Apply Whistleblowers And Wrongful Discharge Protections to Members of Limited Liability Companies
in: 38 University of Toledo Law Review (2006–2007), S. 711–739
(zit.: *Buck*, 38 U. Tol. L. Rev. 711 (2006–2007))

Büdenbender, Ulrich — Begründung von Gestaltungsrechten als Wirksamkeitsvoraussetzung?
in: Archiv für die civilistische Praxis, Bd. 210 (2010), S. 611–653
(zit.: *Büdenbender*, AcP 210 (2010), 611)

Bundesregierung — Koalitionsvertrag zwischen CDU, CSU und SPD 19. Legislaturperiode
unter: https://www.bundesregierung.de/resource/blob/975226/847984/5b8bc23590d4cb2892b31c987ad672b7/2018-03-14-koalitionsvertrag-data.pdf?download=1 (zuletzt abgerufen am 2.4.2020)
(zit.: *Bundesregierung*, Koalitionsvertrag 2018)

Bunk, Sarah — Vermögenszuordnung, Auseinandersetzung und Ausscheiden in Sozietät und Gemeinschaftspraxis
Bonn 2007
(zit.: *Bunk*, Vermögenszuordnung)

Bunte, Hermann-Josef — Ausschließung und Abfindung von Gesellschaftern einer Personengesellschaft
Gedanken zum Urteil des BGH vom 13. 7.1981 – II ZR 56/80 = ZIP 1981, 978
in: Zeitschrift für Wirtschaftsrecht 1983, S. 8–17
(zit.: *Bunte*, ZIP 1983, 8)

Bunte, Hermann-Josef — Wirksamkeitskontrolle gesellschaftsvertraglicher „Hinauskündigungsklauseln“
Anmerkung zum Urteil des BGH vom 25.3.1985 – II ZR 240/84, ZIP 1985, 737
in: Zeitschrift für Wirtschaftsrecht 1985, S. 915–918
(zit.: *Bunte*, ZIP 1985, 915)

Burnham, William | Introduction to the Law and Legal System of the United States
5. Auflage
St. Paul, MN 2011
(zit.: *Burnham*, Introduction to US Law)

Bütter, Michael; Tonner, Martin | Hinauskündigungsverbot bei zeitlicher Beschränkung der Gesellschafterstellung von Managern und Mitarbeitern
in: Monatsschrift für Deutsches Recht 2006, S. 61–64
(zit.: *Bütter/Tonner*, MDR 2006, 61)

Callison, J. William | Blind Men and Elephants: Fiduciary Duties under the Revised Uniform Partnership Act, Uniform Limited Liability Company Act, and Beyond
in: 1 The Journal of Small & Emerging Business Law (1997), S. 109–164
(zit.: *Callison*, 1 J. Small & Emerging Bus. L. 109 (1997))

Callison, J. William; Sullivan, Maureen | Partnership Law and Practice: General and Limited Partnerships
Eagon, MN 2019
(zit.: *Callison/Sullivan*, Partnership Law)

Canaris, Claus-Wilhelm | Grundrechte und Privatrecht
in: Archiv für die civilistische Praxis, Bd. 184 (1984), S. 201–246
(zit.: *Canaris*, AcP 184 (1984), 201)

Carver, Cathy; Hargis, Jovina | The Expulsion Clause in a Partnership Agreement: A Pre-Planned Dissolution
in: 13 U.C. Davis Law Review (1979–1980), S. 868–886
(zit.: *Carver/Hargis*, 13 U.C. Davis L. Rev. 868 (1979–1980))

Conviser, Richard | Agency, Partnership & Limited Liability Companies
6. Auflage
Chicago 2010
(zit.: *Conviser*, Partnership)

Corwin, Leslie	Response to Loyalty in the Firm: A Statement of General Principles on the Duties of Partners Withdrawing from Law Firms in: 55 Washington and Lee Law Review (1998), S. 1055–1072 (zit.: *Corwin*, 55 Wash. & Lee L. Rev. 1055 (1998))
Corwin, Leslie; Ciampi, Arthur	Law Firm Partnership Agreements New York 2011 (zit.: *Corwin/Ciampi*, Law Firm Partnership Agreements)
Couret, Alain	La compétence de la direction pour décider de l'exclusion d'un associé in: Revue des Sociétés 2012, S. 435 (zit.: *Couret*, Rev. Soc. 2012, 435)
Cozian, Maurice; Viandier, Alain; Deboissy, Florence	Droit des Sociétés 24. Auflage Paris 2011 (zit.: *Cozian/Viandier/Deboissy*, Droit des Sociétés)
Dalley, Paula	The Law of Partner Expulsions: Fiduciary Duty and Good Faith in: 21 Cardozo Law Review (1999–2000), S. 181–210 (zit.: *Dalley*, 21 Cardozo L. Rev. 181 (1999–2000))
Dauner-Lieb, Barbara	Abfindungsklauseln bei Personengesellschaften Methodische Anmerkungen zum Urteil des BGH vom 20.9.1993 in: Zeitschrift für das gesamte Handels- und Wirtschaftsrecht 158 (1994), S. 271–291 (zit.: *Dauner-Lieb*, ZHR 158 (1994), 271)
Dauner-Lieb, Barbara; Heidel, Thomas; Ring, Gerhard	NomosKommentar BGB Band 1/2: BGB Schuldrecht §§ 241–610 Band 2/2: BGB Schuldrecht §§ 611–853 3. Auflage Baden-Baden 2016 (zit.: *Bearbeiter*, in: NK-BGB)

DeCarlo, Ron; Shumofsky, Nina — Internal Revenue Service, Statistics of Income, Bulletin Fall 2018
Partnership Returns, Tax Year 2018
unter: https://www.irs.gov/pub/irs-soi/soi-a-copa-id1904.pdf (zuletzt abgerufen am 2.4.2020)
(zit.: *DeCarlo/Shumofsky*, Partnership Returns 2016)

DeMott, Deborah — The Faces of Loyalty: A Comment on Hillman, Loyalty in the Firm: A Statement of General Principles on the Duties of Partners Withdrawing from Law Firms
in: 55 Washington and Lee Law Review (1998), S. 1041–1054
(zit.: *DeMott*, 55 Wash. & Lee L. Rev. 1041 (1998))

Dickerson, Claire — Is it Appropriate to Appropriate Corporate Concepts: Fiduciary Duties and the Revised Uniform Partnership Act
in: 64 University of Colorado Law Review (1993), S. 111–157
(zit.: *Dickerson*, 64 U. Colo. L. Rev. 111 (1993))

Drinkuth, Henrik — Hinauskündigungsregeln unter dem Damoklesschwert der Rechtsprechung
in: Neue Juristische Wochenschrift, S. 410–413
(zit.: *Drinkuth*, NJW 2006, 410)

Dudenredaktion — Willkür
in: Duden online
unter: https://www.duden.de/node/676482/revisions/1624032/view (zuletzt abgerufen am 2.4.2020)
(zit.: *Dudenredaktion (o.J.)*, „Willkür“ auf Duden online)

Ebenroth, Carsten; Boujong, Karlheinz; Joost, Detlev; Strohn, Lutz — Handelsgesetzbuch
Kommentar HGB
Band 1: §§ 1–342e
4. Auflage
München 2020
(zit.: *Bearbeiter*, in: Ebenroth/Boujong/Joost/Strohn)

Eiselt, Gerhard | Zum Ausschluß des Gesellschafters minderen Rechts unter Buchwertabfindung
in: Harder, Manfred/Thielmann, Georg
De iustitia et iure
Festgabe für Ulrich von Lübtow zum 80. Geburtstag
Berlin 1982
(zit.: *Eiselt*, FS Lübtow, 643)

Erman, Walter | Bürgerliches Gesetzbuch
Handkommentar mit AGG, EGBGB (Auszug), ErbbauRG, LPartG, ProdHaftG, VBVG, VersAusglG und WEG
Band 1
15. Auflage
Köln 2017
(zit.: *Bearbeiter*, in: Erman)

Fary, Armin | Die US-amerikanische Limited Liability Partnership im deutschen Rechtsverkehr
Hamburg 2012
zugl.: Diss., Würzburg 2012
(zit.: *Fary*, LLP)

Fastrich, Lorenz | Unwirksame Hinauskündigungsklauseln und geltungserhaltende Reduktion – Besprechung der Entscheidung BGHZ 107, 351 -
in: Zeitschrift für Unternehmens- und Gesellschaftsrecht 1991, S. 306–315
(zit.: *Fastrich*, ZGR 1991, 306)

Fastrich, Lorenz | Richterliche Inhaltskontrolle im Privatrecht
München 1992
(zit.: *Fastrich*, Inhaltskontrolle)

Fischer, Robert | Neue Wege im Recht der Personengesellschaften? Eine Besprechung des Buches „Die Personengesellschaft“ von Werner Flume
in: Zeitschrift für Unternehmens- und Gesellschaftsrecht 1979, S. 251–272
(zit.: *R. Fischer*, ZGR 1979, 251)

Fischer, Michael
Why Does Doing The Right Thing Have To Be So Hard? A Law Firm Partner's Difficult Decision On Whether To Report Suspected Misconduct
in: 87 Marquette Law Review (2003–2004), S. 1005–1023
(zit.: *Fischer*, 87 Marq. L. Rev. 1005 (2003–2004))

Fleischer, Holger
Perspektiven des Personengesellschaftsrechts ZGR-Symposium 2014
17./18. Januar 2014 in Königstein im Taunus
in: Zeitschrift für Unternehmens- und Gesellschaftsrecht 2014, S. 107–109
(zit.: *Fleischer*, ZGR 2014, 207)

Fleischer, Holger; Harzmeier, Lars
Zur Abdingbarkeit der Treuepflichten bei Personengesellschaft und GmbH
in: Neue Zeitschrift für Gesellschaftsrecht 2015, S. 1289–1297
(zit.: *Fleischer/Harzmeier*, NZG 2015, 1289)

Fleischer, Holger; Heinrich, Elke; Pendl, Matthias
Reform der österreichischen Gesellschaft bürgerlichen Rechts – ein Vorbild für Deutschland?
in: Neue Zeitschrift für Gesellschaftsrecht 2016, S. 1001–1010
(zit.: *Fleischer/Heinrich/Pendl*, NZG 2016, 1001)

Flume, Werner
Allgemeiner Teil des Bürgerlichen Rechts

Erster Band
Erster Teil: Die Personengesellschaft
Berlin, Heidelberg, New York 1977

Zweiter Band:
Das Rechtsgeschäft
Berlin, Heidelberg, New York 1992
(zit.: *Flume*, BGB AT)

Flume, Werner
Die Abfindung nach der Buchwertklausel für den Gesellschafter minderen Rechts einer Personengesellschaft
in: Neue Juristische Wochenschrift 1979, S. 902–905
(zit.: *Flume*, NJW 1979, 902)

Flume, Werner
Anmerkung zu BGH, Urteil v. 25.3.1985 – II ZR 240/84
in: JuristenZeitung 1985, S. 1105–1108
(zit.: *Flume*, JZ 1985, 1105)

Flume, Werner
„Hinauskündigung“ aus der Personengesellschaft und Abfindung
Zur Rechtsprechung des Zweiten Zivilsenats des BGH
in: Der Betrieb 1986, S. 629–636
(zit.: *Flume*, DB 1986, 629)

Garner, Bryan
Black's Law Dictionary
11. Auflage
St. Paul, MN 2019
(zit.: *Garner*, Black's Law Dictionary)

Gärtner, Frederik
Der unfreiwillige Verlust der Gesellschafterstellung von ausgeschiedenen Managern und Mitarbeitern
Eine Bewährungsprobe für die Hinauskündigungsrechtsprechung
Baden-Baden 2014
zugl.: Diss., Berlin 2013
(zit.: *Gärtner*, Der unfreiwillige Verlust)

Gehrlein, Markus
Neue Tendenzen zum Verbot der freien Hinauskündigung eines Gesellschafters
in: Neue Juristische Wochenschrift 2005, S. 1969–1973
(zit.: *Gehrlein*, NJW 2005, 1969)

Gehrlein, Markus
BB-Kommentar
in: Betriebs-Berater 2005, S. 2433–2434
(zit.: *Gehrlein*, BB 2005, 2433)

Gehrlein, Markus
Ausschluss und Abfindung von Gesellschaftern
in: Wertpapier-Mitteilungen 2019, S. 1–9
(zit.: *Gehrlein*, WM 2019, 1)

Gersch, Hartmut
Die Grenzen zeitlicher Beschränkungen des ordentlichen Kündigungsrechts bei Personengesellschaften
in: Betriebs-Berater 1977, S. 871–875
(zit.: *Gersch*, BB 1977, 871)

Gevurtz, Franklin | Preventing Partnership Freeze-Outs
in: 40 Mercer Law Review (1988–1989), S. 535–585
(zit.: *Gevurtz*, 40 Mercer L. Rev. 535 (1988–1989))

Goette, Wulf | Ausschließung und Austritt aus der GmbH in der Rechtsprechung des Bundesgerichtshofs
in: Deutsches Steuerrecht 2001, S. 533–542
(zit.: *Goette*, DStR 2001, 533)

Goette, Wulf; Habersack, Mathias | Münchener Kommentar zum Aktiengesetz
Band 5: §§ 278–328, SpruchG, ÖGesAusG, Österreichisches Konzernrecht
4. Auflage
München 2015
(zit.: *Bearbeiter*, in: MüKoAktG)

Goette, Wulf; Goette, Maximilian | Mehrheitsklauseln im Personengesellschaftsrecht
in: Deutsches Steuerrecht 2016, S. 74–84
(zit.: *Goette/Goette*, DStR 2016, 74)

Grenardo, David | Long Live Bohatch: Why a law firm partner can be expelled for following the rules of professional conduct
in: 34 Mississippi College Law Review (2015), S. 15–53
(zit.: *Grenardo*, 34 Miss. C. L. Rev. 15 (2015))

Grunewald, Barbara | Der Ausschluß aus Gesellschaft und Verein
Köln, Berlin, Bonn, München 1987
zugl.: Habil., Bonn 1987
(zit.: *Grunewald*, Ausschluß)

Grunewald, Barbara | Haftungsbeschränkungs- und Kündigungsmöglichkeiten für volljährig gewordene Personengesellschafter
in: Zeitschrift für Wirtschaftsrecht 1999, S. 597–600
(zit.: *Grunewald*, ZIP 1999, 597)

Grunewald, Barbara | Ausschluss aus Freiberuflersozietäten und Mitunternehmergesellschaften ohne besonderen Anlass
in: Deutsches Steuerrecht 2004, S. 1750–1752
(zit.: *Grunewald*, DStR 2004, 1750)

Grunewald, Barbara — Wer kann ohne besonderen Anlass seine Gesellschafterstellung verlieren?
in: Hommelhoff, Peter/Rawert, Peter/Schmidt, Karsten
Festschrift für Hans-Joachim Priester zum 70. Geburtstag
Köln 2007
(zit.: *Grunewald*, FS Priester, 123)

Grunewald, Barbara — „Die Aufgabe des Bestimmtheitsgrundsatzes – was bleibt vom Minderheitenschutz in der Personengesellschaft?"
in: Betriebs-Berater 2015, S. 333
(zit.: *Grunewald*, BB 2015, 333)

Grunewald, Barbara — Gesellschaftsrecht
10. Auflage
Tübingen 2017
(zit.: *Grunewald*, Gesellschaftsrecht)

Gummert, Hans; Weipert, Lutz — Münchener Handbuch des Gesellschaftsrechts
Band 1: BGB-Gesellschaft, Offene Handelsgesellschaft, Partnerschaftsgesellschaft, Partenreederei, EWIV
5. Auflage
München 2019

Band 6: Internationales Gesellschaftsrecht, Grenzüberschreitende Umwandlungen
4. Auflage
München 2013
(zit.: *Bearbeiter*, in: MünchHdBGesR)

Habersack, Mathias; Verse, Dirk — Rechtsfragen der Mitarbeiterbeteiligung im Spiegel der neueren Rechtsprechung
in: Zeitschrift für Unternehmens- und Gesellschaftsrecht 2005, S. 451–479
(zit.: *Habersack/Verse*, ZGR 2005, 451)

Harrer, Friedrich — Gestaltungsspielräume im Gesellschaftsrecht
in: Coester, Michael/Martiny, Dieter
Privatrecht in Europa: Vielfalt, Kollision, Kooperation, Festschrift für Hans Jürgen Sonnenberger zum 70. Geburtstag
München 2004
(zit.: *Harrer*, FS Sonnenberger, 235)

Hay, Peter
US-Amerikanisches Recht
6. Auflage
München 2015
(zit.: *Hay*, US-Amerikanisches Recht)

Heckschen, Heribert; Bachmann, Daniel
Mehrheitsklauseln bei Personengesellschaften
in: Neue Zeitschrift des Gesellschaftsrechts 2015, S. 531–537
(zit.: *Heckschen/Bachmann*, NZG 2015, 531)

Heinemann, Klaus
Gesellschafter am seidenen Faden?
Zur freien Widerruflichkeit von Schenkungsverträgen über Gesellschaftsbeteiligungen
in: Zeitschrift für das gesamte Handels- und Wirtschaftsrecht 155 (1991), S. 447–470
(zit.: *Heinemann*, ZHR 155 (1991), 447)

Hennerkes, Brun-H.; Binz, Mark
Zur Ausschließbarkeit von Gesellschaftern einer Personengesellschaft nach freiem Ermessen
in: Neue Juristische Wochenschrift 1983, S. 73–80
(zit.: *Hennerkes/Binz*, NJW 1983, 73)

Henssler, Martin
Gesellschaftsrechtliche Formenvielfalt als Standortfaktor
in: Landesvereinigung der Arbeitgeberverbände Nordrhein-Westfalen e.V. und Verband der Metall- und Elektro-Industrie Nordrhein-Westfalen e.V.
Festschrift für Jochen F. Kirchhoff zum 75. Geburtstag
Köln 2002
(zit.: *Henssler*, FS Kirchhoff, 177)

Henssler, Martin
Die „Limited Liability Partnership" des US-amerikanischen Rechts
in: Wank, Rolf/Hirte, Heribert/Frey, Kaspar/Fleischer, Holger/Thüsing, Gregor
Festschrift für Herbert Wiedemann zum 70. Geburtstag
München 2002
(zit.: *Henssler*, FS Wiedemann, 907)

Henssler, Martin; Kilian, Matthias
Zulässigkeit und Grenzen einer gemeinschaftlichen Kündigung der Mitgliedschaft in der Mitunternehmer-Personengesellschaft
in: Zeitschrift für Wirtschaftsrecht 2005, S. 2229–2238
(zit.: *Henssler/Kilian*, ZIP 2005, 2229)

Henssler, Martin
In einer Freiberufler-Sozietät ist eine „Hinauskündigungsklausel" für eine angemessene Erprobungszeit rechtlich möglich – Anmerkung
in: Lindenmaier-Möhring – Kommentierte BGH-Rechtsprechung 2005, S. 15–16
(zit.: *Henssler*, LMK 2005, 15)

Henssler, Martin
Hinauskündigung und Austritt von Gesellschaftern in personalistisch strukturierten Gesellschaften
in: Dauner-Lieb, Barbara/Hommelhoff, Peter/Jacobs, Matthias
Festschrift für Horst Konzen zum siebzigsten Geburtstag
Tübingen 2006
(zit.: *Henssler*, FS Konzen, 267)

Henssler, Martin
Die Personengesellschaft – das Stiefkind des deutschen Gesellschaftsrechts
in: Betriebs-Berater-Special 3.2010 zu Heft 49, S. 2–4
(zit.: *Henssler*, BB-Special 3.2010 zu Heft 49, 2)

Henssler, Martin; Michel, Dirk
Austritt und Ausschluss aus der freiberuflichen Sozietät
Gesellschaftsrechtliche und berufsrechtliche Folgen
in: Neue Zeitschrift für Gesellschaftsrecht 2012, S. 401–414
(zit.: *Henssler/Michel*, NZG 2012, 401)

Henssler, Martin
Die LLP die bessere Alternative zur PartG mbB
in: Neue Juristische Wochenschrift 2014, S. 1761–1766
(zit.: *Henssler*, NJW 2014, 1761)

Henssler, Martin; Strohn, Lutz
Gesellschaftsrecht
Beck'sche Kurzkommentare
4. Auflage
München 2019
(zit.: *Bearbeiter*, in: Henssler/Strohn)

Henssler, Martin
DAV-Diskussionsvorschlag zum anwaltlichen Gesellschaftsrecht
Gesetzesentwurf zur Reform des Berufsrechts der anwaltlichen Berufsausübungsgesellschaften
in: Anwaltsblatt Online 2018, S. 564–604
(zit.: *Henssler*, AnwBl Online 2018, 564)

Heusel, Matthias; Goette, Maximilian
Die Kleinstbeteiligung als sachlicher Grund der Hinauskündigung von Minderheitsgesellschaftern in personalistisch geprägten Gesellschaften
in: Deutsches Steuerrecht 2015, S. 1315–1321
(zit.: *Heusel/Goette*, DStR 2015, 1315)

Heussen, Benno
Gewinnverteilung – Strategie – Unternehmenskultur
in: Anwaltsblatt 2007, S. 169–180
(zit.: *Heussen*, AnwBl 2007, 169)

Hey, Felix
Freie Gestaltung in Gesellschaftsverträgen und ihre Schranken
München 2004
(zit.: *Hey*, Freie Gestaltung)

Hilliker, Don
Law Firm Expulsion: Doing it Right and Fairly
in: 14 Chicago Bar Association Record (2000), S. 24–26
(zit.: *Hilliker*, 14 CBA Rec. 24 (2000))

Hillman, Robert
Misconduct as a Basis for Excluding or Expelling a Partner: Effecting Commercial Divorce and Securing Custody of the Business
in: 78 Northwestern University Law Review (1983–1984), S. 527–582
(zit.: *Hillman*, 78 Nw. U. L. Rev. 527 (1983–1984))

Hillman, Robert
Indissoluble Partnerships
in: 37 University of Florida Law Review (1985), S. 691–735
(zit.: *Hillman*, 37 U. Fla. L. Rev. 691 (1985))

Hillman, Robert — Loyalty in the Firm: A Statement of General Principles on the Duties of Partners Withdrawing from Law Firms
in: 55 Washington and Lee Law Review (1998), S. 997–1040
(zit.: *Hillman*, 55 Wash. & Lee L. Rev. 997 (1998))

Hillman, Robert — Law Firm Risk Management in an Era of Breakups and Lawyer Mobility: Limitations and Opportunities
in: 43 Texas Tech Law Review (2010–2011), S. 449–469
(zit.: *Hillman*, 43 Tex. Tech L. Rev. 449 (2010–2011))

Hinderer, Hermann — Management-Beteiligungen bei Kapitalgesellschaften: Der BGH weist den Weg
in: Rheinische Notar-Zeitschrift 2005, S. 416–422
(zit.: *Hinderer*, RNotZ 2005, 416)

Hirtz, Bernd — Die Abfindung des Gesellschafters einer Personengesellschaft nach der Ausschließung ohne wichtigen Grund
in: Betriebs-Berater 1981, S. 761–765
(zit.: *Hirtz*, BB 1981, 761)

Hirtz, Bernd — Rechtliche Auswirkungen der Partnerwahl
in: Anwaltsblatt 2008, S. 82–89
(zit.: *Hirtz*, AnwBl 2008, 82)

Hofmann, Christian — Der Minderheitsschutz im Gesellschaftsrecht
Berlin, New York 2011
(zit.: *Hofmann*, Minderheitsschutz)

Hommelhoff, Peter — Statement
in: Deutsche Notar-Zeitschrift 1989, S. 104–112
(zit.: *Hommelhoff*, DNotZ 1989, 104)

Huber, Ulrich — Der Ausschluß des Personengesellschafters ohne wichtigen Grund
in: Zeitschrift für Unternehmens- und Gesellschaftsrecht 1980, S. 177–213
(zit.: *Huber*, ZGR 1980, 177)

Hueck, Alfred — Gesellschafterbeschlüsse bei offenen Handelsgesellschaften
in: Klausing, Friedrich/Nipperdey, Hans Carl/Nussbaum, Arthur
Beiträge zum Wirtschaftsrecht, Festschrift für Ernst Heymann, Band 2
Marburg 1931
(zit.: *Hueck*, FS Heymann, 700)

Hynes, Dennis — The Revised Uniform Partnership Act: Some Comments on the Latest Draft of RUPA
in: 19 Florida State University Law Review (1991–1992), S. 727–759
(zit.: *Hynes*, 19 Fla. St. U. L. Rev. 727 (1991–1992))

Hynes, Dennis — Fiduciary Duties and RUPA: An Inquiry into Freedom of Contract
in: 58 Law and Contemporary Problems (1995), S. 29–54
(zit.: *Hynes*, 58 Law & Contemp. Probs. 29 (1995))

Hynes, Dennis — Freedom of Contract, Fiduciary Duties, and Partnerships: The Bargain Principle and the Law of Agency
in: 54 Washington and Lee Law Review (1997), S. 439–464
(zit.: *Hynes*, 54 Wash. & Lee L. Rev. 439 (1997))

Immenga, Ulrich — Die Minderheitsrechte des Kommanditisten
in: Zeitschrift für Unternehmens- und Gesellschaftsrecht 1974, S. 385–426
(zit.: *Immenga*, ZGR 1974, 385)

Johnson, Kristin — Resolving the Title VII Partner-Employee Debate
in: 101 Michigan Law Review (2002–2003), S. 1067–1101
(zit.: *Johnson*, 101 Mich. L. Rev. 1067 (2002–2003))

Kilian, Matthias — Die Trennung vom „missliebigen" Personengesellschafter
in: Wertpapier-Mitteilungen 2006, S. 1567–1576
(zit.: *Kilian*, WM 2006, 1567)

Kirk, William	A Case Study in Legislative Opportunism: How Delaware used the Federal-State System to attain Corporate Pre-Eminence in: 10 Journal of Corporation Law (1984), S. 233–260 (zit.: *Kirk*, 10 J. Corp. L. 233 (1984))
Kirkpatrick, Margaret	Partners Dumping Partners: Business Before Ethics in Bohatch v. Butler & Binion in: 83 Minnesota Law Review (1998–1999), S. 1767–1803 (zit.: *Kirkpatrick*, 83 Minn. L. Rev. 1767 (1998–1999))
Kleinberger, Daniel	Agency, Partnerships, and LLCs 4. Auflage New York 2010 (zit.: *Kleinberger*, Agency, Partnerships, and LLCs)
Kobayashi, Bruce; Ribstein, Larry	The Non-Uniformity of Uniform Laws in: 35 Journal of Corporation Law (2009–2010), S. 327–361 (zit.: *Kobayashi/Ribstein*, 35 J. Corp. L. 327 (2009–2010))
Koller, Ingo	Der Ausschluß ohne wichtigen Grund zum Buchwert bei Familiengesellschaften in: Der Betrieb 1984, S. 545–549 (zit.: *Koller*, DB 1984, 545)
Kowalski, André; Bormann, Michael	(Manager-)Beteiligung auf Zeit – ein Fall der Sittenwidrigkeit? in: GmbH-Rundschau 2004, S. 1438–1443 (zit.: *Kowalski/Bormann*, GmbHR 2004, 1438)
Kübler, Friedrich	Familiengesellschaften zwischen Institution und Vertrag Kritische Überlegungen zur richterlichen Korrektur von Ausschluß- und Abfindungsklauseln in: Hommelhoff, Peter/Schmidt-Diemitz, Rolf/Sigle, Axel Familiengesellschaften: Festschrift für Walter Sigle zum 70. Geburtstag Köln 2000 (zit.: *Kübler*, FS Sigle, 183)

Laroche, Maud | Exclusion d'un associé de société civile
in: Recueil Dalloz 2012, S. 1584
(zit.: *Laroche*, Recueil Dalloz 2012, 1584)

Leuering, Dieter; Rubner, Daniel | Mehrheitsklauseln im Personengesellschaftsrecht
in: Neue Juristische Wochenschrift Spezial 2017, S. 655–656
(zit.: *Leuering/Rubner*, NJW-Spezial 2017, 655)

Lieb, Manfred | Sonderprivatrecht für Ungleichgewichtslagen? Überlegungen zum Anwendungsbereich der sogenannten Inhaltskontrolle privatrechtlicher Verträge
in: Archiv für die civilistische Praxis, Bd. 178 (1978), S. 196–226
(zit.: *Lieb*, AcP 178 (1978), 196)

Lieder, Jan; Hoffmann, Thomas | Die PartG mbB – Rechtstatsachen und Rechtsprobleme
in: Neue Juristische Wochenschrift 2015, S. 897–903
(zit.: *Lieder/Hoffmann*, NJW 2015, 897)

Lieder, Jan; Frehse, Nico; Kilian, Matthias | Fünf Jahre PartG mbB – Die Verbandsform für Anwälte
in: Neue Juristische Wochenschrift 2018, S. 2175–2179
(zit.: *Lieder/Frehse/Kilian*, NJW 2018, 2175)

Lindner, Carsten | Anmerkung zu OLG München, Endurteil v. 5.10.2016 – 7 U 3036/15
in: Rheinische Notar-Zeitschrift 2017, S. 328
(zit.: *Lindner*, RNotZ 2017, 328)

Loritz, Karl-Georg | Vertragsfreiheit und Individualschutz im Gesellschaftsrecht
in: JuristenZeitung 1986, S. 1073–1082
(zit.: *Loritz*, JZ 1986, 1073)

Lutz, Reinhard | Der Gesellschafterstreit in der GbR, PartG, OHG, KG, GmbH & Co. KG und GmbH; mit Mustern und Checklisten
5. Auflage
München 2017
(zit.: *Lutz*, Gesellschafterstreit)

Manke, Michael — Das Recht zur Ausschließung aus der Personengesellschaft kraft Vertrages
u.a. Frankfurt am Main 1978
zugl.: Diss., Köln 1978
(zit.: *Manke*, Das Recht zur Ausschließung)

Merkel, Kurt — Kündigung einer auf unbestimmte Zeit geschlossenen OHG
in: Neue Juristische Wochenschrift 1961, S. 2004–2005
(zit.: *Merkel*, NJW 1961, 2004)

Merkt, Hanno — US-amerikanisches Gesellschaftsrecht
3. Auflage
Frankfurt am Main 2013
(zit.: *Merkt*, US GesR)

Merkt, Hanno — US-amerikanisches Gesellschaftsrecht im Blickpunkt des Interesses
in: Der Betrieb 2014, S. 1
(zit.: *Merkt*, DB 2014, 1)

Miesen, Sebastian — Gesellschaftsrechtliche Hinauskündigungsklauseln in der Rechtsprechung des Bundesgerichtshofs
in: Rheinische Notar-Zeitschrift 2006, S. 522–538
(zit.: *Miesen*, RNotZ 2006, 522)

Mitchell, Lawrence — The Naked Emperor: A Corporate Lawyer Looks at RUPA's Fiduciary Provisions
in: 54 Washington and Lee Law Review (1997), S. 465–486
(zit.: *Mitchell*, 54 Wash. & Lee L. Rev. 465 (1997))

Morris, Mary-Hunter — Only "the Punctilio" if I Say So: How Contractual Limitations on Fiduciary Duties Deny Protection to Victims of Oppressive Freeze-Outs within Private Business Entities
in: 10 Duquesne Business Law Journal (2008), S. 73–126
(zit.: *Morris*, 10 Duq. Bus. L. J. 73 (2008))

Motive zu dem Entwurfe eines Bürgerlichen Gesetzbuches für das Deutsche Reich
Band II: Recht der Schuldverhältnisse
Berlin, Leipzig 1988
(zit.: *Motive*, BGB Band II)

Müller-Laube, Hans-Martin; Büsching, Heino
Der grundlose Ausschluß eines Gesellschafters und die Abfindungsbeschränkung
in: Juristische Arbeitsblätter 1989, S. 1–10)
(zit.: *Müller-Laube/Büsching*, JA 1989, 1)

Nassall, Wendt
Fort und Hinaus – Zur Zulässigkeit von Hinauskündigungsklauseln in Gesellschaftsverträgen von Personengesellschaften und Satzungen von GmbH
in: Neue Zeitschrift für Gesellschaftsrecht 2008, S. 851–855
(zit.: *Nassall*, NZG 2008, 851)

Nodoushani, Manuel
Der Ausschluss aus der zweigliedrigen Gesellschaft bürgerlichen Rechts
in: Deutsches Steuerrecht 2016, S. 1932–1937
(zit.: *Nodoushani*, DStR 2016, 1932)

Odersky, Walter
Gestaltungsfreiheit und gerichtliche Kontrolle
in: Zeitschrift für Unternehmens- und Gesellschaftsrecht 1998 Sonderheft 13, S. 103–122
(zit.: *Odersky*, ZGR 1998 Sonderheft 13, 103)

Oetker, Hartmut
Handelsgesetzbuch
Kommentar
6. Auflage
München 2019
(zit.: *Bearbeiter*, in: Oetker)

Oppenheim, Robert
Abfindungsklauseln in Personengesellschaftsverträgen
Plädoyer für eine Verhandlungsklausel
Baden-Baden 2011
(zit.: *Oppenheim*, Abfindungsklauseln)

Palandt, Otto
Bürgerliches Gesetzbuch
Beck'sche Kurzkommentare
79. Auflage
München 2020
(zit.: *Bearbeiter*, in: Palandt)

Peltzer, Martin	„Hinauskündigungsklauseln“, Privatautonomie, Sittenwidrigkeit und Folgerungen für die Praxis in: Zeitschrift für Unternehmens- und Gesellschaftsrecht 2006, S. 702–721 (zit.: *Peltzer*, ZGR 2006, 702)
Peres, Holger; Senft, Klaus	Sozietätsrecht 3. Auflage München 2015 (zit.: *Bearbeiter*, in: Peres/Senft, Sozietätsrecht)
Phillips, Robert	Good Faith and Fair Dealing under the Revised Uniform Partnership Act in: 64 University of Colorado Law Review (1993), S. 1179–1222 (zit.: *Phillips*, 64 U. Colo. L. Rev. 1179 (1993))
Piehler, Klaus	Der Ausschluß eines Gesellschafters aus einer Personengesellschaft (Teil II) – Gesetzliche Regelung und vertragliche Gestaltung – in: Deutsches Steuerrecht 1991, S. 716–720 (zit.: *Piehler*, DStR 1991, 716)
Priester, Hans-Joachim	Statement in: Deutsche Notar-Zeitschrift 1989, S. 97–104 (zit.: *Priester*, DNotZ 1989, 97)
Priester, Hans-Joachim	Eine Lanze für die Kernbereichslehre Zwischenruf in: Neue Zeitschrift für Gesellschaftsrecht 2015, S. 529–531 (zit.: *Priester*, NZG 2015, 529)
Prinz, Ulrich; Hoffmann, Wolf-Dieter	Beck'sches Handbuch der Personengesellschaften Gesellschaftsrecht – Steuerrecht 4. Auflage München 2014 (zit.: *Bearbeiter*, in: Beck'sches HdbPersG)

Reichert, Jochem	GmbH & Co. KG 7. Auflage München 2015 (zit.: *Bearbeiter*, in: Reichert, GmbH & Co. KG)
Reuter, Dieter	Neuere Rechtsprechung zum Personengesellschaftsrecht – Teil 1 in: JuristenZeitung 1986, S. 16–23 (zit.: *Reuter*, JZ 1986, 16)
Reymann, Christoph	Risikominimierung bei der Gestaltung von GmbH-„Hinauskündigungsklauseln" in: Deutsche Notar-Zeitschrift, S. 106–121 (zit.: *Reymann*, DNotZ 2006, 106)
Ribstein, Larry	The Revised Uniform Partnership Act: Not Ready for Prime Time in: 49 The Business Lawyer (1993–1994), S. 45–82 (zit.: *Ribstein*, 49 Bus. Law. 45 (1993–1994))
Ribstein, Larry	Fiduciary Duty Contracts in Unincorporated Firms in: 54 Washington and Lee Law Review (1997), S. 537–594 (zit.: *Ribstein*, 54 Wash. & Lee L. Rev. 537 (1997))
Ribstein, Larry	Law Partner Expulsion in: 55 The Business Lawyer (2000), S. 845–881 (zit.: *Ribstein*, 55 Bus. Law. 845 (2000))
Ribstein, Larry	The Evolving Partnership in: 26 Journal of Corporation Law (2000–2001), S. 819–854 (zit.: *Ribstein*, 26 J. Corp. L. 819 (2000–2001))
Ribstein, Larry; Kobayashi, Bruce	An Economic Analysis of Uniform State Laws in: 25 The Journal of Legal Studies (1996), S. 131–200 (zit.: *Ribstein/Kobayashi*, 25 J. Legal Stud. 131 (1996))
Richmond, Douglas	Law Firm Partners as Their Brothers' Keepers in: 96 Kentucky Law Journal (2007–2008), S. 231–273 (zit.: *Richmond*, 96 Ky. L. J. 231 (2007–2008))

Richmond, Douglas — Expelling Law Firm Partners
in: 57 Cleveland State Law Review (2009), S. 93–136
(zit.: *Richmond*, 57 Clev. St. L. Rev. 93 (2009))

Richmond, Douglas — The contemporary legal environment and employment claims against law firms
in: 43 Texas Tech Law Review (2010–2011), S. 471–514
(zit.: *Richmond*, 43 Tex. Tech. L. Rev. 471 (2010–2011))

Risse, Jörg; Höfling, Tobias — Leitplankentheorie statt Bestimmtheitsgrundsatz und Kernbereichslehre
in: Neue Zeitschrift für Gesellschaftsrecht 2017, S. 1131–1138
(zit.: *Risse/Höfling*, NZG 2017, 1131)

Rosin, Gary — The Entity-Aggregate Dispute: Conceptualism and Functionalism in Partnership Law
in: 42 Arkansas Law Review (1989), S. 395–466
(zit.: *Rosin*, 42 Ark. L. Rev. 395 (1989))

Rusch, Arnold — Methoden und Ziele der Rechtsvergleichung
in: Jusletter 13. Februar 2006, S. 1–7
(zit.: *Rusch*, Jusletter 2006, 1)

Säcker, Franz Jürgen; Rixecker, Roland; Oetker, Hartmut; Limperg, Bettina — Münchener Kommentar zum Bürgerlichen Gesetzbuch
Band 1: Allgemeiner Teil, §§ 1–240, ProstG, AGG
8. Auflage
München 2018

Band 2: Schuldrecht – Allgemeiner Teil, §§ 241–432
8. Auflage
München 2019

Band 6: Schuldrecht – Besonderer Teil III, §§ 705–853, Partnerschaftsgesellschaftsgesetz, Produkthaftungsgesetz
7. Auflage
München 2017
(zit.: *Bearbeiter*, in: MüKoBGB)

Schäfer, Carsten	Gibt es noch einen Schutz des Kernbereichs der Mitgliedschaft? in: Zeitschrift für Wirtschaftsrecht 2015, S. 1313–1316 (zit.: *Schäfer*, ZIP 2015, 1313)
Schäfer, Carsten	Gutachten E: Empfiehlt sich eine grundlegende Reform des Personengesellschaftsrechts? in: Ständige Deputation des Deutschen Juristentages Verhandlungen des 71. Juristentages, Essen 2016 Band I: Gutachten München 2016 (zit.: *Schäfer*, 71. DJT 2016, Band I)
Schäfer, Carsten	Brauchen wir mehr (oder weniger) Gestaltungsfreiheit im Personengesellschaftsrecht? in: Beilage zu Zeitschrift für Wirtschaftsrecht 22/2016, S. 63–66 (zit.: *Schäfer*, Beilage zu ZIP 22/2016, 63)
Schauer, Martin	Rechtspolitische Perspektiven im Recht der Personengesellschaften: das Beispiel Österreichs in: Zeitschrift für Unternehmens- und Gesellschaftsrecht 2014, S. 143–164 (zit.: *Schauer*, ZGR 2014, 143)
Scheifele, Bernd	Der Ausschluß aus der Gesellschaft als ultima ratio? in: Betriebs-Berater 1989, S. 792–795 (zit.: *Scheifele*, BB 1989, 792)
Schilling, Wolfgang	Zur Abfindung bei der Ausschließung ohne wichtigen Grund aus einer Personengesellschaft Besprechung der Entscheidung des BGH vom 29.5.1978 in: Zeitschrift für Unternehmens- und Gesellschaftsrecht 1979, S. 419–429 (zit.: *Schilling*, ZGR 1979, 419)

Schmidt, Karsten | Gesellschaftsrecht
4. Auflage
Köln, München 2002
(zit.: *Schmidt*, GesR)

Schmidt, Karsten | Neuregelung des Rechts der Personengesellschaften
Vorüberlegungen für eine konsistente Reform
in: Zeitschrift für das gesamte Handels- und Wirtschaftsrecht 177 (2013), S. 712–739
(zit.: *Schmidt*, ZHR 177 (2013), 712)

Schmidt, Karsten | Münchener Kommentar zum Handelsgesetzbuch
Band 2: Zweites Buch. Handelsgesellschaften und stille Gesellschaft; Erster Abschnitt. Offene Handelsgesellschaft; §§ 105–160
4. Auflage
München 2016
(zit.: *Bearbeiter*, in: MüKoHGB)

Schmolke, Klaus Ulrich | Expulsion and Valuation Clauses – Freedom of Contract vs. Legal Paternalism in German Partnership and Close Corporation Law
in: European Company and Financial Law Review 2012, S. 380–419
(zit.: *Schmolke*, ECFR 2012, 380)

Schneider, Uwe | Die Änderung des Gesellschaftsvertrages einer Personengesellschaft durch Mehrheitsbeschluss
in: Zeitschrift für Unternehmens- und Gesellschaftsrecht 1972, S. 357–394
(zit.: *Schneider*, ZGR 1972, 357)

Schockenhoff, Martin | Die befristete Unternehmensbeteiligung des GmbH-Geschäftsführers
in: Zeitschrift für Wirtschaftsrecht 2005, S. 1009–1017
(zit.: *Schockenhoff*, ZIP 2005, 1009)

Schockenhoff, Martin | Managerbeteiligung und das Verbot der Hinauskündigung
in: Neue Zeitschrift für Gesellschaftsrecht 2018, S. 201–208
(zit.: *Schockenhoff*, NZG 2018, 201)

Schöfer, Florian — Ausschluss- und Abfindungsregelungen gegenüber Gesellschaftern minderen Rechts am Beispiel des Managermodells
Frankfurt 2010
zugl.: Diss., Köln 2009
(zit.: *Schöfer*, Ausschluss- und Abfindungsregeln)

Schöne, Torsten — Gesellschafterausschluß bei Personengesellschaften Hinauskündigung, Ausschluß aus absoluten und sachlichen Gründen
Köln 1993
zugl.: Diss., Münster (Westfalen) 1992
(zit.: *Schöne*, Gesellschafterausschluß)

Schramm, Karlheinz — Gesellschaftsvertragliche Vereinbarungen über das Verfahren bei der Ausschließung eines Gesellschafters aus der OHG
in: Monatsschrift für Deutsches Recht 1963, S. 174–177
(zit.: *Schramm*, MDR 1963, 174)

Schulze, Reiner — Bürgerliches Gesetzbuch
10. Auflage
Baden-Baden 2019
(zit.: *Bearbeiter*, in: HK-BGB)

Schwartz, Jeff — Good Faith in Partner Expulsions: Application of a Contract Law Paradigm
in: 9 Chapman Law Review (2005), S. 1–28
(zit.: *Schwartz*, 9 Chap. L. Rev. 1 (2005))

Scogin, Hugh — Withdrawal and Expulsion in Germany: a Comparative Perspective on the "Close Corporation Problem"
in: 15 Michigan Journal of International Law (1993–1994), S. 127–188
(zit.: *Scogin*, 15 Mich. J. Int'l L. 127 (1993–1994))

Shade, Joseph — Business Associations in a Nutshell
3. Auflage
St. Paul, MN 2010
(zit.: *Shade*, Business Associations)

Soergel, Theodor — Bürgerliches Gesetzbuch mit Einführungsgesetz und Nebengesetzen: BGB
Band 11/1: Schuldrecht 9/1 (§§ 705–758 BGB)
13. Auflage
Stuttgart 2011
(zit.: *Bearbeiter*, in: Soergel BGB)

Sosnitza, Olaf — Rückerwerb der Geschäftsanteile von Gesellschafter-Geschäftsführern
in: Deutsches Steuerrecht 2005, S. 72–75
(zit.: *Sosnitza*, DStR 2005, 72)

Sosnitza, Olaf — Manager- und Mitarbeitermodelle im Recht der GmbH
Zur aktuellen Rechtsprechung im Zusammenhang mit Hinauskündigungsklauseln
in: Deutsches Steuerrecht 2006, S. 99–103
(zit.: *Sosnitza*, DStR 2006, 99)

Spahlinger, Andreas; Wegen, Gerhard — Internationales Gesellschaftsrecht in der Praxis
München 2005
(zit.: *Bearbeiter*, in: Spahlinger/Wegen, Int. GesR)

Ständige Deputation des Deutschen Juristentages — Beschlüsse des 71. Juristentages, Essen 2016
Berlin 2016
(zit.: *71. DJT 2016*, Beschlüsse)

Statistisches Bundesamt — Finanzen und Steuern
Umsatzsteuerstatistik (Voranmeldungen)
in: Fachserie 14 Reihe 8.1 2018
Wiesbaden 2020
(zit.: *Statistisches Bundesamt*, Umsatzsteuerstatistik 2018)

Staub — Großkommentar HGB
3. Auflage
Berlin, New York 1973
(zit.: *Bearbeiter*, in: Großkomm. HGB)

Staudinger, Julius von
Kommentar zum Bürgerlichen Gesetzbuch mit Einführungsgesetz und Nebengesetzen

Buch 1: Allgemeiner Teil
§§ 134–138; ProstG (Allgemeiner Teil 4a – Gesetzliches Verbot und Sittenwidrigkeit)
13. Auflage 2003, 16. Auflage 2017

Buch 2: Recht der Schuldverhältnisse
§§ 305–310; UKlaG (AGB-Recht 1 und Unterlassungsklagengesetz)
18. Auflage 2019

§§ 705–740 (Gesellschaftsrecht)
13. Auflage 2003

Berlin
(zit.: *Bearbeiter*, in: Staudinger)

Stein, Jacob; Billok, Michael
Partnership Lost
in: 35 Litigation (2008), S. 33–36
(zit.: *Stein/Billok*, 35 Litigation 33 (2008))

Steinbeck, Anja
Zur Kündbarkeit der Gesellschaft bürgerlichen Rechts Oder: Nach § 128 HGB und § 130 HGB jetzt auch § 132 HGB analog?
in: Häuser, Franz/Hammen, Horst/Hennrichs, Joachim/Steinbeck, Anja/Siebel, Ulf/Welter, Reinhard
Festschrift für Walther Hadding zum 70. Geburtstag am 8. Mai 2004
Berlin 2004
(zit.: *Steinbeck*, FS Hadding, 675)

Strothmann, York; Vieregge, Ralf
Gesellschaft bürgerlichen Rechts und ordentliche Kündigung
Zur Einschränkung des jederzeitigen Lösungsrechts durch das Bestandsinteresse der Mitgesellschafter
in: Jagenburg, Walter/Maier-Reimer, Georg/Verhoeven, Thomas
Festschrift für Walter Oppenhoff zum 80. Geburtstag
München 1985
(zit.: *Strothmann/Vieregge*, FS Oppenhoff)

Taylor, William — Drafting of the Expulsion Clause in a Partnership Agreement: A Practical Approach
in: 93 Dickinson Law Review (1988–1989), S. 579–597
(zit.: *Taylor*, 93 Dick. L. Rev. 579 (1988–1989))

Ulmer, Peter — Kündigungsschranken im Handels- und Gesellschaftsrecht
Zum Einfluß der Treupflicht auf die einseitige Vertragsbeendigung
in: Hefermehl, Wolfgang/Nipperdey, Carl
Festschrift für Philipp Möhring zum 65. Geburtstag am 4. September 1965
München 1965
(zit.: *Ulmer*, FS Möhring, 295)

Ulmer, Peter — Mehrheitsbeschlüsse in Personengesellschaften: definitiver Abschied vom Bestimmtheitsgrundsatz
in: Zeitschrift für Wirtschaftsrecht 2015, S. 657–662
(zit.: *Ulmer*, ZIP 2015, 657)

Uniform Law Commission — The Uniform Partnership Act (UPA) (1997) (last amended 2013) – A Summary -
unter: https://www.uniformlaws.org/HigherLogic/System/DownloadDocumentFile.ashx?DocumentFileKey=fb5b38fb-4c2b-8fbf-d5dc-09dea721c1c6&forceDialog=0 (zuletzt abgerufen am 2.4.2020)
(zit.: *Uniform Law Commission*, UPA (1997) Summary)

van Venrooy, Gerd — Unwirksamkeit der unzeitigen Kündigung in den gesetzlich geregelten Fällen
in: Juristenzeitung 1981, S. 53–58
(zit.: *van Venrooy*, JZ 1981, 53)

Verse, Dirk — Inhaltskontrolle von „Hinauskündigungsklauseln" – eine korrekturbedürftige Rechtsprechung
in: Deutsches Steuerrecht 2007, S. 1822–1827
(zit.: *Verse*, DStR 2007, 1822)

Vestal, Allan — Law Partner Expulsions
in: 55 Washington and Lee Law Review (1998), S. 1083–1146
(zit.: *Vestal*, 55 Wash. & Lee L. Rev. 1083 (1998))

Wackerbeck, Matthias — Die Grenzen der Zulässigkeit des Gesellschafterausschlusses unter besonderer Berücksichtigung freier Hinauskündigungsklauseln
Hamburg 2010
zugl.: Diss., Münster (Westfalen) 2010
(zit.: *Wackerbeck*, Grenzen der Zulässigkeit)

Wegen, Gerhard; Spahlinger, Andreas; Barth, Marcel — Gesellschaftsrecht des Auslands
Grundwerk, 2. Ergänzungslieferung
München 2018
(zit.: *Bearbeiter*, in: Wegen/Spahlinger/Barth, GesR d. Auslands)

Weidner, Donald — RUPA and Fiduciary Duty: The Texture of Relationship
in: 58 Law and Contemporary Problems (1995), S. 81–107
(zit.: *Weidner*, 58 Law & Contemp. Probs. 81 (1995))

Weidner, Donald; Larson, John — The Revised Uniform Partnership Act: The Reporters' Overview
in: 49 The Business Lawyer (1993), S. 1–44
(zit.: *Weidner/Larson*, 49 Bus. Law. 1 (1993))

Weise, Stefan; Krauß, Hans-Frieder — Beck'sche Online-Formulare Vertrag
50. Edition
München 2019
(zit.: *Bearbeiter*, in: BeckOF Vertrag)

Werner, Rüdiger — Zur Hinauskündigung von Gesellschaftergeschäftsführern
in: Wertpapier-Mitteilungen 2006, S. 213–217
(zit.: *Werner*, WM 2006, 213)

Wertenbruch, Johannes — Festlaufzeiten und Kündigungsausschluss bei Freiberufler-Gesellschaftsverträgen
in: Der Betrieb 2009, S. 1222–1224
(zit.: *Wertenbruch*, DB 2009, 1222)

Wertenbruch, Johannes	Abschied von Bestimmtheitsgrundsatz und Kernbereichslehre im Beschlussanfechtungssystem der Personengesellschaft in: Der Betrieb 2014, S. 2875–2880 (zit.: *Wertenbruch*, DB 2014, 2875)
Westermann, Harm Peter	Kautelarjurisprudenz, Rechtsprechung und Gesetzgebung im Spannungsfeld zwischen Gesellschafts- und Wirtschaftsrecht in: Archiv für die civilistische Praxis, Bd. 175 (1975), S. 375–425 (zit.: *Westermann*, AcP 175 (1975), 375)
Westermann, Harry	Gedanken zur Methode der richterlichen Rechtsfortbildung in: Canaris, Claus-Wilhelm/Diederichsen, Uwe Festschrift für Karl Larenz zum 80. Geburtstag am 23. April 1983 München 1983 (zit.: *Westermann*, FS Larenz, 723)
Westermann, Harm Peter	Reformüberlegungen zum BGB-Gesellschafts- und Vereinsrecht in: Neue Zeitschrift für Gesellschaftsrecht 2017, S. 921–930 (zit.: *Westermann*, NZG 2017, 921)
Westermann, Harm Peter; Wertenbruch, Johannes	Handbuch Personengesellschaften Gesellschaftsrecht – Steuerrecht – Sozialversicherungsrecht Verträge und Formulare Band I 75. Auflage Köln 2019 (zit.: *Bearbeiter*, in: Hdb. PerGes)
Wicke, Hartmut	Reform des Personengesellschaftsrechts aus Sicht der Gestaltungspraxis in: Deutsche Notar-Zeitschrift 2017, S. 261–276 (zit.: *Wicke*, DStR 2017, 261)

Wiedemann, Herbert Verbandssouveränität und Außeneinfluß
in: Fischer, Robert/Hefermehl, Wolfgang
Gesellschaftsrecht und Unternehmensrecht
Festschrift für Wolfgang Schilling zum 65. Geburtstag
Berlin, New York 1973
(zit.: *Wiedemann*, FS Schilling, 105, 111 ff.)

Wiedemann, Herbert Rechtsethische Maßstäbe im Unternehmens- und Gesellschaftsrecht
in: Zeitschrift für Unternehmens- und Gesellschaftsrecht 1980, S. 147–176
(zit.: *Wiedemann*, ZGR 1980, 147)

Wiedemann, Herbert Der Gesellschaftsvertrag der Personengesellschaften
in: Beilage Nr. 8 zu Wertpapier-Mitteilungen 1990, S. 1–30
(zit.: *Wiedemann*, Beilage Nr. 8 zu WM 1990, 1)

Wiedemann, Herbert Gesellschaftsrecht

Band I: Grundlagen
München 1980

Band II: Personengesellschaftsrecht
München 2004
(zit.: *Wiedemann*, GesR)

Wiedemann, Herbert Rechte und Pflichten des Personengesellschafters
in: Beilage Nr. 7 zu Wertpapier-Mitteilungen 1992, S. 1–54
(zit.: *Wiedemann*, Beilage Nr. 7 zu WM 1992, 1)

Wiedemann, Herbert Erfahrungen mit der Gestaltungsfreiheit im Gesellschaftsrecht
in: Zeitschrift für Unternehmens- und Gesellschaftsrecht 1998 Sonderheft 13, S. 5–32
(zit.: *Wiedemann*, ZGR 1998 Sonderheft 13, 5)

Wiedemann, Herbert Die Personenunabhängigkeit der Personengesellschaft
in: Schack, Haimo
Gedächtnisschrift für Alexander Lüderitz
München 2000
(zit.: *Wiedemann*, GS Lüderitz, 839)

Wieland, Karl
Handelsrecht
Band 1: Das kaufmännische Unternehmen und die Handelsgesellschaften
München, Leipzig 1921/1931
(zit.: *Wieland*, Handelsrecht Bd. 1)

Zöllner, Wolfgang
Regelungsspielräume im Schuldvertragsrecht
Bemerkungen zur Grundrechtsanwendung im Privatrecht und zu den sogenannten Ungleichgewichtslagen
in: Archiv für die civilistische Praxis, Bd. 196 (1996), S. 1–36
(zit.: *Zöllner*, AcP 196 (1996), 1)

Zöllner, Wolfgang
Inhaltsfreiheit bei Gesellschaftsverträgen
in: Lutter, Marcus/Ulmer, Peter/Zöllner, Wolfgang
Festschrift 100 Jahre GmbH-Gesetz
Köln 1992
(zit.: *Zöllner*, FS 100 Jahre GmbHG, 85)

www.ingramcontent.com/pod-product-compliance
Ingram Content Group UK Ltd.
Pitfield, Milton Keynes, MK11 3LW, UK
UKHW021842290926
8980IPUK00005B/603

9 783631 813171